主　编：王　名
副主编：仝志辉
执行主编：马剑银
编　委：陈洪涛　蓝煜昕　李长文　李　勇　林志刚　羌　洲　王　超　郑　琦　朱晓红
编辑秘书：刘彦霞　刘瑜瑾
刊物支持：增爱公益基金会

学术顾问委员会：
白永瑞（韩国延世大学）
陈健民（香港中文大学）
陈金罗（北京大学）
陈锦棠（香港理工大学）
陈旭清（中央民族大学）
大卫·霍顿·史密斯（David Horton Smith, 美国波士顿学院）
邓国胜（清华大学）
丁元竹（国家行政学院）
高丙中（北京大学）
官有垣（台湾中正大学）
郝秋笛（Jude Howell, 英国伦敦政治经济学院）
何增科（北京大学）
华安德（Andrew Watson, 澳大利亚阿德莱德大学）
黄浩明（中国国际民间组织合作促进会）
贾西津（清华大学）
江明修（台湾政治大学）
康保瑞（Berthold Kuhn, 德国柏林自由大学）
康晓光（中国人民大学）
莱斯特·萨拉蒙（Lester Salamon, 美国约翰-霍普金斯大学）
林尚立（复旦大学）
罗家德（清华大学）
马长山（华东政法大学）
马克·西得乐（Mark Sidel, 美国威斯康星大学）
山内直人（Naoto Yamauchi, 日本大阪大学）
沈　原（清华大学）
师曾志（北京大学）
天儿慧（Amako Satoshi, 日本早稻田大学）
陶传进（北京师范大学）
托尼·塞奇（Tony Saich, 美国哈佛大学）
王　名（清华大学）
王绍光（香港中文大学）
温铁军（中国人民大学）
吴玉章（中国社会科学院法学研究所）
谢寿光（社会科学文献出版社）
徐家良（上海交通大学）
雅克·德富尔尼（Jacques Defourny, 比利时列日大学）
杨　团（中国社会科学院社会学研究所）
张　经（中国商会行业协会网）
张秀兰（北京师范大学）
张严冰（清华大学）
周延风（中山大学）
朱晓红（华北电力大学）
（以上均按首字母排序）

本刊编辑部地址：清华大学公共管理学院（伍舜德楼）425室
电话：010-62773929
投稿邮箱：lehejin@126.com
英文版刊号：ISSN: 1876-5092；E-ISSN: 1876-5149
出版社：Brill出版集团
英文版网址：www.brill.nl/cnpr

中国非营利评论

清华大学公益慈善研究院 主办

第二十一卷 2018 No.1

社会科学文献出版社
SOCIAL SCIENCES ACADEMIC PRESS (CHINA)

本刊得到增爱公益基金会的赞助
理事长胡锦星寄语本刊：增爱无界，为中国公益理论研究作出贡献！

增爱无界　胡锦星

增爱公益基金會
More Love Foundation

卷首语·新年记

  2018年元旦，我从广东腹地留隍出发，沿韩江向西南，一路高速半途拥堵，花六小时终于挤到了广州。

  刚在公安厅一位处长和小伙伴陪同下吃了碗面，回到宾馆，把明天上课的PPT拷入U盘，终于能坐下写点什么了，但时间已无。这个元旦真实而富足，庄严而热闹，紧张而圆满，满满的正能量！

  那是清早独自登高至惠仁圣寺的山门前迎接新年的日出；那是对着那路沉睡的耳鼓悄悄诉说12岁的呼唤；那是街边小店刚出锅的米粉散发出的潮汕味道；那是大堂分别时临时交接式上的欢欣；那是圆圈分享中每个人发自内心的元旦表白；那是打坐新年第一炷香的禅定心相及淋漓的汗水；那是在欣赏式探寻中不断激发的奇妙而强烈的共鸣；那是斋堂午餐中的止语和按捺不住的冲动；那是正午艳阳下拍集体照炫目的光影；那是谁先走谁发红包抢到的一份欣喜；那是有关寒山拾得一对奇僧的传说的传说；那是聚合在这三天 IDEAS – P + 2 跨年课程中的惊喜、感恩和超越；那是跳跃在禅堂空间从眉梢到语尖、从心头到耳畔的创意和灵感；那是足足一年的跨界创新型领导力行动学习之旅圆满的句号；那是满满全程的超级体验性身心灵共创之流生成的未来！

  感恩大家！感恩这一份缘起缘落！

  从年末的30日清晨到年初的元旦正午，亚平担任秘书长的这次周密安排的班级活动，在壹德提供全程支持的鹿湖温泉度假村，以禅修和催化为主题精彩亮相，我和广普法师做禅修引导，超老师做催化教练，三炷香的静禅打坐，室内外的动禅经行，参话头的问心撞击，火式呼吸的激烈运动，自我催化的奇妙功效，包括跨年晚宴上对家人的感恩敬酒，超老师的激情挥毫和我的神奇签章，

KTV晚会上琪琪那感人的一首《父亲》，超越了用榔头寻找钉子世界后这一番进入AI境界激起的巨大波澜，把徐徐展开的U形体验推向了前所未有的高潮！邓飞坐不住了，大家都坐不住了，连被邓飞从京城拉来列席的两位梅州籍捐赠人也坐不住了！果然激情四射，创意荡漾，灵感澎湃！

这是定格在元旦正午禅堂教室中一个令人难忘的场景！

其实又何止这一天？何止这一景？刚刚过去的2017，对于我们这群被称为"有文明高度"的清华慈的师生来说，对于在清华与MIT这两个世界一流大学孕育出的跨界公益项目来说，以及对于我个人和我们的团队来说，都是如此精彩，如此卓越，如此令人难忘和自豪！这一年，IDEAS–P的全部课程和近一年的学习之旅不仅圆满达成，而且在安徽天柱山和广东留隍举办了两期精彩的IDEAS–PLUS班级活动，包括邓飞、敏明、广普、行甲、太勇在内的多个项目产出可谓异彩纷呈、硕果累累！这一年，第二届世界公益慈善论坛在人民大会堂成功举办，第二届世界公益学大会在台湾也即将拉开帷幕；这一年，我荣膺第28届福冈亚洲文化奖·学术研究奖，成为继厉以宁教授（2004年）之后第二位获得该奖项的中国学者；这一年，我还参加了中华禅法鼓宗的暑假教师禅七，深刻领会了中华优秀传统禅文化的精髓和真义。

2018已然开始，我和同伴们在禅修中迎来新年的第一天，以饱满的热情、良好的心智和充沛的灵运拥抱这充满希望的新的一年。

我们相信：2018，福慧传家！

王　名
2018年元旦于广州麓湖公园

目　录

主题文章

历程、话语与行动范式变迁：国际发展援助中的 NGO ……………… 蓝煜昕 / 1

国际 NGO 发展与研究述评

　………〔美〕约翰·博尼著　杨　丽　李　帅　李慧杰　游　斐译 / 22

公共治理中的社会组织：发展与展望

　——基于 Cite Space 的图谱量化分析 ……………… 叶中华　魏玉君 / 54

论　文

社会企业筹资策略之调查分析 ……………………………………… 郑胜分 / 72

政府购买社会组织服务的责任模式研究

　——以北京市为例 ……………………………………………… 彭　婧 / 95

台湾地区社会企业发展之政策环境检视：

　一个跨部门治理的视角 ……………………………… 杨子申　江明修 / 114

社会创业："社会"之批判和激进推行

　…帕斯卡·戴伊　克里斯·斯蒂尔特 著　谭智丹　崔世存　李　健译 / 139

案　例

城市社区社会组织的培育路径研究

　——以北京市 D 街道 Y 社区为例 ………………………………… 兰　英 / 159

青年缺位本社区志愿服务原因分析

　——基于北京某社区调查 …………………… 张网成　陈　锋　刘小燕 / 180

潮汕善堂的民间信仰、慈善事业与信仰经济
　　——以汕头市 XY 善堂三元运作模式为例 ……………… 赖钰麟 / 200

研究参考

中国社会智库研究：困境、趋势与突破
　　——基于 CNKI 数据库资源分析（2004~2016） ………… 王　栋 / 219
中国社会组织公共性研究述评 ………………………………… 耿依娜 / 244

书　评

慈善新前沿：社会创新与社会企业
　　——评萨拉蒙 New Frontiers of Philanthropy …………… 兰　青 / 270

观察与思考（Observation & Think）

专业权力的逻辑及其应用问题 ………………… 陶传进　朱卫国 / 280
境外非政府组织境内活动管理法实施观察 ……………… 贾西津 / 294
注册后时代的在华 INGO：真正的挑战将更多来自
　　机构内部 ……………………………………… 王　超　钱霄峰 / 304

稿　约 / 310
来稿体例 / 312

CONTENTS

Topics

History, Discourse and Paradigm Shift: NGOs in International
　　Development Aid　　　　　　　　　　　　　　　　*Lan Yuxin* / 1
On International Nongovernmental Organizations
　　John Boli (Author), *Yang Li, Li Shuai, Li Huijie, You Fei* (Translator) / 22
Review on Social Organizations in Governance: Development and Prospect of
　　Visualized Quantitative Research Based on Cite Space
　　　　　　　　　　　　　　　　　　　Ye Zhonghua & Wei Yujun / 54

Articles

An Investigation and Analysis on Raising Funds Tactics of
　　Social Enterprise　　　　　　　　　　　　　　*Zheng Shengfen* / 72
A Study on the Responsibility Model of Government in Purchasing Public
　　Service from Social Organization: A Case Study of Beijing　　*Peng Jing* / 95
The Re-examination of Policy Environments of Social Enterprise in Taiwan:
　　A Cross-Sectoral Governance Perspective　　*Yang Zishen & Jiang Mingxiu* / 114
Social Entrepreneurship: Critique and the Radical Enactment of Social
　　　　　　　　　　　　　　　　　Pascal Dey & Chris Steyaert (Author),
　　　　　　　　　　　　Tan Zhidan, Cui Shicun, Li Jian (Translator) / 139

Cases

The Research on Cultivating Path of Community Social Organizations:
A Case Study of Y Community of D Street in Beijing　　　Lan Ying / 159

Reasons for Youth Absence in Community Volunteer Service:
Based on a Community Survey in Beijing
　　　　　　　　Zhang Wangcheng, Chen Feng, Liu Xiaoyan / 180

The Folk Beliefs, Charity Cause, and Belief Economy of Chaoshan Charitable Temples: the Triple-agent Model of Shantou XY Charitable Temple's Operation as an Example　　　Lai Yulin / 200

Research

The Study of Social Think Tanks in China, Dilemma, Trend and Breakthrough:
Based on CNKI Database Resource Analysis (2004 - 2016)　　Wang Dong / 219

A Literature Review on the Publicity of Chinese Social Organizations
　　　　　　　　　　　　　　　　　　　　　　　Geng Yina / 244

Book Reviews

New Frontiers of Philanthropy, Social Innovation and Social Enterprise:
Comments on *New Frontiers of Philanthropy*　　　Lan Qing / 270

Observation & Think

The Logics and Application of Professional Power
　　　　　　　　　　　　　　　　Tao Chuanjin & Zhu Weiguo / 280

Observation on the Enforcement of China's New ONGO Law　　　Jia Xijin / 294

Post-Registration INGOs in China: Challenges and
Opportunities　　　　　　　　　　Wang Chao & Qian Xiaofeng / 304

Call For Submissions / 310

Submission Guidelines / 312

历程、话语与行动范式变迁：国际发展援助中的NGO

蓝煜昕[*]

【摘要】"一带一路"倡议背景下，中国社会组织"走出去"必须要理解NGO（非政府组织）在国际发展体系中的总体地位、主流话语和行为范式，从而才能融入这一体系，并发展出自身在价值观、行动准则等方面的特征。本文结合关键学者的观察和相关史实、数据，在跨国NGO大历史和国际发展援助体系整体变迁的视野下，梳理了发达国家NGO参与发展援助在组织、行动方式和话语等方面的变化历程；归纳出背后三大宏观关系的变迁，以理解和评价当前主流NGO跨国发展活动的行动范式与话语形成，即"跨国NGO-国家"关系上从私人领域到公共领域、"北-南"关系上从单向援助到平等合作、"NGO-社会"关系上从志愿主义到职业主义。本文最后指出中国NGO"走出去"在组织起源、时机、目标、话语体系方面与发达国家NGO的差异，并提出中国NGO身份建构需要回答的五大基本问题。

【关键词】社会组织　非政府组织　对外援助　国际化

---

[*] 蓝煜昕，清华大学公共管理学院助理教授、公益慈善研究院助理研究员，美国锡拉丘兹大学麦克斯韦尔学院莫尼汉全球研究所（Visiting Scholar, Moynihan Institute of Global Affairs, Maxwell School of Syracuse University）访问学者，研究方向为社会组织与社会治理、NGO与全球治理、环境治理、社会创新。

"一带一路"倡议背景下，中国社会组织"走出去"进入决策者视野，并被寄予讲好中国故事、增强国家"软实力"和促进"民心相通"的厚望。国内一些社会组织，尤其公益慈善领域的组织也在积极响应，等待迎接新的政策机遇。中国社会组织"走出去"包括参与全球/区域事务和深入特定国家开展活动两个层面，尤其在后一层面的跨国活动上，中国社会组织急需借鉴国外组织经验。相比之下，国际发展援助体系下发达国家NGO（Non-governmental Organization，非政府组织）进入发展中国家开展活动已有相当长的历史，并形成了一套特定的规范和话语体系。理解这些NGO在国际发展援助中的参与历程和范式变迁对于中国社会组织（后文的国际语境对应表述为"中国NGO"）吸收经验、正确定位并发展自身特征至关重要。本文试图回答以下问题：国际发展领域的NGO有着什么样的前世今生？整体话语及行动方式经历了什么样的范式变迁？中国社会组织在"走出去"的历史进程中如何定位和建构自身的身份（Identity）？

一 基本范畴与方法

为理解本文探讨的对象，首先介绍国际发展体系和界定本文NGO的基本范畴。

（1）国际发展援助体系（International Development Aid System）。国际发展（International Development）是一个与"援助"密切相关的概念，可以简单理解为先发展起来的援助国或多边援助机构帮助发展中国家、欠发达国家开展的一系列经济、社会乃至政治发展活动。现代国际发展援助始于第二次世界大战后，以布雷顿森林体系的建立和1949年美国总统杜鲁门提出的第四点计划[1]为标志。目前，从资金来源方（Donor）的角度看，国际发展援助体系包括三类主体：各国双边援助机构，如美国国际开发署（USAID）、英国国际发展部（DFID）等；多边援助机构，如世界银行（WB）、联合国（UN）、欧盟（EU）、亚洲开发银

---

[1] 1949年1月20日，美国总统杜鲁门在就职演说中，提出美国全球战略的四点行动计划，并着重阐述了第四点，即对亚、非、拉美不发达地区实行经济技术援助，以达成政治目的。这就是"第四点计划"，又称"开发落后区域计划"。前三点计划是：支持联合国、战后欧洲经济复兴计划（"马歇尔计划"）和援助自由世界抵御侵略。

行（ADB）等；私人部门，包括私人基金会（Private Foundation）和向公众筹资的 NGO 等。传统意义上的援助体系（Aid System）主要是指官方发展援助（Official Development Assistance，ODA）体系，包含上述前两类机构，目前有超过 40 个双边发展机构、联合国体系，近 30 个多边发展机构和超过 20 个全球或区域性金融组织。

国际发展援助体系从一开始即以"北方"发达国家对"南方"发展中国家的援助和影响为主导框架。在目前国际发展的整体格局中，联合国是国际发展目标的制定者，尤其是其自 2000 年以来制定的千年发展目标（MDGs）和可持续发展目标（SDGs），更是成为协调全球行动的重要指引。经济合作组织（OECD）下设的发展援助委员会（DAC）则是目前最重要的国别援助政策协调机制，该委员会成员均为发达国家，旨在为各国制定标准、协调发展援助政策、推动政策评估和经验传播。DAC 现在包括 30 个发达国家成员国，世界银行（WB）、国际货币基金组织（IMF）、联合国发展规划署（UNDP）三大多边援助机构以观察员身份参与①。近年来，中、印等金砖国家以及阿拉伯地区非传统援助国在国际发展援助中的影响越来越突出，"南南合作"等新的机制已经对 DAC 成员所主导的传统格局带来了冲击。DAC 也开始积极邀请发展中国家中的新兴援助国参与国际发展协调，中国于 2011 年首次参与 DAC 的年度高级别会议。

（2）国际发展领域的 NGO（以下简称 DNGO）。西方文献将国际发展领域的非政府组织称为 DNGO（Development NGOs）或 NGDO（Non-governmental Development Organizations）。狭义的 DNGO 通常与人道主义救援（Humanitarian Relief）、人权（Human Rights）、环境（Environment）、性别（Gender）、安全（Security）、贸易（Trade）等领域 NGO 相对应，是跨国 NGO 中数量最庞大的一类。尤其实务者通常区分短期应急为主的人道主义救援 NGO 和关注长期发展的狭义 DNGO。然而 DNGO 的边界并不完全清晰，过去二三十年来发展议题由最初关注经济增长逐步拓展到社会发展、政府治理等领域，并和性别、气候变化、安全等议题逐渐融合起来，而人道主义救援也往往拓展到灾后、战后重建等长期发展工作；同时单个 NGO 也往往跨领域开展活动，如乐施会（Oxfam）20 年前即

---

① 参见官方网站：http://www.oecd.org/dac/developmentassistancecommitteedac.htm。

由人道主义援助和慈善服务拓展到和平与安全、原住民权利保护、气候变化等倡导领域。本文部分采纳Fowler的思路（Fowler，2011），将DNGO广义界定为所有认同国际发展援助宗旨并以其作为主要存在基础的、从国际发展援助体系或公众获取资源、在发展中国家或全球层面开展活动的非政府组织。从实践来看，广义的DNGO包括了人道主义救援类NGO，具体活动涉及扶贫、教育、医疗、健康、防灾救灾、农业发展、小额信贷、社区经济、环境保护等诸多经济社会发展领域。DNGO具有很强的多样性和异质性，但鉴于发达国家背景的NGO（也即Northern NGO）在资源和话语上的主导地位，以及英文文献的欧美中心性，本文分析的实质上主要是发达国家主流DNGO的历史与经验。

在资料来源和研究方法上，本文主要有四方面考量：一是以高引用文献和关键学者的文献为根基，如Michael Edwards、Helmut Anheier、Alan Fowler、David Lewis、Terje Tvedt等学者长期关注并经历了国际发展领域NGO的发展变迁，其观察和描述比较全面可信；二是先理解跨国NGO的大历史及国际发展援助体系的整体变迁，然后再看DNGO参与国际发展援助的范式演进；三是通过OECD - DAC和哈德逊研究所全球繁荣中心（Center for Global Prosperity at the Hudson Institute）的文件、报告和数据来辅助理解；四是以几个重要DNGO的资料和近期战略报告来佐证历史和了解最新发展趋势。

二 参与历程：国际发展援助中的NGO

NGO的兴起作为一种跨国现象引起学者集中关注是在20世纪90年代，其被广泛地吸纳到官方发展援助体系也不过始于80年代，但NGO跨国活动本身的大历史可以追溯到18世纪。国外有学者对NGO参与国际发展援助的历程有不同面向和程度的描述（Charnovitz，1997；Bebbington et al.，2008；Fowler，2011；Davies，2014），本文在此基础上结合跨国NGO兴起的大历史、国际发展援助的大背景，着重从组织发展和行动方式的角度分四个阶段梳理这一过程。

（1）早期：20世纪60年代以前

跨国NGO的历史可以追溯到18世纪末期的废奴运动、和平运动，以及劳工、自由贸易等议题产生的组织（Charnovitz，1997：183 - 286），"发展"相关的跨国活动则可以追溯到19世纪西方宗教组织、慈善团体在海外殖民地开展的教育、卫生、妇女儿童等慈善活动，并且这种宗教背景和殖民时期组织印记一直延续到20世纪。20世纪初的两次世界大战又在英美等国催生了几个至今最知名、规模最大的人道主义救援和发展援助NGO。如一战催生了1919年发起于英国的救助儿童会（Save the Children）；二战德国对占领区的封锁催生了1942年英国的牛津饥荒救助委员会（也即乐施会，Oxfam）；同一时期为响应罗斯福总统向欧洲提供人道主义援助的计划，天主教救济会（Catholic Relief Service）在美国成立；随后还有1945年在美国成立的基督援助（Christian Aid，最初为Christian Reconciliation in Europe）、国际关怀（CARE，最初为American Remittances to Europe）等组织。（Davies，2014：127）

随着战后欧洲的复兴、冷战的开启以及亚非拉民族解放运动的发展，世界范围内逐步形成发达国家和第三世界国家的"北－南"格局。和官方发展援助相对应，上述一些在欧洲活动的NGO也于20世纪50年代后逐步拓展到世界其他发展中国家，如Oxfam于1951年起在印度开展活动，CARE也在同一时期转向南美。世界宣明会（World Vision，美国，1950）、宣战贫困（War on Want，英国，1951）、国际明爱（Caritas Internationalis，德国，1951）、国际志愿服务组织（International Voluntary Services，美国，1953）①、国际医疗救助计划（MAP International，美国，1954）、国际第四世界扶贫运动组织（ATD Fourth World，法国，1957）等新组织也在这一时期相继产生，福特基金会（Ford Foundation）也成立了相应的海外发展部门。1957年，国际发展协会（Society for International Development）在华盛顿成立，标志着国际发展行业化的开端。

总体来说，这一阶段DNGO的数量有限、规模还不大，在组织或经费上往往依属发达国家大的宗教组织或慈善团体（Lewis & Kanji，2009：31－35），人员以志愿者为主，活动方式基本上符合科藤（David Korten）描述的、以人道主义救援或向弱势群体提供慈善救济为主的第一代NGO（Korten，1987：145－159）。

（2）发展：20世纪60～70年代

20世纪60～70年代是西方NGO发展大历史的一个重要积累阶段。在后工业经济、后物质时代文化变迁和国际上冷战冲突频发、危机重重等背景下，西

---

① 该组织于2002年解散，与名称相似的International Voluntary Service（英国）为不同组织。

方国家学生运动、民权运动、女权运动、和平运动、反核运动、环保运动此起彼伏，社会力量激荡回响。这些运动激发了公众的参与热情，西方国内NGO大量增长并在一定程度上拓展到国际发展领域。从国际发展援助本身来看，冷战的升级加强了东、西阵营在第三世界国家的发展援助竞争；（Davies, 2014：140）当时盛行的发展主义、现代化理论也支持通过经济援助使发展中国家融入资本主义的国际体系。1961年，OECD产生并设立了发展援助委员会（DAC），开始协调各主要发达国家的发展援助政策；1961年，美国肯尼迪政府发起有名的"国际和平队"（Peace Corps）志愿者项目；1964年，英国设立了世界第一个专门负责技术合作和海外援助政策的政府内阁部门。同时发达国家政府开始认识到NGO"比外国政府机构更易介入草根基层"的能力，开始考虑对DNGO的资助。（Davies, 2014：142）

此时，DNGO规模依然较小，但一些项目通过与官方资金"共同资助"（Co-financing）等形式被整合到官方发展援助计划中，某些国家、某些领域内DNGO的数量初步增长。（Lewis & Kanji, 2009：31 - 35）这一时期新产生的组织在来源和工作内容方面更加多元化，如亚洲的日本在当时成立了国际普世精神培育组织（International Organization for Cultivating Universal Human Spirit, 1961），什叶派穆斯林宗教领袖在瑞士注册了阿迦汗基金会（Aga Khan Foundation, 1967），非裔美国人发起非洲关怀（Africare, 1970）并关注与当地人合作而非强加发展计划，无国界医生（Medecins Sans Frontieres, 1971）在法国发起并采取更激进的人道主义援助行动，行动援助（Action Aid, 1972）开启一对一的儿童教育救助模式等。同时，一些细分发展领域开始产生协调性网络组织，如难民和人道主义领域的国际志愿机构委员会（International Council of Voluntary Agencies, 1962）。

这一阶段DNGO虽然得到政府一定程度的关注，总体上来说还主要是在民间资源的支持下按自身的逻辑独立开展活动，尚未很深地融入官方发展援助体系。但有两方面比较重要的进展：一是在组织生态上，NGO开始对政府、市场之外第三部门的角色有了自我意识，DNGO之间，尤其与"南方"NGO之间的合作伙伴关系发展起来（Fowler, 2000：1 - 13）；二是在活动方式上，正如Korten所描述的第二代组织，不少DNGO开始由救援、救助的福利模式转向专注于社区自身能力提升的"小规模、自助式地方发展"模式

(Korten, 1987: 145 – 159)。

这种模式契合了当时去殖民化（decolonization）大背景下发展中国家独立自立的观念。Bebbington 等认为，发达国家 DNGO 区别于当时官方主流"现代化"发展模式，强调社区能力和本土制度发展，自身开始由运作（operational）角色转向资助（funding）角色，并促进了"南方国家"NGO 的数量增长。（Bebbington et al., 2008: 3 – 37）

（3）高潮：20 世纪 80 ~ 20 世纪 90 年代

20 世纪 80 年代以来 NGO 在世界范围内的兴起是引起国际发展、国际政治领域学者广泛关注的一个重要现象，1992 年李普塞特（Ronnie Lipschutz）宣称重构自由资本主义世界秩序的"全球公民社会"（Global Civil Society）兴起（Lipschutz, 1992: 399），1994 年萨拉蒙（Lester Salamon）在《外交》（*Foreign Affairs*）杂志发文称一场"全球结社革命"正在发生（Salamon, 1994: 109 – 222）。这是一个新自由主义（neoliberalism）盛行、世界资本主义体系发生深刻变革的时代，里根 – 撒切尔夫人的小政府和市场化取向、经济全球化和跨国公司的影响增长、东欧剧变和苏联解体所伴随的西式民主化进程等，在国内、国际层面都促成了政府、市场和社会关系的调整和对 NGO 的关注。在发展援助领域，传统"政府 – 政府"的援助实践在发展中国家暴露出腐败、官僚和低效等诸多弊端，这些弊端在新自由主义语境下被进一步放大；更重要的是，50 年代以来以国际金融支持来提升经济增长、以经济增长带动社会发展和政治民主的现代化理论并未带来预期结果，反倒在一些地方加剧了贫困和不公，而 DNGO "以人为中心"的发展路径被认为代表了新的替代选择（alternative）。（Lewis & Kanji, 2009: 39）

上述背景下，DNGO 从 20 世纪 80 年代起开始从国际发展援助体系的边缘走到中心、越来越融入官方发展援助的主流体系，被赋予发展项目执行者、知识创造者、社会运动家等多重期待，并经历了近 20 年备受关注的"黄金时代"。在这期间，双边、多边发展机构对 DNGO 的资助兴趣大增，DNGO 逐渐成为官方发展援助资金的重要渠道。例如，1982 年，世界银行（WB）设立了 NGO 办公室，扩大非政府的援助渠道；DAC 成员国 ODA 流向 NGO 的比例由 1980 年的 0.18%（4.8 千万美元）增长到 1999 年的约 5.3%（29 亿美元）。（Agg, 2006: 15 – 21）同时，DNGO 在国际发展体系中的地位极大提升，无论联合国体系还是双边发展机构,大多为 NGO 的政策参与提供了渠道。1980 年,勃兰特委员会(即国际发展问题独立委员会)的报告还很少提到 NGO;1992 年,里约联合国环境与发展大会的准备和召开则到处可见 NGO 的影子;1995 年,联合国全球治理委员会提议联合国每年都召开"公民社会"论坛(Civil Society Forum)以听取公民社会意见。

这一时期 DNGO 群体数量极大增长、更加复杂多元,并呈现新的特点。一是行动方式的升级。科藤认为 1980 年代以后出现的第三代 NGO 开始作为社会变革的催化者(catalyst),从关注社区内部发展转变到影响制度和政策环境,以求带来更持久的社区改变;随后第四代 NGO 则作为社会活动家或社会教育者(activist/educator),在国家或全球层面建立倡议网络、发起社会运动,塑造更广泛的愿景并影响政策制定,如 90 年代以免除第三世界国家债务为诉求的减债联盟(Jubilee 2000 Debt Relief Coalition)等。(Korten,1990:113 – 128)二是与其他议题融合产生了新的话语,如发展与平等、性别(gender)等议题相融合产生的发展权(development right)、社会正义(social justice),与民主化、公民社会等观念相融合产生的参与(participation)、赋权(empowerment)、治理(governance),与环境议题融合产生的可持续发展(sustainable development)等。这些新的话语伴随着越来越多权力、权利导向的倡导行动或社会运动,使 DNGO 形成了更加多元而活跃的网络,但 Alan 也认为这种趋势模糊了 DNGO 自身的身份认同(Identity)。(Fowler,2011:42 – 54)三是大量官方发展资源通过 NGO 的渠道流动,在一定程度上形成了一个行业,资助或购买合同的效率和问责要求以及 NGO 自身的代际发展使得组织越来越正式化、职业化。

然而 DNGO 在 20 世纪 80～90 年代被热捧和寄予厚望的同时,也开始被严格审视。90 年代中期以后,学术界开始验证 DNGO 的作用并提出一些质疑,包括 DNGO 在提升规模(scaling-up)、组织可持续性、组织间关系管理等方面的缺陷,DNGO 跨国活动的合法性(Legitimacy)和问责(Accountability)问题,DNGO 越来越接近主流官方发展援助造成的独特性丧失问题(尤其是 DNGO 执行标准化和对资助者负责的倾向),DNGO 是否能真正有效(effectiveness)地接触最贫困、最需要的对象,DNGO 工具性运用"赋权"概念和在民主化中的作用局限,以及 DNGO 的外部介入对本地市民社会发展的负面影响,等等。(Bebbington et al.,2008:3 – 37)这些质疑曾于 90 年代末在"北方"国家 NGO 内

引发普遍的讨论和焦虑。(Fowler,2000b:589-630)

(4) 常态与转型:2000年以来

到20世纪90年代后期,很多评估和研究都表明DNGO的作用被高估了,正如伦敦政经学院教授David Lewis所说,NGO不过是流行一时的热词(buzz word),21世纪以来的NGO不再像20世纪90年代那样引人关注了。(Lewis & Kanji,2009)大环境的一些变化也对DNGO的地位和行为产生了进一步影响:联合国千年大会设定了更为明确的、以减贫为核心的国际发展目标(MDGs),改变了官方援助资金投入结构的同时更注重结果导向,接受官方资金的DNGO专业化趋势增强,牺牲了创新性和与社会运动的联系(Bebbington et al.,2008:3-37);善治(good governance)理念的演进开始更强调受援国政府的作用及其在改革和减贫中的自主性(Ownership),NGO作为替代选择(alternative)的地位降低,尤其2005年关于援助有效性(Aid Effectiveness)的《巴黎声明》更是强调受援国政府在制定减贫战略中的主导地位,援助资金和项目应围绕受援国战略保持协调(Harmonisation);"9·11"事件后反恐安全议题为国际发展援助引入了地缘政治目的,降低了NGO接受资金时在目标选择和执行等方面的自主空间;"南方"国家、新兴援助国的兴起正在挑战传统发达国家主导的援助体系,无论官方还是NGO之间"南-北"分野的权力结构也在受到冲击。

但,Catherine Agg(2006)对ODA资金流向和NGO的资金来源分析表明,尽管官方援助政策更强调当地政府和当地NGO的角色,但发达国家ODA依然有大量经费通过本国NGO或大型国际NGO来执行或分配,远远超出直接流向当地NGO的份额。(Agg,2006:15-21)最近的数据依然支持Agg的结论,图1表明发达国家(DAC成员)官方发展援助流向NGO的比例在进入21世纪后不断提高,目前稳定在17%左右,额度近200亿美元;而且这些资金仍然主要流向其本国NGO而非直接流向受援国NGO[①]。此外,来自全球民间慈善的援助资金量也在不断增长,2004年至2014年由约200亿美元增长到640亿美元[②]。同时,DNGO的数量仍在增长,如今已有约40000个DNGO开展跨国活动,1995~

---

① DAC报告表明,2009年流向本国NGOs的资金量是直接流向INGOs或当地NGOs的5倍(OECD,2011:7)。

② 这一数据反映的是民间慈善的贡献,包含了大量企业界的实物捐赠,并非全部流向NGOs (Hudson Institute,2016:6)。

2012 年在联合国获得谘商地位的 NGO 增长 4 倍。(Hailey, 2016) 大环境中的一些不变因素使 NGO 的作用得以持续发挥,如:新自由主义关于治理和市场化的议程继续深化,购买服务规模进一步膨胀,NGO 作为服务提供者的不可缺少;民主化进程仍然在持续,市民社会、治理、赋权、参与等概念仍然是发达国家国际发展援助中的核心话语,NGO 作为市民社会代表的价值仍然在持续。可见 NGO 已经深深地融入国际发展援助体系,其在联合国及国家层面的参与已经成为一种常态。

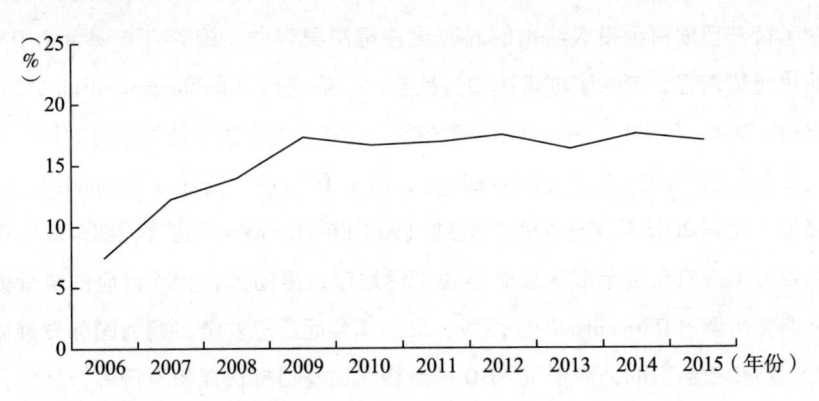

图 1　2006~2015 年 DAC 成员国 ODA 流向 NGO 的比例
资料来源:DAC,作者整理。

与整体呈常态化相对应的是 DNGO 在 21 世纪不断反思、调适而进行的转型尝试。这类转型最为引人注目的是一些大型 DNGO 进行的国际化(或"去西方化")、去中心化等组织变革。World Vision、ActionAid、CARE、Oxfam 等都在努力发展"南方"国家的分支或组织成员,并增强这些分支成员的决策自主权;ActionAid 于 2004 年将总部从伦敦迁往南非约翰内斯堡[①],Oxfam 也在 2016 年决定将总部迁往肯尼亚内罗毕[②];Save the Children、Oxfam 创新组织联盟模式(confederal model)以增强协调能力。这些组织变革背后包含增强有效性、合法性,增强多样性和公平,以及筹款等多重目的。(Hauser Center for Nonprofit Or-

---

① Adriano Campolina (2015),"Facilitating more than Leading", https://www.dandc.eu/en/article/why-actionaid-had-move-its-headquarters-britain-south-africa, 2018 年 8 月 27 日访问。
② Winnie Byanyima (2016),"Oxfam International Signs Historic Deal to Move to Nairobi Kenya", https://blogs.oxfam.org/en/blogs/16-07-22-oxfam-international-signs-historic-deal-move-nairobi-kenya, 2018 年 8 月 27 日访问。

ganizations at Harvard University，2010）不过，Bebbington 等从整个国际发展系统的角度看待 DNGO 的角色，认为 NGO 在有效性、问责、扩大影响面的路径等方面所面临的挑战还是没有得到本质解决，"北方" NGO 在 20 世纪与 21 世纪之交的焦虑后已经逐渐习惯这些挑战并安于现状。（Bebbington et al.，2008：3 – 37）

另一显著的转型是社会创新的兴起与 DNGO 在组织形态上的混合化（hybridization）。早在 2000 年，Alan Fowler 就曾指出 DNGO 可能的两个转型，即从援助者转向社会企业（social entrepreneurship）和市民创新（civic innovation）。（Fowler，2000c：637 – 654）10 多年来，社会变革（making social change）、社会企业、社会创新（social innovation）、影响力投资（social impact investment）等概念已经成为全球非营利部门的重要话语，市场机制和金融工具被引入社会发展领域，跨界合作或融合成为创新的时尚，与之相伴的是 NGO 与政府、企业三部门边界的日渐模糊。在 2013 年 G8 峰会上，来自世界各地的社会企业支持与孵化机构共同发起了全球社会创业网络（global social entrepreneurship network）。官方援助机构、大型私人基金会也大举投入社会创新，2014 年，英国、美国、瑞典、澳大利亚四国国际发展部门联合 Omidyar Network 发起全球创新基金（Global Innovation Fund，GIF），采取风险投资鼓励社会创新；2015 年联合国儿童基金、GIF 进一步联合比尔和梅琳达·盖茨基金会、洛克菲勒基金会等发起国际发展创新联盟（International Development Innovation Alliance，IDIA），以促进围绕 2030 联合国可持续发展目标（SDGs）的社会创新交流与传播。

关于 DNGO 接下来的发展趋势，从近年来一些大型 DNGO 的战略报告可以总结出一些共识的挑战和应对方向。这些主要的挑战包括：南北国家权力的变迁以及与合作伙伴和当地受益者的关系、社会对 NGO 和市民社会的观念变化、NGO 之间及其与其他主体合作的新路径、数字科技的进步和新工作模式的影响、更透明化的要求、证明有效性和影响的压力、筹款模式的创新等。（Hailey，2016）普遍的应对策略包括：投入内部能力建设以增强灵活性和适应性，发展新的合作模式，创新商业模式及保障资金可持续性、增强倡导能力、开发转型变革的领导力等。John Hailey 认为 DNGO 接下来需要重新定位和转型，可能需要重构或缩减在"北方"国家的运作，将关键管理功能配置到离受益者及社区更近的地方。（Hailey，2016）

三 三对关系：理解范式变迁

综合上述 NGO 参与国际发展援助的历程，总结 DNGO 在组织、话语、角色等方面的变迁如表 1 所示。透过这些表观的变化，可以看到这一历程围绕三对关系展开的深刻变迁。

（1）围绕"跨国 NGO – 国家"关系的变迁：从私人领域到公共领域

西方发达国家 DNGO 的跨国发展活动是以民间自发为起点的，尤其早期的宗教团体发挥了重要的价值与资源支撑作用，而且这种独立自发的活动在相当长的一段时间内与官方体系各行其是、没有太多交集。直到 20 世纪 80 年代，跨国 DNGO 才正式融入发达国家官方发展援助体系，所伴随的是其活动从私人领域到公共领域的宏观变迁，具体体现在：第一，DNGO 由独立开展活动到与政府合作进行"共同资助"，再到成为政府发展援助项目的执行者，逐步承接了政府转移的公共职能；第二，DNGO 的活动方式由 20 世纪 70 年代及之前直接面向受益者的慈善救助拓展到 20 世纪 80 年代后以改变社区制度环境为目标的公共政策倡导，20 世纪 90 年代后进一步发展为积极影响全球层面的公共政策制定；第三，DNGO 承载和传递的价值由私人领域的同情、互助、博爱、尊严、志愿精神拓展到民主、权利、参与、治理等公共价值。

一些学者对 DNGO 在与国家关系中的这一角色变迁多有批判。一方面，DNGO 在这一过程中逐渐被国家和官方体系吸纳，往往成为项目执行者而失去了作为官方发展援助"替代选择"（alternative）的独特价值。（Lewis & Kanji, 2009）另一方面，一些 DNGO 随着规模成长，开始脱离社区而成为外来资源的代理人，抛弃了以社区为中心、帮人自助发展的信条。（Fowler, 2000c: 637 – 654）更重要的是，20 世纪 90 年代跨国 NGO 等非国家行为体（non-state actors）的兴起曾被认为代表着国家霸权的衰退，然而 DNGO 与援助国官方越来越紧密的关系使人们怀疑它们到底是在平衡国家权力还是在延伸发达国家的霸权。宏观来看，DNGO 在向国际发展体系贡献了"以人为中心"、"赋权"、性别视角等特定范式的同时，却也更多地被官方政治、政策话语所形塑，有意无意间成为发达国家意识形态扩张的工具。例如，新自由主义话语（包括民主化、治理、公民社会等）就是从部分国家的国内政策拓展到整个国际发展体系，并成为国

表1 国际发展领域NGO的组织、话语与角色变迁

时间	20世纪60年代之前	20世纪60~70年代	20世纪80~90年代	2000年至今
组织特征	主要为宗教或慈善团体背景；志愿者为主体。如：乐施会（Oxfam）、天主教救济会（Catholic Relief Service）、世界宣明会（world vision）、明爱国际（Caritas Internationalis）	规模仍然较小；"南方"国家NGO开始成长，来源更多元化。如：阿迦汗基金会（Aga Khan Foundation）、无国界医生（MSF）、孟加拉乡村建设委员会（BRAC）、行动援助（Action Aid）	数量和规模快速膨胀；职业化和精英化，社会运动联盟、倡导网络等新形态。如：全球正义运动（global justice movement）、减债运动联盟（Jubilee 2000 Debt Relief Coalition）	"南方"国家组织进一步成长，跨国组织变革、去中心化、去西方化；组织创新，商业化与影响力的变革；如：Oxfam、Action Aid等大型组织的变革；社会企业与混合组织的兴起
新的焦点领域	人道主义救援（食品、教育、医疗、妇女儿童等）	社区发展（小额信贷、健康、教育、饮用水、农业等）、人道主义救援	减贫与社会发展；性别、原住民权利、环境保护、平等正义等议题；HIV/AIDs等全球健康议题；跨国公民社会运动与全球倡导	消除贫困；善治、应对气候变化；平等与正义；社会创新
资源来源	绝大多数来自民间，尤其宗教与慈善机构	开始引入少量官方资金	双边、多边官方资金大量注入并占较大比例	官方资金量增长并逐步稳定，民间资源持续增长
特征价值话语	宗教和慈善文化中的同情（compassion）、互助（mutual obligation）、博爱（caritas）、安全（Human security）、福利（well-being）、尊严（dignity）	去殖民化（Decolonization）、世界主义（Cosmopolitanism）、发展（development）、增长（growth）	替代选择（alternatives）、民主化（democratization）、公民社会（civil society）、发展权（development right）、社会正义（Social Justice）	合法性（legitimacy）；有效性（effectiveness）；自主（ownership），社会变革（social change），创业精神（entrepreneurship），影响力（impact）
特征行动话语	志愿（voluntary）、救助（relief）	社区发展（community development）；互惠（Reciprocity），参与（participation），赋权（empowerment）	以人为中心（people-centered）；赋权（empowerment），能力建设（capacity building）；治理（governance）；倡导网络（advocacy network）	结果导向（result-based），问责（accountability），创新（innovation），社会企业（social entrepreneurship），伙伴关系（Partnership）
特征角色	志愿者 救助者	救助者 社区资源动员者	服务提供者（执行者） 政策制度催化者 社会运动者/教育者	社会变革/创业者 服务提供者（执行者） 政策倡导者

际组织、跨国 NGO 开展活动的重要内容或规范；跨国活动的地域和领域选择深受官方目标体系和援助国资源分配的影响。当跨国 DNGO 在"普世"的善和人道主义价值中混入政治意识形态和援助国官方目标时，其公信力就遭受损失。

然而，NGO 与政府的合作，以及从私人领域到公共领域的拓展却是不可逆转的时代进程。问题在于 NGO 如何才能保持自身在话语和行动上的独立性和独特性，从而拓展政府所代表的公共领域。事实上 NGO 进入公共领域并不意味着所有 NGO 都抛弃了其在私人领域的价值，只是 NGO 数量变得更庞大，其行动方式正在发生分化而变得更加多元；官方发展援助资源对 NGO 群体越来越重要，但 NGO 也从来没有停止挖掘来自私人部门的资源，前文数据表明来自民间的国际发展资金也是在持续增加的；对官方资源的依赖也并非一定是单方面的，不必然带来独立性损失，美国、瑞典等国许多政府资金来源比例较高的 DNGO 也保持着影响政府援助政策的能力。另一方面，在任何存在政府的地方，都不能忽视政府在发展议题上的中心地位而对 NGO 有过高期待，NGO 的多元特征和合法性基础决定其不应该被赋予直接带来系统性变迁的期待，其价值更多是在中观、微观层面或边界上的创新，只有与政府等其他主体的合作互动才能通过局部创新撬动系统变革。

此外，最新关于社会创业（social entrepreneurship）、社会变革者（agents of change）的发展似乎已经超越了公－私领域相区分的话语范式，可以被认为正在进入跨界合作的第三域——社会创新域。新的范式更具问题导向，以社会改变（social change）为目的，不刻意区隔政府、市场或社会等手段和机制，强调合作治理、网络治理等行动组织形态；在过程上更强调系统性和可持续性，考虑到从地方、民间实验到创新扩散（scaling-up）、制度变迁乃至系统变革的全过程。在新的行动发展范式下，NGO 与政府、企业的合作成为创新的重要源泉，甚至 NGO 本身在组织形态上与政府、市场的边界也将日渐模糊。由此，NGO 既要坚守私人领域和作为市民社会成员的独特价值，也不能被三部门区隔的理论所禁锢而拒绝合作与创新。

（2）围绕"北－南"关系的变迁：从单向援助到平等合作

本质上来讲，国际发展援助一开始就是在依据经济社会发展程度对国家进行界分的"北－南"格局（North-South Divide）下发展起来的，国家的"北－南"界分也带来了"北方"NGO 和"南方"NGO 的界分。然而 2000 ~ 2016

年,"南方"国家的经济、政治地位大幅提升,在发展议题上的自主权和话语权不断增强,而中国、印度、巴西、印尼、土耳其等新兴援助国的兴起和"南-南"合作的进展更是在挑战传统格局及相对应的秩序和规范,国际发展正在由从"北"向"南"单向的"援助"向平等、互动的"合作"格局过渡。例如,从 OECD-DAC 的援助政策协调到联合国千年发展目标(MDGs)和之后的可持续发展目标(SDGs),国际发展逐步由少部分发达国家的援助事务转变为一个世界各国共同面对的全球发展议题,援助对发达国家来说逐步由国家战略变成其责任和义务;受援国的自主性(ownership)和与援助国(donor)的平等关系自 2005 年《巴黎声明》以来已经成为发展领域的核心共识和规范;最近 OECD-DAC 正在探讨组织转型以吸纳更多合作伙伴、促进更广范围的对话,其官方报告也更多地使用"发展合作"(development cooperation)而非"发展援助"(development aid)①。

"北-南"关系是理解跨国 NGO 一系列组织和行为范式变迁的重要视角。一些跨国 NGO 国际化与去中心化的组织变革,其实质就是跨国 NGO 在"北-南"关系变迁下剥离"西方 NGO""发达国家 NGO"标签,重新建构身份认同(Identity)的过程,也是适应未来发达国家援助和发展中国家本土资源此消彼长(包括更多援助资金直接流向发展中国家 NGO 的趋势)的战略选择。跨国 NGO 21 世纪以来活动的地方化(Localization)趋势以及强调地方创新,一部分原因也是越来越难以通过全球层面的倡导对发展中国家及地方决策产生影响。(Green,2015)"北方"跨国 NGO 与"南方"NGO 之间的关系也在发生变化,除了跨国 NGO 本身的本土化之外,在与当地 NGO 的合作中更强调平等关系和相互问责,而非"北方"NGO 作为资金分配者对"南方"NGO 的单向问责。

"北-南"大格局的变迁还在持续中,接下来还将对国际发展领域传统的 INGO 或跨国 NGO 产生更多影响。例如,越来越多来自新兴援助国的 NGO 加入跨国发展合作,它们可能竞争国际发展资源、带来不同的话语和规范,从而改变发展 NGO 的组织生态。"南方"国家 NGO、市民社会团体与"北方"国家 NGO 之间的张力在全球正义运动、世界社会论坛(World Social Forum)上已经

---

① OECD-DAC(2017),"A New DAC in a Changing World: Setting a Path for the Future"(Report of the High Level Panel),https://www.oecd.org/dac/Report-High-Level-Panel-on-the-DAC-2017.pdf,2017 年 9 月 1 日访问。

有诸多体现。最近一段时间以来，宏观环境的变迁也正在引起一些大型发展NGO的密切关注和讨论。

(3) 围绕"NGO-社会"关系的变迁：从志愿主义到职业主义

这里的"社会"是指NGO的会员或所代表的社会群体（constituency）。国际发展领域NGO和社会的关系总体呈现减弱的趋势，经历了志愿主义（voluntarism）下社会直接参与到职业主义（professionalism）下间接参与甚至疏离的变迁。具体表现在：20世纪90年代以后跨国NGO会员数量下滑（Davies, 2014）；以志愿者为主的组织形态衰落，而项目导向的专业执行组织、智库类组织等大幅增加，组织的重心由传教士、会员、志愿者转向职业运营管理团队和专家；跨国NGO越来越向资源上游流动，从直接参与社区工作到依靠当地组织伙伴，自身精力更多投入资源协调和项目管理；雇用了越来越多来自商界的职业管理人，并大量引入了企业管理工具，在达成社会目标的手段和组织内部的管理中有商业化（pro-business）的倾向；NGO与会员的关系减弱，直接参与的集体行动越来越多被捐赠关系取代；发展援助资金越来越向大型的、专业化程度较高的NGO集中，2011年全球八大DNGO收入总和达117亿美元，比2005年增长40%（Tomlinson, 2013：35）；市民社会内部发生主体分化，NGO作为专业组织群体与以成员参与和社会动员为基础的社区组织、宗教背景组织（Faith-based Organizations）、社会运动等逐渐区隔开来。可以认为NGO的这一变迁实际包含两个"疏离"——与传统志愿精神的疏离、与公民社会价值的疏离；两个"化"——商业化、精英化。知名行业媒体NGO Advisor在其2016年发布的第四版《世界NGO 500强》中总结道，"过去10年来，NGO离其起源的慈善事业越来越远"，其中提到的几个趋势，第一个趋势是"投资社会企业"，第二个趋势是"培育专家和职业人士"①。

上述变迁过程深受宏观资源环境变化的影响，也似乎反映了行业成长带来正式化、职业化的一般规律，其背后的因素包括：流向NGO援助资金增长（尤其官方资金），项目规模越来越大，复杂项目管理需要越来越多的专门人才；受新公共管理运动下效率原则的影响，官方资金在投入更多资金购买服务的同时也越来越注重结果导向，对项目评估和资金管理日趋严格，强化了NGO职业化

---

① NGO Advisor (2016), https://www.ngoadvisor.net/announcing-top-500-ngos-world-2016, 2017年8月27日访问。

的趋势；行业成长带来组织生态内的角色分工，跨国 NGO 与草根群体、社区组织分工合作使其自身与社会的联系间接化，基金会（包括私人基金会）的发展又使运作型 NGO 与支持者的联系间接化；互联网等新工具的运用虽然扩大了社会参与的范围，但这种"平台+松散个体"的联系与传统紧密组织的形式相比有很大的流动性、随意性，并使 NGO 本身的人员更精简、更精英化；NGO 转型引入商业思维和工具，也进一步增强了组织的职业化色彩。

NGO 与社会关系这类变迁的影响之一是加深了 NGO 在合法性（legitimacy）与问责（accountability）方面面临的压力。NGO 的跨国活动本来就面临诸多合法性和问责质疑，包括"北方"NGO 的身份并不能代表"南方"国家社会的利益；NGO 为了吸引"北方"国家的捐赠和曝光度，倾向于强调"北方"国家的利益和价值观；跨国 NGO 在国际场合的影响与其代表的人群不匹配；跨国 NGO 过于向捐赠机构（尤其政府和大型基金会）负责，而对社区、会员，以及其他利益相关方的回应不够。（Collingwood，2006：439 - 454）这些问题随着 NGO 的职业化而越来越突出。为了回应这些问题，DNGO 力图通过提升透明度来加强社会问责，并在决策程序中增加代表性，同时强调独立性、专业性和绩效作为合法性基础。例如，2006 年以后 Oxfam UK 开始定期发布合法性与问责声明；2008 年以来很多跨国 NGO 按照国际援助透明倡议（International Aid Transparency Initiative）确定的标准进行报告发布；InterAction 等伞状组织也通过发布行动准则（Code of Conduct）或其他标准来对本国或本领域跨国发展组织进行行业自律。

四　启示：中国 NGO 的身份建构

西方 NGO 的跨国发展活动有半个多世纪的经验和教训，将要走出国门的中国 NGO 必须去熟悉和尊重，同时西方 NGO 发展起来的部分理念、规范也值得中国 NGO 吸纳和遵守。但另一方面，从西方 NGO 跨国活动的历程和范式变迁过程可以看到，中国 NGO 至少面临着以下不同的组织特征和时代、文化背景。其一，组织起源不同。西方早期的跨国 DNGO 大多有宗教背景，慈善信念和民间性较强，在融入官方体系并大规模成长之前已经在目的国家有长期的活动积累；中国 NGO 在当下则来源各异，也缺乏历史积累。其二，面临的时机不同。西方跨国 DNGO 早期以人道主义救援为主，多在目的国家面临战争、饥荒等危机的背景下介入；中国 NGO 则是在中国国际影响力上升、国际环境复杂的背景下走出去。其三，被赋予的目标不同。西方国家早期跨国 DNGO 有很强的宗教慈善、人道主义、世界主义动因，20 世纪 80 年代之后则被赋予提高效率、抵御腐败（相对"政府-政府"发展援助模式）、创新模式等发展目标；中国 NGO 当下更多被期待的是民间交往、"争取民心"、塑造国家形象和提升国家软实力。其四，文化背景与话语体系不同。西方当代 NGO 除宗教慈善文化之外，深受新自由主义意识形态影响，民主化、公民社会、治理以及发展权、性别、公正等以权利为基础的话语在其行动范式中深有体现；中国 NGO 则一方面吸纳了不少西方话语，又同时包含慈心善举、家国情怀等特殊文化要素，尚未形成共识的、特征的话语体系。

因此，中国 NGO 必须反思国际主流话语、范式的建构和变迁历程，结合国际规范和自身独特的文化、价值、时代背景进行目标和身份（identity）建构，形成自己的特质。更由于中国当下是世界关注的焦点，一个 NGO 走出去的行为往往代表群体的整体形象，有志于走出国门的 NGO 应共同探讨并提炼出中国 NGO 可能的文化特征、特色、规范和话语，并通过建立行业性组织来设定共同的行为准则。这一过程需要对以下基本问题达成共识。

一是为什么要走出去。尤其到底是出于普世关怀还是大国责任？是作为 NGO 的独立意识还是政府间发展合作的补充？前者的指向是世界主义的，后者的指向则是国家形象和利益。二者在很多场合可以结合，但也存在冲突，中国 NGO 在这一点的倾向上到底应该如何定位？或者能否从"家-国-天下"的传统文化中发展出超越二者区隔的伦理、理论基础？中国传统精英有很强的国家情怀，NGO 领袖群体身上也很普遍，倘若缺少世界主义的平衡，很可能在跨国活动中面临动机合法性的质疑。但另一方面，中国 NGO 不可能、似乎也没有必要一定摆脱国家标签，因为初衷之一就是要代表中国形象。

二是要承载和传递什么样的价值。走出去的活动不仅是在传递实物、提供救济和解决实际问题，而体现在行动和交流中的文化、价值观才是提升国家形象和软实力的要旨。前文指出西方 NGO 传递的价值经历了由私人领域的慈善、人道主义价值到公共领域的民主、权利、参与等的过程，中国历史、文化、制度乃至公益慈善传统中的哪些价值是最具有特征和普世意义的？哪些是适合通过 NGO 呈现和传递的？

三是要有什么样的行动准则或范式。一方面要从国际经验和规范中借鉴，如独立、赋权、参与、自主、有效性、透明、问责、伙伴关系、可持续等；另一方面也要充分体现中国经验和中国特征，如更务实和注重结果导向而非注重权利导向（right-based）、不干涉政治和输入意识形态等。

四是与各方形成什么关系。包括与中国政府的关系、与中国社会的关系、与"一带一路"倡议沿线国家政府及社区的关系、与国际社会及其他跨国NGO的关系。如：与政府在哪些方面和场合保持独立，而在哪些方面必须协作？如何争取国内社会的支持以及如何在专业化和吸纳国内社会公众参与之间找到平衡？与目的国政府、社区是单向援助关系还是互动合作关系？如何与INGO或发达国家NGO协同的同时又保持自身的特征与影响力？

五是要塑造什么样的集体特质和形象。中国政府和企业在海外传递的优秀特质如务实、专业、协调、高效等是否也能在中国NGO跨国行动中得到体现？还有哪些是NGO可以塑造的特质？例如，有非洲的NGO同行称赞中国NGO高度的爱国和尽责特征，以及中国NGO与政府保持高度协调①。在塑造集体特质方面，比欧美NGO更务实的、更注重民间互动的日本NGO有很多经验值得中国NGO学习。

参考文献

Agg, C. (2006), "Winners or Losers? NGOs in the Current Aid Paradigm", *Development*, 49 (2).

Bebbington, A. J., et al. (2008), "Can NGOs Make a Difference? The Challenge of Development Alternatives", London: Zed Books Ltd.

Charnovitz, S. (1997), "Two Centuries of Participation: NGOs and International Governance", *Michigan Journal of International Law*, 18, 2, pp. 183 – 286.

Collingwood, V. (2006), "Non-governmental Organizations, Power and Legitimacy in International Society", *Review of International Studies*, 32.

Davies, T. (2014), *NGOs: A New History of Transnational Civil Society*, New York:

---

① Namazunda, C. (2017), "Malawi NGO Board Draws Chinese Lessons from Hard Work and Patriotism", https://www.nyasatimes.com/malawi-ngo-board-draws-chinese-lessons-hard-work-patriotism, 2017年9月11日访问。

Oxford University Press.

Fowler, A. (2000a), "Beyond Partnership: Getting Real about NGO Relationships in the Aid System", *IDS Bulletin*, 31 (3).

Fowler, A. (2011), "Development NGOs", in Michael Edwards (ed.), *The Oxford Handbook of Civil Society*, New York: Oxford University Press.

—— (2000b), "NGO Futures: Beyond Aid: NGDO Values and Fourth Position", *Third World Quarterly*, 21 (4).

—— (2000c), "NGDOs as a Moment in History: Beyond Aid to Social Entrepreneurship or Civic Innovation?" *Third World Quarterly*, 21: 4.

Green, D. (2015), "Fit for the Future: Development Trends and the Role of International NGOs" (Report for Oxfam).

Hailey, J. (2016), "Global Trends and Challenges: Strategic Implications for NGOs", Paper Presented at ISTR Conference, Stockholm, July 2016.

Hauser Center for Nonprofit Organizations at Harvard University (2010), "Adaptation and Change in Six Globalizing NGO: Drivers, Tensions and Lessons".

Hudson Institute (2016), "The Index of Global Philanthropy and Remittances".

Korten, D. C. (1987), "Third Generation NGO Strategies: A Key to People-centered Development", *World Development*, 1987.

Korten, D. C. (1990), *Getting to the 21st Century-voluntary Action and the Global Agenda*, Hartford: Kumanian Press.

Lewis, D. & Kanji, N. (2009), *Non-governmental Organizations and Development*, New York: Routledge.

Lipschutz, R. (1992), "Reconstructing World Politics: The Emergence of Global Civil Society", *Millennium: Journal of International Studies*, 21 (3).

OECD (2011), "How DAC Members Work with Civil Society Organizations: An Overview".

Salamon, L. M. (1994), "The Rise of the Nonprofit Sector", *Foreign Affairs*, 73 (July-August).

Tomlinson, B. (2013), "Working with Civil Society in Foreign Aid" (Report of UNDP China).

History, Discourse and Paradigm Shift: NGOs in International Development Aid

Lan Yuxin

[**Abstract**] While Chinese NGOs are trying to go abroad under the "One Belt One Road" initiative, understanding the existing niche, discourse, and paradigm of mainstream transnational NGOs in current international development aid system is crucial for Chinese NGOs to adapt and develop their own identity on value and norms. Base on key scholars' observation, historical facts and related data, and bearing the macro history of transnational NGOs and evolvement of international development system in mind, this article analyzed the organizational development and historical changes of action strategies and discourses for mainstream NGOs in international development. Three macro aspects behind the change process are introduced to understand and evaluate the current action paradigm and discourses, namely shifting from private domain to public domain, one-way aid to equal cooperation, and voluntarism to professionalism. In the end, the differences between Chinese NGOs and current mainstream transnational NGOs on organizational origins, timing, aims and discourse background were pointed out, and five critical questions were put forward to answer for Chinese NGO's identity building.

[**Keywords**] Social Organization; Non-governmental Organization; Foreign Aid; Internationalization

(责任编辑　李长文)

国际 NGO 发展与研究述评*

〔美〕约翰·博尼 著**

杨 丽 李 帅 李慧杰 游 斐 译

【摘要】 国际社会存在一个全球第三部门,它以国际非政府组织(国际 NGO)为主体,在全球经济与全球政治之外开展活动。尽管近年对国际 NGO 的关注激增,但人们对全球第三部门依然知之甚少。1850 年以来,国际 NGO 的发展经历了几个重要时期:19 世纪下半叶为形成期,该时期成立的国际 NGO 有明确的全球化视野;两次世界大战虽然打乱了国际 NGO 的发展步伐,但休战期间,尤其是第二次世界大战结束后国际 NGO 呈现快速增长趋势;二战以后活跃在某一区域而非全球化定位的国际 NGO 增加;截至 21 世纪初,国际 NGO 几乎横跨整个人类活动的范围。国际 NGO 主要从事三种类型的活动:收集、产

---

* 本文为国家社科基金一般项目"中国 NGO 走向世界研究"(编号:15BGJ002)的阶段性成果。文章英文名为"International Nongovernmental Organization",首次发表于 Walter W. Powell & Richard Steinberg 主编的 *The Non-profit Sector: A Research Handbook*(2nd editon)(2006),纽黑文:耶鲁大学出版社,第 333~354 页。感谢 Walter W. Powell 教授授权中文翻译,感谢 John Boli 教授对本文翻译的支持。感谢 2015 年秋季"学习俱乐部·悦读会"的成员曾树群、宋逸男等积极参与该文的翻译讨论,提出宝贵的修改意见。

** 约翰·博尼(John Boli),美国爱默尔森大学教授。杨丽,北京师范大学中国社会管理研究院/社会学院副教授、国际 NGO 与基金会研究中心主任;李帅,北京师范大学中国社会管理研究院/社会学院硕士、国际 NGO 与基金会研究中心研究助理;李慧杰,吉林大学行政学院行政管理系讲师、北京师范大学国际 NGO 与基金会研究中心特约研究员;游斐,北京师范大学国际 NGO 与基金会研究中心特约研究员。

出及传播大量信息；主办各种会议；影响国际社会中的其他主体。多数广为人知的国际 NGO 主要关注环境、人权、发展等问题，其实这只是国际 NGO 中很小的一部分。随着第三部门日渐受到重视，国际 NGO 作为全球公共治理代言人的角色在全球治理中的重要性开始凸显，甚至在诸多社会领域占主导地位。在全球治理过程中，国际 NGO 与国家、政府间国际组织、跨国公司以及其他组织的关系密切而复杂。

【关键词】 国际非政府组织（国际 NGO、INGO）　国际社会　全球治理　全球化

非营利部门通常与一个国家的社会联系在一起，由处于"政府和市场之间"的"第三部门"中的组织与社团组成（Wuthnow，1991）。这些组织在商业和政治领域之外开展活动，如服务组织、流动厨房、休闲俱乐部、非营利医院、动物保护组织、私立学校等。国际社会也存在类似的全球第三部门，在全球经济（跨国公司主导，由国际货币基金组织和世界贸易组织等政府间国际组织进行管理）和全球政治（以联合国为中心）之外运行。全球第三部门以国际 NGO 为主，涵盖所有超越国家边界与司法管辖、追求跨国目标而组织起来的志愿协会、联合会、社会团体、联盟、理事会、大会和委员会等。国际 NGO 十几年来颇受关注（Charnovitz，1997；Florini，2000；Keck & Sikkink，1998；Hulme & Edwards，1997；Boli & Thomas，1999；Willetts，1996），许多国际 NGO 广为人知，如大赦国际、人权观察、"国际笔会"等人权组织（Castermans et al.，1991），世界自然基金会、绿色和平和热带雨林行动网络等环境组织（Frank et al.，1997；Wapner，1996；Lipschutz & Mayer，1996），红十字会、无国界医生组织、世界宣明会和凯尔国际等救济和发展组织。

尽管近年对国际 NGO 的兴趣激增，但人们对全球第三部门还知之甚少，有关该部门的综合研究也较少①，该部门远比人们意识到的要广泛与丰富得多。目前有 6000～7000 个完全意义上的跨国国际 NGO 在运行，同时还有成千上万个具有跨国导向的非政府组织。从电机工程到美食烹饪，从橡胶生产到斯宾诺莎哲学研究，国际 NGO 实际上横跨整个有组织的人类活动的范围。

---

① 早期概述参见（Speeckaert，1957；Feld，1971）。

国际NGO有很深的历史渊源，远比普遍认为的深远得多。许多观点认为，国际NGO是新自由主义在全球胜利的结果，仅从20世纪90年代才突然开始蓬勃发展。然而，国际NGO的形成期是19世纪下半叶，甚至早在第一次世界大战之前，就已有数量庞大而复杂的国际NGO存在。同样，国际NGO在世界社会中的作用领域及其重要性也被严重低估，尽管近年来这种倾向开始得到纠正。因此，本文主要基于三个目的：

一是对过去150年来国际NGO的发展进行全面综述；

二是全方位描述国际NGO活动的范围，让远离公众视线的各类国际NGO得到关注；

三是揭示国际NGO在全球治理过程中如何运作，强调国际NGO与国家、政府间国际组织、跨国公司的关系以及国际NGO对它们的影响。

一 国际NGO的起源及其自1850年以来的发展

表1总结了1909~2000年国际NGO的发展情况，有几类是近年才出现的。A类指国际NGO联盟，其成员本身就是大型的国际NGO，如国际科学联盟、世界电影电视协会、世界贸易联盟联合会。B类到D类成员分布各不相同，B类为"全球"国际NGO，其成员至少分布在60个国家，或者成员来自30个以上国家且各大洲分布均衡；C类为"洲际"国际NGO，其成员来自至少两个洲以上的许多国家，但成员的洲际分布不如B类普遍；D类为区域国际NGO，其成员来自一个大洲或区域。表1也揭示了各类活跃的国际NGO总数，包括有国际导向的各种组织，如智库、基金会、研究中心和授奖类社团等。

表1 1909~2000年国际NGO和IGO的数量①

单位：个

年份	1909	1920	1931	1940	1951	1960	1972	1981	1991	2000
国际NGO（INGOs）										
所有"常规的"国际NGOs	374	474	801	841	1307	1987	2976	4265	4620	6357

① 资料来源：国际协会联盟历年《国际组织年鉴》。注：1909~1972年的数据基于1988~1989年与1984~1985年年鉴中成立和解散的日期。由于数据缺失，实际总量被低估了。

续表

年份	1909	1920	1931	1940	1951	1960	1972	1981	1991	2000
国际 NGO（INGOs）										
（A类）组织联盟	—	—	—	—	—	—	—	43	39	37
（B类）全球性组织	—	—	—	—	—	—	—	370	427	475
（C类）洲际性组织	—	—	—	—	—	—	—	859	773	1063
（D类）区域性组织	—	—	—	—	—	—	—	2991	3381	4782
其他国际 NGOs	—	—	—	—	—	13	622	5133	11493	11966
特殊类型	—	—	—	—	—	—	—	539	2654	6946
目前所有活跃的国际 NGOs	374	474	801	841	1307	1987	2976	9937	18767	252694
政府间国际组织（IGOs）										
所有"常规的"IGOs	37	—	—	—	123	154	280	337	297	243
其他 IGOs	—	—	—	—	—	—	—	702	1497	1593
特殊类型	—	—	—	—	—	—	—	—	306	709
目前所有活跃的 IGOs	37	—	—	—	—	—	—	1039	2100	2545

资料来源：国际协会联盟，多年《国际组织年鉴》。其中 1909～1972 年的数据基于 1984～1985 年、1988～1989 年《国际组织年鉴》使用的成立与消亡日期数据。因有数据缺失，故总数有所低估。

国际 NGO 的扩散令人慨叹，过去 90 年里，活跃的国际 NGO 数量从不足 400 个增长到 25000 多个，特别是在近 20 年里，B 类、C 类、D 类国际 NGO 数量增长尤为明显。① 非营利部门在全球与国际层面持续地迅速扩张，使得国际 NGO 数量庞大，而且它们围绕不计其数的社会活动和议题形成一个又一个令人眼花缭乱、错综复杂的全球网络。表 1 的下半部分表明，政府间国际组织（IGO）的数量也在迅速增加，不过同一时期，国际 NGO 的数量超过政府间国际组织，达 7～12 倍。

---

① 在学术和通俗出版物中经常提到 40000 到 50000 个组织，但这源于对国际组织年鉴统计数据的粗心阅读。2000 年的《国际组织年鉴》（第 549 页）列出了"各类总数"为 50373 个，但这个数字应该减去 17508 个"目前不活跃的非常规机构"、4023 个"解散或显然不活跃的组织"、3370 个"国家组织"、2028 个"多边条约和政府间协定"的组织以及其他几类。

定义和数据

表1的数据来自历年的《国际组织年鉴》（YIO）。《国际组织年鉴》由国际协会联盟（UIA）出版，是获取国际组织信息的主要来源。国际协会联盟总部在布鲁塞尔，是1907年国际文献研究所的秘书长 Paul Otlet 和比利时议员、伯尔尼常设国际和平办事处主席 Henri La Fontaine（1913年 La Fontaine 获得诺贝尔和平奖，Otlet 也参与了 La Fontaine 的国际和平事业）建立的。① 1910 年在布鲁塞尔召开的第一届国际组织全球代表大会，采用 UIA 这个名字，一直沿用至今。UIA 积极游说议员成立国家联盟和国际知识合作机构（UNESCO 的前身），并且在20世纪20年代成立了第一所国际大学。第一本《国际组织年鉴》出版于1909年，共有约200家国际组织的信息。② UIA 逐渐成为国际组织信息的重要数据库，也因之成为联合国准官方信息来源。

国际协会联盟对国际 NGO 的界定与识别与对国内非营利组织的界定和识别类似：指任何在非营利基础上运作且不是国家产物的组织。然而，这个界定只是一个简单描述，UIA 交流与研究部现任主任 Anthony Judge 就如何更好地勾画国际 NGO 写了大量文章。联合国经社理事会（ECOSOC）的定义开了个好头："任何国际组织，凡不是经由政府间协议创立的，都被认为是为此种安排而成立的国际 NGO，包括接受政府当局指定之成员的组织在内，但此种成员须不妨碍该组织自由表达意见"③。不过，这个定义并没有明确排除以营利为导向的公司，但有暗示国际 NGO 自愿结社的特征，而且对于 ECOSOC 来说"国际组织"不包括商业公司。联合国新闻部（2004）做了更为详尽的规定：

> 非政府组织（NGO），指在地方、国家或国际层面上组织起来的非营利性的自愿公民组织。非政府组织以任务为导向，由志趣相同的人们推动，提供各种各样的服务，发挥人道作用，向政府反映公民关心的问题，监督

---

① 国际文献研究所、伯尔尼常设国际和平办事处都是国际 NGO。
② 摩纳哥国际和平研究所（Institut international de la paix of Monaco）在1905年、1906年和1907年出版了《国际生活年鉴》（Annuaire de la vie internationale）。UIA 与其紧密合作，参与了1908~1909年版年鉴的编写并最终将其打造为国际组织年鉴。更多信息参见 UIA 官网 http://www.uia.org/uiaprof/history.php。
③ 参见 Judge, A. (2000), "Types of International Organization", Brussels: Union of International Associations, Available onlineat http://www.uia.org/organizations/orgtypes/orgtypea.php。

政策制定与实施，鼓励社区层面的政治参与。他们提供分析、专家与专业知识，充当早期预警机制，帮助监督和实行国际协议。

联合国新闻部的这个定义将国内非营利组织囊括其中，在结构或成员方面并没有明确国际性。这种"NGO"用法十分常见——无论是从业者还是学者都随意使用，并不区分国内、国际或全球组织。这个定义也过分强调了国际NGO活动的社会服务和政治倡导方面，其实很多国际NGO完全关注与此完全不同的诸多其他领域。

Judge指出，由于国际组织的多样性，很难将其全部抽象地融入国际NGO的定义中。不过，《国际组织年鉴》的编者制定了辨识国际NGO的七条规则，涉及"目标、会员、治理结构、人员、财务、自治和活动。试图只包括那些面向三个或三个以上国家的组织"①。这些规则的核心意思是，国际NGO必须高度自治，能证明国际导向以及以合理的、明确的目标为导向的、持续的活动。鉴于"国际"二字隐含着对国家之间相互作用的强调，UIA倾向于把国际NGO界定为国家层面之上的"跨国社团"（transnational associations），但没有被广泛采用。

《国际组织年鉴》的数据能够达到人们预期的及时性和完整性（Boli & Thomas，1999）。UIA和众多的国际NGO（最新提到的数量是25000个）保持定期联系，同时多渠道广泛收集信息，辨识新成立的国际NGO并更新现有组织的活动。新成立组织很少即刻出现在《国际组织年鉴》中，不过成立五年之内，大部分都能被识别出来。因此，《国际组织年鉴》会低估出版前一年度运行的国际NGO数量，但尽管如此，UIA的数据库依然是最可靠、最完整的信息来源。

形成时期（1850～1910年）：一个世界的意识形态

20世纪90年代，国际NGO突然吸引了公众和学者的关注，但从表1可以看出，国际NGO体系已经运行很久了。第一批国际NGO出现于1850年之前，如英国和外国反奴隶社团（1839年成立）、世界福音派联盟（1846年成立）。此后，各领域均有国际NGO的身影：青年基督教协会世界联盟（1855年成

---

① Judge, A. (2000), "Types of International Organization", Brussels: Union of International Associations, Available onlineat http://www.uia.org/organizations/orgtypes/orgtypea.php.

立），世界眼科协会（1861年成立），红十字会国际委员会、国际工人联合会（第一国际）和国际大地测量学会（同在1864年成立），国际法改革和编纂协会（1873年成立），国际海上保险联盟（1874年成立），世界基督教妇女节制联盟（1883年成立），国际文献研究所（1895年成立），还有国际护士理事会（1899年成立），等等。我们发现，早期的国际NGO主要致力于人道事业、政治活动、科学、国际法、商业、道德议题、知识和职业发展，当然也有许多其他类型的国际NGO。

理解国际NGO发展的另一种方式，是关注每10年间新成立国际NGO的数量。从1851年到1860年，只有5个国际NGO成立；从1871年到1880年，有22个新国际NGO成立。紧接着的两个10年分别出现了38个、95个新的国际NGO，1901年至1910年令人吃惊地新增261个国际NGO，可以说，国际NGO数量以指数增长。1850年至1910年是第三部门国际化和全球化的第一个浪潮，同时，强有力的经济全球化浪潮也出现于该时期。

这一时期欧洲列强占主导地位，将帝国主义势力扩张到全球。相应地，1910年之前成立的大多数国际NGO带有欧洲血统，尽管它们吸收的成员来自全球许多其他地区，尤其是美洲。然而，就参与其中的地理学家、律师、产业工人、妇女权利倡导者、禁酒主义者、自行车赛车手、工程师、食糖生产者、牙医、摄影师、囚犯家属、数学家、伦理学家、酒商、消防员、犹太复国主义者、溜冰者、保险商、探险者、检查员和自由思想家的视角而言，所有这些团体乃至更多形成时期成立的国际NGO，都不是欧洲组织或者致力于欧洲议题。相反，几乎所有在第二次世界大战之前建立的国际NGO都有明确的全球化视野、导向、目标和致力的领域。它们明白世界只有一个，这个社会包含着所有人类。在命名组织时，它们不仅使用了"国际"还用了"世界"、"全球"、"联邦"和"联盟"（全球联合的意义上）来描述它们自己。"国际"通常更接近"跨国"的概念——这些组织超越民族和国家来解决问题、整合知识、支持竞争，还为全世界受压迫的群体争取权益。它们欢迎来自世界各个角落的成员，希望争取尽可能广泛的个人和社团。事实上，对很多早期的国际NGO而言，灾难性的暴力和不公正应该归咎于民族国家体系，因此超越单一民族国家和民族主义是刻不容缓的事情。也许，在国际NGO形成时期，由促进和平、和谐和各民族间合作的各种机构所组织和支配的"一个世界"的意识形态，空前绝后地占主导地位。

两次世界大战之间的时期

在民族主义和全面冲突猛烈爆发的情况下，两次世界大战破坏了经济全球化，也扰乱了强有力的全球化浪潮。从1914年到1918年，当战争席卷欧洲大陆时，只有39个国际NGO成立，20世纪10年代的其他5年成立了134个。但是，在两次世界大战之间，国际NGO并没有被"打入冷宫"，恰恰相反，第一次世界大战造成的民族主义创伤很快让位给急剧发展的跨国化（transnationalization）浪潮：20世纪20年代（每年38个）比20世纪00年代（每年26个）有更多的国际NGO成立，到20世纪30年代国际NGO数量增长仅略有下降（大约每年30个）。战争同时也促进了国家间的正式合作，其中最重要的是国家联盟和国际劳工组织的成立，同时也有其他政府间国际组织（尽管IGO在第二次世界大战结束之后依然少见，在1940年之前只有不到100个成立）。这股国际主义浪潮，专门寻求阻止未来战争的发生，以及找到巩固和保护和平的方法，因此，在两次世界大战之间有很多这种类型的国际NGO成立。而战争之前，仅有少数国际NGO明确关心世界和平、国际法或国际和谐。

战后扩张：快速持续增长

在1939~1945年第二次世界大战期间，每年只有14个国际NGO成立，1944年跌至9个。战争结束后，国际NGO数量的增长比20世纪20年代更为惊人，以火箭速度恢复增长：1945年35个国际NGO成立，1946年68个，1947年91个（远远超过1921年国际NGO的最高数量41个）。此后，几乎每年新成立的国际NGO数量都超过100个，正如表1所示，20世纪90年代，国际NGO数量持续快速增长。

战后，国际NGO的两个发展趋势值得关注。第一个趋势是区域性国际NGO数量增加。此处的"区域性"并非指国际协会联盟的D类中成员在地理上的分布，而指组织明确的焦点或活动范围是区域性的，也就是说，这些国际NGO把自己局限在世界的某一部分而不是覆盖全球。截至20世纪60年代，新成立的国际NGO中，几乎有一半是区域性的而不是全球性的。这是战后时期与前两个时期最显著的差异：前两个时期，绝大多数的国际NGO（超过80%甚至高达90%）声称自己是完全意义上的全球化定位，即解决全球及相关议题。

第二次世界大战结束后不久，许多类型的区域性国际NGO出现。其中最重要的是地理区域性机构（geographic regional bodies）（如1957年成立的拉丁美洲旅游组织联盟、1958年成立的中东神经学学会），也有亚全球化的许多其他类型：如语言区域性组织（1950年法语国家科学心理学协会）、宗教区域性组织（1962年世界穆斯林联盟）、前帝国区域性组织（1946年英联邦工程师协会），等。地理区域性国际NGO在欧洲很常见，但它们也在世界其他地区快速增长，尤其是在拉丁美洲和亚洲。

第二个新趋势是同一社会部门或者相关社会部门的国际NGO网络化。国际交流变得更加便捷，国际NGO发现保持日常联系、协调行动、参加联合活动也更加容易。这样的网络在环境保护、妇女权利、人权、发展援助（Keck & Sikkink, 1998）等领域讨论最为广泛，在不那么显眼的国际NGO领域也很常见，特别是在技术、科学、知识、医学和商业领域。这些网络会延伸到全球其他类型的主体，特别是IGO和跨国公司，下文将对国际NGO与IGO、跨国公司的关系进行专门探讨。

截至21世纪初，有超过6000个完全意义上的全球或跨国国际NGO在运行，它们几乎覆盖了所有能想到的各类活动或议题领域。其他成千上万个具有国际、跨国或全球定位的志愿、社团组织，对它们构成有益的补充。同时，成百上千的国内NGO与国际NGO也有不同强度的关系。许多国际NGO在各自社会部门成为全球治理的领头组织，很大程度上类似世界贸易组织和万国邮政联盟，以国家为基础，在各自领域占有主导地位，成为全球治理的重要机构。该话题下文也会探讨。

结构和运行

国际NGO的基本要素是感兴趣的个人，无论是桥牌玩家还是桥梁建设者，动物权利活动家或是职业猎人。大多数国际NGO是个人或团体志愿组织。小部分是伞型联盟，如国际科学联合会汇集了数十个顶尖的科学国际NGO，被认为有能力作为一个整体代表世界科学发声。商会、行业协会类国际NGO跟大多数国际NGO的不同之处在于，它们的会员通常是公司。大型公司通常是跨国公司，可能是个人会员，但大多数商会类国际NGO的主要会员是公司协会，一般是国家行业协会或贸易协会。很少有国际NGO允许国家或政治性团体成为其会员，像国际劳工组织这种混合性组织（将劳工、雇主和国家联结在一起）十分罕见。

国际 NGO 的结构通常遵循世界标准模式：理事或顾问组成理事会来监督治理；中层管理人员由会员选举产生，受秘书长、理事长或主席领导；员工由正式雇员和志愿者组成，通常志愿者做大部分日常工作；选举或志愿者委员会完成专门工作。严格意义上的国际 NGO 以民主、平等治理为准则：每个成员拥有一票（即使对于多数商会类国际 NGO 的公司会员也是如此），所有会员都有资格当选，最终决定要获得多数票通过（尽管协商一致的决策常常是首选），鼓励反对或批评的声音。

这种标准模式的变体很多：治理理事会可任命执行官员；会员资格在享有全部权利的会员与准会员或学生会员之间可能有所区别，后者的参与权更少；会员费可以和收入相关，特别是在职业类或商会类国际 NGO 中，而后者的投票权重有时和所支付会员费成正比。尽管如此，大体上国际 NGO 还是推崇会员平等、积极参与，同时对每一位会员的倡议都持开放态度。

活　动

国际 NGO 的活动，涉及范围广泛，无法一一列出，但主要存在三类。

第一，收集、产出、传播海量信息。国际 NGO 在环境问题、桥牌叫牌系统、建筑材料强度、乳腺癌治疗、政治犯、彗星观测等领域收集、产出、传播大量信息，而这只是提到的几个领域而已。它们出版通信、报告、书籍和贸易杂志。它们给会员或潜在会员寄送信件、发送电子邮件来呼吁行动，获得支持。它们发布新闻、提交报刊文章、投放广告等，吸引人们对其活动或事业的关注。

第二，主办会议、讨论会、大会、工作坊、研讨会、比赛以及许多其他集会。集会既包括顶尖的全球盛事如奥林匹克运动会、世界杯，以及在联合国重大活动时召开 NGO 论坛①，如 1992 年在里约热内卢举办的环境与发展会议、1975 年在墨西哥城举办的国际妇女年世界会议等，也包括许多只有各自会员和支持者知晓的一年一次或两年一次的国际 NGO 会议。这些集会充分显示了这些组织及其活动的跨国特征，强化了其跨国视野与会员定位。这些集会也巩固了国际 NGO 与国内 NGO 的联系网络，因为许多全球性国际 NGO 的集会涵盖了世

---

① 关于"平行峰会"，参见（Pianta，2001）。

界各地的国家与地方团体。

第三，试图影响国际社会的其他主体。社会运动类国际 NGO 主要针对的对象，既包括诸如世界贸易组织、国际货币基金组织、联合国开发计划署和世界卫生组织等 IGO，也有各国政府（敦促它们改善污染控制、保护同性恋、停止审查媒体等）和特定的跨国公司（指责它们污染地球、剥削欠发达国家等）。国际 NGO 还针对区域和地方政府部门，旨在绕过国家在特定地区实现特定目标。贸易和行业团体也游说 IGO 和政府，显而易见，它们的目的完全不同。对于贸易和行业团体，以及技术、科学类和其他政治性不甚明确的国际 NGO 而言，游说往往是间接的，它们通过与各国国家协会组建更具包容性的世界机构来进行。有时，国际 NGO 也游说其他国际 NGO，如国际单项体育联合会争取国际奥林匹克委员会同意它们的运动项目进入奥运会。

会员趋势

国际 NGO 及其会员最初集中在欧洲和美洲，但这种现象日趋减少，非西方国家的人们在国际 NGO 中越来越活跃，且很多新成立的国际 NGO 并非西方起源。我们无法系统计算国际 NGO 会员究竟来自多少个国家，但对大多数国际 NGO 而言，《国际组织年鉴》列出的会员国家，指该组织在这个国家至少有一个会员。这些名录能让我们判断各国居民加入国际 NGO 的数量——如 1960 年，肯尼亚、泰国和奥地利居民加入的国际 NGO 数量，分别是 72、125 和 656 个。我们也能研究这些数字随着时间推移的发展情况，截至 1988 年，三国加入国际 NGO 的数量分别增加到 603、661 和 1773 个。通过这种方法，我们可以理解国际 NGO 的参与度，但不是加入国际 NGO 的总人数。

1960~1988 年，完全意义上的跨国国际 NGO（A–D 类）的会员覆盖幅度数据从 1987 个增加到 4474 个，约增加 125%（Boli et al., 1999）。对于所有国家（或独立之前的殖民地）来说，居民加入国际 NGO 的平均数从 1960 年的 122 个上升到 1988 年的 485 个，接近 300% 的增长——比国际 NGO 数量的增长要快得多。然而会员增长幅度分布不均：非西方国家会员数量的增长要比西方国家更快：非洲（667%）、太平洋（489%）和亚洲（396%）各国要比欧洲和美洲（分别为 228%、283%）增长的百分比更高。类似的，会员在贫困地区的增长幅度要比富裕地区更快。如果我们按照人均国内生产总值把所有国家四等分，我们会发现最贫困的两部分，其参与的国际 NGO 数量增长最快（最贫困的

25%的国家，其参与增长率是352%，次贫困国家是376%），同时次富裕国家，其参与增长率是307%，最富裕地区增长率最低（176%）。非西方国家会员数量增长速度更快，一方面体现在新兴国家参与度增长比老牌国家更快，另一方面非西方文明国家（如伊斯兰教、土著或民间宗教占主导地位的国家）参与国际NGO的数量增长要比新教徒、天主教国家更快。因此，尽管欧洲人和美洲人（北美和南美）仍旧比非西方国家居民参与更多国际NGO，但这个差距正在迅速缩小。

总之，几十年来，来自世界各地的人不断涌入国际NGO，而非欧洲、非西方、贫困国家的人们，在扩大其参与方面尤为迅速。这些基本范式得到具体领域国际NGO研究的证实，如Meyer、Frank等（1997）关于环境类国际NGO的研究，Schofer（1999）对科学类国际NGO的考察。当国际NGO群体不断壮大，来自更多国家的更多人加入到日益广泛多样的国际NGO，这使得国际NGO本身也更加全球化（或者更充分的区域化）。

语言应用

与会员趋势形成鲜明对照，《国际组织年鉴1999－2000年》关于国际NGO所使用的官方语言统计数据显示，欧洲语言占绝对主导地位。迄今为止，在10023种官方语言中（任何组织通常使用两三种语言），英语最为常用，被4194个国际NGO使用，约占国际NGO总数的42%。① 第二是法语，其被2298个国际NGO使用。第三是德语（1023个）和西班牙语（914个）。这四种语言占全部官方语言总数的84%。接下来使用较多的六种官方语言，分别是意大利语（212个）、荷兰语（190个）、阿拉伯语（190个）、葡萄牙语（200个）、瑞典语（136个）和俄语（131个），其中只有两种不是欧洲语言，所占比例合计不超过11%。另外三种语言分别是丹麦语（100个）、韩语（12个）和克里奥尔语（1个），至少被一些国际NGO使用，所占比例为5.5%。还有一种人工语言世界语，被5个国际NGO使用。因此，英语仍旧是绝大多数完全意义上的国际NGO使用的官方语言，使用法语的国际NGO数量超过50%，使用德语和西班牙语的国际NGO大约各占20%。来自非西方国家的人们在国际NGO中的参与度迅速扩展是在严重依赖欧洲语言的背景下进行的，欧洲语言依然是国际社会

---

① 为与本文其他大部分数据保持一致，只有属于国际协会联盟类别A－D类的国际NGO被包含在语言的计算中。《国际组织年鉴》中所有组织模式与更严格的国际NGO系列非常类似。

互动交流中重要的语言。

互联网的影响

互联网经常被描述为对全球非政府组织做出了巨大贡献（Naughton，2001），而不仅仅只是为国际NGO提供了便利。国际NGO在其网页链接许多同类组织，同时也与它们在信息、咨询、建议和分享计划等方面保持频繁联系。互联网使得协调之前不可能的大规模活动成为可能，带来令人吃惊、更广为人知的结果。最引人注目的是禁雷运动（其中谦和的领导者之一Jody Williams赢得1997年诺贝尔和平奖）的成功，它针对各国政府、联合国机构、全球政治领袖和公众，仅仅六年时间就成功酝酿一项禁止杀伤性地雷生产、使用的国际公约，并于1999年生效。近年值得一提的活动包括对经济合作与发展组织（经合组织）多边投资协定的强烈反对，最终经合组织放弃该协定；动员抗议世界贸易组织在1999年西雅图会议上的政策；以及这些年针对世界贸易组织、国际货币基金组织、世界经济论坛的会议做出的努力。

很有意思的互联网涟漪称为网环，即各组织一个连一个排成一个甜甜圈，没有中心机构占据甜甜圈的空间。网环鼓励使用者从一个组织到另一个组织，了解整个链条的国际NGO，从而对该网环在特定领域探讨的主要议题与事业有更加全面的理解。多数环包括一个"随机跳跃"设备，让使用者随机选择环的位置，从而将访客均匀分布于构成环的各个组织中。

国际NGO活动的社会领域

概　况

多数广为人知的国际NGO关注环境、人权或妇女权利、发展、灾害救援或者劳工问题，但是这些领域只涉及国际NGO数量中很小的一部分。表2显示了三个时期成立的国际NGO活动领域的分布情况：截至1910年，国际NGO的数量达到第一个高潮；1911~1945年，包括了混乱的世界大战时期和两次世界大战之间的时期；1946~1988年，国际NGO数量爆发并开始细分为全球性和区域性的组织。① 排在第四列的是1988年活跃的国际NGO活动领域的分布情况。

---

① 基于Boli和Thomas（1999）的数据库，只有1988年之前成立的组织才被包含在内。

从表2可以明显看出，占主导地位的是关注商业、科学、医疗、知识、技术、基础设施及体育与兴趣爱好的国际NGO，这些类型的国际NGO（前六类）在1988年所有活跃的国际NGO中占66.8%，在1945年之后成立的国际NGO中占65.3%，在1910年之前成立的国际NGO中占49.5%。关注权利、环境、救济和发展的国际NGO，可以分为关注"个人权利/福利"和"世界政治导向"两类（后者包括广泛关注全球的环境、国际法、和平、世界政府等问题等），这两类国际NGO相加，1988年只占总数的1/8，尽管早些时候稍多（1911~1945年的比例是20%）。数量占大多数的国际NGO——算上国际NGO所有的活动领域——与这两类国际NGO几乎没有共同点，而且这些国际NGO几乎不进入公众视线。其中许多国际NGO继续与政府间国际组织保持亲密关系，处理其他全球性的重要议题：医疗保健类的国际NGO和世界卫生组织有关联，工业类的国际NGO和国际电信联盟有关联，自然和人文组织与联合国教科文组织有关联。除了各自会员对这些国际NGO有一定了解，就连有影响力的商会和行业类国际NGO也在公众视线之外——少数因环境、劳工、社会公平之类的议题受到诟病的国际NGO除外。

表2 三个时期成立的国际NGO活动领域的分布情况（百分比）①

单位：%

社会领域＼时期	1910年前成立	1911~1945年成立	1946~1988年成立	1988年活跃的国际NGO
工业/贸易/产业组织	11.0	14.2	17.7	17.6
医学/健康	8.6	10.3	13.6	14.9
自然/数学/知识/太空	13.8	9.5	12.2	11.6
体育/兴趣/休闲	5.4	6.6	5.7	8.0
技术/通信基础设施	6.5	6.7	8.2	7.5
第三产业/金融/旅游业	4.2	6.0	7.9	7.2
个人权利/福利	5.4	8.8	5.7	6.3
世界政治导向	10.5	11.2	7.2	6.2
宗教/家庭/文化认同	10.3	9.4	6.6	6.0
劳工/职业/公共管理	12.4	7.6	5.0	6.0

① 资料来源：国际协会联盟，《国际组织年鉴》1985，1988~1989。

续表

时期 社会领域	1910年前成立	1911~1945年成立	1946~1988年成立	1988年活跃的国际NGO
教育/学生	4.7	4.0	5.1	4.2
人文/艺术/哲学	4.9	4.0	4.2	3.9
政治意识形态/党派	2.6	1.9	0.9	0.6
总计	100.00	100.00	100.00	100.00
国际NGO数量	429	854	3673	4449

表2也显示，有些活动在跨国层面进展糟糕。国际NGO在劳工/职业/公共管理领域的活动下滑，从早期占国际NGO总数的12.4%到二战之后占新成立的国际NGO总数的5%；政治意识形态/党派领域国际NGO的比重，从2.6%下降到0.9%；在宗教/家庭/文化认同领域的国际NGO比重，从10.3%下降到6.6%。劳工组织下降趋势尤为明显，综合三个时期，劳工组织从9.3%下降到2.2%，而职业和公共管理类的国际NGO略有增加，从3.1%增长到3.8%。至于宗教/家庭/文化认同领域，以宗教和家庭为导向的国际NGO数量下降明显，但文化认同类国际NGO占比基本未变。似乎围绕集体单位和集体身份（宗教、家庭、劳工联盟）而成立国际NGO，已经变得不那么常见，尽管20世纪后半叶各种形式的"传统"集体认同出现了复兴。跨国政治组织一直比较少见。

鉴于数量相对较少，我们如何解释人权、环境、救助、发展和群体权利领域的国际NGO具有高度全球化形象？其中最重要的因素是，它们直接涉及国家和国家责任。权利和环境领域的国际NGO习惯性地对国家提出要求，敦促国家符合某种行为标准并推动具体的社会和经济政策。救助和发展组织介入，以弥补政府在维持内部秩序、国际和平（救助和难民工作）、促进国家发展（Rosenau，1997）等方面的失灵。很多著名的国际NGO甚至挑战国家的存在及其合法性，提出国家和民族是促进和平、公正和人道的障碍。因此，最知名的国际NGO是那些近乎直接对抗国家，或者挺身而出纠正国家在满足公共福利职责上的失灵的国际NGO。

许多其他国际NGO——如体育、爱好和休闲组织，科学、基础设施和技术机构，人文和文学协会，宗教组织，医学专家，行业和贸易团体，以及以知识为导向的国际NGO——很大程度上独立于政府运作，并与政治保持距离。因此，它们不被认为与支配公共领域的议题直接相关。很多这样的机构与政府有相当多的间接互动，通过政府间国际组织或国际 NGO 组成国家协会，但一般情况下，诸如桥梁设计、外科手术技术研究、洞穴探查、图书馆管理和后现代哲学这些事宜，都被认为是国家政策不重要的领域或是跟支配公共领域的政治和经济力量不相关。

社会运动类组织

一类非常特殊并在全球事务中相当突出的国际 NGO 是社会运动类组织，其中包括上文提到的很多有关权利的国际 NGO 和环境类国际 NGO，还有关注民主、劳工政策、工作环境、童工、全球和区域不平等、性虐待等领域的国际NGO。这些都是最近学术研究的主题（O'Brien et al., 2000；Tarrow, 2000；Waterman, 1998；Keck & Sikkink 1998；Smith et al., 1994；Smith et al., 1997；Lipschutz & Judith, 1996；Wapner, 1996），并且成为有关国际 NGO 全球讨论的焦点。社会运动类国际 NGO 号称代表贫困人群、边缘群体、被排斥和受到国际社会压迫的人们，从而在主流的全球实践和全球治理结构中凸显其观点的重要性。它们主要针对世界经济治理的三大政府间国际组织——国际货币基金组织、世界贸易组织和世界银行（Scholte & Schnabel, 2002；Fox & Brown, 1998）——也针对本部在发达国家、运营在欠发达地区的跨国公司（尤其是石油公司、服装和鞋子制造业、电子与计算机生产商及玩具公司），它们谴责这些组织剥削，谴责它们支持专制政府，谴责它们损害自然环境。它们也尽可能多地参加联合国主办的全球会议，围绕诸如妇女权利、环境、发展、劳工等议题，试图推动联合国机构及成员国采取并执行政策，这也带给国际 NGO 诸多生存机会（Otto, 1996；Pianta, 2001）。因此，社会运动类组织在全球政治中有其浓墨重彩的一笔，它们努力保持较高姿态，传播、建构其所代表的"世界公众舆论"并为之制造影响、调动资源，从而影响各国政府、政府间国际组织和跨国公司。

过去十年的研究已经识别出当代由国际 NGO 推动的全球社会运动的"先驱者"（Keck & Sikkink, 1998）：由国际红十字委员会制定的战争规则（Finnemore, 1999），19 世纪的反奴隶运动、国际妇女运动（Berkovitch, 1999），以及 19 世纪后半叶的早期环境保护运动（Frank et al., 2000）。所有这些运动都取得了重要的成功，并为 20 世纪 60 年代晚期的社会运动类国际 NGO 爆发铺好了道路。截至 20 世纪 90 年代，国际 NGO 领导的全球社会运动变得如此突出、有效,以至于开始出现强烈抵制。各国政府、政府间国际组织和跨国公司开始攻击国际NGO并予以诋毁,称国际NGO不够透明、对单一问题的关注过于狭隘、夸大诉求、不是通过民主监督与制衡对公众负责(Edwards,2000b)等。

国际NGO、全球市民社会与全球治理

地理政治条件和全球知识文化强烈影响学术研究。战后的两极世界(一端是强权政治,一端是无政府状态)偏好强调这一背景下政治和经济冲突的思想与理论,而国家是唯一被学术共同体寄予众多信任的机构。随着全球一体化和世界主义的发展,社会问题是全球的而非国家的进一步被概念化(Meyer et al.,1997),同时,石油冲击、债务危机、财政赤字、经济膨胀和新自由主义削弱了国家的魅力(Jepperson,2002)。政治家和学者开始意识到,可以解决争吵不休的国家体系中固有问题的全球机构是必要的,甚至也认识到这样的结构已在二战后开始出现。然而,彼时他们依然强烈偏好国家。学者们开始注意到经济类政府间国际组织如世界货币基金组织和世界银行,以及世界贸易组织和联合国,有些甚至大胆地研究专业类的政府间国际组织,如国际电信联盟(Cowhey,1990)、国际通信卫星组织(Krasner,1991)、国际民用航空组织(Sochor,1991)等,但是视野依然狭窄。整个1980年代,国际NGO在全球治理中的重要性,完全是一个陌生的想法。

冷战结束以及一系列其他因素,部分转移了限制学术视野的障碍。突然,"市民社会"被重新发现——或希望在其未实际发挥作用的地方发挥作用。毕竟在国家和正规经济体系之外,组织还是重要的。市民社会甚至被发现拥有全球维度(Keane,2001;Anheier et al.,2001;Falk,1993;Kaldor,1999;Otto,1996;Pasha & Blaney,1998;Salamon et al.,1999),主要由国际NGO来构成但也牵涉许多国内NGO。同时受到"左"倾(倡导"进步的"社会运动和"对立的"草根行动)和新自由主义权利(倡导代替福利项目的志愿组织的慈善和社会服务活动)的青睐。但是,信守这些意识形态使得学者的兴趣集中在全球市民社会组织一个很小的子集——社会运动类国际NGO与慈善、救助和发展机构——同时也把绝大多数国际NGO领域排除在学术领域和大众传媒之外。

尽管如此,现在人们广泛地认为国际NGO充当着全球市民社会主要代表和

代言人的角色,并且在全球治理中扮演着重要角色(Young,1997;Diehl,1996;Charnovitz,1997;Lipschutz,1992,1996;Weiss & Gordenker,1996)[1]。换句话说,国际NGO是一个主要媒介,"世界公民"通过国际NGO集体行动,特别是通过自愿结社的形式,在全球公共领域组织、形塑、表达世界观点(Boli & Thomas,1997;Falk,1994;Van Steenbergen,1994;Guidry et al.,2001;Edwards & Gaventa,2001),以及培育"全球公民文化"(Boulding,1990)。国际NGO不断协调自身的项目和行动,凭借其构成评估、影响国家与政府间国际组织政策的"认知共同体"(Haas,1992)的重要组成,来提高其对政府、政府间国际组织和跨国公司的影响。国际NGO网络常常提供灵活的非正式框架,使得国际NGO在具体领域能够呈现或多或少的统一战线。有些国际NGO也专注于推动全球市民社会。如,公民参与世界联盟(2005)的工作目标是"拥有信息充分、有热情和有责任感的公民正视人道挑战的世界社区",既关注实质问题,也关注市民社会的"上层建筑"。其他例子包括无国界行动作为全球市民社会的信息交流中心(它声称与153个国家27000个组织保持联系),同时Ashoka[2]支持"社会企业家"引入创新,在五大洲的草根组织中解决社会问题。

全球市民社会组织可以通过很多方式参与全球治理,上文已提过一些。国际NGO在许多社会领域主导全球治理结构,而国家和政府间国际组织只是外围参与者。在高度理性化的领域,诸如科学、医疗、工程、技术和基础设施领域组织尤其如此,代表不同商会、行业协会和贸易团体的许多全球经济组织也是如此(Cutler et al.,1999;Haufler,2000)。这些领域所涉及的国际NGO在国际社会中享有类似官方地位或半官方地位。它们广泛、合法地代表其选民运作(例如,一方面它们可以代表信息管理人员、生物学家、工业工程师、生物医学技术人员和城市规划师;另一方面它们可以代表如会计、化工、汽车制造、纺织、保险、航运、旅游、食品加工企业),经常参与制定规则、原则和流程,以全球视角处理各自领域的问题(Porter,2002)。类似自治、理性且自愿性质的

---

[1] Clark, A. M. (1995), "Non-Governmental Organizationsand Their Influence on International Society", *Journal of International Affairs*, 48, pp. 507 – 525; Coalition for the International Criminal Court, 2005, "Buildingthe Court", http://www.iccnow.org/buildingthecourt.html.

[2] Ashoka (2002), "Ashoka's Mission", http://www.ashoka.org/what_is/mission.cfm.

权威机构（Boli，1999）经常被体育、爱好、休闲、人文和艺术领域采用：国际羽毛球联合会为比赛制定全球规则并独立组织汤姆斯杯和尤伯杯世界团体锦标赛；国际围棋联合会决定每年围棋的业余世界冠军选手；国际纸史学家协会（2002）"作为一个国际专家协会协调所有关于纸史的兴趣、活动"，并且将"有无水印"设为标识、注册文件的全球标准。诸如此类国际 NGO，在各自特定领域自行组成全球治理结构（有时与一个或两个其他国际 NGO 联合），没有其他主体（国家、跨国公司或政府间国际组织）参与，或其他主体与治理结构无关。

然而，在众多其他领域中，国际 NGO 并没有如此高度自治的运作，因为其他全球和国家行为主体起着重要或中心作用。当然，其中最重要的是国家、与国家相关联的政府间国际组织以及跨国公司。

与国家、政府间国际组织的关系

在过去 20 多年里，国际 NGO 与国家、政府间国际组织的关系变得紧密而复杂。然而，即使是在形成时期，国际 NGO 与国家的关系也没有什么特别之处。红十字会的出现，促使各国在战争时期限制对平民的伤害，提高伤员的生存机会（Finnemore，1999）。国际妇女理事会和国际妇女选举权协会游说各国，要求妇女的选举权（Berkovitch，1999）。国际制造业、工业和手工业工人协会，寻求调整劳工法来提高劳工工作条件和安全法规。在这些早期例子中，国际 NGO 游说单个国家，但随着 1919 年国际劳工组织的成立，工人、雇主及妇女领域国际 NGO 及其活动成为全球焦点。国际劳工组织是第一个有明确社会使命和参与国家广泛的政府间国际组织，很快成为国际 NGO 可以同时影响许多国家的支点。

二战后，作为全球治理中心的联合国出现。国际 NGO 聚集在这个全球机构的周围，针对其发展方向与重点发声。1948 年，非政府组织与联合国咨商关系建立，形成了坚实的基础。国际 NGO 参与政府间国际组织最典型的例子是联合国经社理事会，2002 年，享有联合国经社理事会咨商地位的非政府组织超过 2000 家。①

在国际 NGO 与政府间国际组织关系中，一个鲜为人知的特征是许多政府间

---

① 译者注：截至 2017 年 1 月，享有联合国经社理事会咨商地位的非政府组织达 4665 家；参见联合国官网 http://esango.un.org/civilsociety/login.do，2017 年 1 月 2 日。

国际组织是国际 NGO 活动的结果。如联合国教科文组织源于 1921 年举办的国际知识活动大会，该大会由国际协会联盟召集，产生了国际教育局。国际教育局又反过来推动国联建立了国际知识合作研究院，1948 年联合国将其纳入旗下成为联合国教科文组织。其他知名的源于国际 NGO 的政府间国际组织包括国际气象组织、国际劳工组织和世界旅游组织。甚至国际 NGO 也影响过联合国的定位，许多国际 NGO 派代表出席联合国成立大会，努力游说联合国要有宽泛的社会和经济使命。也有学者认为国际刑事法院的成立，很大程度上主要由国际NGO 构思设计的。自 20 世纪 90 年代中期以来，由国际 NGO 发起的强劲的全球运动对法院的创立至关重要，国际刑事法院条约于 2002 年 7 月开始生效（国际刑事法院联盟，2005）。

国际 NGO 与国家、政府间国际组织的关系在合作的同时又充满了冲突（Willetts，1996）。一方面，国际 NGO 与 IGO 在主要全球性问题上是合作伙伴关系（Spiro，1995；Weiss & Gordenker，1996），共同建立治理系统，被广泛认为是管理特定领域的全球核心机构（Young，1997；Hasenclever et al.，1997；Frank et al.，1997；Nadelmann，1990）。著名的例子包括许多健康医疗类国际NGO 与 UNAIDS、世界卫生组织合作，应对艾滋病等疾病的传染；食品、医疗和科学领域国际 NGO，在食品卫生、标识和检验问题上与联合国粮农组织食品法典委员会合作，共同努力；国际酒店餐饮协会与世界旅游组织合作，减少儿童性虐待，也与联合国环境规划署合作，促进"可持续旅游业"发展；国际电信联盟，集合行业类国际 NGO 和国家，共同管理电磁频谱、卫星轨道和电信标准化；国际商会准则和规则规制诸多全球贸易，且常在许多国家法院获得强制执行的效力。

另一方面，许多国际 NGO 不断与国家、政府间国际组织构成对峙，挑战全球治理、国际关系和全球资本主义政治经济等方面的规则（Florini，2000；Fox & Brown，1998；Mathews，1997；Waterman，1998）。有很多例子，包括针对战争行为的禁雷运动；针对外国投资政策的反对经合组织多边投资协定；柔性协调并将劳动和工作条件、环境、不平等问题纳入世界贸易组织议程（最有力的证据就是 1999 年的"西雅图之战"）；通过环境类国际 NGO 持续施压，说服国际捕鲸委员会禁止捕猎特定种类的鲸，同时严格限制对其他种类鲸的捕猎。

国际 NGO 不仅倡导和游说，也监督国家、政府间国际组织的行动。如地球峰会观察监督1992年里约热内卢环境协议的履行；大赦国际监督国家（和诸如叛军等其他行为主体）违反人权的现象；妇女环境与发展组织跟踪联合国有关环境和妇女问题协定的执行情况；社会观察督促国家努力减少贫困和性别上的不平等；第三世界南北发展监测网络严查由国家、政府间国际组织及国际发展类NGO组织实施的发展项目的进程与结果。

近年来，国际NGO的大量批评和抨击主要集中于全球治理政府间国际组织"三巨头"——国际货币基金组织、世界贸易组织和世界银行（O'Brien et al.，2000；Scholte & Schnabel，2002；Edwards & Gaventa，2001）——而对国家的抨击，排在首位的是美国。然而，对"三巨头"与美国的高度关注也带来意料之外的结果，即大多数政府间国际组织不受束缚地开展全球治理活动，其负面行为与影响却被大大忽视。同样的观察也适用于全球商会和行业类国际NGO，它们通常是国际贸易组织和国际货币基金组织强有力的支持者，只有少数情况才会被环境、社会公平、劳工或其他社会运动类国际NGO盯上。

与跨国公司的关系

除商会和行业类国际NGO外，国际NGO和全球企业之间多为敌对关系。特别是近几十年来，随着跨国公司全球影响力的提高，二者之间的敌对程度加深（Higgott et al.，2000）。跨国公司往往被认为是许多全球问题的来源，从不平等、剥削，到环境恶化、反对工会、支持专制政权，等等（Korten，2001；Starr，2000）。国际NGO从20世纪70年代开始瞄准跨国公司，第一个举世闻名的例子是反对瑞士食品巨头雀巢公司在非洲推广婴幼儿配方奶粉。其次是1984年印度的博帕尔燃气中毒事件造成近4000人死亡，使全球化工行业处于风口浪尖；1989年在阿拉斯加发生的埃克森·瓦尔迪兹油轮漏油事件同样促使国际NGO动员反对石油行业。自20世纪80年代以来，国际NGO不断努力，要求跨国公司履行多方面的"社会责任"——反对耐克和其他鞋商的代工工厂糟糕的工作条件和低廉的工资，反对Gap服装零售商和类似公司在亚洲和拉美设立制造工厂剥削工人，反对Unocal和Total公司的缅甸管道项目，因为实施该项目等于支持军事专制国家；反对弗里波特·麦克莫兰铜金公司（简称"自由港"）在伊里安查亚的采矿作业，因为该作业造成土著居民流离失所，且重金属残留会造成土地、水资源污染。数百家企业一直面临社会运动类国际NGO的愤怒、批评与抵制，特别是美国公司最有可能成为目标，许多欧洲的跨国公司也面临指责。另一方面，更多的跨国公司在很大程度上被国际NGO忽略了。对此，跨国公司从最初的沉默，到为它们的行动辩护，再到"漂白行动"，至少妥协性地满足批评者的要求，从而让批评指责得以化解，公司的合法地位与声誉得以恢复。

行为与道德准则及其实施

许多国际NGO并不满足于零碎的工作，因为这些工作为了让特定的跨国公司承担责任，常常耗费太多资源。于是国际NGO与相关公司及该行业内的政府间国际组织合作，形成企业行为准则、道德守则，引导企业实施对社会负责的行为。在这一点上，最初但并不成功的尝试来自联合国跨国公司中心，这是20世纪70年代形成"世界经济新秩序"运动的一部分，将改善由全球资本主义带来的不平等。第一个有实质性影响的道德规范是沙利文原则，于1977年初提出，针对在南非做生意的公司；其次是1984年的麦克布莱德原则，针对企业在北爱尔兰的活动。最近，全面的全球业务行为准则已经明确形成。最著名的是CERES原则，由环境经济责任联盟发展起来的十条准则，作为对瓦尔迪兹原则的详细阐述（由邮轮灾难引发）。另一项日益重要的准则是社会责任8000（SA 8000）标准，于1997年由经济优先认证机构理事会（现称社会责任国际，通过审核制造商评估其是否符合SA 8000的标准来对企业进行认证）制定的。在这一领域，国际标准化组织有最正规的运作，ISO 14000的环境管理标准要求寻求认证的公司经过大量评估和组织审查过程。

全球许多公司都支持这些由"局外"第三方提出的原则，不过，商会类国际NGO常常形成各自的自愿性行为准则（Cutler et al., 1999），如康克斯圆桌会议商务原则（1994）和国际商会的可持续发展商业纲领：环境管理原则（1991）。同时，联合国前秘书长科菲·安南几年来一直在推动他的全球契约，1999年，他和Leon Sullivan提出的关于企业社会责任的全球沙利文原则成为联合国的官方政策。

职业类国际NGO习惯性地要求其会员遵守道德准则。如国际会计师联合会针对职业会计师的道德准则，可追溯到1996年；国际桥梁工程协会有可持续发展宣言（1996）；世界医学会有国际医学伦理准则（1949，之后经多次修订）；国际职业催眠协会有道德规范和标准（1978），等等。这些都是自愿准则，但对于涉及由政府颁布许可证或认证的职业，这些准则的全国或地方标准具有很强的实践意义，因为违反会遭到制裁甚至行业除名。

自愿原则和准则几乎不能保证被遵守，许多批评者认为公司采纳这些准则只是为了获得合法性。对于政府间国际组织和国家，国际 NGO 监督组织开展广泛监督，以确保它们言行一致。它们派出调查小组到生产现场、询问公司官员，有时直接参与到公司资助的合规性监测中。一些著名的例子包括企业观察（监察和批评常规的跨国公司活动）、耐克观察（监察承包商的劳工实践和工作条件）、适当营销医疗游说团体（监察制药公司的广告）、隐私国际（监管公司和国家侵犯隐私的行为），还有中东欧地区银行监督网络（监察国际金融机构的行为）。

道德典范

一些公司成为有社会责任的行为与政策方面的典范。护肤和护发产品制造商美体小铺，极力反对动物试验，呼吁捍卫人权，保护地球，支持社区贸易。牛仔裤制造商李维·斯特劳斯，声明其运营是建立在同理心、原创性、正直与勇气四个"核心价值"基础之上，于 1991 年成为"第一个为制造和承包商建立起全面道德准则的全球性公司"。其他成为典范的公司包括 Max Havelaar（公平贸易实践）、Ben & Jerry's（一般社会责任）和 Patagonia（环境保护）等。

国际 NGO 设立广泛的系列奖项来认可道德典范。最有名的是"正确生活方式奖"（"另类诺贝尔奖"），由具有同一名称的基金会颁给社区活动家、和平促进者、环境保护者等获奖者。很多其他的例子如，由反奴隶制国际颁布的反奴隶奖章（首次颁发于 1991 年）和世界食品奖，后者由农业科学家 Norman Borlaug 创立的基金会颁发以表彰"通过在全世界提高食品质量、产量或可获得性来促进人类发展的个人成就"（2005，来自世界食品奖基金会）。

国际 NGO 通过颁发各种奖项来奖励在特定领域和活动中的杰出贡献者，也会对道德特征不很明确的典范予以认可。对技术卓越、艺术精湛的奖励实际上覆盖了人类活动的全部范围，从安徒生童话奖（1996，来自国际青年图书委员会，首次颁发于 1956 年）、国际长号协会奖（1972）到 Skerman 微生物分类学奖（来自菌种保藏世界联合会，是一个微生物学家协会）和银行保险业奖（1998，来自金融机构保险协会）。每年都有数以千计的世界奖项，获奖者因之获得一定的全球地位。

对国际 NGO 的批判性评估

国际 NGO 通常被认为是国际社会的"好人"。它们促进对人权的尊重、对自然世界的保护、在发生自然或人为灾害时提供救济、援助世界上贫穷和饥饿的人，以及其他广受赞誉的目标。它们被称为"世界的良心"（Willetts，1996），甚至被视为有助于缓解不同文明之间的张力（Boulding，1991）。自20世纪90年代中期以来，国际 NGO 已经获得广泛认可，被认为是解决世界问题的重要角色。但随着国际 NGO 针对特定跨国公司和重要政府间国际组织的各种活动受到全世界关注，抗议、质疑与批评也随之出现。对国际 NGO 合法性和道德权威的挑战，首先来自全球资本主义意识形态的捍卫者，尤其是与主要出版物有关的如"金融时报"、"经济学人"、"福布斯"和"华尔街日报"等有关的捍卫者（George，2001；对这些攻击最强有力的回击来自"世界外交报"）。国家、政府间国际组织和跨国公司纷纷加入攻击行列，它们憎恨国际 NGO 可恶地侵入了它们通常掩护良好的活动。此外，国际 NGO 旨在帮助的人群，也提出其他形式的批评。

资本主义、跨国公司和大型全球治理政府间国际组织的捍卫者，质疑国际 NGO 的代表性、透明度和问责机制①（Rieff，1999；Edwards，2000a；Edwards，2000b；Islam，2001）。如他们质疑哪些选民给了废除毛皮贸易联盟要求终结皮毛交易的权利，为什么绿色和平的决策仅限于一小群职业活动家，以及当阿塔克协会"不负责任"地要求对所有外汇交易征税，要求发达国家免除第三世界的债务时，谁来为阿塔克协会负责。自1999年以来，随着政府间国际组织重大会议期间出现无数街头暴力事件，社会各界对国际 NGO 合法性的抨击更加强烈。

同时，欠发达国家的一些知识分子和活动家，与来自发达国家的批评者，还以其他理由指责国际 NGO。激进的批评者们谴责国际 NGO 是资本主义精英和强权国家的仆人，而温和的分析者们认为国际 NGO 对西方偏见、全球化趋势、在地环境等问题关注不足（Hulme & Edwards，1997）。最极端的指责甚至对曾

---

① Bond, M. (2000), "The Backlash against NGOs", *Prospect Magazine*, available online at http://www.globalpolicy.org/ngos/backlash.htm.

广受好评的人权类国际 NGO 予以否认，因为这些批评者将普世人权体系视作削弱当地文化的暴力殖民（Esteva & Prakash，1998）。不过，几十年来最常见的主题都是直接针对西方的老生常谈：文化帝国主义、意识形态掌控、依赖关系深化等。最常受到攻击的是发展领域国际 NGO，它们被视为是西方发展模式、美国价值观或以欧洲为中心的发展与文明观的承包商。发展领域国际 NGO 的项目因受局外人指导、没有深入结合当地情况、长期后果不可预测以及对已富裕者有利等而受指责。

国际 NGO 对各种质疑和批评等高度敏感，很多组织经过激烈的自我批评和深刻反思，努力做出相应的调适，在更好地了解当地文化、政治经济情况的同时，更加强调地方参与、地方优先。"人道监察员"是一种制度性回应，发展和救济领域国际 NGO（卡尔国际、明爱、丹麦难民委员会、红十字会/红新月会、乐施会和世界宣明会等）集体认为，"人道监察员"是一种人道救助的监督机制，给予受影响者在救助组织忽视其声音时以发声渠道，保障其意见受到聆听。

结论：国际 NGO 与全球变革

鉴于国际 NGO 的爆炸性增长和它们对全球其他行动者强有力的影响，一个不断出现的问题是，它们到底有多重要？它们是否改变了国家、政府间国际组织和跨国公司的行为？它们是否真的有助于减缓全球变暖、改善贫困国家的农业、提升妇女权力、杜绝腐败、减缓艾滋病的蔓延？等等。

国际 NGO 确实重要，有时非常重要，这是对具体问题、具体组织进行大量研究后清楚得到的结论，诸多研究上文已提及。然而，有关国际 NGO 有效性的系统性证据不足，因为大部分证据是基于案例研究和对轶事的编辑。有关发展领域的评估研究，是国际 NGO 所有活动领域中研究最充分的，但也没有说服力。尽管发展领域国际 NGO 作为官方发展援助项目的管理者和渠道变得更加重要，但明显地，它们从经济或社会角度帮助欠发达国家是不成功的（Riddell et al.，1997）。

然而，如上文所述，国际 NGO 有效性问题却有误导性。在诸多全球领域，有关国际 NGO 注定有效，因为没有其他重要行动者参与。在其他领域，如全球标准化领域（Loya & Boli，1999），国际 NGO 起着主导作用，其他行为主体或者被纳入国际 NGO 体系，或者一直被边缘化。在另一些领域中，国际 NGO 与其他全球行为主体密切合作，单一行为主体的有效性无法分割开来讨论。因此，国际 NGO 的效力被大大低估是合理的，很大程度上也是因为有众多国际 NGO 领域仍未被研究。在理论层面，考虑国际 NGO 在构建和传播世界文化方面的效力，是非常有益的（Boli & Thomas，1997）。国际 NGO 数量远远多于政府间国际组织的数量，且比任何国家和跨国公司都更加关注全球问题、全球实践和全球政策，它们构成当今世界文化的骨干。

国际 NGO 为全球活动制定操作规则，正如国际商会为国际贸易中合理提单设置要求（Berman，1988）。国际 NGO 定义全球概念体系，正如国际天文学联合会正式界定行星和冷矮星之间的差异。它们协助产出和传播全球性的知识体系，正如国际辐射防护协会出版该领域顶尖研究者的论文集。国际 NGO 也传达、辩论和塑造在全世界范围（虽然有争议）适用的道德与规范性原则（Nadelmann，1990），如濒危动物要大力保护、妇女有权控制自己的身体、跨国公司的社会责任要远远超出其对利润和效率的关注。这些一般的规则、定义、知识主体和道德标准形成了世界文化语境，国家、跨国公司、个人和国际 NGO 本身都嵌入其中，因此，其他行动主体的身份、目标、行动以及价值观都受到影响（Meyer et al.，1997）。

在国际社会中，这些多样化的进程是社会变迁的主要来源，其中包括高度差异化的国际 NGO 群体有助于产生并不断重建高度差异化、碎片化的世界文化苍穹。这个世界，如果没有国际 NGO，很多国家很可能不会承担它们近几十年新承担的（关于妇女的角色和地位、安全标准、同性恋者权利、污染控制、支持科学研究以及更多其他）责任。如果没有国际 NGO，跨国公司很难将如此多的资源投入环境项目，在实际雇人时将机会均等作为一条标准，或者每当一个新的组织管理技术（走动式管理、全面质量管理、业务流程重组等）出现时就顺应形势及时采纳。如果没有国际 NGO，世界经济将会更加分裂更加不稳定，技术将变得更加不规范，心理和社会问题的概念将会更加多样化，同时，侵犯人权也会更加频繁。如果没有国际 NGO，许多形式的分歧和冲突也不会太明显，因为国际 NGO 往往聚集在世界文化竞争轴心的周围。

本文回顾了国际 NGO 作为全球非营利部门的重要部分。或许可以这样对国际 NGO 有效性做最好的总结：国际 NGO 使得整个世界更加全球化。作为全球化的重要驱动力量，国际 NGO 推动其他各类行为主体（国家、政府间国际组织、跨国公司、个人和各种集体）进入国际社会，让其有更多参与，并意识到日常生活的全球维度。国际 NGO 自 19 世纪形成期以来一直是这样，21 世纪很有可能还是这样。

参考文献

Anheier, H., et al. (eds.) (2001), *Global Civil Society*, Oxford: Oxford University Press.

Berkovitch, N. (1999), *From Motherhood to Citizenship: Women's Rights and International Organizations*, Baltimore: Johns Hopkins University Press.

Berman, H. J. (1988), "The Law of International Commercial Transactions", *Emory Journal of International Dispute Resolution*, 2, pp. 235 – 310.

Boli, J. (1999), "World Authority Structures and Legitimations", in John Boli and George M. Thomas (eds.), *Constructing World Culture: International Nongovernmental Organizations since 1875*, Stanford, Calif: Stanford University Press, pp. 249 – 266.

Boli, J., et al. (1999), "National Participation in World-Polity Organization", in John Boli and George M. Thomas (eds.), *Constructing World Culture: International Nongovernmental Organizations since 1875*, Stanford, Calif: Stanford University Press, pp. 50 – 77.

Boli, J. and Thomas, G. M. (1997), "World Culture inthe World Polity: A Century of International Non-Governmental Organization", *American Sociological Review*, 62, pp. 171 – 190.

—— (eds.) (1999), *Constructing World Culture: International Nongovernmental Organizations since 1875*, Stanford, Calif: Stanford University Press.

Boulding, E. (1990), "Building a Global Civic Culture", *Development*, 2, pp. 37 – 40.

—— (1991), "The Old and New Transnationalism: An Evolutionary Perspective", *Human Relations*, 44, pp. 789 – 805.

Castermans, A. G., et al. (eds.) (1991), *The Role of Non-Governmental Organizationsin the Promotion and Protection of Human Rights*, Leiden: Stichting NJCM-Boekerij.

Charnovitz, S. (1997), "Two Centuries of Participation: NGOs and International Governance", *Michigan Journal of International Law*, 18, pp. 183 – 286.

Cowhey, P. F. (1990), "The International Telecommunications Regime: The Political Roots of Regimes for High Technology", *International Organization*, 44, pp. 169 – 199.

Cutler, A. C., et al. (eds.) (1999), *Private Authority in International Affairs*, Albany: State University of New York Press.

Diehl, P. F. (ed.) (1996), *The Politics of Global Governance: International Organizations in an Interdependent World*, Boulder, Colo: Lynne Rienner.

Edwards, M. (2000a), "Time to Put the NGO House in Order", *Financial Times*, 6 June.

Edwards, M. (2000b), *NGO Rights and Responsibilities: A New Dealfor Global Governance*, London: Foreign Policy Centre.

Edwards, M. and Gaventa, J. (eds.) (2001), *Global Citizen Action: Perspectives and Challenges*, Boulder: LynneRienner.

Esteva, G. & Prakash, M. S. (1998), *Grassroots Post-Modernism: Remaking the Soil of Cultures*, London: Zed Books.

Falk, R. (1993), "The Infancy of Global Civil Society", in Geir Lundestad and Odd Arne Westad (eds.), Beyond the Cold War: New Dimensions in International Relations, Oslo: Scandinavian University Press, pp. 219 – 234.

Falk, R. (1994), "The Making of Global Citizenship", in Bart van Steenbergen (ed.), *The Condition of Citizenship*, London: Sage Publications, pp. 127 – 140.

Feld, W. (1971), "Non-Governmental Entities and the International System: A Preliminary Quantitative Overview", *Orbis*, 15, pp. 879 – 922.

Finnemore, M. (1999), "Rules of War and Wars of Rules: The International Red Cross and the Restraint of State Violence", in John Boli and George M. Thomas (eds.), *Constructing World Culture: International Nongovernmental Organizations since 1875*, Stanford, Calif: Stanford University Press, pp. 149 – 165.

Florini, A. M. (ed.) (2000), *The Third Force: The Rise of Transnational Civil Society*, Tokyo: Japan Center for International Exchange, Washington D. C. : Carnegie Endowment for International Peace.

Fox, J. A. & Brown, L. D. (eds.) (1998), *The Strugglefor Accountability: The World Bank, NGOs, and Grassroots Movements*, Cambridge, Mass: MIT Press.

Frank, D. J. , et al. (1997), "The Structuring of a World Environmental Regime, 1870 – 1990", *International Organization*, 51, pp. 623 – 651.

Frank, et al. (2000), "The Nation-State and the Natural Environment over the Twentieth Century", *American Sociological Review*, 65, pp. 96 – 116.

George, Susan (2001), "Democracy at the Barricades", *Le mondediplomatique*, August.

Guidry, J. A. , et al. (eds.) (2001), *Globalizations and Social Movements: Culture, Power, and the Transnational Public Sphere*, Ann Arbor: University of Michigan Press.

Haas, P. M. (1992), "Introduction: Epistemic Communitiesand International Policy Coordination", *International Organization*, 46, pp. 1 – 35.

Hasenclever, A. , et al. (1997), *Theories of International Regimes*, Cambridge: Cambridge University Press.

Haufler, V. (2000), "Private Sector International Regimes", Chap 7, in Richard A. Higgott, Geoffrey R. D. Underhill, and Andreas Bieler (eds.), *Non-State Actors and Authority in the Global System*, London: Routledge.

Higgott, R. A. et al., (eds.) (2000), *Non-State Actors and Authority in the Global System*, London: Routledge.

Hulme, D. & Edwards, M. (1997), *NGOs, States and Donors: Too Close for Comfort?* Houndmills, U. K.: Macmillan.

Islam, S. (2001), "E. U. Ministers Warn Protestors: 'We Are Democratically Elected'", *Deutsche Presse-Agentur*, 16 July.

Jepperson, R. L. (2002), "Political Modernities: Disentangling Two Underlying Dimensions of Institutional Differentiation", *Sociological Theory*, 20, pp. 61–85.

Kaldor, M. (1999), "The Ideas of 1989: The Origins of the Concept of Global Civil Society", *Transnational Law and Contemporary Problems*, 9, pp. 475–488.

Keane, J. (2001), "Global Civil Society", Chap. 2, in Helmut Anheier, Marlies Glasius and Mary Kaldor (eds.), *Global Civil Society 2001*, Oxford: Oxford University Press.

Keck, M. E. & Sikkink, K. (1998), *Activists beyond Borders: Advocacy Networks in International Politics*, Ithaca, N. Y.: Cornell University Press.

Korten, D. C. (2001), *When Corporations Rule the World*, 2nd ed, Bloomfield, Conn: Kumarian Press.

Krasner, S. D. (1991), "Global Communications and National Power: Life on the Pareto Frontier", *World Politics*, 43, pp. 336–366.

Lipschutz, R. D. & Judith, M. (1996), *Global Civil Society and Global Environmental Governance: The Politicsof Nature from Place to Planet*, Albany: State University of New York Press.

Lipschutz, R. D. (1992), "Reconstructing World Politics: The Emergence of Global Civil Society", *Millennium: Journalof International Studies*, 21, pp. 389–420.

Loya, T. A. & Boli, J. (1999), "Standardization in the World Polity: Technical Rationalization over Power", pp. 169–197, in John Boliand George M. Thomas (eds.), *Constructing World Culture: International Nongovernmental Organizations since 1875*, Stanford, Calif: Stanford University Press.

Mathews, J. T. (1997), "Power Shift", *Foreign Affairs*, 76, pp. 50–66.

Meyer, J. W., et al. (1997), "The Rise of an Environmental Sector in World Society", *International Organization*, 51, pp. 623–651.

Meyer, J. W., et al. (1997), "World Society and the Nation-State", *American Journal of Sociology*, 103, pp. 144–181.

Nadelmann, E. A. (1990), "Global Prohibition Regimes: The Evolution of Norms in International Society", *International Organization*, 44, pp. 479–526.

Naughton, J. (2001), "Contested Space: The Internet and Global Civil Society", Chap. 6, in Helmut Anheier, Marlies Glasius and Mary Kaldor (eds.), *Global Civil Society* 2001, Oxford: Oxford University Press.

Otto, D. (1996), "Nongovernmental Organizations in the United Nations System: The Emerging Role of International Civil Society", *Human Rights Quarterly*, 18, pp. 107 – 141.

O'Brien, R., et al. (2000), *Contesting Global Governance: Multilateral Economic Institutions and Global Social Movements*, Cambridge: Cambridge University Press.

Pasha, M. K. & Blaney, D. (1998), "Elusive Paradise: The Promise and Peril of Global Civil Society", *Alternatives*, 23, pp. 417 – 450.

Pianta, M. (2001), "Parallel Summits of Global Civil Society", Chap. 7, in Helmut Anheier, Marlies Glasius and Mary Kaldor (eds.), *Global Civil Society* 2001, Oxford: Oxford University Press.

Porter, T. (2002), *Technology, Governance and Political Conflict in International Industries*, London: Routledge.

Riddell, R. C., et al. (1997), *Searching for Impactand Methods: NGO Evaluation Synthesis Study*, A Report Produced for the OECD/DAC Expert Group on Evaluation.

Rieff, D. (1999), "The False Dawn of Civil Society", *Nation*, 268, (7 February, pp. 11 – 16.

Rosenau, J. N. (1997), *Along the Domestic-Foreign Frontier: Exploring Governance in a Turbulent World*, New York: Cambridge University Press.

Salamon, L. M., et al. (eds.) (1999), *Global Civil Society: Dimensions of the Nonprofit Sector*, Baltimore: Center for Civil Society Studies, Johns Hopkins University.

Schofer, E. (1999), "Science Associations in the International Sphere, 1875 – 1990: The Rationalization of Science and the Scientization of Society", in John Boli and George M. Thomas (eds.), *Constructing World Culture: International Nongovernmental Organizations since 1875*, Stanford, Calif.: Stanford University Press, pp. 249 – 266.

Scholte, J. A. & Schnabel, A. (eds.) (2002), *Civil Societyand Global Finance*, London: Routledge.

Smith, J., et al. (1994), "Transnational Social Movement Organisations in the Global-Political Arena", *Voluntas*, 5, pp. 121 – 154.

Smith, J., et al. (eds.) (1997), *Transnational Social Movements and World Politics: Solidaritybeyond the State*, Syracuse, N. Y.: Syracuse University Press.

Sochor, E. (1991), *The Politics of International Aviation*, London: Macmillan.

Speeckaert, G. P. (1957), "The 1978 International Organizations Founded since the Congress of Vienna", *Documents for the Study of International Nongovernment Relations*, No. 7, Brussels: Union of International Associations.

Spiro, P. J. (1995), "New Global Communities: Nongovernmental Organizations in International Decision-Making", *Washington Quarterly*, 18, pp. 45 – 56.

Starr, A. (2000), *Naming the Enemy: Anti-Corporate Movements Confront Globalization*, London: Zed Books.

Tarrow, S. (2000), "La Contestation Transnationale", *Cultureset Conflits*, 38 – 39, pp. 187 – 223.

Van Steenbergen, B. (1994), "Towards a Global EcologicalCitizen", in Bart van Steenbergen (ed.), *The Condition of Citizenship*, London: Sage Publications, pp. 141 – 152.

Wapner, P. (1996), *Environmental Activism and World Civicl Politics*, Albany: State University of New York Press.

Waterman, P. (1998), *Globalisation, Social Movements and the New Internationalisms*, London: Cassell/Mansell.

Weiss, T. G. & Gordenker, L. (eds.) (1996), *NGOs, the UN, and Global Governance*, Boulder, Colo: Lynne Rienner.

Willetts, P. (ed.) (1996), "The Conscience of the World", *The Influence of Non-Governmental Organizations in the UN System*, Washington, D. C.: Brookings Institution Press.

Wuthnow, R. (ed.) (1991), *Between States and Markets: The Voluntary Sector in Comparative Perspective*, Princeton, N. J.: Princeton University Press.

Young, O. (ed.) (1997), *Global Governance*, Cambridge, Mass: MIT Press.

On International Nongovernmental Organizations

John Boli (Author),
Yang Li, Li Shuai, Li Huijie, You Fei (Translator)

[**Abstract**] In the world society, international nongovernmental organizations (INGOs) act as the main body of the global third sector, which carries on activities outside the business and political realms. Despite the recent upsurge of attention to the INGOs, little is known about the global third sector. Since 1850, INGOs has experienced several important periods, the formative period—late 19th century, during which the founded INGOs had the ideology of one world; the interwar period—a wave of disrupted transnationalization; the postwar period—INGOs expand rapidly. After the World

War II, many types of regional INGOs emerged. By the beginning of the 21st century, INGOs cover almost every type of human activities. INGOs carry out three principal types of activities: they gather, produce, and disseminate mountains of information; they sponsor kinds of meetings; they attempt to influence other actors in the world society. Most well-known INGOs focus on the environment, human rights, development issues, etc., but these sectors constitute only a small portion of the INGO population. With the increased attention to civil society, INGOs as the spokespersons play an important role in global governance, even a dominant role in many social issues. In the global governance processes, INGO relationships with states, IGOs and transnational corporations have become dense and complex.

[**Keywords**] International Nongovernmental Organizations (INGO); World Society; Global Governanc; Globalization

(责任编辑 郑琦)

公共治理中的社会组织：发展与展望
——基于 Cite Space 的图谱量化分析

叶中华　魏玉君[*]

【摘要】 在治理理论的研究领域当中，社会组织参与治理是诸多学者关注的一个重要方向。从主观判断转向客观计量，用"Web of Science"数据库收录的期刊论文及其参考文献数据，借助 Cite Space 工具挖掘社会组织参与治理的知识基础、发展脉络以及近期研究热点，对研究社会组织参与治理问题是一个新的尝试。研究发现，近二十年研究主题较为集中，最多集中在环境领域，其次是公共管理领域；而对公共管理领域的文献进行计量分析发现，最早的研究主题是新管理主义的兴起，而 2000 年以来是社会组织参与治理进入活跃的关键时期，研究主题层出不穷并且互为相关，治理理论的兴起是研究整个社会组织参与治理的引爆点。根据时间线聚类发现近年来对于社会组织的研究热点指向"非政府行为"、"政府对话"以及"责任确定"等主题。

【关键词】 社会组织　治理理论　Cite Space

---

[*] 叶中华，中国科学院大学公共政策与管理学院公共管理系主任、教授，研究方向为政府管理与社会治理；魏玉君，中国科学院大学公共政策与管理学院博士生在读，研究方向为政府管理与社会治理。

一 问题的提出

20世纪后期,在民主化与全球化浪潮的冲击与影响下,民众的权利意识与结社热情被唤醒,不同类型的社会组织在世界各地如雨后春笋般成长与发展起来,并逐渐在社会中发挥关键作用(陈成文、李冰仙,2004:177~179;杨丽等,2015:5~12);与此同时,尤其是在90年代以来信息技术的发展以及经济全球化的推动下,公众接收到更多的信息,拥有了更多的选择,传统的管理体制已经难以满足公众多元的需求,传统的公共行政理论亦受到批判与反思,"治理"成为学界的新兴焦点。治理理论强调打破政府"一家独大"的传统做法(菲利普·施密特、赫宁,2016:1~26),引入包括市场、社会组织、公众等多方参与,其中社会组织的迅速发展成为许多学者们的关注点。由于社会组织的非营利性、非政府性特征,在公共事务中有效地弥补了国家与市场的诸多不足。本文所采用的"社会组织"这一称谓源于2007年十七大报告中"取消'民间组织'的叫法,启用'社会组织'概念"(胡锦涛,2007:4~5),但是为了尽可能还原文献,文中个别地方会出现"非营利组织"(NPO)、"非政府组织"(NGO)、"第三部门"(the third sector)等称谓。

近年来,社会组织参与治理作为研究的热点领域,诸多研究聚焦点互为交织,厘清其中的发展脉络以及发展方向有助于为今后学者的研究提供可能的启发。而本文的目的在于提供另一种可能,即从主观判断转向客观计量,利用Cite Space工具通过文献的共被引关系来挖掘整个社会组织参与治理大主题下的脉络图景,进而廓清其研究基础,探索研究热点。Cite Space是一个用于探测科学文献发展趋势及模式的可视化分析工具,工具设计基于"科学知识本身是不断变化的"这一基本假设,而科学知识是由不同领域的科学文献样本数据源所表征的,从而进一步推论,源自正文及参考文献所形成的网络可以展现出科学知识的整体结构并反射出研究域的整个图景,而网络结构的变化会反映隐含在其中的科学知识结构的变化(肖明等,2011:91~95)。目前国内利用Cite Space工具的论文主要集中在高新技术领域,且其研究专注于某个具体的技术发展,如纳米技术、转基因技术的研究前沿(程景民、李欣彤，2017：128～132；侯剑华、刘则渊，2009：23～30）、航空航天工程前沿（梁永霞等，2008：303～312）以及碳排放（张苗等，2017：933～937）等，公共管理领域应用较少。本文希望能够借助Cite Space工具挖掘社会组织参与治理的知识基础、发展脉络以及近期研究热点，是对公共管理领域研究的一个新尝试。

二 数据来源与处理

文献宏观计量的所用基础数据源自Web of Science（以下简称WOS）引文索引数据库中核心合集的期刊论文，社会组织参与治理主题的检索式为（（（"nonprofit organization*" or "nongovernment* organization*" or "social organization*" or "NGO*" or "NPO*"）and（"governance"）））, 检索时间跨度为现有所有文献，共检索出1490篇文献（检索日期为2017年10月30日），1994～2016年的载文量如图1外文文献年度载文量所示。

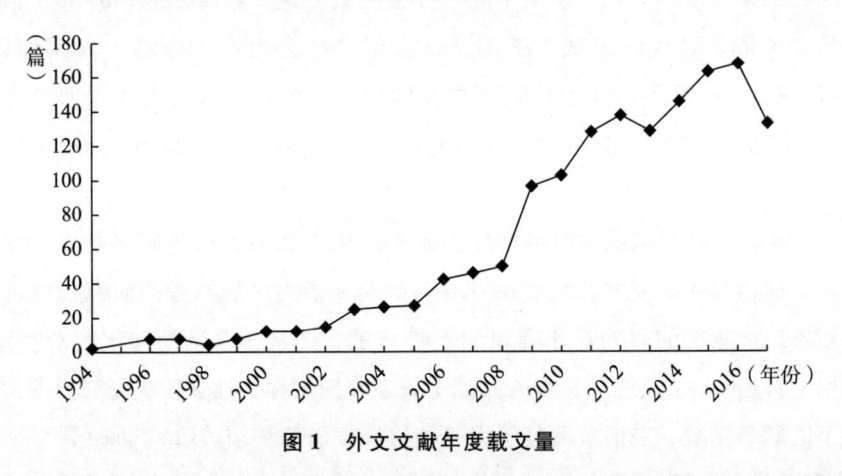

图1 外文文献年度载文量

关于社会组织参与治理的研究始于20世纪90年代，并呈现总体上升趋势，反映学界对此领域的研究关注度是一直在增加的。对1490篇文献进行研究领域的分类发现如图2所示，研究领域最多的学科为环境生态科学（ENVIRONMENTAL SCIENCES ECOLOGY），由此可见在社会组织参与治理当中，介入环境领域是研究的热点。公共管理类（PUBLIC ADMINISTRATION）的研究位居第二，且与环境科学领域相差不大。

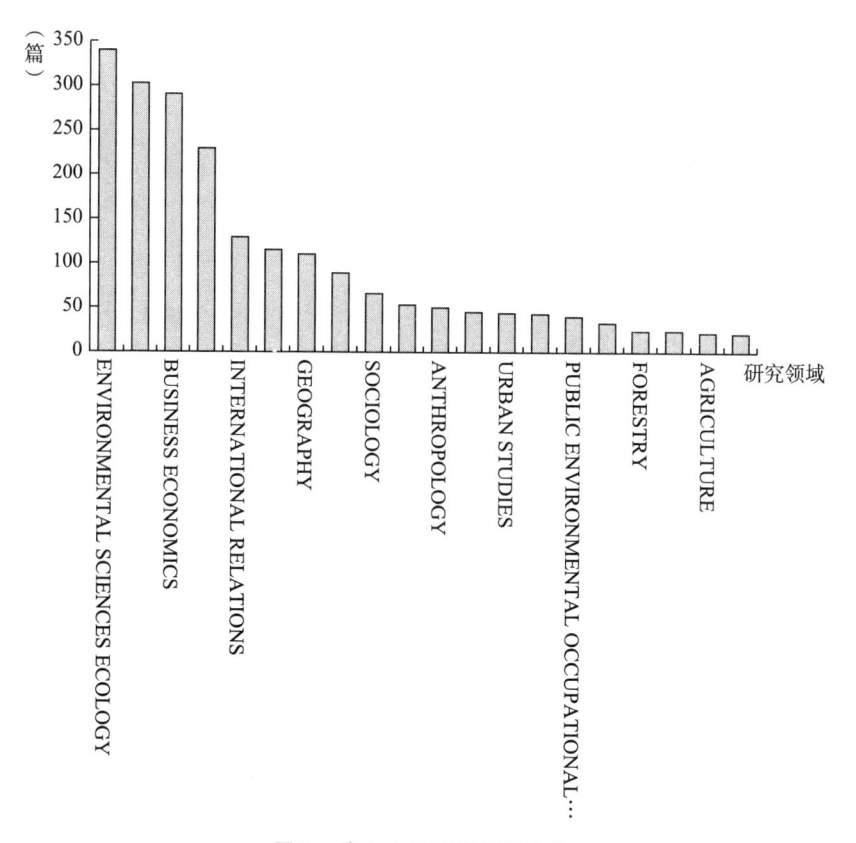

图 2　外文文献研究领域分布

三　社会组织参与治理的知识基础

将公共管理领域的 302 篇文献进行详细的研究，进一步借助信息可视化软件 Cite Space 进行科学知识图谱的绘制，可以较为直观地揭示复杂文献背后的知识结构和研究规律，并通过可视化的方式展现出来，以进行多元、分时、动态复杂网络分析和有效的可视化知识分析，如爆发点关键词时间线所示（见图 3）。虽然早在 1997 年就有关于社会组织的研究，但是并未引起大的研究热潮。对于社会组织参与治理的研究最主要的引爆点（burstterms）是 2000 年以后"治理理论"（governance）的兴起。治理理论作为社会组织参与的理论基础，引发了学界对社会组织参与的诸多探讨。"治理"一词的兴起，源于西方国家空洞化的现实背景，以 Rhodes R. A. W、Kettl. D. F、Allen. Schick 以及 J. Pierre 等为代表的一批学者率先对此现象进行了分析。在 Rhodes、Kettl 以及 Schick 眼中，国家的能力在逐渐弱化，在能力不足而现实又紧迫的情况下，政府势必会被迫交出手中的权力，分享给市场、社会，国家处于一种被动的地位（Kettl，2000：488 - 497；Rhodes，1997：182 - 184；Schick & Finance，1996）。而在 Pierre 眼中，他更愿意将国家的空洞化看作一种转变和改革，而不是国家的弱化（Pierre，2000）。

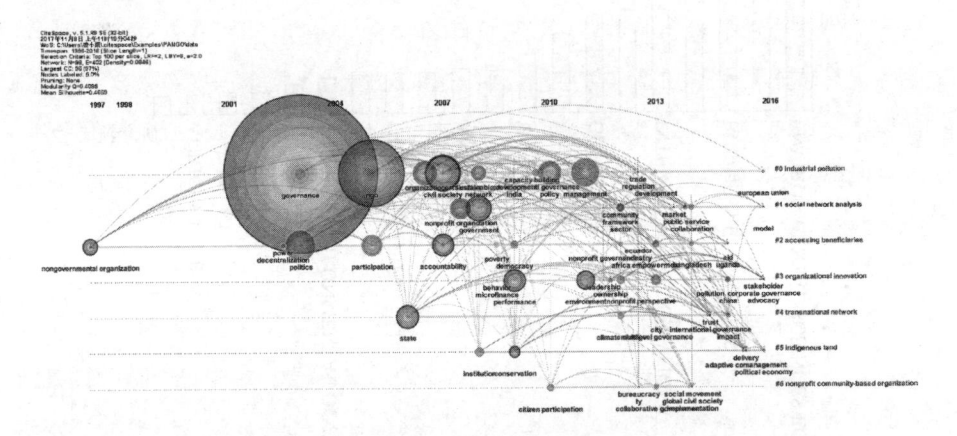

图 3 爆发点关键词时间线

对于"治理"概念的界定，散落于包括全球治理委员会、联合国开发署（UNDP）等诸多研究机构以及 Rosenau、Rhodes、Stoker 等学者报告以及论著当中。影响较大的是以 Rhodes 为代表的"治理"的"六种用法"（Rhodes，2003）以及以 Stoker 为代表的关于"治理"的"五个核心论点"（Stoker，1998：17 - 28）。尽管治理的概念不胜枚举，但是在治理的本质上学者们达成了共识：治理的实质在于其偏重的管理机制并不依靠政府的权威或制裁（Kohler-Koch & Rittberger，2010：27 - 49）。以俞可平为首的一批国内学者对治理也做出了诸多研究。在《治理与善治》一书的引论中，俞可平提出了对治理内涵的理解，"治理一词的基本含义是指在一个既定的范围内运用权威维持秩序，满足公众的需要"（俞可平，2000），并且指出善治的本质就在于政府与公民对公共生活的合作管理（俞可平，2000）。综合国内外学者的研究，对"治理"和"管理"的内涵做出比较。与传统意义上的"管理"相区别，"治理"的重点在于多元主体的引入，而非政府的"家长式管理"；多元主体的参与为民主的、互动的方式，而非依赖于政府的权威或者制裁。

而对于目前国内提及的"国家治理"、"政府治理"以及"社会治理"，诸多学者也对其内涵进行探讨。比如乔耀章分析国家治理、政府治理应当是寓于社会治理当中,社会决定治理(乔耀章,2014:5~20)。而孙洪敏则认为国家治理包括社会治理和政府治理(孙洪敏,2015:5~14)。王浦劬则将国家治理、政府治理以及社会治理的含义、包容性关系、交集关系以及区别性关系进行了细致探讨(王浦劬,2014:11~17),指出在中国政治话语体系和语境下,三者在本质上是一致的(共遵依法治国方略、共同目标指向),国家治理是总体治理,而政府治理和社会治理只是其中的分支范畴和子领域(王浦劬,2014:11~17)。而对于这三类治理究竟如何区别,国内学界尚未达成一致。就本文看来,不管是国家治理、政府治理还是社会治理,都由治理理论发展而来,因此本文不做过于详细的区分,统称为"治理"。

四 社会组织参与治理的研究主题

本文采用文献计量学的共词分析方法及其可视化技术,绘制出社会组织参与治理的研究主题,选取前15位最热的研究点作为分析,如图4研究主题词共

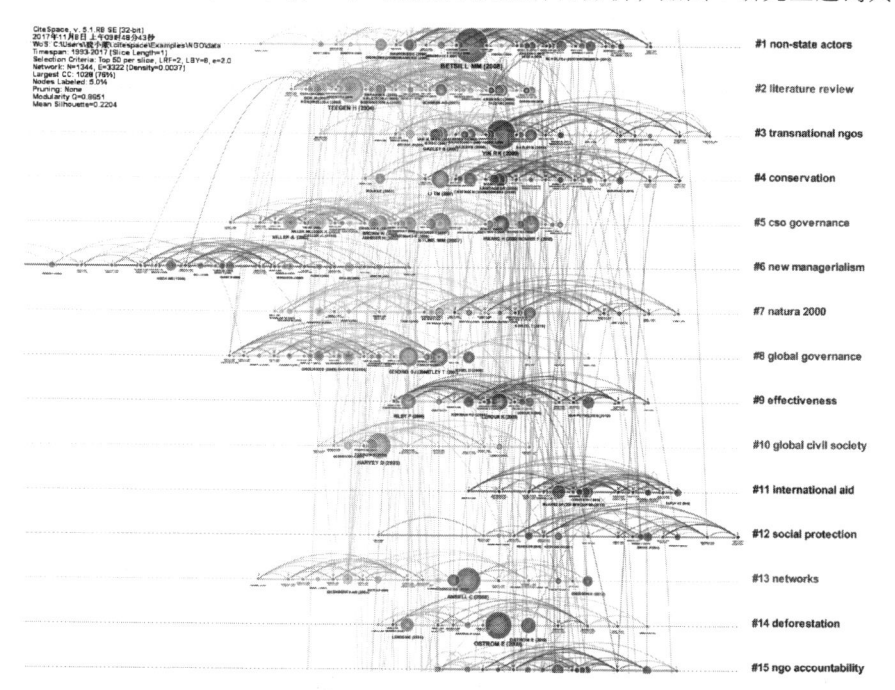

图 4 研究主题词共引图谱

引图谱所示。根据知识图谱显示,将社会组织参与治理的研究主题总结为 4 个方面:新管理主义的最先拉动,政府对话研究的后续跟进,非政府行为争论的持续热度以及责任困境探讨的新兴研究。

(一)新管理主义的最先拉动

新管理主义(new manageralism)是社会组织参与治理研究当中最开始研究的主题。20 世纪 90 年代之前,公共部门管理的新模式在多数发达国家已经出现,这种新模式被冠以不同的称号,如管理主义(manageralism)、新公共管理(new public management)、以市场为基础的公共管理(market-based public management)、后科层模式(post-bureaucratic paradigm)或企业型政府(entrepreneurial government)以及新管理主义(new manageralism)。而新管理主义研究作为整个社会组织参与治理的前期铺垫,有效地解释了社会组织参与的必要性,其中具有典型意义的研究包括经济学家 Weisbrod 提出的政府失灵理论以及法律经济学家 Hansmann 提出的理论合约失灵理论。

美国经济学家 Burton A. Weisbrod 从传统的需求 - 供给经济学范式出发,提出市场、政府失灵理论来研究非政府组织存在的问题:政府虽然能够在一定程度上弥补市场难以提供公共物品和服务的不足,但政府同样面临着失灵,其失灵主要表现为人们需求的多样化与政府提供服务的同质性特征之间的矛盾;面对市场政府双失灵的状况,非政府组织的存在成为一种必要的补充(Weisbrod, 1977)。根据市场、政府失灵理论,政府与非政府组织在提供公共物品和公共服务方面呈现此消彼长的局面:当社会所需的产品和服务同质性水平高,政府能够提供,非政府组织就会淡出角色;相反,当社会所需的产品和服务异质性水平低,非政府组织就会扮演重要角色,政府就会退居一隅(Weisbrod, 2000)。美国经济法学家 Henry B. Hansmann 主张的合约失灵理论指出:信息不对称导致市场经济难以按照帕累托最优的方式运行,营利性厂商不能够保证以社会效率最大化的数量和价格来提供商品和服务。Hansmann 认为当生产者提供专业而复杂的产品时,一般消费者没有能力鉴别产品优劣,加之购买产品的人可能并不是最终的消费者,消费者自身难以具备很强的鉴定能力;这在很大程度上给了生产者欺骗消费者的机会,从而形成合约失灵现象。在社会服务与慈善领域,购买者与最终消费者分离的现象更为常见,以利润最大化为行动目的的生产者就会拥有更多的机会破坏合约,因此合约失灵的情况会相应普遍化(Hansmann, 2000: 179 - 184; Hansmann, 2003: 115 - 122; Hansmann, 1980: 835 - 901)。因此 Hansmann 主张在社会服务与慈善方面引入非营利的社会组织来替代厂商会有更好的质量与效果（Hansmann, 2000: 179 - 184）。

（二）政府对话研究的后续跟进

新管理主义作为社会组织参与治理研究铺垫，后续跟进研究围绕在社会组织与政府对话（conversation）领域，主要探讨社会组织与政府的关系如何更好地协调，从而促进整个治理进程的推进。对于这一问题的研究，具有典型意义地界定了社会组织与政府关系的学者有 Gidron、Kramer, Kuhnle 和 Selle、Dennis R. Young 以及 Adil. Najam。

Benjamin Gidron、Roderick Kramer 以及 Lester M. Salamon 等人提出政府与非政府组织关系的类型学。他们根据服务的资金筹集、授权和服务的实际提供两个维度划分政府与社会组织之间的关系并将其分为四种（Salamon, 1994: 109 - 122）。在政府支配模式中，政府部门在资金筹集以及服务提供方面拥有绝对的垄断权，社会组织的活动空间狭小；与此相反的第三部门支配模式中，社会组织在两个维度占有绝对优势；而对于双重模式下的政府与社会组织局限于各自界定的领域中互不干涉；合作模式下的政府与社会组织打破了互不干涉的局面，一般由政府出资社会组织出力，彼此形成良性互动。

Kuhnle 和 Selle 根据"沟通与交往"和"财务与控制"两项指标（Kuhnle et al., 1989），将与政府的互动关系划分为四种互动关系。在整合依附型关系模式中，非营利组织在财务上对政府形成依赖，在法规上被政府控制，二者沟通频繁；在与此相反的分离自主型模式下，非营利组织在财务和法规上均不受政府影响，二者鲜有沟通；在分离依附模式下，非营利组织虽然在财务供给上依赖政府，并受政府法规制度的严格控制，但是并不与政府进行过多的交流；而在整合自主模式下，非营利组织和政府虽然进行密切的互动，但是在财务上并不依赖政府而是依靠自筹资金活动，因而较少受到政府控制。

Dennis R. Young 通过对美国、英国、以色列以及日本四个国家的分析，考察了政府与社会组织的关系（Young, 2000: 149 - 172）。杨通过分析社会组织在财政支持上对政府的依赖性及在公共服务提供上与政府间关系，将政府与社会组织形成的相互关系分为三类。合作补充关系下，政府提供资金支持、社会组织提供公共服务；在独立补充关系中，社会组织自行筹款、独立运作，并在必要时候来对政府未能满足要求的社会领域提供服务；而在对抗问责关系下，社会组织扮演着强硬的角色，不仅对政府进行监督而且在必要时候对政府进行问责，以此督促政府改变现有的不良行为、政策，推动更大的公共利益（Young，2000：149－172）。

Adil Najam 认为当下的各种关系分析模式没有认识到政府与社会组织的本质关系，而且过于简单化（Najam，2010：375－396）。Najam 从目的（ends）和手段（means）入手，对政府与社会组织的关系进行划分，提出了4C的关系框架。双方的目的和手段相似的情况下，呈现合作关系（cooperation）；双方的目的与手段相异的情况下，呈现对抗关系（confrontation）；双方目的相似而手段相异的情况下，呈现互补关系（complementarity）；双方目的相异而手段相似的情况下，呈现吸纳关系（co-optation）。Najam 指出：这种关系框架的划分没有任何的偏袒性，因为这一框架从社会组织和政府的双方视角来考察，而不是关注于其中的某一方的动机；另外这一框架适用性广，因为其划分标准将社会组织和政府分别看作一个整体，避免了不同类型的社会组织或政府部门而造成的关系划分困难问题（Najam，2010：375－396）。

（三）非政府行为争论的持续热度

非政府行为（non-state actors）是社会组织参与治理领域研究最多的主题，而对非政府行为的研究，学界出现了态度的分野，有的学者认为社会组织能够有助于政府的治理，弥补不足；但是也有学者认为，社会组织并没有在治理过程中起到正面积极的作用。这样的争论一直在持续，关于非政府行为的研究一直是一个热点。

非政府行为的支持者以治理理论的兴起为论证起点，认为市场和政府在信息不对称、机会主义等因素的广泛存在下已经不能对迅速变化的社会做出适当回应，因而社会组织作为重要的一方成为治理主体（Cerny，1997：1－2；Rhodes，1997：182－184；Williamson，1999：799－802）。譬如 Stoker 指出治理并不仅仅限于政府，非政府组织应当而且必须包含在内（格里·斯托克、华夏风，1999：19~30）。Hall Nina 进行了关于社会组织推动气候政策变化的一系列研究，考察了澳大利亚和美国的实际情况，发现社会组织在推动气候政策变化上有着显著的正向作用，而且公众对于社会组织表现出强烈的信任（Hall & Taplin，2008：359－379；Hall & Taplin，2010：62－81）。此外，Anderson 和

Corry 等学者研究发现在推动碳捕捉和封存（CCS）社会应用上，社会组织发挥着重要的作用，应当通过进一步强化其地位进行进一步的 CCS 推广应用（Anderson & Chiavari, 2009：4811 - 4817；Corry & Riesch, 2012：91 - 108）。

Salamon 认为虽然社会组织存在一些不足，但是这些不足可以由政府来进行弥补——通过政府进行税收减免来弥补慈善供给不足；通过政府引导监督避免慈善特殊主义；通过政府支持配备专业人员减轻慈善业余主义等（Salamon & Anheier, 1998：213 - 248）。因此，在 Salamon 看来，政府和社会组织之间应当是合作互益关系而非对立冲突关系，并且根据美国的实践经验分析出在政府与社会组织的合作互益关系中，政府扮演着"资金和指导的提供者"的角色，而社会组织扮演"产品和服务的提供者"的角色，两者互相支持与合作，共同满足多元化的社会需求。Salamon 不仅强调了社会组织参与治理对政府的益处，而且还提到了通过与政府签订服务委托合同，社会组织获得开展服务所需资金，更能够利于自身的发展（Salamon, 2010：3 - 16）。此外，Salamon 更进一步指出，随着社会组织的发展，它应当不仅满足于充当政府服务传递者，而是应当投入决策当中，占据社会重大问题决策的重要一隅（Salamon, 1981）。

而对于非政府行为持怀疑观点的学者也有充分的证据。Jennifer Wolch 尖锐地批判 Salamon 的合作想法过于理想化：经济全球化削弱了国家政府行为的自主性，后现代社会中社会认同分裂化现象对非政府组织领域的合法性构成挑战以及社会福利责任的下移及其地方化现象削弱了非政府组织的效率（Wolch, 1999：25 - 35）。Linda Milbourne 同样认为社会组织参与治理的情况并不乐观：政府虽然授权第三部门来参与社会治理事务，但同时也将治理的风险以及失败的责任转嫁给第三部门，这样的做法是在侵蚀第三部门对政府的信任，从而导致地方的自治、创新以及社区的行动都会受到一定的损害（Milbourne & Cushman, 2013：485 - 508）。

以 Zaidi 为首的团队的一系列研究成果分析了巴基斯坦的艾滋病病毒控制项目，发现当政府将项目委托给社会组织之后，社会组织在进行服务的过程中面临着自身能力严重不均衡的问题，这一问题的出现在于社会组织内部成员素质的异化（Ghaffar et al., 2013：2234；Zaidi et al., 2013：171 - 175；Zaidi et al., 2015：S54）。素质的异化导致项目质量参差不齐，服务效果难以达到预期标准。Tony Chapman 等人实证研究了英国东北部一些地区第三部门与政府部门合作的项目，发现公共部门的人员认为在项目合作中第三部门更多的是制造麻烦（Chapman et al., 2010: 613-630）。Chapman 认为，原因在于第三部门无法有效地代表整个行业利益而导致双方沟通不畅以及第三部门不愿意服从公共部门的管理而引起双方互相指责（Chapman et al., 2010: 613-630）。除此之外，社会组织参与治理的信任因素也在很大程度上影响其服务效果与发展前景。Macintyre 等强调了信任因素在社会组织发展当中的重要性，他们研究发现影响信任的因素包括社会组织成员与政府以及服务对象的关系、社会环境的稳定性和宗教影响等（Macintyre et al., 2013: 263-270）。随着社会日益复杂化、利益多元化以及社会组织力量日益强大，社会组织与政府关系的协调成为治理中一个非常重要的问题，如果双方的信任关系存在裂缝，那么在治理中会遇到种种梗阻，而致使整个治理困难重重。

（四）责任困境探讨的新兴研究

研究热点是在近期较短的一段时间内，有内在联系的、数量相对较多的一组论文所探讨的科学问题或专题。根据知识图谱的显示，社会组织的责任（ngo accountability）是新兴的研究主题。治理机制作为解决市场失灵和政府失灵问题的药方也不是万能的。即便引入了社会组织这一具有专业性、亲民性的主体参与到治理中，治理还是面临失灵的风险。这一风险体现在两个层面：一是社会组织与其他合作者之间由于冲突或者矛盾会出现回应与协商的断裂，导致合作无法持续（Callahan, 2007: 290-301; Christensen, 2002: 455-459）；二是在加入社会组织后的多方合作下的结果评估是否能够优于市场、国家单独提供的产品与服务，这一结果难以预测（Kirschbaum, 2015: 1）。

合作治理的本质在于政府不再是唯一主体，这就意味着公共事务管理方式以及社会运行模式的改变，皮特斯指出在这样的合作构建中，难以避开治理失灵问题（Peters, 2015: 261-276）。丹麦学者 E. Sørensen 以及 J. Torfing 对治理失灵的原因做出了评论——网络治理依赖于不稳定的社会和政治过程，并在一种难以驾驭的政治和经济环境中行进（Sørensen & Torfing, 2008）。AO Hirschman 则指出，因宗教信仰、种族、语言或意识形态产生的冲突给治理带来了极大的难题（Hirschman, 1995）。

S. Gilman 指出在复杂的网络组织背景下，"多只手"牵扯到责任问题（Gilman, 1999: 846）。在他看来，多方合作下很难恰当分配成功与失败的责任。

J. Pierre，BG. Peters 指出参与治理的行为者都必须为其行为负责，但到目前为止，尚未有政治责任模型被提出（Pierre & Peters，2005）。Murtaza 在系列研究中发现，部分社会组织承担的责任过少，就会导致其绩效低下甚至出现不负责任的行为活动（Murtaza，2012：109-125；Murtaza & Austin，2011：35-50）。而在 Stoker 看来，当今问题的复杂性使得大众难以辨别责任人，导致那些处于解释优势并能够引领公共舆论的一方把失败或困难推给弱势方（Stoker，1998：17-28）。正如 Keating 等人研究发现当政府一味地将责任推卸给社会组织，导致公众对社会组织严重不信任，进而对社会组织以后的发展造成严重的障碍（Keating & Thrandardottir，2017：134-151）。

在治理网络中，每个行为者都是一个利益单元，都有自身独特运作的逻辑，各方追求对自己最有利的领域，即便是以公平正义作为其自身价值的社会组织也不能避免，治理网络中不确定性和机会主义相伴而生。另一方面，当社会组织代替政府提供服务时，责任就会发生模糊，公众难以辨别责任方是谁，而那些处于解释时局、引导公众舆论的一方就有足够的可能去寻找"替罪羊"。因此，在当下未能找到合适解决方法的前提下，社会组织并不能成为独当一面的真正第三方力量，政府仍应作为最权威的部门来主导社会公共事务的发展。

五 研究述评与展望

对社会组织参与治理的研究，用"Web of Science"数据库收录的期刊论文及其参考文献数据，借助 Cite Space 工具挖掘社会组织参与治理的知识基础、发展脉络以及近期研究热点，对研究社会组织参与治理问题是一个新的尝试。基于 Cite Space 的计量分析，发现社会组织参与治理的最多领域在环境生态科学，其次为公共管理领域。针对公共管理领域的文献进行进一步分析研究，发现社会组织参与治理的知识基础是"治理理论"的兴起，此后引发了一系列针对社会组织的探讨，这一探讨领域进入活跃期，研究主题层出不穷并且互为相关。

根据时间线聚类发现，近年来对于社会组织研究热点指向"非政府行为"、"政府对话"以及"责任确定"等主题。

对于"非政府行为"的评价，国外主流观点认为社会组织是治理主体中第三方力量，并将与政府、市场形成三足鼎立之势。然而这种主流并没有将其他观点湮没，反思社会组织的研究也层出不穷。这些不同的声音时刻提醒学术界社会组织因其自身也存在着诸多不足，因而并非弥补政府与市场的万全之选。诸多研究结果表明社会组织在治理中确实发挥出了巨大的能量，以高效低成本的方式参与到公共事务当中，释放了政府的压力，但是这一实践并非"放之四海而皆准"。

学者们对社会组织参与治理中与政府"对话"的研究，尤其是 Najam 以目的和手段作为划分标准，指出了社会组织能否与政府进行良好合作的关键在于"目的"的统一性。这一具有突破性的划分标准揭示了社会组织与政府能否进行合作的关键点。在中国当下倡导"多元参与"的大环境下，社会组织作为新的参与者能够有效地"补位"，但关键是需要处理好与政府的关系。社会组织需要找寻和政府部门一致的"目的"（ends），才能在整个合作治理当中与政府建立融洽的合作与互补关系，否则在目的分野的情况下，共治局面会走向吸纳甚至对抗（Najam, 2010: 375-396）。目的的一致性与否是形成良好共治环境的着眼点，在一致的目标下，社会组织才能真正地减缓政府的压力，破解政府职能转变的难题。

尤其需要注意的，也是亨廷顿曾在《变化社会中的政治秩序》一书中提到的，发展中国家为了经济水平和生活水平的提高而盲目动员社会力量可能会造成政府负重不堪、社会动荡不安（萨缪尔·亨廷顿，2008: 387）。这样的消极后果是在盲目发展社会组织、鼓励其参与社会治理，只着眼于其参与的形式与过程而忽略了结果和目的的情况下产生的。因此本文认为对于处于转型期的国家而言，社会组织的参与应当在政府指导下有序进行，社会组织的发展仍需在一定的范围之内，若其与政府实力相当，将威胁政府的话语权，政府仍然需要保持并发挥主导作用。

反观国内，治理理论已经成为首选理论，面对政府的能力不足现象，学界给出了相当一致的答案——社会参与、合作共治，公共治理需要引入社会组织的参与，强调多方的合作与对话，形成社会治理的多元格局。诚然，社会组织确实能够帮助政府分担一部分事务，尤其是政府本身存在的一些诸如科层组织缺乏灵活性、难以满足社会异质化的需求等弱点恰恰是社会组织自身的优势所在——社会组织规模相对小并且富有弹性能够提供多样化服务（Salamon, 1994: 109-122）。但需要注意的是，对于社会组织应当如何与政府合作、合作的基础在哪里、合作的可行性如何、扮演了怎样的角色等问题还需要理论和实践上的共同努力。

我国的社会组织发展仍处于兴起阶段，但是可预见的是，其发展应当是在政府主导下进行的。也就是说，中国的共治需要倡导的是"多元参与"而非"多中心治理"。"多元参与"仍然是政府主导的治理，而"多中心治理"则是打破了政府的主导地位。目前我国处于转型的关键期，面对社会流动加速、利益分化加剧、社会矛盾交织的复杂环境，只有政府能担当起强有力的后盾，维持整个社会的稳定，平衡区域差异。在政府主导，多方参与的治理环境下，国家的主体责任仍然占据核心的位置，这在一定程度上也缓解了西方学界所提出的"责任混乱"问题。而社会组织作为多元参与的一隅，其参与务必要纳入有序、有效的政府监管当中，防止出现社会组织参与混乱的状况。在有序、有效的参与当中，社会组织才能够配合政府和国家在合适的领域发挥应有的效应，形成"大社会、小政府"的良好治理环境。

参考文献

〔美〕萨缪尔·P.亨廷顿（2008）：《变化社会中的政治秩序》，王冠华译，上海：上海人民出版社。

〔意〕菲利普·施密特、赫宁（2016）：《"治理"的概念：定义、诠释与使用》，《复旦公共行政评论》（1），第1~26页。

〔英〕格里·斯托克（1999）：《作为理论的治理：五个论点》，华夏风译，《国际社会科学杂志》（1），第19~30页。

陈成文、李冰仙（2004）：《社会组织研究综述》，《甘肃社会科学》（5），第177~179页。

程景民、李欣彤（2017）：《转基因玉米的科学知识图谱研究——基于Citespace的计量分析》，《中国农学通报》，33（5），第128~132页。

侯剑华、刘则渊（2009）：《纳米技术研究前沿及其演化的可视化分析》，《科学学与科学技术管理》，30（5），第23~30页。

胡锦涛（2007）：《高举中国特色社会主义伟大旗帜　为夺取全面建设小康社会新胜利而奋斗——在中国共产党第十七次全国代表大会上的报告》，《当代广西》（11），第4~5页。

梁永霞等（2008）：《基于Cite Space II的航空航天工程前沿研究》，《科学学研究》（s2），第303~312页。

乔耀章（2014）：《从"治理社会"到社会治理的历史新穿越——中国特色社会治

理要论：融国家治理政府治理于社会治理之中》，《学术界》（10），第5~20页。

孙洪敏（2015）：《三种国家治理主导模式功能差异》，《学术界》（3），第5~14页。

王浦劬（2014）：《国家治理、政府治理和社会治理的含义及其相互关系》，《国家行政学院学报》（3），第11~17页。

肖明等（2011）：《基于CiteSpace研究科学知识图谱的可视化分析》，《图书情报工作》，55（6），第91~95页。

杨丽等（2015）：《社会组织参与社会治理：理论、问题与政策选择》，《北京师范大学学报》（社会科学版）（6），第5~12页。

俞可平（2000）：《治理与善治》，北京：社会科学文献出版社。

张苗等（2017）：《土地利用与碳排放国内外研究进展比较——基于CiteSpace软件的文献计量分析》，《资源开发与市场》，33（8），第933~937页。

Anderson, J., & Chiavari, J. (2009), "Understanding and Improving NGO Position on CCS", *Energy Procedia*, 1 (1), pp. 4811–4817.

Callahan, R. (2007), "Governance: The Collision of Politics and Cooperation", *Public Administration Review*, 67 (2), pp. 290–301. doi: 10.1111/j.1540–6210.2007.00714.x.

Cerny, P. G. (1997), "The New Governance: Governing without Government", *Political Studies*, 45 (1), pp. 1–2.

Chapman, T., et al. (2010), "Trouble with Champions: Local Public Sector-third Sector Partnerships and the Future Prospects for Collaborative Governance in the UK", *Policy Studies*, 31 (6), pp. 613–630.

Christensen, J. G. (2002), "Success and Failure in Public Governance: A Comparative Analysis", *Journal of Public Administration Research and Theory*, 12 (3), pp. 455–459.

Corry, O., & Riesch, H. (2012), "Beyond 'for or Against': Environmental NGO-evaluations of CCS as a Climate Change Solution", In *Social Dynamics of Carbon Capture & Storage*, pp. 91–108.

Ghaffar, et al. (2013), "Medical Education and Research in Pakistan", *Lancet*, 381 (9885), p. 2234.

Gilman, S. (1999), "The Quest for Responsibility: Accountability and Citizenship in Complex Organizations", *Administrative Science Quarterly*, 44 (4), p. 846.

Hall, N. L., & Taplin, R. (2008), "Room for Climate Advocates in a Coal-focused Economy? NGO Influence on Australian Climate Policy", *Australian Journal of Social Issues*, 43 (3), pp. 359–379.

—— (2010), "Environmental Nonprofit Campaigns and State Competition: Influences on Climate Policy in California", *Voluntas International Journal of Voluntary & Nonprofit Organizations*, 21 (1), pp. 62–81.

Hansmann, H. B. (1980), "The Role of Nonprofit Enterprise", *Yale Law Journal*, 89 (5), pp. 835–901.

—— (2000), "Nonprofit Organizations in Perspective", *Nonprofit & Voluntary Sector Quarterly*, 29 (1), pp. 179 - 184.

—— (2003), "The Role of Trust in Nonprofit Enterprise", *The Study of the Nonprofit Enterprise*, Boston: Springer, pp. 115 - 122.

Hirschman, A. O. (1995). "Rethinking the Development Experience", *A Propensity to Self-Subversion*, Cambridge: Harvard University Press, p. 262.

Keating, V. C., & Thrandardottir, E. (2017), "NGOs, Trust, and the Accountability Agenda", *British Journal of Politics & International Relations*, 19 (1), pp. 134 - 151.

Kettl, D. F. (2000), "The Transformation of Governance: Globalization, Devolution, and the Role of Government", *Public Administration Review*, 60 (6), pp. 488 - 497. doi: 10.1111/0033 - 3352.00112.

Kirschbaum, C. (2015), "Shifts in Control Disciplines and Rescaling as a Response to Network Governance Failure: the BCJ Case, Brazil", *Policy & Politics*, 43 (3), p. 1.

Kohler-Koch, B., & Rittberger, B. (2010), "Review Article: The 'Governance Turn' in EU Studies", *Jcms Journal of Common Market Studies*, 44 (s1), pp. 27 - 49.

Kuhnle, et al. (1989), "Integrated Dependence or Separate Autonomy? Relations Between Government and Voluntary Organizations in Norway", Paper Presented at the ECPR Workshop on Needs, Contributions and Welfare, Paris.

Macintyre, L. M., et al. (2013), "How Community Trust was Gained by an NGO in Malawi, Central Africa, to Mitigate the Impact of HIV/AIDS", *Journal of Transcultural Nursing Official Journal of the Transcultural Nursing Society*, 24 (3), pp. 263 - 270.

Milbourne, L., & Cushman, M. (2013), "From the Third Sector to the Big Society: How Changing UK Government Policies Have Eroded Third Sector Trust", *Voluntas International Journal of Voluntary & Nonprofit Organizations*, 24 (2), pp. 485 - 508.

Murtaza, N. (2012), "Putting the Lasts First: The Case for Community-Focused and Peer-Managed NGO Accountability Mechanisms", *Voluntas International Journal of Voluntary & Nonprofit Organizations*, 23 (1), pp. 109 - 125.

Murtaza, N., & Austin, M. J. (2011), "Strategic Management of NGOs in Developing Countries", *Journal of Nonprofit Education & Leadership*, 2 (1), pp. 35 - 50.

Najam, A. (2010), "The Four C's of Government Third Sector-Government Relations", *Nonprofit Management and Leadership*, 10 (4), pp. 375 - 396.

Peters, B. G. (2015), "State Failure, Governance Failure and Policy Failure: Exploring the Linkages", *Public Policy & Administration*, 30 (3), pp. 261 - 276.

Pierre, J. (2000), "Debating Governance: Authority, Steering and Democracy", *Oup Catalogue* (January).

Pierre, J., & Peters, B. G. (2005), "Understanding Governance: Institutional Capacity, Information, and Steering", *Governing Complex Societies: Trajectories and Scenarios*, London: Palgrave Macmillan, pp. 1 - 9.

Rhodes, R. (2003), "What is New about Governance and Why Does it Matter?" *Governing Europe*, Oxford: Oxford University Press, pp. 61 – 73.

Rhodes, R. A. W. (1997), "Understanding Governance: Policy Networks, Governance, Reflexivity, and Accountability", *Social Studies*, 39 (4), pp. 182 – 184.

Salamon, L. M. (1981), "Rethinking Public Management: Third-party Government and the Changing Forms of Government Action", *Public Policy*, 29 (3), pp. 255 – 275.

Salamon, L. M., & Anheier, H. K. (1998), "Social Origins of Civil Society: Explaining the Nonprofit Sector Cross-Nationally", *Voluntas International Journal of Voluntary & Nonprofit Organizations*, 9 (3), pp. 213 – 248.

—— (1994), "The Rise of the Nonprofit Sector", *Foreign Affairs*, 73 (4), pp. 109 – 122.

—— (2010), "The Crisis of the Nonprofit Sector and the Challenge of Renewal", *National Civic Review*, 85 (4), pp. 3 – 16.

Schick, A., & Finance, N. Z. D. O. (1996), "The Spirit of Reform: Managing the New Zealand State Sector in a Time of Change", Paper Presented at the State Services Commission and the Treasury, New Zealand.

Stoker, G. (1998), "Governance as Theory: Five Propositions", *International Social Science Journal*, 50 (155), pp. 17 – 28.

Sørensen, E., & Torfing, J. (2008), "Introduction Governance Network Research: Towards a Second Generation", *Theories of Democratic Network Governance*, London: Palgrave Macmillan, pp. 1 – 21.

Weisbrod, B. A. (1977), "Toward a Theory of the Voluntary Non-Profit Sector in a Three-Sector Economy", *The Voluntary Nonprofit Sector: An Economic Analysis*, Lexington: Lexington Books, pp. 132 – 172.

Weisbrod, B. A. (2000), "The Economic and Social Importance of Nonprofit Organizations", *IPR Working Papers* from Institute for Policy Research at Northwestern University, Evanston.

Williamson, O. E. (1999), "The Mechanisms of Governance", *Administrative Science Quarterly*, 44 (1), pp. 799 – 802.

Wolch, J. (1999), "Decentering America's Nonprofit Sector: Reflections on Salamon's Crises Analysis", *Voluntas International Journal of Voluntary & Nonprofit Organizations*, 10 (1), pp. 25 – 35.

Young, D. R. (2000), "Alternative Models of Government-Nonprofit Sector Relations: Theoretical and International Perspective", *Nonprofit Policy Forum*, 29 (1), pp. 149 – 172.

Zaidi, S., et al. (2013), "Parallel NGO Networks for HIV Control: Risks and Opportunities for NGO Contracting", *Glob J Health Sci*, 5 (2), pp. 171 – 175.

Zaidi, S., et al. (2015), "Can Contracted out Health Facilities Improve Access, Equity, and Quality of Maternal and Newborn Health Services? Evidence from Pakistan", *Health Research Policy & Systems*, 13 (S1), p. S54.

Review on Social Organizations in Governance: Development and Prospect of Visualized Quantitative Research Based on Cite Space

Ye Zhonghua Wei Yujun

[**Abstract**] Among the field of research governance theory, social organizations to participate in governance is an important direction of many scholars. From subjective judgment to objective measurement, we use the Cite Space tool to dig out the knowledge base, development context and recent research hotspots of social organizations participating in governance with the journal articles and reference data collected from "Web of Science" database, which is a new attempt. The study found that the topics of the past two decades are more concentrated, the most concentrated in the field of environment, followed by the field of public administration. Through the econometric analysis of the literature in the field of public administration, we found that the earliest research topic was the rise of new managerialism. Since 2000, the key period for social organizations to participate in governance has entered an active phase. Research topics are endless and interrelated and the rise of governance theory is the study of the entire social organization to participate in governance tipping point. According to the clustering of time lines, we find that in recent years, the research topics of social organizations are focused on such topics as "non-state actors", "conversation" and "responsibility determination".

[**Keywords**] Social Organization; Governance Theory; Cite Space

社会企业筹资策略之调查分析[*]

郑胜分[**]

【摘要】 以社会投资方式支持社会企业发展，已逐渐受到各界重视。本文聚焦四个较受关注的筹资策略，包含公益创投、社会影响力投资、社会效益债券及众筹。透过问卷调查收集资料，共发出186份问卷，有效回收问卷92份，回收率约为49.5%。研究结果发现，对于四种筹资策略，听过者越多，其清楚度越高，但清楚度越高者，并不代表采纳该策略之意愿就越高，而以公司登记名称包含社会企业一词者与社企登录两种形态，其筹资策略并无统计上的显著差异，佐证台湾社会企业仍属于新创阶段，亦符合本文对于筹资策略的观察，即社会企业筹资策略深受生命周期的影响。基此，本文认为应该回归社会企业的生命周期，依据社会企业本身条件发展阶段，导入合适的筹资策略，据以建构可持续的商业模式。

【关键词】 社会企业 公益创投 社会影响力投资 社会效益债券 众筹

一 前言

全球化不仅打破各国关税壁垒，公共部门、商业组织与社会组织之界限也

---

[*] 本文为台湾"科技部"专题研究计划"社会企业新筹资途径之研究"（计划编号：104-2410-H-003-020）之部分研究成果。

[**] 郑胜分，台湾师范大学社会教育学系副教授，研究方向为社会企业与非营利组织管理。

渐趋模糊，而朝向跨界的组织形态（Defourny et al.，2014；孙炜、萧全政，2013：110）。全球化虽然让全球市场更具弹性，但不可讳言，全球化也急速扩大了各国的竞争力差距，致使失业率居高不下，贫富差距也日趋扩大，此种全球化浪潮下的跨部门合作模式，造成强烈的相对剥夺感，招致许多批评与省思。面对日趋复杂的社会需求，跨国组织无不绞尽脑汁加以因应，无论是联合国（Union Nations）、经济合作与发展组织（Organization for Economic Co-operation and Development，OECD）、欧盟（European Union），或世界银行（World Bank），皆将视角从跨部门合作转向"社会企业"（social enterprise）此种新的混合组织形态。社会企业兼容社会与经济目标，而非传统定义下的社会组织或商业组织。社会企业被视为社会变革的轮轴，有助于化解弱势者之社会疏离问题（Matei & Matei，2012：1066）；复以，社会企业也被视为公司治理的新思维，成为矫正商业组织"误为"（wrong doing）之对策（Kickul & Lyons，2012：23）。是以，面对全球化的冲击，社会企业不仅成为各国化解经济与社会危机的新药方（Bruni & Zamagni，2013：1-3；Munoz，2010：6），而且成为优化"企业社会责任"（corporation social responsibility，CSR）的全球新趋势（Petheo，2011）。

除跨国组织外，社会企业亦受到各国政府的重视。社会企业系采取渐进式的变革理念，其思维可以从新公共管理（new public management）与新公共治理（new public governance）两种途径加以观察。新公共管理强调导入市场的创新精神，除引发各国政府再造与民营化风潮外，也成为福利企业发展之基石，而各国政府常透过补助或政府购买服务方式予以支持，台湾"劳动部"亦透过社会企业补助项目及多元就业培力项目等，支持社会组织发展社会企业（官有垣等，2014：2）。此种强调透过创新的商业手法化解社会问题的思维，以2002年英国"产业与贸易部"（Department of Trade and Industry①）对于社会企业的定义为代表（Matei et al.，2014：38-44）。虽然英国对于社会企业定义已经逐年修正，但其核心思维仍未偏离Pestoff所提出的，将社会企业视为一种社会改革运动（Pestoff，1998）。如面对高龄化社会，北欧各国提出"老人帮助老人"（older people for older people，O4O）模式，就是透过社会企业实践社会改革的一种组织选择（Farmer et al.，2012）。

---

① "产业与贸易部"于2016年改组为"商业、能源与产业战略部"（Department for Business, Energy and Industrial Strategy）。

新公共治理强调多元利害关系人的参与、透明度及网络联结，相当契合1996年欧盟支持之"EMES欧洲研究网络"（EMES European Research Network）及1999年OECD对于社会企业的界定（OECD，1999，2015）。面对一连串的金融风暴，对于商业组织的不伦理行为，公司治理（corporation governance）逐渐受到重视，各国政府亦透过管制政策介入公司治理，促使企业社会责任进行改革（Petheo，2011）。企业社会责任不再仅是提升商业组织公益形象的善因营销（cause marketing）工具，透过支持社会企业发展，商业组织更得以扩大其社会影响力（Galaskiewicz & Barringer，2013），尤其对于具备科技背景的新形态企业家而言，透过投资方式，以实际行动改变世界，成为支持社会企业发展的重要动力（Stecker，2016：375）。

然而，福利企业容易产生资源依赖问题，且政府购买服务之社会福利产品竞争力相对较低（孙炜，2016：2；23），故为避免社会组织对于政府资源的依赖，以及提升社会组织自我造血的能力，各国政府逐渐思考从资源提供者转向资源媒合者的角色，引导民间资源以投资的方式支持社会企业的发展（Belkhir，2015）。具体而言，在政府补助递减压力下，政府更重视扮演资源平台的角色，透过政策诱因，以投资方式支持社会企业发展（Munoz，2010：27；Ridley-Duff & Bull，2011），也提供新形态投资人发挥作用的舞台，并发展出有别于传统的回馈机制，为社会企业注入活水（Buckland et al.，2013；郑胜分，2016）。

就台湾地区而言，2014年9月颁布"社会企业行动方案"，从调法规、建平台、筹资金及倡育成四个方向支持社会企业发展，树立社会企业发展的重要里程碑（黄德舜等，2014）。在筹资金方面，"金融监督管理委员会"协助社会企业登录"创柜板①"，以协助社会企业取得股票市场之资金；另"行政院国家发展基金管理会"于2015年9月4日第46次会议通过"'行政院'国家发展基金协助社会发展投资作业要点"，"'行政院'国家发展基金"（以下简称"国发基金"）依"产业创新条例"第30条规定，"国发基金"以私募基金所募资金额之40%为投资上限，鼓励私募基金共同投资社会企业。

"国发基金"所投资之社会企业类型有二，其一为公司章程或合伙契约明定以推展社会关怀、化解社会问题或促进公共利益为营运目的之一，且年度可

---

① "创柜板"主要取其"创意柜台"之意命名，系定位为提供具创新、创意构想之非公开发行微型企业创业辅导筹资机制，提供股权筹资功能但不具交易功能。

分派（配）盈余保留一定比率用于社会公益①；其二为经政府机关认可国内外机构登录为社会企业者②。除官方的投资策略外，民间亦开始介入，台湾公益团体自律联盟成立"社会福祉及社会企业公益信托循环基金"（Social Enterprise Revolving Trust，SERT），此循环基金以公益信托方式，委由凯基银行（KGI Bank）处理信托业务，采取股权投资方式，在所投资的社会企业经营成功获利之后，透过事前协议的出场机制回收本金及获利，循环活用资金，帮助更多的社会企业。

"国发基金"目前尚无任何社会企业投资项目成案③。本文认为问题关键在于双方对于社会企业筹资策略欠缺清晰的图景与理解。首先，本文欲了解社会企业对于筹资策略之认知与采纳程度；其次，以公司登记名称包含"社会企业"一词者与社企登录两种形态，在筹资策略的认知与采纳程度方面是否有所差异。基此，本文以"国发基金"所列社会企业为研究对象，研究目的在于分析社会企业对于各种筹资策略的认知与采纳意愿，希望提供给社会企业较为完整的筹资策略分析。

二 文献分析

台湾地区"国发基金"采取类似英国"大社会资本"（big society capital）的方式，以投资观点支持社会企业，相当契合各国各地区以社会投资（social investment）方式支持社会企业发展，以取代政府补助所可能造成资源依赖之趋势（Stecker，2016：375；郑胜分，2016）。依据 OECD 的定义，社会投资系指资本使用目的在于同时产生社会效益及财务回收。其方式包含融资、股权及债券，有时也会采取担保或承销。被投资人若绩效良好，利润除回馈给投资人外，

---

① 经查"经济部商业司－公司及分公司基本数据查询"所呈现数据，自 2008 年 9 月 18 日台湾第一家设定登记的"光原社会企业股份有限公司"起，至 2017 年 7 月为止，以公司登记名称包含"社会企业"一词者共计 140 家，其中 14 家已经解散，故实际运作为 126 家。
② 经查"经济部"委托台湾公益团体自律联盟所建构之"社会企业登录"（以下简称社企登录）所呈现数据，2015 年完成 101 家首次登录，而至 2017 年完成 140 家登录，其组织类型包含公司、协会、基金会、合作社及农会。
③ "国发基金"与私募基金发起人"活水社会企业开发咨询管理公司"规划于 2017 年底前共同筹资新台币 1 个亿元，以协助社会企业得到投资基金，然双方对于合作机制尚无共识，故至 2017 年 7 月仍未定案。

也会用以再投资，而投资人则希望社会与财务回收能够同时得到均衡，并且为了产生更大的社会效益，投资人愿意接受较低的财务回收（OECD，2015：132）。

检视与社会企业有关之社会投资文献，目前主要采取两种研究方式，其一为案例分析，其二为投资渠道分析。就案例分析而言，如2002年英国政府与私募基金合作，设立小区桥接创投（Bridges Community Ventures），以活络小区产业；2008年通过《银行休眠账户社会建设法案》（The Dormant Bank and Building Society Accounts Act），以休眠账户资金成立大社会资本基金，投入慈善与小区公益之用；2009年美国成立社会创新基金（Social Innovation Fund），以增加公共或私人投资方式，协助社会企业化解社会问题（郑胜分，2016：130）。就投资渠道分析，各国政府鼓励社会企业向市场寻求资金，如英国、美国、新加坡与韩国等，不仅希望透过政策介入扩大社会企业筹资渠道，而且陆续启动各类型基金与信托等，为各类型社会企业引入更多元的资金来源。

社会投资的"案例分析"与"投资渠道"有许多重叠之处，不易区隔，也无法呈现社会投资的全面性。故本文以OECD（2015）跨国研究为架构基础，并归纳台湾推动社会企业筹资的四种重要策略，包含"社会企业行动方案"提出之公益创投（venture philanthropy），"国发基金"与社会福祉及社会企业公益信托循环基金所聚焦之社会影响力投资（social impact investment），台湾"劳动部"倡议之社会效益债券（social impact bond），以及台湾"证券柜台买卖中心"所推动之众筹（crowdfunding）。以下依据研究目的，分述四种筹资策略之内涵与采纳背景，以为研究分析之基础。

（一）筹资策略的内涵

1. 公益创投

在福利市场化趋势下，许多社会组织透过公益创投进行筹资。OECD认为公益创投系采取市场化的途径进行筹资，公益创投改变社会组织传统的慈善赠与逻辑，透过补助款、股权及借贷等工具，给社会组织财务及非财务的支持，公益创投除让投资人得到财务回收外，也提供投资人软性的社会效益回报[①]（OECD，2015：133）。然而，在"利润分配受限"的规范下，社会组织的治理

[①] 中国大陆地区主要透过政府购买服务方式运作公益创投，其内涵与投资概念下的公益创投有些许差异，参见《公益创投：社会企业的另一种契机》（郑胜分、刘育欣，2015）。

层级（董事会或理事会）无法分配投资成果，却必须承担投资失利的责任，致使公益创投在社会组织应用度不高，故相对于主流的慈善募款方式，各国各地区公益创投规模仍旧不大（Nicholls，2014：169－170）。

对于社会企业而言，EMES 所提"有限利润分配"（a limited profit distribution）的指标，让社会企业家得以分配合理的利润（Gidron & Hasenfeld，2012：78）。虽然公益创投要求社会效益与财务回收，但在基于追求社会影响力前提下，公益创投允许较低的财务回收，当社会企业无盈余时可以不求财务回收，甚至社会企业亏损时也愿意将投资转为捐赠，成为"投资转捐赠"之特殊形态，此种投资又被称为低风险的天使基金（angel funds）（Fenn et al.，1997；郑胜分、刘育欣，2015：48）。公益创投的投资人因为容许较低比例的财务回收，且回收周期较长，故其投资人被称为天使投资人（Nicholls，2014：169－170），故公益创投成为支持社会企业发展的新趋势（Lane，2011；郑胜分、刘育欣，2015）。公益创投运作如图 1 所示。

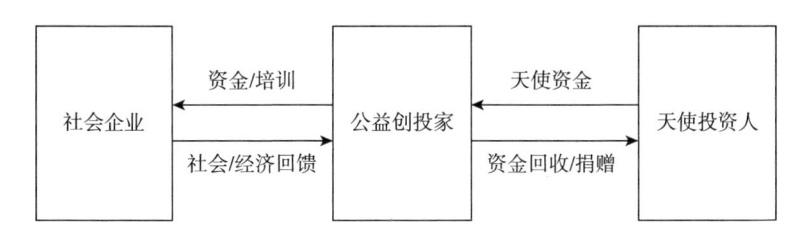

图 1 公益创投运作①

2. 社会影响力投资

社会影响力投资的前身是影响力投资（impact investment），如透过投资绿色产业或偏乡教育产业，以提高商业组织的社会影响力，故为商业组织的一种策略性布局，其本质仍是为了获利。而在新公共管理思潮下，各国各地区政府一方面希望打破补助款、政府购买服务或委托承办所造成的资源依赖困境，一方面也希望行政绩效能够得到民众的认可，成为施政的亮点，故透过政策引导社会影响力投资介入难以突破的结构性社会问题（如弱势就业、游民等）。

社会影响力投资乃是投资人与被投资人对于社会问题或特定公益课题的一种交换。特定公益课题必须与提供社会中处于生活危险的群体所需的公共财产或私

---

① 资料来源：本文。

有财产有关,并且需要中介组织的协助。中介组织包含社会银行、社会投资银行等。被投资人有义务提出一份正式的社会影响力评估报告,而投资人除得到社会影响力评估报告外,也可以期待得到财务回收,但财务回收必须低于一般风险投资的市场水平,以符合社会影响力投资之核心价值(OECD,2015:23,132)。

受限于信息落差,投资人与被投资人之间欠缺联络渠道,故有赖于中介组织扮演网络节点(network node)之角色,社会影响力投资的中介组织类型主要如下:

(1)社会创投基金

兴起于近十年,且日趋增加,但因为基金较新且规模较小,故不容易吸引风险投资人的注意,其投资工具不仅仅是股权,更是较为复杂的组合。例如,总部设于德国的社会创投基金(Social Venture Fund),以创新或企业精神投资社会企业,化解日趋严重的社会与环境挑战;2002年创设于英国的桥接创投(Bridge Ventures)则采取影响导向投资途径,化解小区服务不足的问题,并进而支持创设"社会企业家基金"(Social Entrepreneurs Fund)(OECD,2015:29)。

(2)社会证券交易

近年社会证券交易日趋增加,如伦敦的社会证券交易所(Social Stock Exchange)、南非的上市公司Nexii(提供金融服务与咨询的社会企业)及新加坡的亚洲影响投资交易所(Impact Investment Exchange Asia)。对于寻求社会与财务回收的投资人,前述例子皆致力于建设具吸引力的平台(OECD,2015:30)。

(3)以创设基础建设为导向的政府或基金会

各国各地区政府及许多基金会都致力于创设社会影响力投资所需的基础建设与资本,而信任与信息公开则是关键。除英国大社会资本外,2007年10月洛克菲勒基金会提出全球影响投资网络(Global Impact Investing Network)概念,并于2008年6月正式成立基金会,由全球40位投资人组成,采取影响投资策略,更有效地化解社会与环境问题。全球影响投资网络透过支持关键基础建设及发展特定活动、教育及研究,以吸引投资人。

社会影响力投资与社会责任投资(socially responsible investing)亦有所差异。社会责任投资乃是基于投资的伦理(ethical)观点,并维持一定的财务报酬率,化解社会与环境问题。社会责任投资早期关注药瘾、吸烟、酗酒及戒赌、干净能源或绿色产业等课题,近期则透过借贷或股权方式,投资于社会企

(Nicholls，2014：164)。二者差异点在于，社会影响力投资着重"正面"的社会效益，而社会责任投资则可能产生"正负相伴"的效益，其负面效益易演变成"洗绿"（greenwashing）的弊端，即将新兴的绿色市场视为赚钱的机会，或者生产绿色产品过程中不自觉地产生不利于环境生态的外部效果（Stecker，2016）。

相较于公益创投，社会影响力投资的范围更为宽广。社会影响力投资泛指一切有助于改善社会问题的投资活动，虽不同于一般商业投资追求最大获利，但本质仍是透过获利模式扩大社会影响力（OECD netFWD，2014），故社会影响力投资更接近"好生意"的获利思维，也可视为商业组织的另一种"蓝海战略"（Blue Ocean Strategy）。社会影响力投资与公益创投差异点在于，公益创投除资金投入外，也重视能力建设，且同时要求社会与财务回收，甚至成为"投资转捐赠"之特殊形态；而社会影响力投资则不然，从OECD（2015）定义可以发现，社会影响力投资以减少成本损失为原则，除社会效益外，更关心预期的财务回收。其运作通常由私人慈善家或企业型基金会主导，透过投资社会企业，既可化解社会问题，风险投资人亦可获利，且透过对社会产生正面的影响力，进而实践企业社会责任，故对社会影响力投资而言，社会企业就是一个可以投资获利的目标。社会影响力投资运作如图2所示。

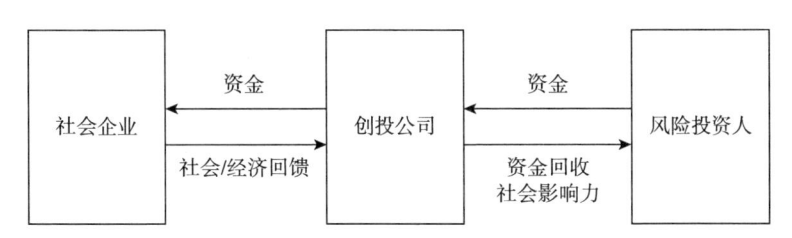

图2　社会影响力投资运作①

3. 社会效益债券

社会效益债券乃是需求导向的投资策略。社会效益债券系指政府透过募集资金，提供社会组织或社会企业发展资源，故是一种公私协力模式的展现（Jones & Donmoyer，2015：21）。2009年英国劳动部开始规划社会效益债券，透过政府与中介组织订定契约，由中介组织招募投资人并将资金暂时交付政府，

---

① 资料来源：本文。

并由投资者觅得服务提供商（社会组织或社会企业）负责项目执行，依据社会问题化解之成果，在公正第三方（专业社会组织）的审查下，由政府支付一定比例报酬给中介组织，投资人再依据投入资金之多寡，向中介组织回收投资利润（Nicholls，2014：183-184）。社会效益债券以预防服务（preventative service）的概念，节省政府将来化解问题的支出，如英国第一个社会效益债券即透过契约与商业组织合作，化解了彼得伯勒市（Peterborough）出狱者的社会疏离问题①（Schinckus，2015）。

社会效益债券不是一般的捐赠或赞助，而是一种由政府主导投资社会的过程，投资人包含信托基金、商业投资人及高资产的个人；中介组织寻求合作的服务提供商必须以最有效率的方式执行契约，且服务产出必须以创新的做法让目标团体（如出狱者）的利益最大化；最后由公正第三方专业社会组织进行效益评估，若达到契约所订立标准，政府需契约规定，支付一定比例费用给中介组织，投资人再从中介组织回收资金②（Nicholls，2014：183-184；Warner，2013：305）（见图3）。

4. 众筹

众筹是近年来创业领域热门话题。众筹形态相当弹性多元，主要系指社会企业家或微型创业家透过募资平台取得创业或实践创意的资金。众筹是相当复杂的概念，Hemer等人依据资金回收的复杂度，将众筹分成五种类型，包含：捐赠（donation）、奖酬（reward）、预购（pre-selling）、借贷（lending）及股权（equity）（Hemer et al.，2011）。Hemer等人的分类受到Hass等人的质疑，Hass等人认为资金回收复杂度的指标太过单一，故渠等透过群集分析，归纳众筹的

---

① 2010年9月英国司法部（Ministry of Justice）与"社会金融公司"（Social Finance，Ltd.）合作发行全球第一档社会效益债券；该档社会效益债券共计从17位社会投资者募得500万英镑，履约目标是在2014年时，只要社会效益债券投资人能够运用各种社会创新方式，有效使剑桥郡彼得伯勒市出狱之轻罪受刑者的再犯率降低7.5%，那么司法部和大乐透基金（Big Lottery Fund），将依据投资人出资额、原本司法部预期在化解此一问题上所要花费的预算、计划实际执行经费、合理利润率等因素予以综合计算后，给付于债券投资人，每位债券投资人可从中获取相应报酬。

② 计算公式如下：政府的履约支出金额=债券投资人之出资额+x%（预期财政支出-实际执行支出）。上式中的x%，是指事先设定的合理利润率。依政府与社会金融公司之间的协议，再犯率降愈多，则投资人的获利愈多：若再犯率降低7.5%，每位债券投资者每年最高可获取本金溢酬约2.5%，若降10%，投资报酬率约7.5%；每年整体报酬率上限为13.3%，最多可领8年。但若未达到降低7.5%再犯率的门槛目标，则投资人将损失其投资额。

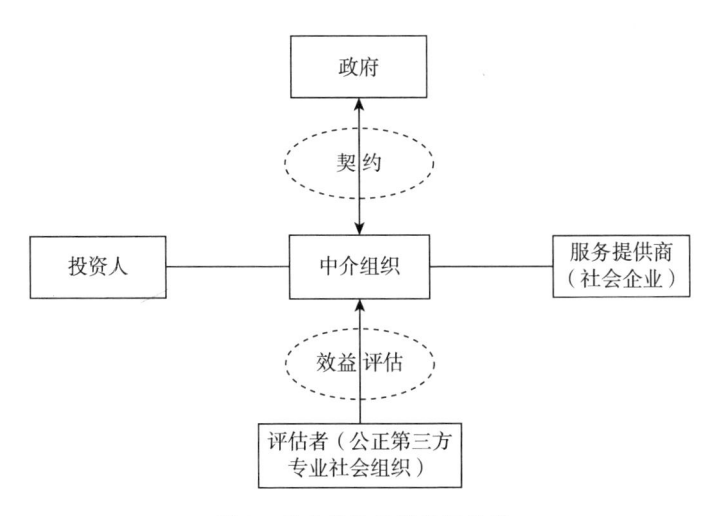

图 3　社会效益债券的运作①

13 项特质后，以价值（value）为评价基础，将众筹区分成志愿主义（altruism）、快乐主义（hedonism）及获利（for profit）三种众筹形态（Hass et al.，2014）。

"志愿主义众筹"是一种捐赠的形式，不求任何形式的回收；"快乐主义众筹"追求非货币的回收（non-monetary return），投入众筹是一种自我价值感的实践，其类型包括奖酬及预购，如与冠军球队共进晚餐就是一种奖酬，而预购则常见于支持小农经济，并得到更健康或友善环境的农产品；而"获利众筹"就偏向货币回收，其类型为借贷与股权，借贷是一种融资的形式，而股权则偏向投资的概念（Gierczak et al.，2016：13 - 14）。相较于一般融资，众筹可以避开冗长繁杂手续，且无须担保品，有助降低组织行政成本，还款压力也相对较小；但另一方面，众筹稳定性低，资金规模通常有限，有时也可能产生筹资不足问题（Bruntje & Gajda，2016）。

无论是 Hemer 等人的资金回收复杂度观点，或者 Hass 等人所提的价值评价基础，其实都是观察众筹的一种视角，如同商业组织以成本效益，社会组织以使命为评估基础般，前述学者的论点应无优劣之分。从社会企业双重底线的角度，资金回收复杂度及价值，各适合为经济指标与社会指标评价之基准。是以，本文兼采资金回收复杂度及价值两个视角，据以建构众筹完整的运作图景（见图4）。

---

① 资料来源：修正自 Warner（2013：305）。

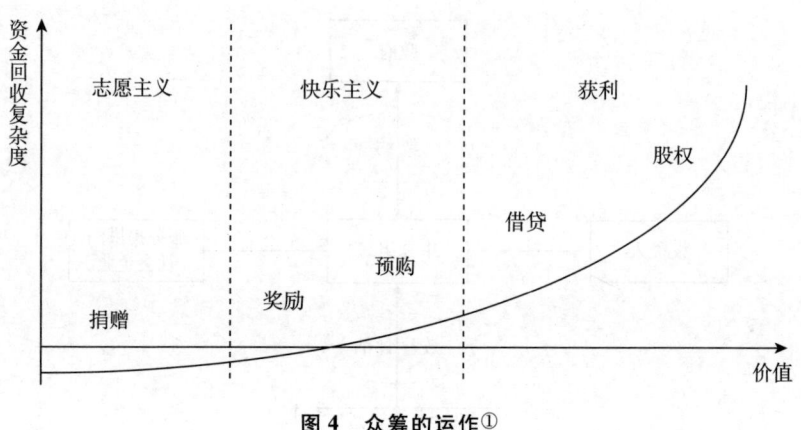

```
资金回收复杂度
  ↑
  │  志愿主义   │   快乐主义    │   获利
  │             │               │    股权
  │             │               │  ╱
  │             │               │借贷
  │             │        预购   │
  │             │   奖励        │
  │   捐赠      │               │
  └─────────────┴───────────────┴──────────→ 价值
```

图 4 众筹的运作①

众筹除捐赠性质外，也包含获利导向的运作模式，从投资的角度，"股权众筹"（equity-based crowdfunding）就是一项新兴的筹资策略。例如，随着互联网的发展与扩散，隶属于金管会证券柜台买卖中心（Taipei Exchange）之创柜板，即具备股权众筹精神（黄晓盈，2015）。2014 年 4 月 18 日支持提供无障碍环境与服务的全面链接商业运作模式的多扶事业股份有限公司，首次以社会企业为产业类别登录创柜板，开启台湾地区政府以股权众筹支持社会企业发展之滥觞，目前已经有三家社会企业完成创柜板登录②。

（二）筹资策略的采纳分析

检视社会投资相关文献，OECD 依据组织生命周期，将社会企业筹资策略分成三个重要阶段，分别为新创期、扩张期及公私协力期（OECD，2015：19），对于厘清社会企业投资之选择，相当具有参考价值。

首先，社会企业在新创期易受到各界的关注与支持，其创设资金主要来自"4F"，即家人（family）、朋友（friend）、投资人（funder）及傻瓜③（fool）四

---

① 资料来源：本文。
② 多扶事业股份有限公司实收资本额为新台币 3200 多万元。另两家为"福伦交通股份有限公司"及"台湾神农社会企业股份有限公司"。福伦交通股份有限公司首创全台湾第一家专业经营之"无障碍"出租车车队，2015 年 12 月 15 日登录创柜板，实收资本额为新台币 4800 万元。台湾神农社会企业股份有限公司，致力于健康无毒农业，提高作物经济价值，同时换来农村收入的提升与农产品质量提升，2015 年 12 月 29 日登录创柜板，实收资本额为新台币 2100 万元。
③ "傻瓜"是指愿意为了实践社会影响力而可以不顾成本的投资人。例如，当投资社会企业亏损时，公益创投家愿意将投资转为捐赠，成为"投资转捐赠"之特殊形态，就是此种投资人类型。

个主要资助方（Giancarlo，2016：417）。在"4F"之中，投资人的角色日益重要，无论是捐赠或非货币性质的众筹，或创业竞赛奖金，或政府投资基金的介入，甚至是具备"投资转捐赠"性质的公益创投。但须注意的是，大多数支持皆偏向组织新创期，而公益创投较为特殊，公益创投更关心如何协助社会企业度过创业初期之"死亡幽谷"（loss zone），减缓社会企业因收支失衡可能产生的倒闭风险（OECD，2015：19-20）。

其次，当社会企业逐渐茁壮，进入扩张期时，为扩大社会影响力，社会企业必须面对组织规模化的挑战，社会影响力投资与股权众筹在此时适时介入。必须注意的是，此时社会企业被视为投资目标，虽然可以允许较低的利润，但与新创期的投资人不同点在于，此阶段的投资人已非"投资转捐赠"性质的天使投资人，更类似风险投资人。

最后，一旦社会企业发展成熟，就有机会与政府合作化解社会问题，即迈入公私协力期，故社会效益债券往往必须是规模较大的社会企业才能参与。

对此，本文从组织生命周期的角度，从资金回收（捐赠/获利）角度，提出社会企业筹资策略采纳的图景（见图5）。

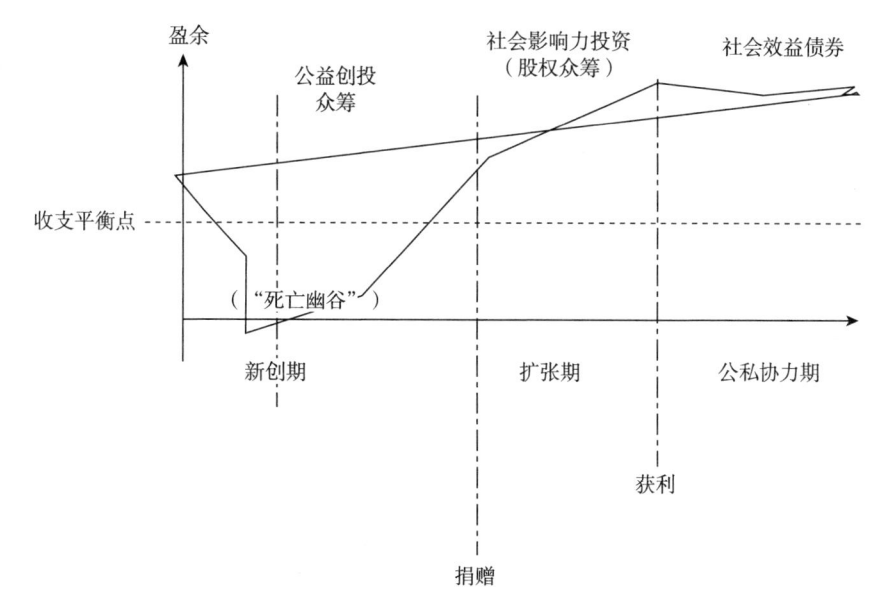

图5 社会企业筹资策略的采纳图景①

---

① 资料来源：本文。

三 研究方法

本文透过问卷调查方式,以"国发基金"所列投资对象为样本,分析社会企业对于四种筹资策略之认知与采纳程度,及以公司登记名称包含"社会企业"一词者与社会企业登录(以下简称社企登录)两种形态,对于筹资策略的认知与采纳程度是否有所差异。

(一)问卷设计

本文从认知及采纳两个层面,设计初步的调查问卷,于2015年12月进行专家效度检视,对象包含社会企业研究学者、曾经实际参与筹资的社会企业机构负责人及投资人共6位,并依据回复之意见修正问卷题目。认知层面包含:是否听过、是否清楚内涵、是否认为可行。而采纳层面包含:是否知道如何运用,及是否会选择其作为筹资手段。每一种投资途径的最后一题为开放题,以了解选择与否的理由。

(二)研究施行与调查样本

问卷发放时间为2016年3月至8月底。调查样本包含两个部分,在社企登录部分,因为调查期间尚未更新登录名册,故以2015年社企登录名册为基础,发出101份问卷,以公司登记名称包含"社会企业"一词者,扣除9家完成社企登录、6家已解散者,及找不到任何联系方式者,发出85份问卷。本文共计发出186份调查问卷,调查对象为社会企业主要负责人,其中社企登录名册回收有效问卷52份,回收率约51.49%,以公司登记名称包含"社会企业"一词者有效回收问卷40份,回收率约47.05%,合计有效回收总问卷92份,总回收率约49.5%。

(三)数据分析

本文依据回收问卷数据进行编码,在认知与采纳部分,主要采取描述性统计分析,而在登录与否部分,首先由研究者依据"登录与否"自行编码,再依据问卷题目的尺度,在95%信心程度下进行独立样本卡方检定或独立样本t检定。

四　研究分析与讨论

依据研究目的,以下分析社会企业对于筹资策略之认知与采纳程度,及社企登录进行差异性检定,并依据分析结果进行讨论。

(一)资料分析

1. 社会企业筹资策略之认知分析

认知问卷题目包含是否听过、是否清楚内涵(清晰度)及是否认为可行(可行性),而采纳问卷题目则包含是否知道如何运用及是否会选择为筹资手段,以下兹加以分述。

首先,就是否听过投资策略而言,众筹次数为85笔最高,而社会效益债券次数为24笔最低;其次,就内涵认知的清晰度而言,含"清楚"与"部分清楚",众筹为82笔最高,其次为公益创投65笔,再者为社会影响力投资47笔,最低者为社会效益债券18笔;最后,对于是否认为是可行的筹资手段而言,含"同意"及"非常同意",众筹60笔最高,显示多数认同众筹是最可行的筹资策略,社会效益债券11笔最低(见表1)。

表1　筹资策略认知一览①

单位:笔

筹资策略 问项	公益创投	社会影响力投资	社会效益债券	众筹
是否听过	74	55	24	85
清晰度 (含"清楚"与"部分清楚")	65	47	18	82
可行性 (含"同意"及"非常同意")	35	31	11	60

2. 社会企业筹资策略之采纳分析

从表2可以发现,就知道如何运用之程度而言,知道如何运用众筹者61笔最高,而社会效益债券仍旧最低,只有6笔;而就是否选择为筹资方式而言,

---

① 资料来源:本文(说明:样本数为扣除跳答题)。

最多仍为众筹47笔，其次为公益创投37笔，社会影响力投资为28笔，而社会效益债券为9笔。

表2 筹资策略采纳一览①

单位：笔

问项\筹资策略	公益创投	社会影响力投资	社会效益债券	众筹
如何运用之程度	27	19	6	61
是否选择为筹资方式	37	28	9	47

3. 社企登录的差异性分析

社企登录采取名义尺度进行编码，由研究者依据2015年"社企登录名册"自行编码。首先，就是否听过筹资策略而言，采取独立样本卡方进行检定，研究发现社企登录与四种筹资策略之间皆无显著差异。其次，就清楚度（含"清楚"、"部分清楚"和"不清楚"）而言，采取独立样本卡方进行检定，数据分析发现只有社会效益债券有显著差异（sig. 046），但因为有效样本数太少，部分细格（cell）的样本数少于5，不符合Pearson卡方检定之基本要求，且此问卷题目社会效益债券之有效样本仅24笔，系属小样本，故难以推论真正具备显著差异（见表3）。

表3 社企登录与筹资策略清楚度之差异性分析②

单位：笔

项目		登录	未登录	Pearsonχ^2	显著性
公益创投	清楚	12	8	2.298	.317
	部分清楚	23	22		
	不清楚	9	3		
社会影响力投资	清楚	9	8	.076	.963
	部分清楚	17	13		
	不清楚	8	6		

---

① 资料来源：本文（说明：样本数为扣除跳答题）。
② 资料来源：本文（说明：样本数为扣除跳答题）。

续表

项目		登录	未登录	Pearsonχ^2	显著性
社会效益债券	清楚	4	4	6.143	.046*
	部分清楚	8	2		
	不清楚	1	5		
众筹	清楚	29	28	3.099	.212
	部分清楚	15	10		
	不清楚	3	0		

* $p < 0.5$。

社会企业对于筹资策略的认知程度越高者,是否代表采纳意愿就越高?若依据调查数据进一步分析,虽然受访者对于众筹及公益创投清楚(含"部分清楚")回应较高,但若计算"清楚(含部分清楚)"与"采纳"间之百分比,众筹为57.31%,而公益创投为56.92%,皆不如社会影响力投资的59.57%(见表4),代表认知程度与实际采纳之间仍有差距。

表4 筹资策略认知与采纳之关系①

单位:笔,%

	公益创投	社会影响力投资	社会效益债券	众筹
清楚（含部分清楚）	65	47	18	82
选择采纳	37	28	9	47
采纳比例	56.92	59.57	50	57.31

归纳以上问卷调查采纳各类投资方式之理由及由开放题响应中发现:

(1)表1及表2显示,众筹在认知与采纳各个问卷题目调查数据中皆最高;理由主要包含:"进入门槛低,筹资方式容易理解,且已经有较多的募资平台,及可以透过募资平台寻求曝光与营销"。

(2)就公益创投所提出之响应,包含:"不清楚投资回收的理念,及对于天使投资人真实性的疑惑"。

(3)至于社会效益债券选择率最低之原因在于:"不理解其内涵为何"。

---

① 资料来源:本文(说明:样本数为扣除跳答题)。

(4) 从表4数据却发现，社会影响力投资在认知与采纳之间的比例是最高的，而主要被质疑之投资关键为："如何衡量社会影响力"。

（二）讨论

依据问卷调查结果发现，众筹在认知与采纳部分，调查数据皆获得较高的支持，其次为公益创投，而社会效益债券则较为陌生。拜网络科技之赐，众筹平台如雨后春笋，替社会企业创业家进行募资，尤其受到年轻社会创业家的喜爱（Bruntje & Gajda，2016）。从开放题可以发现，众筹由于曝光度及营销较多，且募集资金方式较容易，故调查数据呈现较高的认知与采纳程度。但从图4可以发现，以志愿主义或快乐主义为基础之众筹，在捐赠、奖励及预购项目方面，由于进入门槛较低，又受益于网络营销，故其认知与采纳程度最高。但获利导向的众筹恐为例外，从台湾地区"官方"推动社会企业创柜板经验发现，目前仅有3家社会企业透过创柜板完成筹资，显示社会企业对于获利导向的众筹并不熟悉。

公益创投之天使投资人一词具有浓厚的宗教慈善意涵，因为有强烈的社会使命，故天使投资人愿意如同"傻瓜"般地支持社会企业（Frankel & Bromberger，2013：82）。台湾虽然已经有部分公益创投的案例，但大部分社会企业不清楚投资回收的理念，而对公益创投产生疑惑及不确定性的忧虑。从受访者响应可以发现，公益创投面临两个质疑，其一公益创投到底是捐赠还是投资；其二是所谓"投资转捐赠"看似对社会企业有利，但天使投资人是否可能是"黑天使"之伪装。

社会影响力投资专注投资特定社会目标，投资人可视情况和投资目标选择介入方式，因此尽量将投资目标放在有经济效益的项目，以减少成本损失为原则（OECD，2015：132）。社会影响力投资的问题在于不知该如何衡量社会影响力，如受到关注的"社会投资报酬率"（social return on investment，简称SROI）评估工具，因为社会影响力难以计算货币化，局限了其应用性（Grant，2012：122－125）。但有趣的是，从表4可以发现，由于社会影响力投资定位明确，调查数据之采纳比例反而较高。若从投资角度看，本文认为社会影响力投资具备以下优势：首先，虽然进入门槛较高，但竞争者不多，而因为投资人获利目标明确，故社会企业对于风险认知较高，反而比众筹更具可信度；其次，社会影响力投资的运作符合市场逻辑，其定位为风险投资人，故不易产生如公益创投之天使投资人定位暧昧不清的疑惑。

社会效益债券乃是公私协力期的一种形态,从社会效益债券之设立与运作可以发现,社会效益债券有别于一般政府购买服务的形式,而是透过行政契约方式吸引更多资源的投入。而观察社会效益债券契约之运作,其中政府扮演类似博弈中之"庄家"的角色,而中介组织则是博弈之"下注者",虽为创新的公私协力模式,却因台湾地区"官方"尚未有实际运作案例,社会企业不甚理解其内涵为何。

无论是认知或采纳,以公司登记名称包含"社会企业"一词者与社企登录两种形态,在四种筹资策略上皆无统计上的显著差异。那么,该如何解释此结果?对此,本文认为应该先了解社企登录的本质。检视各国各地区社会企业发展经验,丹麦同样采取志愿性的登录机制,2014年丹麦国会通过"社会企业志愿登录"(Voluntary Register of Social Enterprises),其目的在于提供社会企业一个共同的身份,被登录的组织可以使用社会企业一词作为组织名称,或者以社会企业的名义进行有利于组织的营销活动(European Commission,2014:4)。台湾地区因为对于社会企业法制尚无共识,为鼓励更多组织可以认同社会企业这个身份,故台湾地区"经济部"依据"社会企业行动方案"之规定,委托台湾公益团体自律联盟办理社企登录平台,"国发基金"将登录组织列为投资对象之一,其政策目的在于鼓励社会企业的多元化与蓬勃发展。

但登录不等同于认证。韩国社会企业振兴院(Korea Social Enterprise Promotion Agency)采取强制性认证,未获得认证者不得使用社会企业一词,违者将被处罚,用以化解亚洲金融风暴后所产生的非典型失业问题,但因其认证对象偏重协助弱势者就业课题,致使限缩韩国社会企业发展多元价值;而英国内阁第三部门办公室与社会企业联盟所共同支持,由社会企业同业组织(Social Enterprise Mark CIC)所推动之志愿性认证,通过认证即获得"社会企业标章"(Social Enterprise Mark),并可以获得更多的资源挹注,但也因此影响该国偏好小区利益公司此一组织类型。

无论采取强制或志愿性认证方式,欧洲委员会认为,只有当社会企业此一产业已准备就绪,及市场臻于成熟时,才是推动社会企业认证的适当时机(European Commission,2014:4)。就台湾地区而言,在"社会企业行动方案"基础下,一方面,社企登录机制鼓励更多组织认同社会企业此一身份;另一方面,社企登录在认知与采纳方面皆无统计上的显著性差异,此结果说明台湾地区社会企业产业链尚未建立，且市场亦未臻成熟，此亦可从"国发基金"与私募基金合作的投资至今无法成案中窥见。

五 结语

无论是众筹、公益创投、社会影响力投资，或者社会效益债券，其性质皆属于社会投资的一环。社会投资乃是一种超越慈善募款的策略性选择，而社会投资的前提在于"不损害"（do no harm）原有组织的筹资活动，如投资不得损及慈善捐赠或政府补助款之机会（Grant，2012：77-78）。然必须理解的是，凡投资必然存在风险，由于社会企业对于风险容忍度较低的影响，致使其对于采纳社会投资筹资方式的态度趋向保守而有限。

从调查数据发现，众筹与公益创投在认知与采纳的调查数据中皆较高，但清楚度与采纳的比例则是社会影响力投资较高，显示受访者对于众筹及公益创投虽然较熟悉，但因为众筹与公益创投兼具捐赠与获利两种样态，致使社会企业对投资人之角色定位容易产生疑虑，故采纳比例反而不如社会影响力投资，复以社企登录与筹资策略无统计上的显著差异，代表台湾地区社会企业规范化仍有不足。

若依据OECD（2015）组织生命周期的观点，台湾地区社会企业仍属于新创期，此发现亦符合本文对于筹资策略的观察，即社会企业筹资策略深受生命周期的影响，故多数社会企业对于属于新创期的众筹及公益创投认知程度较高。基此，本文认为未来宜依据图5，从社会企业生命周期思考筹资策略的框架。

首先，社会企业在新创期受到许多关注与支持，在"4F"之中，投资人的角色愈加吃重，无论是捐赠或非货币性质的众筹，或创业竞赛奖金，或者政府投资基金的介入，甚至是具备"投资转捐赠"性质的公益创投，皆可发现社会企业受到多方的支持。较特别的是，公益创投更关心如何协助社会企业度过新创期所面临之"死亡幽谷"，避免社会企业因收支失衡而退场。

其次，当社会企业逐渐茁壮时，为扩大社会影响力，则必须面对规模化的挑战，此时社会影响力投资及股权众筹便可适时介入。必须注意的是，此时社会企业被视为投资目标，虽然可以允许较低的利润，但与新创期的捐赠性质不同，此阶段的投资人已非"投资转捐赠"性质的天使投资人，更类似风险投资人。值得关注之点为，新创期投资人提供种子基金，为社会企业奠定基础，但该时期或许获利不高，一旦新创期投资人退场，风险投资人进入后，就容易产生"收割"前期努力之疑虑，致使社会企业难以提出合理的投资报酬计算方式，以说服不同阶段之投资人，而使投资人踌躇不前。

最后，一旦社会企业迈入成熟期，就有机会与政府合作化解社会问题，故社会效益债券往往必须是规模较大的社会企业才能参与。台湾地区社会企业成熟度仍不足，故推广社会效益债券目前在台湾地区仍属不易。

近年来两岸皆投入大量资源支持社会企业发展，虽强调自我造血或社会创新理念，却仍不免产生资源依赖的疑虑。就政策角度而言，提供一个宽松的政策环境，透过市场机制自我筛选，或许更有利于社会企业的健全发展。若观察社会企业的发展脉络，受到新公共管理与新公共治理的双重激荡，一方面，各国政府提供相对应的政策配套，鼓励社会企业的发展；另一方面，社会企业更易吸引许多较关心社会价值实践的"非典型"投资人，这些投资人不以追求最大获利为目的。故本文认为应该回归社会企业的生命周期，依据社会企业本身条件发展阶段，导入合适的社会投资策略，据以建构可持续的商业模式；而对于社会企业的发展，需要更多的时间酝酿与成长，耐心等待社会企业的成熟，才不至于揠苗助长。

参考文献

官有垣等（2014）：《台湾的社会企业治理研究：2010 年调查资料及四个个案分析》，《公共行政学报》（47），第 1~33 页。

黄德舜等（2014）：《社会企业管理》，新北市：指南书局。

黄晓盈（2015）：《推动股权众筹扶持微型创新企业发展》，《证券暨期货月刊》，33（10），第 12~20 页。

孙炜（2016）：《台湾地方社会服务契约委外的绩效与竞争》，《公共行政学报》，(51)，第 1~33 页。

孙炜、萧全政（2013）：《全球化潮流下台湾公私部门组合形态的制度性安排》，《政治科学论丛》，(58)，第 109~138 页。

郑胜分（2016）：《补助或投资？政策工具对社会企业发展之影响》，《行政暨政策学报》，(62)，第 127~157 页。

郑胜分、刘育欣（2015）：《公益创投：社会企业的另一种契机》，《中国非营利评论》，（15），第33~57页。

Belkhir, L. (2015), "Embedding Sustainability in Education through Experiential Learning Using Innovation and Entrepreneurship", 5 (1) *Higher Education Studies*, pp. 73 – 80.

Bruni, L., & Zamagni, S. (2013), "Introduction", in L. Bruni & S. Zamagni (eds.), *Handbook on the Economics of Reciprocity and Social Enterprise*, Cheltenham: Edward Elgar. 2013, pp. 1 – 8.

Bruntje, D., & Gajda, O. (2016), *Crowdfunding in Europe: State of the Art in Theory and Practice*, Cham: Springer.

Buckland, L., et al. (2013), "The Growth of European Venture Philanthropy", *Summer Stanford Social Innovation Review*, pp. 33 – 39.

Defourny, J., et al. (2014), *Social Enterprise and the Third Sector: Changing European Landscapes in a Comparative Perspective*, London & New York: Routledge.

European Commission (2014), *A Map of Social Enterprise and Their Eco-systems in Europe*, London: European Commission.

Farmer, J., et al. (2012), *Community Co-production: Social Enterprise in Remote and Rural Communities*, Cheltenham: Edward Elgar.

Fenn, G., et al. (1997), "The Private Equity Market: An Overview", 6 (4) *Financial Markets, Institutions, and Instruments*, pp. 1 – 106.

Frankel, C., & Bromberger, A. (2013), *The Art of Social Enterprise: Business as if People Mattered*, British Columbia: New Society Publishers.

Galaskiewicz, J., & Barringer, S. N. (2013), "Social Enterprises and Social Categories", In B. Galle & D. Brian (eds.), *Social Enterprise: Who Needs It*? Boston: Boston College Law School. 2013, Research Paper 305.

Giancarlo, G. (2016), "Equity Crowdfunding of an Entrepreneurial Activity", in D. Audretcsh, E. Lehmann, M. Meoli & S. Vismara (eds.), *University Evolution, Entrepreneurial Activity and Regional Competitiveness*, Cham: Springer. 2016, pp. 415 – 425.

Gidron, B., & Hasenfeld, Y. (2012), *Social Enterprises: An Organization Perspective*, Hampshire: Palgrave Macmillan.

Gierczak, M. M., et al. (2016), "Crowdfunding: Outlining the New Era of Fundraising", in D. Bruntje & O. Gajda (eds.), *Crowdfunding in Europe: State of the Art in Theory and Practice*, Cham: Springer. 2016, pp. 7 – 23.

Grant, P. (2012), *The Business of Giving: The Theory and Practice of Philanthropy, Grantmaking and Social Investment*, Hampshire: Palgrave Macmillan.

Hass, P. et al. (2014), "An Empirical Taxonomy of Crowdfunding Intermediaries", Paper presented at the *International Conference on Information Systems (ICIS)*, Auckland, New Zealand.

Hemer, J., et al. (2011), *Crowdfunding und andere Formen Informeller Mikrofinanzierung in der Projekt-und Innovationsfinanzierung*, Stuttgart: Fraunhofer Verlag.

Jones, J. A. , & Donmoyer, R. (2015), "Multiple Meanings of Social Entrepreneurship and Social Enterprise and Their Implications for the Nonprofit Field", 5 (1) *Journal of Nonprofit Education and Leadership*, pp. 12 – 29.

Kickul, J. , & Lyons, T. S. (2012), *Understanding Social Entrepreneurship: The Relentless Pursuit of Mission in an Ever Changing World*, New York and London: Routledge.

Lane, M. J. (2011), *Social Enterprise: Empowering Mission-Driven Entrepreneurs*, Chicago: American Bar Association.

Matei, L. , & Matei, A. (2012), "The Social Enterprise and the Social Entrepreneurship-Instruments of Local Development: A Comparative Study for Romaniz", Vol. 62, *Social and Behavioral Sciences*, pp. 1066 – 1071.

Matei, L. , et al. (2014), *Social Responsibility and Social Enterprise: An Integrated Approach*, Deutschland: LAP LAMBERT Academic Publishing.

Munoz, J. M. (2010), *International Social Entrepreneurship: Pathways to Personal and Corporate Impact*, New York: Business Expert Press.

Nicholls, A. (2014), "Filling the Capital Gap: Institutionalizing Social Finance", in S. Denny & F. Seddon (eds.), *Social Enterprise: Accountability and Evaluation around the World*, London & New York: Routledge. 2014, pp. 161 – 195.

OECD netFWD (2014), *Venture Philanthropy in Development: Dynamics, Challenges and Lessons in the Search for Greater Impact*, Paris: OECD Development Centre.

OECD (1999), *Social Enterprise*, Paris: OECD.

—— (2015), *Social Impact Invest: Building the Evidence Base*, Paris: OECD.

Pestoff, V. A. (1998), *Beyond the Market and State: Social Enterprise and Civil Democracy in a Welfare Society*, Aldershot: Ashgate Publishing Company.

Petheo, A. (2011), *Beyond Corporate Social Responsibility: The Social Enterprise*, Saarbrucken: Lap Lambert Academic Publishing.

Ridley-Duff, R. , & Bull, M. (2011), *Understanding Social Enterprise: Theory & Practice*, Los Angel: Sage.

Schinckus, C. (2015), "The Valuation of Social Impact Bonds: An Introduction Perspective with the Peterborough SIB", Vol. 35, *Research in International Business and Finance*, pp. 104 – 110.

Stecker, M. J. (2016), "Awash in a Sea of Confusion: Benefit Corporations, Social Enterprise, and the Fear of Greenwashing", Vol. 2, *Journal of Economics Issues*, pp. 373 – 381.

Warner, M. E. (2013), "Private Finance for Public Goods: Social Impact Bonds", 16 (4) *Journal of Economic Policy Reform*, pp. 303 – 319.

An Investigation and Analysis on Raising Funds Tactics of Social Enterprise

Zheng Shengfen

[**Abstract**] The feasibility of supporting the development of social enterprise by social investment is paid attention to by many countries gradually. This paper focuses on four fund-raising tactics under the literature; include venture philanthropy, social impact investment, social impact bond and crowdfunding. The research uses the questionnaire survey procedure, the grand total provides 186 questionnaires, recycling effective questionnaire 92, the effective questionnaire recycling a rate 49.5%, the questionnaire information has confirmed after the statistical analytic method and obtains the following a conclusion. The person who hears these fund-raising tactics more, it's clear degree to be high, by the way, it does not mean it adopts will to be high degree. Meanwhile, there have no statistical significance difference between social enterprises register or not, it also proves the social enterprises of Taiwan still belong to the early phase newly; the result of study also matches the hypothesis that fund-raising tactics are influenced by life-cycle of social enterprise. This paper argues that it should return to the life cycle of social enterprises, according to the social enterprise itself conditions development stage, to take appropriate financing strategies, according to the construction of sustainable business model.

[**Keywords**] Social Enterprise; Venture Philanthropy; Social Impact Investment; Social Impact Bond; Crowdfunding

(责任编辑　羌洲)

政府购买社会组织服务的责任模式研究

——以北京市为例*

彭 婧**

【摘要】 为了考察政府向社会组织购买服务的责任履行情况,本论文运用了基于促进市场竞争和保障公众参与两个维度的政府责任分析框架。通过对北京市政府购买社会组织服务过程的分析发现,政府较好地履行了促进市场竞争的责任,但保障公众参与责任的缺失,导致公共服务满意度不高。研究还得出了中国政府购买社会组织服务已进入竞争性购买时期,但公众参与的第三方专家评审缺乏、财政资金管理程序僵化,以及社会组织行政特征浓厚,均导致了公共服务质量未能进一步提高。

【关键词】 政府购买服务 社会组织 责任模式 公众参与

一 引言

20世纪70年代,为了解决公共服务供给中的低效、日益增长的财政支出和不断下滑的公共服务满意度之间的矛盾,在新公共管理运动的推动下,市场机

---

* 本文系国家社科基金青年项目"公共服务购买中的政府责任研究"(14CZZ030)、国家社科基金重点项目"我国政府购买公共服务制度实践中的政社关系研究"(16ASH011)、国家民委人文社科基地项目"供给侧视角下共享经济与民族地区政府购买就业服务创新模式研究"(MWJD201705)的阶段性研究成果。
** 彭婧,管理学博士,北方民族大学管理学院讲师。

制被引入公共服务领域，政府与社会组织建立了广泛的合作关系。至20世纪90年代，政府向社会组织购买公共服务已成为西方国家提供公共服务的主要方式。此时期，以上海市浦东新区社会发展局向罗山会馆购买服务为标志，中国政府也开启了与社会组织在公共服务领域的合作历程。2013年7月，李克强总理召开国务院常务会议专门探讨推动政府向社会力量购买服务，中国由此正式步入了在各类政策工具快速推动下，社会组织类型日益丰富和完善的政府购买服务新时期。

到目前为止，国内外学者逐渐达成的共识是：政府购买公共服务是购买方式的转变，并非政府责任的卸载。政府向社会组织购买公共服务改变了服务供给的主体，却并没有改变政府的责任本位。公共服务市场化把责任转嫁到了社会组织身上，导致难以确保政府责任的落实，公众满意度随之降低。（吴帆等，2016）因此，在明确公共服务购买场景下政府应尽之责的前提下，对目前政府购买社会组织服务的责任履行情况进行分析，是提升公共服务质量的必要前提。

二 研究回顾与分析框架

从以往的研究来看，西方责任政府理论主张政府应实现从权力本位到责任本位的民主回归，政府肩负为公众提供满意服务之责。有学者提出了界定政府责任的不同分类方法，将公共服务购买中的政府责任划分为若干类型。（吕志奎，2017）随着研究的不断深化，公共价值被作为变量逐步引入到政府责任的分析框架内，公共服务购买中的政府责任逐步明晰，通常被界定为专业责任、法律责任、政治责任、层级责任等。（Johnston & Romzek，1999）这种通过明确划分政府责任内容实现提升政府责任的方法一度得到学界的肯定。然而，来自政策执行者的反馈却表明政府在教育、养老及收养等领域仍面临着比预期更大的风险。过度依赖市场化的政府购买责任机制，难以提升公众满意度。（Romzek & Johnstom，2005）随后，世界银行在对穷人公共服务提供普惠程度的测度研究中表明，改善公众参与情况将极大提升政府责任的履行效果。政府应同时完善政府与公众之间的"表达"（即公众参与）和政府与服务提供者之间的"契约"这两个途径，才能够有效实现政府责任。（The World Bank，2004）与西方国家不同，由于中国政府购买服务的实践起步较晚，学者们最早关注的是公用事业市场化中的政府责任问题。

2010年以后,国内学界才逐步出现政府购买社会组织服务中关于政府责任的讨论。通常以政府购买公共服务的范围和效果为研究重点,对政府责任的界定重在考察其市场化程度。但实践中对于引入政府购买社会组织服务,利用市场化的方式弥补政府不足的过度关注,使我们忽略了公共服务的满意度提升问题,导致公共服务质量低下。(李森,2017)由此,政府责任的有效实现不仅在于承担建立和维护市场竞争的责任,更在于应该关注最终的、与回应社会需求密切相关的责任履行情况已成为国内外学者的共识。

从理论发展上来看,新公共管理理论催生了政府购买公共服务,但其对市场价值的过度推崇和对公共价值的忽视使它面临着难以应对的诘难。因此,如何充分发挥市场机制的优势,以及弥补市场机制的缺陷,就成为政府的主要责任,此后的理论发展为公共服务购买责任理论的建构提供了思路。新公共服务理论将公共价值置于优先地位,批评了新公共管理理论过分追求市场价值,把公众当作"顾客"隐喻了公民的本质,忽略了对公众真实需求的回应。此外,治理理论对公私合作伙伴关系重要性的强调,也为未来政府购买责任的研究提供了指引。即在公共服务购买中,政府应将公众置于中心地位,通过保障公众参与、信息公开等方式提升公众的自主权利,以回应和实现公众的正当需求。同时,也让服务对象充分了解政府购买的目标、程序及内容,降低信息不对称出现的几率,促使公共服务的供给与社会需求相符,提升公共服务购买的质量。

基于以上分析,本文运用了政府购买社会组织服务的责任理论分析框架。在该框架中,政府购买社会组织服务的应尽之责在于对市场竞争的促进和对公众参与的保障两个方面。即政府一方面应利用市场机制提高公共服务的效率,另一方面则应通过公众参与来满足公众需求。衡量政府购买社会组织服务的责任维度及其具体的衡量指标如表1所示,每一种责任的有效履行需满足两个及以上指标的要求。

表1 政府购买社会组织服务的责任维度及其具体的衡量指标

政府购买社会组织服务的责任维度	具体的衡量指标
政府履行促进市场竞争的责任	政府是否采用竞争招标方式选择社会组织
	政府是否在购买服务过程中选择信息公开
	政府是否制定有利于培育市场机制的政策或监管措施

续表

政府购买社会组织服务的责任维度	具体的衡量指标
政府保障公众参与的责任	政府是否在项目决策中保障公众参与
	政府是否在服务生产过程中引入公众监督
	政府是否赋予公众自主选择服务的权利

通过对政府履行促进市场竞争的责任和政府保障公众参与的责任两个维度和实现程度的高低情况进行交互分析，形成了以下四种责任模式（见图1），本文认为"竞争参与型"责任模式由于实现了完善的市场竞争机制和公众参与机制的有效结合，既提升了公共服务的效率，又增加了公众的自主权利，是政府购买社会组织服务责任履行的理想模式。（彭婧，2017）

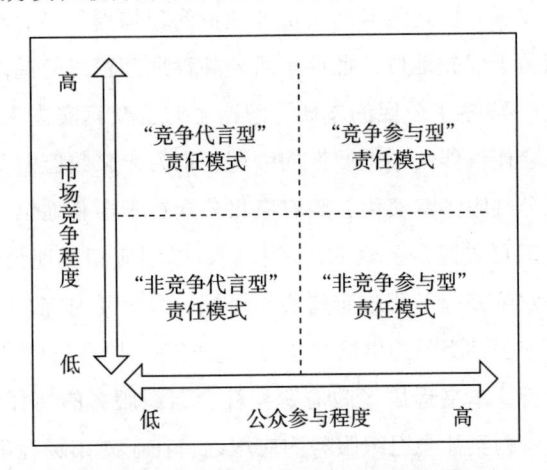

图1 公共服务购买中的四种政府责任模式

三 案例分析：政府购买社会组织服务

（一）政府向社会组织购买服务的背景

从国内外公共服务的发展进程来看，社会组织已经成为除政府和企业以外的面向社会提供特定领域公共服务的主要法人实体。中国政府购买社会组织公共服务始于20世纪末期，这一方式被引入政策实践后，受到了学界学者的关注和肯定。（苗红培，2016：3~7）随着2012年中央财政首次安排专项资金予以支持，政府购买社会组织服务逐步成为推动政府职能转变、建构社会服务新体

系的途径之一。到目前为止，政府购买社会组织服务已发展成为中国公共服务供给中的一项制度性共识。（张海、范斌，2013）

北京市是国内较早通过发展社会组织来增加公共服务供给多元化的城市。2008年9月，北京市委发布了《关于加快推进社会组织改革与发展的意见》，对社会组织管理体制、工作机制和保障体系的建设提出了要求。（中共北京市委办公厅，2008）2009年3月，北京市开始将性质相同的社会组织联结起来构建"枢纽型"社会组织工作体系，以促进共同发展。（北京市社会建设工作领导小组，2009）北京市民政局为了规范项目购买过程，制定了《政府购买社会组织服务项目管理办法》《政府购买社会组织公益服务项目工作实施方案》，并在《北京市政府购买社会组织公益服务项目目录》中明确了项目评审指标、购买方式、职责分工等，对项目选择、资金管理、绩效评估等环节的操作方式，进一步加以规范。据统计，2014年6月，北京市共登记社会组织8928个，基本涉及社会生活的各个领域。社会组织吸纳从业人员14.56万人，社会组织总资产424.8亿元，总收入219.4亿元，占北京市国内生产总值的1.22%。2017年6月，北京市登记的社会组织已超过11500个。目前，北京市有一半以上的区都在开展政府购买服务，每个街道平均可以使用的额度在300万元左右。从全市总的统计来看，北京市所有的街镇可以使用的资金在10亿元左右。（黄晓勇，2017：2~9）2010~2016年，北京市总计投入4.2亿元，购买了2732个社会组织服务项目，社会组织通过参与提供公共服务已经成为北京市经济社会发展不可或缺的重要力量，远高于全国平均水平。（贺勇，2016）

（二）政府购买社会组织服务的过程

1. 项目决策

2013年起，北京市民政局为了发挥社会力量和专业社会工作者在流浪乞讨人员救助服务中的积极作用，开始向社会组织购买未成年人社会保护服务项目。① 由北京市救助管理事务中心负责政府购买的具体实施工作，服务项目的发布以公告形式在每年的8月到9月通过北京市民政局网站发布。社会组织可以从网站下载填写《购买服务项目申报表》、项目实施方案和经费预算，并在规定的时间内向北京市救助管理事务中心报送组织机构代码证复印件、年检合

---

① 《北京市救助管理事务中心购买社会组织参与未成年人社会保护试点服务项目公告》，http://n.cnncy.cn/org/news.asp?id=755&class_id=15，2014-10-22。

格证明复印件等相关资料。

2. 社会组织的选择

北京市民政局购买服务是通过竞争招标方式实现的。由北京市救助管理事务中心组织项目评审组专家对申报项目进行分类评审，并提出评审意见。在与项目实施的区县民政局达成一致意见后，一般会在当年10月下旬确定服务承接者，并在北京市民政局网站上公示。在项目评审的过程中，政府会组建由社会工作和社会服务管理领域的专家学者组成的专家库，从中抽取3~5位专家进行项目评审。由政府制定评审说明和评审意见表，在申报主体通过资质审查后，参加项目的竞争招标会。项目申请者现场答辩，回答专家的提问。参与竞争招标的项目申请者在《购买服务项目申报表》中根据民政局购买社会组织参与未成年人社会保护试点服务的基本要求，自行拟定项目名称及所要开展项目的具体内容，需要详细阐述资源优势、项目实施方案以及具体的方法和途径、进度安排、预期效果等。项目评审专家根据《北京市救助管理事务中心购买社会组织服务评审表》中的指标打分，最终分值最高者获得服务提供者的资格（见表2）。

表2 北京市救助管理事务中心购买社会组织服务评审表

申请单位：		项目名称：	评审人签名：	
一级指标及权重	二级指标	指标说明	分值	评分
符合社会需要程度（45）	可行性	项目设计描述清晰、项目成效可衡量	6	
		项目实施方案具备可操作性和良好的社区基础和群众基础	6	
		人员安排、资源配置、进度安排等能够保证完成项目要求	8	
	服务群体规模	合理安排资源，服务于尽可能多的对象	5	
	可持续性	项目的运作是否有计划和有步骤，是否可形成多个项目周期	10	
	社会效果及影响	项目对社会及其服务群体的改善程度，项目预期效果是否吸引目标群体和社会成员的关注，并产生持续、广泛、良性的影响	5	
	可复制性	可否形成可借鉴的优势经验，有利于项目成果的移植和推广	5	
创新性（15）	内容创新性	服务内容是否新颖、有创意	8	
	形式创新性	项目实施形式是否具有创新性	7	

续表

一级指标及权重	二级指标	指标说明	分值	评分
申报单位承接能力（25）	组织资质	申请人的规模，如办公场地、固定资产、注册资金、员工人数、业务范围等	10	
	项目经验	有无成功完成类似项目的案例，并且是否可在本项目中发挥重要作用	5	
	专业理念	申请人在本项目涉及领域内的服务是否体现了社会工作服务的理念及伦理价值规范	10	
经费预算额度（15）	经费预算结构	实施项目经费预算编制是否合理，是否最大限度满足服务对象要求	10	
	自筹资金情况	有无能力拓展、整合其他资源	5	
	项目总分		100	

备注：1. 请确保每个申报项目填写一份评审表；2. 各项分值均保留至个位数。
资料来源：本文作者参加了 2014 年 10 月北京市民政局举办的政府购买社会组织服务招投标会议。

3. 服务生产

政府部门组织专家评审立项后，政府购买服务就进入了生产环节，并向社会组织支付部分资金。一般来说，政府通过对服务生产过程的监督、绩效考核等方式来规范项目的运作过程。（贺巧知，2014：51）如 2014 年 10 月，北京市民政局以竞争招标方式购买社会组织参与未成年人社会保护试点服务项目，项目实施时间为 2014 年 12 月至 2015 年 12 月。获得服务承接者资格的是北京市丰台区 X 社会工作事务所，获批的项目名称为"童伴计划——房山区未成年人社会保护社工服务项目"。服务生产过程主要包括项目启动前的准备工作、项目实施，以及项目巩固三个环节。服务内容通过将量化指标进行细化后执行，记录性材料则主要是为政府的监督和评价提供参考。在为期一年的项目实施中，北京市民政局要求该项目的启动和实施过程如表 3 所示。

4. 服务的监督与评价

该案例中，政府对项目实施情况的监督与评价分为中期评估和结项评估两个环节。项目的中期评估是在项目执行中期进行的评估和考察，以保证和督促项目的实施朝着既定的目标前行。只有通过项目的中期评估社会组织才能得到政府支付的剩余部分项目经费，服务流程才能得以完整展开。中期评估的结果还会对项目结项产生很大影响。中期评估主要采用第三方专家评估的方式，政府组织由 3~5 人组成的评估专家组以答辩的方式开展评估，社会组织负责人准

表 3 北京市民政局购买社会组织参与未成年人社会保护试点服务项目内容

项目	服务内容	量化指标	记录性材料
项目启动	志愿者招募	陆续招募至少 100 名志愿者	1. 志愿者档案 2. 招募图片
	专业志愿者培训	打造专业化的困境儿童服务团队	1. 培训内容 2. 培训照片
	与相关单位的对接	对接民政局、妇联、社会保障部门及 8 个街道办事处、3 所学校、1 家律师事务所、1 个救助站	1. 协调照片 2. 协调内容
前期准备工作	社会调查（社区观察、访谈、走访入户）	1. 进入至少 16 个社区，深入 500 户困境家庭进行社会调查 2. 建立 200 个危档案	1. 调查问卷 2. 困境未成年人档案 3. 调研报告 4. 问卷调查、走访照片
	开通热线	在工作日内开通社工 24 小时服务热线	1. 电话录音 2. 求助者档案
项目实施	针对家庭监护监督的"成长社工群"活动	1. 对儿童家庭监护每周走访一次 2. 每月聘请专家进行一次家庭监护指导	1. 走访记录及评估 2. 走访和家庭监护指导照片 3. 新闻 4. 家长反馈意见表
社会工作服务	针对贫困家庭的"把爱传出去"爱心之旅	1. 对至少 10 户贫困家庭进行的送爱心活动，每月一次 2. 对 10 户家庭进行相关的资源派送	1. 送爱心活动计划和资源派送照片 2. 家庭对于活动评价的文字性材料和视频资料
	针对未成年人缺乏法律意识和法治观念的"未成年人法制讲堂"	1. 每月一次法制讲堂，共计开展 10 次 2. 每次发放《未成年人操作指南》500 份	1. 小组活动计划书 2. 组员意见反馈表 3. 小组活动照片

续表

	服务内容	量化指标	记录性材料
项目实施	针对父母无暇照顾的儿童和流浪儿童的成长两小时活动48次	1. 开班3期，每期10名儿童，为期一个月 2. 每天下午放学辅导儿童写作业，并开展小组游戏促进儿童心理成长	1. 活动方案 2. 活动照片 3. 活动记录
项目实施	针对心理问题严重的儿童的个案访谈和心理治疗10次	对辖区内10名心理问题严重的儿童进行心理调节	1. 个案访谈记录 2. 个案访谈照片 3. 心理专家意见反馈
项目实施	法律援助预计10人	项目服务对象有需求的提供法律援助	代写起诉书，直至法律援助完毕
项目巩固	进一步完善受助儿童发现、报告的社会网络和相应的服务机制	1. 进行2次会议机制的讨论，完善机制 2. 编写《房山区未成年人救助机制》报告书一份	1. 会议记录 2.《房山区未成年人社会保护试点服务项目申报表。 3. 会议照片

资料来源：2014年10月北京市民政局购买社会组织参与未成年人社会保护试点服务项目申报表。

备5~10分钟的汇报材料，就项目简介（包括项目目标、实施地点、受益人群）、项目实施情况（包括项目计划与实施情况对比、完成情况、超额部分、不足部分及原因）、社会效益（包括影响人群、复杂性、可推广性、可持续性）、项目效果（包括服务对象反馈、媒体报道）、资金使用情况、下一步工作计划（不足、项目开展中的问题与困难、对政府的建议、改进措施），以及项目感受等做总体汇报，并就服务情况回答专家的提问。结项评估在内容上与中期评估内容相似，但是侧重点有所不同，是在项目周期的最后阶段进行的。政府组织3~5位专家评估服务情况，除了包括中期评估的内容，还涉及项目结束后实现了哪些目标、结项后未完成的目标、项目的完成达到了哪些效果、项目财务支出是否合理，以及项目的经验和教训等。（张书颖，2013：70~71）该案例中，项目资金为30万元，在经费预算时可根据具体服务内容进行适当调整，在项目结项时政府对资金的使用是否存在违规情况进行审查，如按规定项目资金不能用于提高项目承接单位工作人员待遇、购置固定资产、进行基础设施建设和租赁办公场所等，并作为项目结项评估的主要依据。（陈荞，2013）

（三）政府责任履行的效果评价

1. 政府促进市场竞争的责任履行情况

（1）竞争招标情况

在北京市民政局购买社会组织参与未成年人社会保护试点服务项目中，政府注重市场化运作方式，采用了公开招标、评标的方式选择社会组织作为项目的合作伙伴。政府通过公开招投标程序购买服务，政府购买的招投标平台的逐步建立，标志着服务购买开始逐步走向规范化，社会组织提供的公共服务项目经过公开的专家评审。在政府购买社会组织服务的竞争招标中，竞标者通常在3个以上，政府能够在多个社会组织提供的公共服务项目或方案中进行比较和择优选择。竞争性购买还可以按照选择范围和决策情况分为有限竞争性购买和充分竞争性购买。当公共服务购买市场中存在3个及以上的竞标者时，可以说政府购买处于充分竞争状态，公共服务的质量就易于得到保障，公共服务的成本也更低。此外，政府与社会组织之间的关系，相较于其他的购买方式，更为独立与平等，因此，保证了竞标过程的公平性。

（2）政府购买过程的信息公开情况

政府在向社会组织购买服务的过程中还应履行信息公开的责任，包括在政府购买的各个环节向社会组织发布信息和向服务对象公开信息。在此案例中，北京市民政局定期在其网站上发布面向北京市社会工作事务所购买社会组织参与未成年人社会保护试点服务项目的公告。[①] 公告中包括项目申报的程序、要求、条件，以及资格审查需要提供的相关资料等。在服务项目竞争招标结束后，一般也会在政府网站上公布获得服务提供者资格的社会组织名单。可见，政府向社会组织发布的招标信息是较为公开和对称的。但是，在项目实施的过程中，政府定期对所购买的服务项目执行情况进行检查和验收后，一般不在公共平台上公布受益人数、具体的服务内容、资金投入与使用情况、财务审计结果等，以及该项目的中期评估和结项评估情况。因此，信息公开仅注重前期，忽略了中期和后期，应加以改进和完善。

（3）政府培育市场的情况

政府购买社会组织服务不但有利于公共服务市场的培育，购买过程中公开的竞争招标也能够促进潜在的服务提供者发展。政府在竞标评审、第三方专家参与等环节运用了市场机制，市场竞争制度不断完善。社会组织通过公开的市场竞争获得服务提供者的资格，竞争招标过程不断优化。社会组织为了获得更多的服务提供机会不断加强自身的服务能力，在竞争中得以不断发展，逐渐成为更加优质的服务提供者。同时，社会组织在竞争招标过程中不断优化，也会带动公共服务质量的整体性提升。因此，政府培育公共服务市场的情况较为乐观。

2. 政府保障公众参与的责任履行情况

（1）公众参与项目决策的情况

政府的责任意味着政府对社会的有效回应，政府只有当其回应并满足了"公众市场"的需求时，才是负责任的。从政府购买的过程来看，虽然政府定期发布公共服务购买的公告，公众可以通过登录政府网站获知政府购买服务的相关信息。但是，公众所获得的信息仅限于政府购买服务的类型、目标群体、金额等，政府购买的项目决策过程没有体现公众参与，上级文件精神和部门工作需要仍然是政府购买服务的主要决策依据。在政府所购买的项目内容上，也没有反映出服务对象的服务需求和偏好，缺乏对于服务对象意见的征询，公众

[①]《北京市救助管理事务中心购买社会组织参与未成年人社会保护试点服务项目公告》，http://n.cnncy.cn/org/news.asp?id=755&class_id=15，2014-10-22。

只是政府所购买服务的被动接受者，公众没有参与公共服务购买的必要性论证、具体方案设计、确定有资质的承包商、合同的签订等项目决策环节。在竞争招标环节也主要由第三方专家参与评审，服务对象未能参与到竞争招标的评审中。因此，从公众参与项目决策的情况来看，公众参与决策的效果较差。

(2) 公众监督服务生产的情况

在社会组织向服务对象提供服务的过程中，服务对象没有机会或渠道了解政府购买服务项目的详细内容，他们仅仅是被动的接受者；另外，接受社会组织服务的对象往往是社会的贫弱群体，他们在接受服务的过程中没有畅通的渠道表达、反馈和投诉，其真实的服务需求更容易被忽略或边缘化。在北京市救助管理事务中心购买社会组织服务评审表中（见表2），虽然有"符合社会需要程度"的指标及权重，但主要是由第三方专家根据项目申报者提供的资料进行判断。政府对服务提供者进行的检查以服务提供者提供的报告和资料为主，缺乏中立性和客观性。虽然有部分服务对象作为调查对象可以向社会组织和政府反映需求和偏好，以及作为服务的受益人可以在接受服务后进行意见反馈，但只能是间接地参与需求的表达和服务监督环节，并没有相应的制度来保障。因此，公众参与监督的效果较差。

(3) 公众自主选择服务的情况

政府是否有效履行责任，判断的依据并不在于政府是不是公共服务直接或唯一的提供者，关键在于政府如何规划、组织和引导公共服务的有效供给，且在服务质量、数量、多样性及灵活性上都能够使公众得到相当水准的满足。（陈国权，2009：94）北京市民政局购买的未成年人社会保护试点服务项目实施地点为北京市房山区，允许社会组织自行寻找符合要求的服务对象。在此地域内和时间段内，只有唯一的服务提供者，服务对象无法自行选择符合自身需求的服务提供者。难以在服务质量、数量、多样性及灵活性上使公众得到相当水准的满足。政府责任的履行不但应该表现在对社会民众的需求做出回应，而且还应该表现在能够以公正、有效的方式来实现公众的需求。（斯塔林，2003：145）因此，公众缺乏自主选择的权利，不利于政府购买服务质量的提升。

3. 公众满意度情况

由于政府购买社会组织的服务对象以孤寡老人、自闭症儿童、单亲家庭儿童为主，这一类群体的特殊性致使很难找到满足问卷调查数量要求的样本，因此，只能以访谈方式对该地区以往接受此类服务对象的服务满意度情况加以了解。本文作者主要与三名服务对象进行了深入访谈，其中一位是接受精神慰藉服务的14岁未成年人，她的父母离异多年，她说：

> 我打小儿就和爷爷奶奶在一起，后来爷爷去世了，我和奶奶一起，吃住都靠我们自己。爸爸在大连工作，现在他又有自己的家了，妈妈也很少回来，我们半个月打一回电话。从去年开始居委会就介绍社区里的姐姐（社工）来家里，怎么说呢，她来得挺多的（服务次数），不过我还是习惯自己一个人，家里的事儿说了她们也不懂。

另外，本文作者还对以下问题进行了交流：您是否熟悉政府购买公共服务的相关政策？被访谈者表示"不清楚，也不知道去哪里了解，不感兴趣"；您对政府购买公共服务的期望表现在哪些方面？被访谈者表示"如果能换成家政服务就好了"；您认为政府购买公共服务的质量如何？被访谈者表示"还可以吧，以前也没碰到过，有总比没有强"；您认为政府购买公共服务的效果主要体现在哪些方面？被访谈者表示"我觉得比以前受到重视了，我以为这些就是家里人的事儿"；对于目前政府购买公共服务的供给情况，您是否有"抱怨"感？若有，表现是什么？访谈者表示"没有抱怨"；您对于政府购买公共服务的信任度表现在哪里？被访谈者表示"说不清"。

从访谈的情况来看，服务对象对政府购买的服务情况并不了解，表现出了冷漠的态度，对政府购买服务的期望是能够换成更为实际的家政服务。总体来看，服务对象对所接受的服务满意度不高。

综上，在政府购买社会组织服务的过程中，由于服务信息的发布更加公开，服务购买的竞争性较强，政府较好地履行了促进市场竞争的责任。但是，由于没有明确保障公众参与表达服务需求的权利和程序，而是由缺乏服务体验的第三方专家依据社会组织提供的材料进行评审验收，缺乏客观性。在保障公众参与的责任履行上仍较为不足，政府向社会组织购买服务属于"竞争代言型"责任模式。

（四）政府责任模式的转型：问题与改进的方向

北京市政府购买社会组织服务由于有效利用了市场机制的作用，跨越了

"非竞争代言型"责任模式这一初级责任形态,并取得了一定的成就。但是,距离理想的"竞争参与型"责任模式尚有差距,需要完成转型(见图2)。

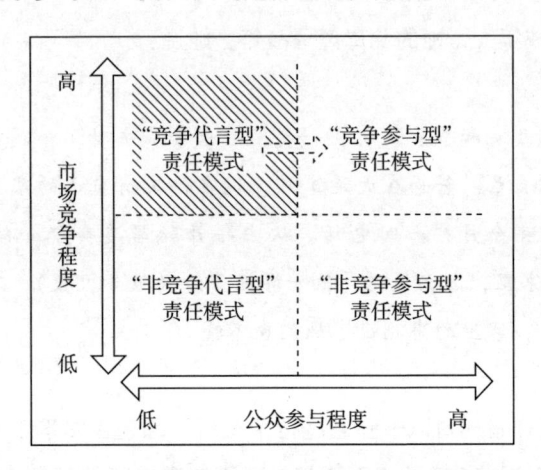

图 2　北京市政府购买社会组织服务的责任模式转型

从"竞争代言型"责任模式到"竞争参与型"责任模式,这个过程需要政府在保障公众参与上履行应尽的职责。具体来说,政府需要关注并改进以下问题。

1. 强化公众偏好的有效表达,避免产出公共性不足

政府购买社会组织服务意味着将公共服务的提供权交给社会组织,社会组织在申请项目时,根据项目指南自行确定服务项目、服务内容,以及服务对象,政府则依据社会组织提供的项目报告对其进行查验,但这个过程缺少了政府与服务对象的沟通和互动。尤其是在项目决策环节,社会组织以公共主体的角色发挥作用,并履行传统公共管理职能时,其行为却无法广泛地运用公共权力来源或公共职能的标准进行审查。加之公众参与的缺乏,社会组织会倾向于选择提供那些资源消耗较少、项目效果难以测定的服务,极易导致某些不符合公众需求的服务过剩,产出的公共性不足。只有当公众的需求成为政府追求的目标时,社会组织才会将公众需求置于"高位"。(Rees et al., 2016)因此,政府应作为责任主体,在项目决策、评估和验收等环节强化与公众的充分沟通,促进公众偏好的有效表达,以确保社会组织提供的服务更具有公共性。

2. 引入公众监督服务生产,避免购买过程信息不对称

在政府购买服务的过程中,"委托人"与"代理人"之间存在信息不对称问题会导致监督的成本无限扩大。社会组织自行寻找并确定服务对象、服务的计划和实施方案，具有明显的信息优势，极易导致社会组织追求自身利益最大化行为的出现，加大了政府管理的难度。如果政府对社会组织的工作效率和努力程度的监督是无成本的，或者是低成本的，那么政府监督是可行的。然而，问题的关键在于政府的监督往往是有成本的，在信息不对称条件下成本可能是巨大的。并且，社会工作服务的生产过程也具有相当的复杂性，且周期较长，社会组织相对于政府具有非常明显的信息优势，政府若要有效地控制社会组织的行为，就必然要付出高额的监督约束成本。这对于财力、物力、人力均受限的政府来说，在实践中又是很难做到的。因此，只有在服务生产过程中引入公众监督，才能有效避免信息不对称情况下代理人偏离委托人目标寻求自身利益的问题。

3. 增加服务对象的自主权利，避免供方虚假性"代言"

公共服务的特殊性决定了在某些领域只能展开有限的竞争，甚至不可能有竞争。当可度量性和可竞争性都处于较低水平时，通过常规的市场交易合同购买服务就会面临很高的交易成本，这种市场的不完善性是随处可见的。公共服务市场缺陷的存在和政府对合同管理能力的低下可能强化政府对社会组织的依赖关系，长期的合作极易导致社会组织获得与政府谈判的能力，并左右政府决策。公众自主权利的缺乏又使得社会组织具有较大的"自由裁量权"，能够根据现实情况对行为做出反应和调整，服务对象可能很难对社会组织的服务质量和数量做出准确的判断，由此引发社会组织对服务对象的虚假性"代言"问题。因此，政府的责任在于保证服务对象获得满意的公共服务，应增加公众的自主权利，让其通过"用脚投票"来选择需要的服务，这样公共服务的质量才能够得到保障。（周俊，2010）政府在购买服务领域实现"用脚投票"，意味着政策壁垒的消失，服务提供者和公众都能够向提供更加优越的公共服务区域流动。即原有的分区服务制被打破，公众可以自由选择社会组织，远离那些服务质量不好的服务提供者。由于没有行政区域的限制，公众的自由抉择客观上使社会组织陷入关乎服务能力的竞争之中，这也为公共服务体系注入了更多的竞争机制。

四 结论与讨论

从世界各国的实践来看，政府购买社会组织服务的责任模式由初级、过渡形态到理想的政府责任模式转型并不会自动完成,这要求人们必须客观审视市场化趋势下政府的作用与职能定位。近年来,中国政府大力推动政府购买服务,以期实现政府职能的转变,并取得了一定的成就。但从现有的公共财政记录和统计资料来看,中国政府对提高效率和效益的期望仍占据主导地位。在公众参与责任未能得到持续有效履行的情况下,政府购买服务的满意度状况难免陷入堪忧的境地。研究得出的主要结论如下。

第一,中国政府购买社会组织服务已进入竞争性购买时期。2013 年 7 月 31 日,李克强总理主持国务院常务会议专门讨论推进向社会力量购买公共服务。同年 11 月,《中共中央关于全面深化改革若干重大问题的决定》审议通过,进一步确立了利用竞争机制购买服务的政策理念。在中央政府的积极推动下,各地方政府已将政府购买公共服务作为"十二五""十三五"期间重要的制度创新而加以推进。政府注重市场化运作方式,促进社会组织竞争已受到充分重视。加之社会组织在数量上、类型上的不断发展,竞争招标在公共服务购买领域不断得以实践,可以说,中国政府购买社会组织服务已进入竞争性购买时期。公开的竞争招标过程调动了社会组织的积极性,有利于公共服务质量的提升。

第二,缺乏公众参与的服务购买评审制度,难以促进公共服务满意度的提升。为了避免定向购买引发的不公开、不公平问题,第三方专家评审被逐步引入政府购买过程。在竞争招标、中期评估,以及项目结项几个关键环节中,由政府组织专家组对投标者进行筛选、考核和评估。第三方专家评审的介入对于监督社会组织起到了积极的作用,改变了原本只有购买方和服务方互相评估,政府官员和社会组织出于自身利益的考量往往形成一片叫好声的状况。(隗苗苗,2013:48~51)但是,由于第三方专家并非服务的消费者,缺乏服务的真实体验,实际上是难以对所购买服务的质量进行有效监管和评价的。因此,只有公民参与机制的健全才能够避免公众被政府或第三方专家"代言",所购服务更易满足社会需求。

第三,政府部门购买公共服务的实施过程重在遵从财政资金管理的程序,忽略了为公众提供服务的本质。从本质上说,政府购买公共服务是以向社会组织购买的方式代替原本政府直接提供公共服务的方式向社会提供公共服务,"购买"只是一种公共服务提供方式,"服务"才应是重心。但是,由于政府购买的资金源于财政专项拨款,财政部门掌握着专项资金的审核批复权力,倾向于从本部门的工作性质出发，运用财政资金管理流程对政府购买的过程加以监管，具体实施购买的政府部门，为了在财务审查中顺利过关，就会使政府购买公共服务的过程遵从于专项财政资金管理的程序，而僵化的财政资金管理程序难以"兼容"公众需求，导致忽略了本质上应以公众满意度为重心的公共服务购买。

第四，作为主要服务提供者的社会组织行政特征浓厚而社会化程度不足，导致公共服务质量未能进一步提高。从世界范围来看，社会组织作为政府和营利组织之外的第三部门，在公共福利的增强方面发挥着越来越重要的作用。（季璐等，2016）政府公共服务职能的转移也能够有效避免官僚机构的持续臃肿、低效。但是，在体制改革和社会转型过程中，政府信赖并"控制"亲手扶持的社会组织现象并不少见。（王名、乐园，2008）社会组织与政府的合作地位不对等，在服务的生产过程中以迎合政府需要为主要目标，倾向于选择政府"喜好"的方式来提供服务，注重向政府提供行政化气息浓厚的文字材料，以便于在检查和评估中顺利过关。由于社会组织没有将公众需求置于首位，自身的社会化程度又严重不足，导致了公共服务质量未能进一步提高。

参考文献

〔美〕格罗弗·斯塔林（2003）：《公共部门管理》，陈宪等译，上海：上海译文出版社，第145页。

北京市社会建设工作领导小组（2009）：《关于构建市级"枢纽型"社会组织工作体系的暂行办法》（京社领发〔2009〕1号），2009年3月20日发布。

陈国权（2009）：《责任政府：从权力本位到责任本位》，杭州：浙江大学出版社，第94页。

陈荞（2013）：《北京民政局将向社会组织购未成年人保护服务项目》，《京华时报》，2013年9月3日。

贺巧知（2014）：《政府购买公共服务研究》，财政部财政科学研究所博士学位论文。

贺勇（2016）：《2016年北京将向社会组织购买服务500项涵盖五大类》，《人民日报》，2016年1月8日。

黄晓勇（2017）：《社会组织蓝皮书：中国社会组织报告（2016-2017）》，北京：社会科学文献出版社。

季璐等（2016）：《社会治理视阈下政府向社会力量购买公共服务评估研究——基于长三角地区的调查》，《江苏社会科学》，2016（6）。

李森（2017）:《试论公共产品受益范围多样性与政府级次有限性之间的矛盾及协调——对政府间事权和支出责任划分的再思考》,《财政研究》,2017（8）。

吕志奎（2017）:《通向包容性公共管理：西方合作治理研究述评》,《公共行政评论》,2017（2）。

苗红培（2016）:《政府向社会组织购买公共服务的公共性保障研究》,山东大学博士学位论文。

彭婧（2017）:《公共服务购买中的政府责任研究——一个分析框架》,《甘肃行政学院学报》,2017（3）。

王名、乐园（2008）:《中国民间组织参与公共服务购买的模式分析》,《中共浙江省委党校学报》,2008（4）。

隗苗苗（2013）:《公众参与与政策执行——以北京市政府购买养老服务为例》,北京师范大学博士学位论文。

吴帆等（2016）:《政府购买服务的美国经验及其对中国的借鉴意义——基于对一个公共服务个案的观察》,《公共行政评论》,2016（4）。

张海、范斌（2013）:《我国政府购买社会组织公共服务方式的历史演进与优化路径》,《理论导刊》,2013（11）。

张书颖（2013）:《社会组织服务项目操作指南——以北京市朝阳区和丰台区社会组织服务为例》,北京：知识产权出版社。

中共北京市委办公厅（2008）:《关于加快推进社会组织改革与发展的意见》（京办发〔2008〕18号）,2008年9月17日发布。

周俊（2010）:《政府购买公共服务的风险及其防范》,《中国行政管理》,2010（6）。

Johnston, J. M. & Romzek, B. S. (1999), "Contracting and Accountability in State Medicaid Reform: Rhetoric, Theories, and Reality", *Public Administration Review*, 59 (5), pp. 383 – 399.

Rees, J., et al. (2016), "Commission Incomplete: Exploring the New Model for Purchasing Public Services From the Third Sector", *Journal of Social Policy*, 2016 (7).

Romzek, B. S. & Johnstom, J. M. (2005), "State Social Services Contracting: Expolring the Determinants of Effective Contract Accountability", *Public Administration Review*, 65 (4), pp. 436 – 449.

The World Bank (2004), *World Development Report* 2004: *Making Service Work for Poor People*, Washington: The World Bank Press, pp. 32 – 33.

A Study on the Responsibility Model of Government in Purchasing Public Service from Social Organization: A Case Study of Beijing

Peng Jing

[**Abstract**] In order to examine the fulfillment of the responsibility of the government to purchase services from social organizations, the paper? uses the framework of government responsibility analysis based on the promotion of market competition and the protection of public participation. Through the analysis of the process of purchasing the social organization service of the Beijing municipal government, it is found that the government has better fulfilled the responsibility of promoting the market competition. How-ever, due to the lack of public participation responsibility, it has led to the result of poor public service satisfaction. The study also found that the Chinese government to buy social organization services has entered the competitive period of purchase, but the lack of public participation of third-party expert review, rigid financial management procedures, and social organizations, strong administrative characeristics, have led to the quality of public services Can further improve the conclusions.

[**Keywords**] Government Purchase Service; Social Organization; Responsibility Model; Public Participation

（责任编辑　羌洲）

台湾地区社会企业发展之政策环境检视：
一个跨部门治理的视角

杨子申　江明修*

　　【摘要】本研究从跨部门治理之观点，采取深度访谈法充分检视台湾地区社会企业政策的脉络、现况与发展方向，进而描绘出社会企业政策环境的具体图像。研究发现，台湾地区社会企业领域具有网络密集的特性，各部门活跃者，对于相关政策的影响力比预期大。此外，各部门均依据其专业扮演影响政策之适当角色，跨部门合作频繁且功能分明。然而，政府过于强调意见的汇流过程，实际上私人部门或第三部门并没有完整地参与到社会企业政策制定的过程中，多为非正式或咨询的角色，因而导致产出政策没有达成共识。社会企业（以下简称社企）本身是一个多元融合体，在政策的研拟上容易遇到政策吊诡（policy paradox）的难题，因此应力求政策的形成，于跨部门间达到充分意见汇流的状态，方能营造稳健、具有足够行动正当性，而且是对社会企业发展有利之政策环境。

　　【关键词】社会企业　政策环境　跨部门治理

　　社会企业透过市场经济活动，不同于传统仰赖公开劝募或政府补助，取得

---

* 杨子申，台湾政治大学公共行政学系博士生，研究方向为非营利组织、社会企业；江明修，台湾政治大学公共行政学系特聘教授，研究方向为非营利组织、社会企业、跨部门治理。

解决社会问题所需要之资源。近年随着各国社会企业的发展日趋成熟，社会企业在中国台湾地区也逐渐受到瞩目，愈来愈多具有社会目的的企业成立，同时也有愈来愈多第三部门组织转型成为社会企业，借由商业活动协助其实现组织目标、开创社会价值与永续发展。

目前台湾地区社会企业发展政策处于草创阶段，虽然过去"劳动部"曾派员考察多国及地区社会企业发展政策，"行政院"亦于2014年推出了"社会企业行动方案（2014~2016年）"，希望营造有利于社会企业创新成长的发展环境，但现阶段仍属于包裹式的政策，对于台湾地区社会企业的实质与长期推动效益仍待观察。再者，政策的推动必须考虑到影响公共政策产生、存在和发展的多重因素，"政策环境"的多样性与复杂性，政府推动社会企业发展，不能一味全盘效法其他国家和地区的经验，面对社会企业在国际上蓬勃发展与国内需求日渐彰显，政府如何适时打开政策窗，营造合适之制度环境，协助社会企业对市民社会及市场经济产生良性的影响，深入了解当前社会企业政策发展之政策环境乃一相当重要之关键课题。缘此，本研究从跨部门治理之观点，采取深度访谈法充分检视台湾地区社会企业政策的脉络、现况与发展方向，进而描绘出社会企业政策环境的具体图像，提供政府推展台湾地区社会企业发展参考之用。

一 研究背景、意义与研究方法

（一）研究背景与研究意义

第一，社会企业是不仰赖捐赠的社会创新。随着社会多元化的发展，政府部门所提供的服务，逐渐无法满足社会上存在的各种需求，因此20世纪70年代中期，一种不追求利润（私人部门），也非公共部门的"第三部门"出现。而台湾地区在1987年解除"戒严"之后，非营利组织（Nonprofit Organization，NPO）如雨后春笋般成立，诚如Weisbrod（2003）所说，非营利组织的成长，正可以反映出社会需求和政府供给之间认知落差的情形，换言之，任何一个非营利组织对其活动的供给需求，除了依据对社会问题掌握的现况外，尚需兼顾政府处理社会问题的程度。但是，非营利组织财源仰赖社会大众、民间企业的捐款，或者政府的补助，其如何维持组织稳健的财源，以从事推动符合组织宗旨的公益活动，是非营利组织出现以来一直面临的问题。近年来政府补助经费缩减，民间捐款受到经济不景气和失业率增加的影响而降低，加上非营利组织数量不断增加，有僧多粥少的态势。面对上述资源匮乏的冲击，非营利组织若无法自辟财源，势必难以达成组织目标和永续发展（陈定铭，2008）。

Dees（1998）指出，愈来愈多的非营利组织，开始向营利事业看齐，以争取额外的收入。就大环境而言，经济、社会环境问题的变迁及挑战日趋繁杂，政府、企业及第三部门相继寻求解决之道，相对于政府及企业，第三部门常扮演互补性的角色，一方面与政府之间建立合作关系，建构公私协力伙伴关系（public-private partnership）（Frederickson & Johnston, 1999; Osborne, 2000; 江明修、郑胜分, 2004; 郑胜分, 2007; 邓国胜, 2011），协助政府提供公共服务；另一方面第三部门为维持其填补社会价值缺口的功能，同时兼顾自主性运作，而与企业部门的营运模式逐渐合流，因应上述内在与外在的趋势影响，一种混合组织（hybrids organization）应运而生，被称为社会企业（Social Enterprise）。政策对社会企业发展具有重要作用。社会企业可视为市场、公共政策与市民社会间的媒介空间（intermediate space）（Evers & Laville, 2004; Defourny & Nyssens, 2006: 13; 郑胜分, 2009: 140），政府透过公共政策支持社会企业发展，目的在于建立政府、企业与社会企业之间的"三赢"局面。就理论的建构而言，Laville 与 Nyssens（2001）两位学者提出所谓"理想型"社会企业的整合理论（integrated theory），来诠释此种跨部门合作关系，为"三重底线"提供合适的理论基础。此理论结合社会、经济与政治（市民）三个面向，探讨影响社会企业的内外在因素，包括所有权结构与特定目标的关系、社会资本形成重要性等内在因素，及社会企业与环境之间的经济互动之外在因素等，社会企业被理解为一种社会互惠、降低交易成本及生产成本，提升彼此信任的推力（Defourny, 2001: 23; 王名、朱晓红, 2010; Sepulveda, 2015）。

类似于"三重底线"的概念，学者 Bagnoli 与 Megali（2011）从绩效评估的角度来阐释社会企业的多元面向特质，提出三种评估社会企业表现面向，包括经济与财务表现（Economic and Financial Performance）、社会影响力表现（Social Effectiveness）以及制度合法性表现（Institutional Legitimacy），此评估社会企业表现之绩效评估面向，实质上即经济、社会与政策的隐喻。换言之，经济面强调组织财务绩效、社会面强调公益活动的实践、政策面则强调有利于社会企业发展之制度环境建构等三个面向（Bagnoli & Megali，2011）。为了创造"三赢"局面，公共政策被定位为协助社会企业发展之支持性角色，公共政策应制定有利于社会企业发展的政策，扮演促进者的角色（Laville et al.，2006：282；郑胜分，2009：140）。政府以"促进者"的角色，透过政策协助社会企业建立社会资本（social captial），① 对于社会企业当有正面影响。就制度论（institutionalism）途径而论（Bacchiega & Borzaga，2001；Mason et al.，2007；孙炜，2008；郑胜分，2009：145~147），特别是"诱因结构"的面向，不仅可探讨政策对于社会企业发展的影响，亦可解释社会企业的内涵。基于制度论，社会企业被视为一种诱因结构，其中包含"薪资"②（wage）及"自由度"（degree of freedom），社会企业可提供货币或非货币诱因（即激励二元理论中之"激励因子"），同时社会企业可提供低度权威、统整多元意见的诱因，整合不同利害关系人的目标（Bacchiega & Borazga，2001：286-291；Defourny，2001：23）。

制度论除了提供诱因结构概念，诠释以"三重底线"为目标之社会企业外，亦解释了政策对于社会企业组织发展所造成的负面影响。新制度论中之社会制度论认为，组织会受到制度环境之法律架构影响，形成"制度同形主义"（institutional isomorphism），即借由政策的规划，有助于发展出更多类似的社会企业，以确保其永续发展。唯制度同形主义也隐含了降低社会企业自主性及创新能力的风险，随着政策营造出制度环境，社会企业组织发展将朝向法律及社会所能接受的组织形式演化，反而可能无法展现其快速创新的能力，使社会企业产生自主性危机，影响其永续发展（Borzaga & Defourny，2001：363；Borzaga & Santuari，2003：53-54；CIRIEC，2000；Nicholls & Teasdale，2017）。

第二，台湾地区社会企业政策发展相对滞后。就社会企业发展历程而言，虽然欧美地区社会企业发展较早，如哈佛大学商学院在1993年成立社会企业发展中心（The Initiative on Social Enterprise），斯坦福大学在1997年成立社会企业家精神发展中心（The Social Entrepreneurship Initiative），但亚洲地区近年也陆续有许多国家和地区积极投入社会企业的发展，如新加坡运用严谨的补助系统，为初创期社会企业提供充足资源；中国大陆则尝试以公益创投方式取代传统政

---

① 社会资本是资本的一种形式，指为实现工具性或情感性的目的，透过社会网络来动员的资源或能力的总和。
② 此处之薪资包括货币（monetary）及非货币（non-monetary）两种因素。

策补贴，满足小区服务需求；韩国以由上至下推动方式，致力于以政策支持社会企业，2007年颁布实施《社会企业促进法》（Social Enterprise Promotion Act），是亚洲少数订有社会企业专法的国家，且于劳动部下设专责单位推动社会企业发展，2012年底推出了《第二次社会企业培育基本计划》（The Basic Plan for Social Enterprises Support），为期5年（2013～2017年）的培育方针包括强化社会企业竞争力、扩大投资及启动针对性支持体系；中国香港则从民政事务局下设社会企业咨询委员会，透过不同措施推动社企发展，包括社企奖励计划、"社企挚友"嘉许计划以及社会企业联展等，亦拨款1亿5000万元，2011～2012年起，连续五年继续推行"伙伴倡自强"计划，为社会企业提供种子基金。

相较于上述各国和地区，台湾地区在社会企业发展政策方面，确实有落后之虞，虽然过去"劳委会"曾派员考察多国和地区社会企业发展政策，"行政院"亦于2014年推出了"社会企业行动方案（2014～2016年）"，希望营造有利于社会企业创新成长的发展环境，但现阶段有关社会企业的相关推动，仍属于包裹式的政策。再者，政策的推动必须考虑到影响公共政策发生、存在和发展的一切因素，由于"政策环境"的多样性、生态性与复杂性，政府推动社会企业发展不能一味效法其他地区的成功案例。基于此，本研究提出两个研究问题：第一，社会企业于台湾地区发展至今，政府的角色定位为何，又发挥什么功能？第二，在跨部门治理的理论观点下，台湾地区社会企业政策环境的发展情况以及面临之困境如何？透过响应上述研究问题，本研究将理清在台湾，政府如何提出合适之政策及营造友善的制度环境，协助社会企业对市民社会及市场经济产生良性的影响，并促使本地区内社会企业之蓬勃发展。

欲响应上述观察与问题，首先，本研究针对政府推行社会企业发展的政策脉络、现况与发展进行检视。其次，以跨部门治理观点，观察并描绘台湾地区社会企业发展之政策环境图像。"跨部门治理"意指来自多个部门的利害关系人、团体或组织，以促成合作的方式，共同参与及统整梳理具有跨区域、跨组织、跨部门特性的公共政策议题，特别是强调对政策过程的参与（陈秋政，2014）。而跨部门治理观点，强调各部门立足于平等参与的地位，具有参与全部政策过程的权利，形成各自发挥所长的对话沟通状态。最后，就研究发现可能困局，并找出关键因素以提供各界推展台湾地区社会企业发展之参考。

（二）研究方法

本研究所欲探讨的问题相当抽象、复杂，因此拟以深度访谈（in-depth interviews）方法，透过研究者与受访者有目的性的交谈对话（conversation with purpose），对共同关心之主题深度汇谈，并在相互主观意识的流动交织下，收集、建构出最贴近真实情境的资料。此外，本研究采取半结构式（semi-structured）访谈架构，事先针对所欲探知问题之动机、信念或态度等，进行访谈问题提纲设计，以利从与受访者的互动中更有效率地获取第一手数据。由此，可深入了解台湾地区当前社会企业社群中，产官学各界对于社会企业的看法、政策意见，以及在政策发展过程中的跨部门合作行为，并辅以相关文献资料，以增加论述之完备性。

访问对象透过立意抽样法（purposive or judgmental sampling method）；此法属非随机抽样，抽样标准主要系依据研究者的主观判断（Babbie, 1995）。访谈对象涵盖民间之社会企业创投、政策倡议、媒体等组织创办人或负责人，也包括政府部门（如"行政院"之"劳动部""经济部"）制定或执行社会企业政策的主要官员，和学界专长于社会企业研究之学者。实际访谈对象，包含三位政策规划者、两位学者专家以及两位社会企业实务家，其中政府代表有一位政策规划层级代表和两位政策执行单位主管；学者专家以熟悉社会企业议题者为主；而实务家则为社会企业投资与创业实务工作者，受访者编号如表1所示。

表1 受访者编号

受访者编号	领域
IV1	政策规划者
IV2	社会企业实务家
IV3	学者专家
IV4	学者专家
IV5	政策规划者
IV6	政策规划者
IV7	社会企业实务家

另外，本研究透过质性研究软件MAXQDA进行数据处理。基本上，本研究采取扎根理论（grounded theory），将数据由下至上逐步堆栈建构为概念，对全文誊录的访谈稿进行编码与分析。首先，经由文献探讨与研究目的确立研究编码方向；其次，针对本研究分析架构及访谈内容，衍生出相互对应的次级编码，最终汇整出三项主轴编码，分别是"政策发展与影响"、"政策参与及合作"和

"政策困难与建议"。表2乃社会企业发展之政策环境开放性编码,系根据MAXQDA之检视工具(visual tool)所产出之编码矩阵重新制表,以呈现各面向因素之比重,从表2可见,本研究透过深度访谈取得的数据,大多能平均覆盖研究所探讨的议题,意味着没有由于特定项目的数据过少,而导致的分析结论可能过于偏颇的问题。

表2 社会企业发展之政策环境开放性编码*

主轴编码	次级编码	#	%
政策发展与影响	政策发展脉络	8	44.4
	现况与影响因素	10	55.6
政策参与及合作	参与角色	12	54.5
	合作方式	10	45.5
政策困难与建议	政策困难	10	34.5
	改进建议	19	65.5

* 资料来源:作者自制。

二 政策环境检视

广义而言,政策环境系指影响公共政策形成与发展的相关因素所建构的生态圈,John W. Kingdon(1984)认为公共政策发展的过程中,有许多可见或隐藏的参与者周游于其中,从政府内部水平与垂直的参与者到外部的实务界、学术界、媒体乃至于大众,这些利害关系人都在整个政策环境中扮演着各自的角色、发挥各自的功能。本研究之目的,系以跨部门治理观点,检视台湾地区社会企业发展之政策环境,以下将根据开放性编码架构分别从"政策发展与影响"、"政策参与及合作"和"政策困难与建议"三个向度,汇同与分析产业界、政府部门以及第三部门受访者之深度访谈成果,进以"浓描绘"台湾地区社会企业发展之政策环境。

(一) 政策发展与影响

1. 政策发展脉络

台湾地区社会企业的发展,源起于20世纪90年代政治、经济及社会快速变迁的时代,近年不仅社会福利团体快速实行"社会企业行动方案",企业界也积极透过企业社会责任(Corporate Social Responsibility, CSR)、善因营销或培植社会企业等方式,投入此新兴领域。社会企业的需求快速增加俨然是促使政策形成的源头,受访者 IV4 提到 CSR 能量的提升,是社会企业发展的契机。而实际参与这波浪潮的受访者 IV7,点出社会需求的出现还是社会企业发展最主要的原因。受访者 IV1 也指出,社会福利团体的产业化,以及经费不足,是政策推动社会企业发展的主因。

> 其实很多机构可以把针对 NPO、社会企业的辅助当作 CSR 的一种成果,据我所知许多金融机构像某某银行其实非常关注社会企业。(IV4)
>
> 政府经费不足的部分,我们当时在"行政院",免不了就要谈产业化这条路,所以银发产业,就让我想到十年前我们听到的社会企业。(IV1)
>
> 社会企业增加,主要原因还是社会需求增加而带来的公共服务……另外就是政府减少补助、就业促进措施与小区总体营造等因素,也多少提供了一点推力。(IV7)

此外,官有垣(2007)曾经针对台湾地区社会企业之发展,提出五项崛起原因,包括因应社会需求、寻求财务的稳定与自主、社会福利民营化与购买式服务的促使、政府的政策诱发与经费补助及企业日渐重视社会责任的实践等。其中亦提及政府的诱导在台湾地区社会企业的兴起中扮演了重要的角色。受访者 IV4 即认为政府积极推动社会企业相关政策出台的原因,除了因应国际趋势,以及国内需求日渐增加外,其实扶植 NPO 的转型也是其原始动机之一。受访者 IV1 也提到社会企业政策受到政府重视,乃基于其能解决社会问题。

> 从全世界看来政府是越来越没钱了……知道这些过去靠政府奖补助的 NPO 必然是无法维系的,所以他们也要转型成可以自己维持存续的组织。(IV4)
>
> (解决青年创业问题)找到了三个重点……"文创"和"金融挺文创",还有另外一个重点就是"社企"。(IV1)

在台湾地区最早推动社会企业相关政策的是"劳动部",其自2002年推动"多元就业开发方案",截至2013年,已有超过290项计划持续经营,留用人数超过1700人,据最新调查89项具执行力及发展潜力之计划,有近80%具有企业形态,且有发展社会企业的意愿(施淑惠,2013)。受访者IV1与IV5等政策规划者提供了许多社会企业政策的相关信息,提到台湾地区社会企业政策系始于"劳动部"的"多元就业"和"社会经济"方案。

> 过去"劳动部"从NGO的角度,2007年就开始做社会企业或社会经济的研究,许多年来我们都协助NGO怎么样让自己的商业模式更成熟,然后我们也推财务自主。(IV5)

> 其实"劳动部"在关于就业方面,在20世纪末想了很多创新的方案,其中有一个叫"多元就业"和"社会经济",也就是我们现在谈的"社会企业"的概念。(IV1)

2011年12月,台湾地区"劳动部"以临时任务编组方式成立"社会经济推动办公室",2012年更确切提出有助于发展社会企业的行动计划——培力就业计划。然而,局限于"劳动部"内的劳动力发展创新中心,面临无法统合资源与政策能量之困境。譬如英国于内阁办公室下设市民社会办公室(Office for Civil Society),或如韩国或新加坡有"部会"层级的专责单位,或至少成立"部会"层级以上沟通平台,方能有助于有效整合各"部会"资源。在当前台湾地区社会企业定位不清、民众认知不足之现况下,社会企业面临资金难以取得、营销窒碍难行、组织形态与税负不一、辅导资源分散等诸多发展困境。

除"劳动部"之外,"经济部中小企业处"也于2014年办理"社企型公司环境建构与发展推动计划",致力于建平台、倡育成及调法规等方案策略,除遴选标杆型社会企业进行案例研究外,还研议民间建立社企型公司登记机制。正如受访者IV6所述,"经济部"的着力点在于建构友善社企发展的生态系统。

> 在2014年有陆陆续续去访问一些广义的社会企业,我们把它定位成"生态系统"啦,学者啊,专家啊,参与社会企业的人、周边的团体。(IV6)

2. 现况与影响因素

2014年5月20日,马英九在就职6周年演说中,宣示要鼓励青年投入社会企业,随后"行政院"积极催生社企行动计划,并将2014年定为"社企元年"。根据"行政院"于2014年4月11日召开"研商'社会企业'相关事宜"会议指示,为塑造社会企业友善发展环境,促进地区经济、社会等包容性成长,2014年9月"行政院"公布了"社会企业行动方案(2014~2016年)"。台湾地区社会企业主要政策现况如表3所示。

表3 台湾地区社会企业主要政策现况 *

执行机关	方案名称	方案内容
"行政院"	社会企业行动方案(2014~2016年)	方案之愿景为"营造有利于社会企业创新、创业、成长与发展的生态环境",以调法规、建平台、筹资金、倡育成作为四大策略,整合"'劳动部'、'经济部'、'金管会'、'卫生福利部'、'内政部'"等主要"部会"现有政策 方案执行由"'经济部'、'劳动部'及'卫生福利部'"作为前导推动单位,合计3年共投入1亿6120万台币
"劳动部"	多元就业开发方案	多元就业开发方案是"劳动部"为建构民间团体与政府部门间促进就业之伙伴关系,透过具创意性、地方性及发展性之计划,如文化保存、工艺推广、照顾服务或环境保护等,借以改善地方之整体居住环境及生活条件,促成当地产业发展,带动其他工作机会,以引导失业者参与计划工作,重建工作自信心,培养再就业能力,所订定的促进就业方案
	培力就业计划	结合民间团体、政府部门及企业单位之人力与资源,透过充分对话,激发灾区社会力展现,建立政府及民间合作伙伴关系。发展当地特色产业与社会经济事业,运用民众创意及自主力量,采取他助、互助到自助之阶段发展概念,振兴灾区产业,开创各种可能之就业机会
	其他相关措施	倡议广宣:办理校园系列讲座、社会企业案例、影片故事分享、社会企业假日市集,以及推动社会企业月 社会企业国际交流:举办国际研讨会并参与国际论坛 建置双语入口网站:提供社会企业发展相关信息,利于外界了解台湾地区发展进程 订定劳动力发展业务公益信托许可及监督管理办法 持续提供多元就业开发方案及培力就业计划咨询辅导等资源补助

续表

执行机关	方案名称	方案内容
"经济部"	社企育成	"经济部"透过交通大学、辅仁大学等育成中心培育新创社会企业，并协助其参与 APEC 加速器等国际活动，除运用产学合作强化社会企业核心竞争力，更透过国际联结增加台湾地区社会企业能见度与影响力
	社企辅导	"经济部"透过工业研究院、金属中心等财团法人机构，协助中小企业导入 ICT、绿色环保、社群媒体等新科技与新技术，解决区域均衡发展、环境保护、弱势就业等社会关切之课题
	法规调适	"经济部"于产业法规议题通案部分，依据"中小企业发展条例"第 12 条之 1 规定，推动中小企业法规调适机制；于中小企业法规个案问题部分，则推动中小企业荣誉律师团提供相关法规咨询服务
	鼓励财团法人投资设置社企型公司	许可经济事务财团法人担任社企型公司发起人，使公司在运作时拥有稳定之营运资金。如 2013 年核准财团法人工业技术研究院成立究心公益科技有限公司（Geo Things）
"金融监督管理委员会"	柜买中心自 2013 年筹设创柜板，积极辅导社会企业登录创柜板①	目前有多扶事业股份有限公司及生态绿股份有限公司两家社会企业已完成登录
"内政部"	检修合作社法规	朝法规松绑政策方向修正、筹组辅导、合作社干部教育训练以提升组织经营管理知能、办理国际合作社节系列活动及储蓄互助社推广，倡导合作事业并营造有利发展环境
"卫生福利部"	鼓励社会福利慈善财团法人捐资社会企业	如财团法人爱盲基金会投资黑暗对话社会企业股份有限公司及多扶事业股份有限公司

* 资料来源：台湾地区"行政院"（2014），本研究整理。

有关社会企业政策现况，根据受访者 IV2、IV5 之说法，目前仍属于初期发展阶段，政府主要希望多做倡议倡导以及凝聚共识等。受访者 IV5 亦提及此一行动方案在政府内部已经取得共识，唯在执行面的方法以及职掌上仍有不同意见。

---

① 柜买中心，全称证券柜台买卖中心（Gre Tai Securities Market, GTSM），成立于 1994 年，为承办台湾地区证券柜台买卖（OTC）业务的公益性财团法人组织。创柜板，主要取其"创意柜台"之意，系定位为提供具创新，创意构想之非公开发行微型企业"创业辅导筹资机制"，提供"股权筹资"功能但不具交易功能。创柜板主要是协助扶植微型创新企业。

"社会企业行动方案"的定位还在一个起步发展的阶段，主要希望更多人了解、参与，如此政府才有制定政策的空间。（IV2）

政府尝试从归纳各界意见开始，最后才能找到比较聚焦的共识。（IV5）

而在问到目前政策形成过程中的影响因素时，学术界与实务界受访者IV2、IV3认为，政府仍是主导社会企业政策的唯一因素。

影响政策的重要因素就是政府领头的人愿不愿意做，是不是有这个意识，能不能贯彻执行，了解程度够不够深。（IV2）

就是这些政府的人吧……我们是毫无办法，没时间去交陪，这个也是我们政府的罩门、困境。（IV3）

但从政策规划者受访者IV1、IV5的叙述中，可以了解到其实现在台面上的"社会企业行动方案"，系综合了多方的看法而生，包括其他地区经验、跨部门的交流，以及不同"部会"的协调。

"劳动部"的社会企业研讨会请了英国、日本、韩国的一些学者，一位韩国的学者……我们坐在一起，再加上英国Un Ltd的人也一起讲，政府不是一个leading role（主导的角色），而是一个supporting role（支持的角色）。（IV1）

现在也需要看一下国际上的情况，其实有些国家和地区也不一定会单独用一个法来处理，它更多时候需要的是一种市民社会的成熟发展。（IV5）

光弄这个狭义定义就跟某某等这一批学者们沟通很久，因为他们是非常地反对，他们认为爱做就好、有贡献就好。（IV1）

（二）政策参与及合作

"社会企业行动方案"的推出，代表着台湾地区社会企业发展政策在推动政策与资源整合上又迈进了一步，而此一政策背后也仰赖许多部门通力合作与不断协调。社会企业政策系一跨域广泛的公共政策议题，本文接下来将从跨部门治理的观点，分别探讨"参与角色"与"合作方式"项目，了解在政策形成过程中，各部门的角色分工及政策参与机制。

1. 参与角色

首先，就外部环境而言，本次访谈的对象，除四位政策规划者外，原则上属外部环境的角色。从受访者 IV7 的访谈中可知，大多数的实务工作者，都不吝于做经验分享的角色，但实际上未参与到政策研拟的阶段。其实本研究观察，也有不少积极从外部参与政策形成的实务工作者，如受访者 IV2，就认为自己的角色是作为向政府游说、施压的外部影响者。而受访者 IV3 与 IV4 为专长于社会企业议题的学者专家，但分别从其所熟悉和擅长的领域进行相关研究、教学与倡议活动，如受访者 IV4 就利用开设相关课程，来推动制定社会企业公益报告框架，并且担任社会企业相关议题的政府部门顾问。学者专家的角色，就是提供政府社会企业相关议题的专业咨询，除了被动接受政府邀约担任顾问，有时也积极地向政府建言以发挥影响力，如受访者 IV3。此外，除了担任提供政府专业咨询的角色，同时也会受托于外部其他有意推动社会企业之实务家，进行相关研究，透过产学结合，以发挥更大的影响力。

> 关于影响政策发展，我有一个钟摆效应的理论，假设目前政策是在 A 点，我觉得要触动变革就是将一个较极端的计划 B 放在桌上。(IV2)

> 也许是因为我们是台湾地区运作社会企业的前锋……也尝试过微型贷款项目的办理，所以政府也有来向我们咨询过……提供一些实务上遇到的问题与建议，实际上并没有参与到政策研拟的阶段。(IV7)

> 我们课程第一阶段就是采访社企放上相揪平台①，目的是让社会大众了解社企公司的发展与服务；第二阶段做公益报告，其实目的是在降低信息落差。(IV4)

> 我们跟他们提信保基金两三年了，我们负责的就是跟他们谈这些东西，你只要突破这个金融，不要去管其他东西。(IV3)

其次，以内部环境而言，在政府部门里，一方面是政策方案合法化的发动

---

① "相揪平台"是一个帮助社会企业及社福机构等公益团体分享故事、营销推广商品和服务的网站，同时也是媒合志工专长与公益团体需求的平台。

者,将选定的方案送请立法部门审议,居于支持方案的立场;另一方面,本身即可基于职掌,审核批准无须送请立法部门审议的政策或方案,居于审核方案的立场(吴定,2004)。尤其是高层级的官员,对于政策方向的确立影响甚大,如受访者IV1的角色,多在于确保政策的通过与实行。而在从受访者IV6的叙述中也可确认,高层级的官员对于政策的推动、拟定和执行,发挥着至关重要的作用。透过受访者IV5、IV6叙述,"社会企业行动方案"执行单位过去以"劳动部"为政策源头,因此"劳动部"承担了内部或内外交流平台的工作,但在整个"社会企业行动方案"进入"行政院"后,各"部会"就依据执掌负责执行面的工作,"经济部"负责筹资金,"劳动部"负责建平台,参与的"部会"甚多。

"社会企业行动方案"通过,这其中"院长"就听过两次"政务"座谈……我坚持说一定要先找到对口的单位……一定要有专人和预算,才有意义。(IV1)

研拟这个计划("社会企业行动方案"),当时参与的"部会"就有12个……开了无数次会,在这个过程中,业者也有一些参与,最关键还是长官。(IV6)

我们在做育成跟辅导,可是育成比较多是"经济部",他们会从商业模式的育成来协助它,那我们这里其实对很多NGO来讲我们也办了许多倡议活动。(IV5)

2. 合作方式

在政策形成的过程中,跨部门之间的合作方式,可分为直接与间接模式。受访者IV2就多次与政府合作推动政策拟定,如与立法部门合作提出"公益公司法",间接抛出"公益信托管理办法"草案给"劳动部",甚至还透过新媒体的管道,提供政策建议给行政部门。而受访者IV7则是多次参加行政机构为了多方收集各界对社会企业政策发展建议,而委托办理的论坛,某种程度上亦扮演了重要的政策咨询角色。

我们自己请律师、会计师、专业人士,加上我们的议题、要求,弄出一个完整的法案摆在桌子上,然后主管机关直接指名"经济部",找一位支持我们的"立法委员"合作提出、开听证会,他们就不得不回应。(IV2)

大前年我们发现"劳动部"没有公益信托管理办法……后来我们就弄一个劳动力发展公益信托监督管理办法。(IV2)

我们倒是参加过不少政府委托办理的社会企业相关研讨会,像是劳动力发展创新论坛、社会企业国际研讨会这类,就是提供自身经营社会企业的经验与建议。(IV7)

私人部门与第三部门之间亦不乏合作的案例,受访者IV4提到他们在形塑、制定社会企业与公益报告框架的过程中,与许多企业都有建立合作关系;另外,也与承接政府计划的企业合作,参与设计"社会企业登录平台"的执行工作。社会企业登录平台①,是台湾地区现阶段社会企业政策很重要的一环,其基本功能包括社企认证、信息揭露、沟通交流,并衔接到其他政策如辅导机制、影响力评估等,平台的运营目前是由台湾当局委托台湾公益团体自律联盟②办理。从受访者IV6的角度观之,政府在设计并推广此平台的过程中,也考虑公共部门与第三部门的角色差异及可以互补之处,透过委托民间第三部门的专业力量负责执行工作,不仅民间第三部门在角色上更加适合,而且政府也可充分借助民间专业力量,避免政府"干预太多"。此外,政府与其他部门之间的相互影响关系,也存在非常微妙的现象。虽然彼此之间可能不存在直接的合作关系,却都会试图透过一定渠道影响彼此的观点,希望能够达成基本共识。这也显示出非政府部门实际上拥有一定程度的政策影响力。

这个课程分成两学期,前半段我们请同学去做社企的采访,这个采访稿有机会放上我们课程的合作伙伴××金控的"相揪平台",这个平台基

---

① "社会企业登录平台"是台湾当局为营造有利于社会企业创新创业与成长发展的生态环境所设立,同时也扮演着提供台湾社会企业准官方认证服务的重要角色,登录的流程主要透过"政府"推荐、自行申请,并经过社企登录咨询委员会的实地访查与评核,最终确定是否接受登录。
② "台湾公益团体自律联盟"是由30个公益团体于2005年自主成立,组织宗旨为保障捐款人权益、强化社会大众对公益团体之信任,以及协助捐款人了解公益团体运作状况等,借由共同推动自律与他律(立法),营造良善的公益团体发展环境。

本上就是可以让 NPO 或社会企业的商品或服务上架。（IV4）

登录的目的是因为有一批企业是有善意啦……所以我们希望透过这个登录机制让信息可以透明……另一个考虑是，政府想要做一个登录计划，但这个比较适合行业"自律"……所以在设计上我们就委托一个第三方。（IV6）

有某某一批老师，就是最早研究社会企业的学者，"气急败坏"找我说，你们政府千万不能干预，对我"动之以情"。（IV1）

我们也去影响，有政府觉得我们在捣蛋，他们甚至透过别人来试图影响我们，但很抱歉我服务社会企业不是服务政府。（IV3）

（三） 政策困难与建议

接下来，本研究梳理访谈内容，归整出各部门对于台湾地区社会企业政策发展所可能面临之"政策困难"，以及"改进建议"。

1. 政策困难

从对各部门访谈数据的分析中，可以了解目前台湾地区社会企业政策的发展，各部门虽有一定共识，但其实私人部门与第三部门的受访者，多少有着与政府部门截然不同的观点。因此，本研究整理了受访者所观察到的台湾地区社会企业政策发展的可能困境。

受访者 IV1 认为，如何识别真正的社会企业（界定或认证）与社会大众在观念上的落差，是未来可能面临的困境；受访者 IV2 则认为行动方案的位阶太低，恐导致社会企业政策无法落实。受访者 IV3 则针对现行社会企业政策，提出三大缺失：第一，政府服务没到位，没有找到真正该帮助的对象；第二，"天高皇帝远"，现行政策均没有看清社会企业真实需求；第三，观念误导，现在的社会环境存在许多错误观念，而政府却未着力处理。而虽然存在如上缺失，但公共部门负责拟定政策的关键官员（IV6）认为现有政策立意良善与完备，没有什么特别需要改进的意见。

大概是观念吧，社企是新的东西，要做一些思维上的倡导跟改变，那我用的方法就是共识营，开放空间讨论、世界咖啡馆模式让大家来想想看。（IV1）

> 行动方案的位阶太低，它只是一个政策一个宣告，它的约束力量多是不够大的……今天你换了个政府，行动方案可能就失效了。（IV2）
>
> 育成，应该是进来是想要创业，出去就是准备创业的，但你看社企聚落现在就像是夏令营。（IV3）
>
> 像 B 型企业……正确来讲叫分利（分配利润）企业，可是它有个非常大的问题……我们强调社会价值或社会目的。（IV3）
>
> 这（"社会企业行动方案"）都是我写的，哪有什么意见？当然是支持才写的……其实只要网络建置起来了，未来还是蛮乐观的。（IV6）

受访者 IV4 与 IV5 共同提及，缺乏政策共识会牵涉后续法规面与实际政策执行面的问题；另外，受访者 IV5 还指出，目前台湾地区社会对于社会企业的需求不明且缺乏必要创新模式。

> 立法就会牵涉很多资源分配或协商，再加上社企到底是什么，这个定义要用在不同的施政目的的时候就更困难确定，那社会上也许还没形成共识。（IV4）
>
> 在方案里面都太强调供给方，就是说我现在可以做什么事情，但是需求方比较少，所谓的需求方是说到底什么样的社会问题该被解决。（IV5）

2. 改进建议

一方面，本研究五位受访者均有提到其对于法规面的看法，可见调整法规是目前社会企业政策环境中，较为热门与关键的议题。各部门对于法规面的看法有所不同，政府部门的受访者 IV1 与 IV5 均采取观望的态度，较无明确表达意见，但都表示法规面确实存在一定问题。受访者 IV2、IV3 与 IV7 则都不约而同指出调整法规势在必行，受访者 IV2 与 IV7 直言修法是当局最应该做的事。除了现行"公司法"应该调整，受访者 IV3 还认为所有不合时宜的法律规范都应该调整。但是，受访者 IV2 与 IV3 一致认为，不应该另订专法或特别法，来限制社会企业发展的活力。相较于前述两位受访者，拥有法律专业背景的受访者 IV4 抱持较为自由的观点，也许是深知立法的困难度以及可能带来的冲击性，IV4 反而认为应可透过适当解释现行相关法规来规避问题，对于另订专法也持反对意见。

现在一些法规，我们如果落实执行，修改一些过时的、不宜的法规，或者是模糊的地方扩大解释，比如说"公司法"。(IV1)

现有的某些机制框架太多。可是如果要订一个社会企业促进法又非常的困难，所以我们不一下子走到法。(IV5)

我想最糟糕的状态是有个社会企业公司法……这就扭曲了社会企业原本跨领域的特质。(IV2)

我觉得法规是最重要的……讲极端一点，政府的功能是什么？应该是调整法规扫除障碍。(IV2)

谈规范，企业已经有"公司法"，但是要修法。因为本来"公司法"以营利为目的就是错的，我们主张不合时宜的就要修。(IV3)

我们在发展微型贷款系统，就遇到了很多法律上的问题，也不是说一定要修法，但这是政府应该出面，必须要去突破的事。(IV7)

我们觉得法规上的障碍，至少在组织面的角度没有这么大，就是说只要行政主管机关能够正确解读"公司法"，其实很多困难都会解决。(IV4)

另一方面，除了法规面之外，基础建设也是几位受访者所关心的焦点。受访者 IV3 认为政府就应该响应人民需求，必须满足并服务于社会企业家的需求；受访者 IV2 则认为整体的社会氛围很重要。受访者 IV1 也认同基础建设的重要性，另提出政府更应该挖掘市场需求，受访者 IV3 与 IV5 所见略同。其中，受访者 IV3 进一步指出，政府应该要跳出来端正社会风气，应该发动整个社会改造、社会教育的运动。受访者 IV7 也坦言，社会企业必须走向全民运动，而政府在研拟相关政策时，必须认清自己是一个支持性角色。

（政府）就是要服务这些社会企业家，他们缺融资你就去叫银行来帮忙；需要有正确观念的消费者，你就去倡导。(IV3)

就整个目的而言，我认为有几点，第一个就是"创新模式"，这个就要靠整体的氛围；第二个就是有没有更多的天使……第三个就是有没有资金。(IV2)

政府角色其实是建立一个生态系统，做支持的动作，那更重要的我觉得政府最需要做的是市场。(IV1)

这个"社会企业行动方案"最重要的目标是营造社会企业发展环境。
(IV5)

需求是我们整个社会风气有问题……（政府）应该做整个社会改造的运动，给人民一个希望、带动良善风气。(IV3)

我觉得社会企业未来要走向全民运动，而政府必须为这件事的发展做思考，以支持性的角色来发展政策……政府要做的是协助其解决需求与排除困难。(IV7)

而受访者 IV4 所认为政府应该做的基础建设工作，是完善信息揭露机制，其他应由投资者与消费者自行判断，强调市场机制的力量。受访者 IV5 所持相似观点，认为财务透明是社会企业必不可少的要素，甚至比财务自主更为重要。此外，与实务界接触较为密切的受访者 IV2 与 IV3 认为，资金面也是政府可以施力，且应要有所为之处，而且他们关注的焦点并非补助或政府采购，而更关心怎样引入私人资本投资社会企业、怎样畅通社会企业的融资管道，这些均与现行政策焦点迥异。

我认为不要太轻视市场的力量，只要基本架构出来、信息揭露，我觉得投资者与消费者会自己去判断要选择哪种社会企业。(IV4)

我们认为财务透明更重要，因为以后会碰到责信的问题。(IV5)

社会企业是不赚钱的，很难找到有耐心的资本进来，你必须有一个架构去因应。(IV2)

我认为政府没抓住重点，如果是要搞融资，我举双手赞成。(IV3)

三　结论

（一）台湾地区社会企业政策发展处于汇流时期

在研究分析中，本研究发现台湾地区社会企业领域的圈子其实不大，而且持续关心政策发展且试图参与其中的人更少，但彼此之间都非常熟悉，应是有长期而密切的接触与大量交换意见的管道，也由于具有此一网络密集的特性，因此各部门的活跃者，对于相关政策的影响力，其实比预期中的还要大。与政策规划者的访谈中，多有描述到其他部门的意见如何传达到政府部门，而在形成政策的过程中，这些意见又是怎么被考虑进去，如"行政院""社会企业行动方案"中，同时列举了广义与狭义的社会企业定义，即考虑了行政机构内部与外部意见的折中结果。虽然政策规划者没有明确说明此方案的来由，但综观各部门访谈者的论述，"社会企业行动方案（2014~2016年）"的产出，除了顺应台湾地区社会企业蓬勃发展的趋势外，有大部分因素，源于非行政部门的压力。诚如John W. Kingdon（1984）的政策窗理论所述，当问题流、政策流与政治流，三流汇集之时就是政策窗开起的时机，现阶段在台湾地区社会企业发展中，社会上对于社会企业的需求增加，外部压力团体的活动频繁，都显示问题流与政治流已开始汇集，政府在政策流的引导上，应积极因势利导，促成政策窗的开启。"社会企业行动方案"的产出是个不错的开头，看得出当局在努力汇集各方利害关系人的意见，并以办理推广活动、释出资源补助，采取抛砖引玉的手法，希望活络台湾地区社会企业的发展环境。

但在访谈的过程中，本研究发现政府必须注意的一项问题，虽然，非行政部门的受访者了解，其本身对于社会企业政策具有一定的影响力，但对于此一影响，能否落实到政策之中，进而有实质的产出，多抱持着较不乐观的态度，受访者IV2与IV3认为政府领头的人愿不愿意做、有没有正确的观念，仍是主导社会企业政策能否朝正确方向发展的唯一因素。从现行相关政策与访谈者的意见比较中，也能发现非行政部门的受访者，对于现行政策多做出仍待改进的评价。显示出虽然政府部门有考虑外部意见，但显然没有厘清各部门认知的政策重点，并促使共识的形成。过于强调意见的汇流过程，而忽略收敛工作，易导致产出之政策有避重就轻之嫌，进而稀释了该政策理应发挥的效果。

（二）各部门扮演之角色分明且跨部门合作频繁

跨部门治理观点，强调各部门立足于平等参与的地位，具有参与全部政策过程的权利，形成各自发挥所长的对话沟通状态。可以观察到，社会企业实务家IV2提供政府实际产业之需求，并主动研拟相关政策草案，提供政府参考、串联各部门形成颇有效果之外部压力；学者IV3则大量接触社会企业甚至亲自参与营运，从互动过程中获得最基层的声音，再积极提供给政府部门；法律专业学者IV4，除了以本身专业协助受访者IV2草拟"公益公司法"，也在学校开授社会企业课程，并在实践中与企业合作，研拟适合台湾地区现阶段的"公益报告"框架，协助政府推广社会企业的概念。而政策规划者受访者IV1，致力于确保社会企业政策的通过，以及有足够资源能够付诸实行；IV5除了执行面之外，也延续了过去作为内外交流平台的角色，成为政府部门对外收集意见信息的窗口。

本研究发现，各部门受访者均依据其专业扮演影响政策之适当之角色，跨部门合作频繁且功能分明，政府部门亦时常参与、支持相关民间活动、研讨会或论坛，同时也会邀请各部门人员提供相关咨询，并无拒之于千里之外的情况，整体而言，符合跨部门治理所强调的共同参与原则。但若以严格的跨部门治理定义来检视，仍有许多可改进之处。例如，实际上私人部门或第三部门并没有参与全部社会企业发展政策制定过程的权利，而且参与的形式多为非正式或担任咨询的角色，因此在台湾地区社会企业发展的政策环境中，非政府部门虽发挥影响力但是很有限，最后仍是由政府部门单方面做各部门意见的汇整，形成政策。

（三）政府与其他部门对社会企业政策看法仍存在落差

本研究发现，台湾地区社会企业发展之政策环境，虽具有跨部门治理特性，各部门均有积极参与政策发展的过程，透过多元行动者与组织间寻求汇流的状态，发展出相关政策。但若进一步请各部门受访者，提出其对于社会企业政策之看法，发现政府与其他部门的受访者的观点，有着不小落差。以法规面政策为例，各部门受访者具有共识，即现行法规不论公司法、社团法人法等，确实存在着问题，但在问题的认知程度上有很大的落差。受访者IV2与IV3都明确地指出调整法规势在必行，甚至直指排除法规面问题，是政府最应该做的事情，而政府也接纳了这些意见，但虽然将调法规列为四大重点项目之一，实际上调法规是政府最没有实质作为的项目，内容包括形成法规调适机制、法规解释，以及提供中小企业相关法规咨询服务。而从访谈过程中也可以看到，政策规划者受访者IV1与IV5抱持相对观望的态度，提出法规调整的困难度，以及时机尚未成熟等说法。

一样的情况出现在对于基础建设的认知上，各部门的受访者均同意，营造一个对社会企业友善的环境、建立应有的基础建设，乃是政府的责任，也是相关政策的重点。但深入了解各部门受访者所认定之重要基础建设后发现，表面上看似达成共识，实际上却不尽相同。非政府部门之受访者认为资金、辅导、市场与社会风气（消费者观念），是现阶段台湾地区社会企业的迫切需求，虽然没有完全相同，政府部门受访者的观点与之重叠部分，大致体现在社会企业行动方案中筹资金、倡育成、建平台之上，亦属于四大重点项目。但其实受访者 IV2 与 IV3 表示，其所关心的资金面问题，是怎样让私人资本进入社会企业、怎样畅通社会企业的融资渠道，而非目前政策上的政府补助或政府采购；育成也非目前政府主推的财务辅导或嘉年华式的社企聚落，而是经营辅导与直接提供的专家协助。

Deborah Stone（1997）提出"政策吊诡"（policy paradox）的概念，上述种种政府部门与其他部门间政策看法的落差，显示出"政策吊诡"现象的生动之处，尤其是社会企业本身就是一个多元融合体，在相关政策的研拟上必然更容易遇到"政策吊诡"的难题，无法完全从客观的角度，做出两全其美的决策。从本研究访谈分析的结果中所整理出的诸多政策看法落差显示，政府在这方面还有很多的事可以做，也有很大的进步空间。因此，有关的政策制定者，更应力求社会企业政策能于跨部门间，达到充分意见汇流的状态，方能营造出稳健、具有足够行动正当性，而且是对社会企业发展有利之政策环境。

参考文献

陈定铭（2008）:《非营利组织、政府与社会企业：理论与实践》，台北：智胜文化。
陈秋政（2014）:《社会企业立法与公益价值实践之初探》，《非营利组织管理学刊》，16，第 28~36 页。
邓国胜（2011）:《政府与 NGO 的关系：改革的方向号路径》，《理论参考》，(6)，第 34~36 页。
官有垣（2007）:《社会企业组织在台湾地区的发展》，《中国非营利评论》，1，第 146~181 页。
江明修、郑胜分（2004）:《从政府与第三部门互动内涵的观点析探台湾社会资本之内涵及其发展策略》，《理论与政策》，17（3），第 37~57 页。
施淑惠（2013）:《当前政府推动社会企业的规划与做法》，《小区发展季刊》，(143)，第 7~18 页。
孙炜（2008）:《第三部门的政策环境与治理机制》，台北：智胜文化。
王名、朱晓红（2010）:《社会企业论纲》，《中国非营利评论》，(2)，第 1~31 页。

吴定（2004）：《公共政策》，台北："国立空中大学"。

Weisbrod, B. A. (2003)：《非营利产业（To Profit or Not to Profit: The Commercial Transformation of the Nonprofit Sector）》，江明修审订，台北：智胜文化。

郑胜分（2007）：《社会企业的概念分析》，《政策研究学报》，7，第65~108页。

郑胜分（2009）：《社会企业发展之政策研究》，载于江明修主编《公民社会理论与实践》，台北：智胜文化。

Babbie, E. (1995), *The Practice of Social Researc*, London: Wadsworth.

Bacchiega, A., & Borzaga, C. (2001), "Social Enterprises as Incentive Structure: An Economic Analysis", in Borzaga, C. and Defourny, J. (eds.), *The Emergence of Social Enterprise*, New York: Routledge, pp. 273 - 295.

Bagnoli, L. &Megali, C. (2011), "Measuring Performance in Social Enterprises", *Nonprofit & Voluntary Sector Quarterly*, 40 (1), pp. 149 - 165.

Borzaga, C. & Defourny J. (eds.) (2001), *The Emergence of Social Enterprise*, New Youk: Routledge.

Borzaga, C. & Santuari, A. (2003), "New Trends in the Non-profit in Europe: The Emergence of Social Entrepreneurship", In OECD (Ed.), *The Non-profit Sector in a Changing Economy*, Paris: OECD, pp. 31 - 59.

CIRIEC (2000), *The Enterprise and Organizations of the Third System: A Strategic Challenge for Employment*, Liege: University of Liege.

Dees, J. G. (1998), "Enterprising Nonprofits", *Harvard Business Review*, 76, pp. 54 - 69.

Defourny, J. & Nyssens, M. (2006), "Defining Social Enterprise", in M. Nyssens, Adam, S. and Johnson, T. (eds.), *Social Enterprise: At the Crossroads of Market, Public Policies and Civil Society*, New York: Routledge, pp. 3 - 26.

Defourny, J. (2001), "From Third Sector to Social Enterprise", In Borzaga C. and Defourny, J. (Eds.), The Emergence of Social Enterprise, New York: Routledge, pp. 1 - 28.

Evers, A. & Laville, J.-L. (Eds.) (2004), *The Third Sector in Europe*, Cheltenham and Northampton, MA: Edward Elgar.

Frederickson, H. G. & Johnston, J. M. (1999), *Public Management Reform and Innovation: Research, Theory, and Applicatio*, Tuscaloosa & London: The University of Alabama Press.

Kingdon, J. W. (1984), *Agendas, Alternatives, and Public Policies*, 2nd ed., Boston, Mass.: Little Brown.

Lavill, J.-L et al. (2006), "Public Policies and Social Enterprised in Europe: The Challenge of Institutionalization", In Nyssens, M., Adam, S. & Johnson, T. (Eds.), *Social Enterprise: At the Crossroads of Market, Public Policies and Civil Society*, New York: Routledge, pp. 272 - 295.

Laville, J.-L. & Nyssens, M. (2001), "The Social Enterprise: Toward a Theoretical Socio-Economic Approach", In Borzaga C. and Defourny, J. (Eds.), *The Emergence of Social Enterprise, New York: Routledge, pp. 312 – 332.

Mason, D. , et al. (2007), "From Stakeholders to Institutions: the Changing Face fo Social Enterprise Governance Theory", *Management Design*, 45 (2), pp. 284 – 301.

Nicholls, A. & Teasdale, S. (2017), *Neoliberalism by Stealth? Exploring Continuity and Change within the UK Social Enterprise Policy Paradigm*, Policy & Politics, 45 (3), pp. 323 – 341.

Osborne, S. P. (ed.) (2000), *Public-Private Partnerships: Theory and Practice in International Perspective*, London & New York: Routledge.

Sepulveda, L. (2015), "Social Enterprise-a New Phenomenon in the Field of Economic and Social Welfare?", *Social Policy & Administration*, 49 (7), pp. 842 – 861.

Stone, D. (1997), *Policy Paradox: The Art of Political Decision Making*, New York, W. W. Norton & Co Inc.

The Re-examination of Policy Environments of Social Enterprise in Taiwan: A Cross-Sectoral Governance Perspective

Yang Zishen   Jiang Mingxiu

[**Abstract**] In recent years, social enterprises are in a stage of growth and are becoming more diversified in Taiwan. At the same time, the government is paying more attention to foster a policy-friendly environment for the development of social enterprises. Additionally, at least eight laws and regulations governing this industry will be amended in order to create its "ecosystem." Despite growing interest in social enterprises, policy study of this phenomenon remains limited and needs to be researched comprehensively and in depth. By intensively analyzing related polices of social enterprises in Taiwan from a Cross-Sectoral perspective, this study collected the qualitative data from in-depth interviews with key leaders and founders of several social enterprises. There are three main findings, first, we have obtained significant findings that the development of Taiwan's social enterprise policy is deeply affected by different sectors. Second, the roles of the sectors are distinct and there is frequent cross-sectoral cooperation. Third, there is still a gap between the government sector's and other sectors' views of the social enterprise policy.

[**Keywords**] Social Enterprise; Public Policy; Cross-Sectoral Governance

(责任编辑　朱晓红)

社会创业:"社会"之批判和激进推行

帕斯卡·戴伊 克里斯·斯蒂尔特 著

谭智丹 崔世存 李 健译[**]

【摘要】随着社会领域的兴起,批判性研究呈现渐被取代的趋势。本文通过研究社会创业中常见的流行观点、想当然的假设、规范性话语、意识形态等类型的优点和局限性,提出批判研究的必要性。本文认为,指导批判研究具有四种方法——"打破迷思""权力效应批判""规范化批判""越界批判",同时提出了如何通过干预主义批判促进社会创业更加激进可能性的实现,以真正促进社会创业的研究。

【关键词】社会创业 权力效应批判 规范化批判 越界批判 干预主义批判

一 对社会创业的批判:渐行渐远?

社会创业自从成为科学研究的一个领域后,已经获得了显著的发展。从早

---

[*] 本文原载《社会企业杂志》(*Social Enterprise Journal*)2012年第2期,原文标题为"Social Entrepreneurship: Critique and the Radical Enactment of the Social",译文有删节。感谢作者帕斯卡·戴伊和克里斯·斯蒂尔特授权翻译。原文 social entrepreneurship,也可译为社会企业家精神。本文使用"社会创业"。

[**] 帕斯卡·戴伊(Pascal Dey),瑞士圣加仑大学商业伦理研究院高级研究员;克里斯·斯蒂尔特(Chris Steyaert),瑞士圣加仑大学组织心理学研究院教授、院长;谭智丹,中央民族大学管理学院本科生;崔世存,美国佐治亚州立大学安德鲁-杨政策研究学院博士;李健,中央民族大学管理学院副教授。

期零零散散的基于轶事的描述性研究,到如今明显呈现多元的研究现状,可能会让人觉得社会创业的研究取得了长足进展(Nicholls & Young, 2008)。然而该领域这么多年的研究并未呈现连续而线性的发展,与此类似的观点认为,社会创业的现有研究相对于最初假设来说较缺乏想象力和多样性。尽管社会创业的研究不可能形成同源性,但我们认为,社会创业主导概念的形成在以下问题上还是具有同源性:社会创业研究的终极导向和保守主义从根本上抑制了该问题激进转化的可能。换言之,因为其评估越来越受"使用价值"(即权力统治的角度)的主导,任何社会的激进规范只能屈从于当下肤浅的"现实生活"的压力。该概念不仅没有得到全面阐释,反而被认为是唯一经济可行、去政治化的解决社会问题的蓝图。在极端情形下,其风险是社会创业仅仅止步于阐释资本主义的病症却没有解决产生这种病症的根源(Edwards, 2008)。

这就需要对主流研究轨迹进行深切关注,因为它阻碍了其他可能性的出现。当诸多学者都赞成已经建立的工具理性(特别是主流管理)时,新颖的、异端的、有违直觉的批判性视角就会被摒弃。他们宁愿轻易把社会创业用于展望遥不可及的乌托邦,也不愿意透过社会创业来考察哪怕是些微的不满。很明显,完全没有批判的声音不是偶然,而是政治效应。把创业构建为必然的,甚至是不可或缺的解决社会问题的方式,并且用道义和理性来界定问题,正是促成迷思形成的过程,这使任何自认为合情合理的人不敢不接受社会创业的理念。表面上看,现有的学术氛围限制了批判社会创业的空间,原因是所有其他人都认为问题已经有了解决方案。结果就是,任何敢于提出疑问或顾虑的人立刻招致怀疑——因为主流意见都认为社会创业已经通过了最基本的核心检验而没有必要对其存在任何疑问。

鉴于批判研究渐被取代的趋势,本文旨在开创批判的空间,强调批判的重要性,因为加强批判是克服当前社会创业停滞状态的关键。也鉴于当前的学术研究对社会创业本身毫无质疑的情况,本文的第一个目的是开发一个批判方式类型学,以引导和激励社会创业的批判研究。本文第二个目标是超越当前的可能性,并考虑扩大批判方法的范围;我们特别从概念层面和实践层面勾勒出激进的社会创业批判。在这两个目标下,批判都是把社会创业研究问题化[1],以

---

[1] problematisation:问题化,意指对研究问题本身进行质疑。

释放被压抑的社会创业研究的可能性（Sandberg & Alvesson，2011）。这意味着，批判本身不是目的，而是一种创新突破（想象的和真实的）的手段，而这在现有格局中是不可能的。所以，我们希望通过批判社会创业能够让社会创业的研究有所改观。

本文分为以下几个部分：简述新兴的社会创业的批判方法，基于已有研究提出了四种批判——"打破迷思""权力效应批判""规范化批判""越界批判"，我们分别说明这四种批判如何挑战现有研究中的各种理所当然的假设，然后提出可能的新角度。每一种方法本文都选取一个研究示例，然后讨论其他一些可能的批判方式。

二 把社会创业问题化：批判主义

人们正逐渐认同在社会创业研究中融入批判。尽管社会创业领域研究不再是过去范式化的铁板一块，但真正在社会创业研究中开展"批判"应用是近来的事情（Ogbor，2000；Armstrong，2005；Weiskopf & Steyaert，2009；Jones & Spicer，2010）。在这些批判中，基于对批判的不同理解，批判方法也各不相同。但有一个共同点是，它们质疑总是把创业描述为一种刺激且有价值意义的形象，质疑社会创业不再需要进行反思、已经建立的研究方法不再需要改善（Steyaert，2011）。因此批判方法特别强调把研究议题问题化，这影响到我们用于质疑的研究问题类型。"问题化"意指审视并挑战某些特定研究方式所做的假设，以此来挑战特定领域研究问题、方法设计和理论含义的构建逻辑。因此，对创业的批判研究集中于"学者正在做什么，为谁做，为什么要做创业理论的研究"。

随着批判研究呼声的日益高涨，我们想要着手解决的第一个问题是学者们已经提及的亟须批判研究的问题。深知社会创业研究的复杂难题或者某些领域的空白，我们决定从已有研究中其概念已经得到发展的问题开始来讨论如何开展批判研究。

第一个问题与经验知识的匮乏有关，与事实真相的问题有关。就此我们用"打破迷思"来描述经验真相检验如何能够加强社会创业的知识基础。第二个问题源于意识到社会创业的研究对其自身产生的政治影响以及其本身就是政治的一部分而置若罔闻。所以，我们建议应用"批判社会学"对权力效应的批判方法来提高以下意识：社会创业深受特定政治观的影响，因此用特定的"好标准"形象来界定现实。第三个问题是，鲜有研究考察社会创业的规范性①（normative）基础。我们提出的"规范化批判"可以作为考察道德局限性的方法，这是因为一些解读仅仅基于市场教条主义和经济自给自足的角度。第四个问题源于我们的观察，实践中的社会创业没有得到研究界的足够重视。我们提出"越界批判"，用以探讨社会创业者的叙述如何有别于学术研究和政治话语，以及这些冲突和不一致如何有助于开启新的途径来理解社会创业。

三 打破迷思：检验流行观点及其假设

> 幻觉只要不被认作错误，它就具备相当于现实的价值（Baudrillard，2008：53；quoted in Gilman-Opalsky, 2011：52）。

第一种形式的批判探讨该领域如何基于未经挑战的假设，即一个神话般的迷思如何渐渐地归化成了既定"真相"。社会创业领域的许多想法源于其他学科（特别是管理和商业创业研究），这些想法非常草率地被应用到了社会创业研究中，随意应用的风险在于，社会创业的研究将建立在错误的前提下（e.g. Cook et al., 2003）。这会带来很大问题，利他主义经过规范化过程，伪装成了既成事实。社会创业的观点如何被当成知识或真相的机制可能与它们的真实价值没有太多的关系。换言之，社会创业如何被传颂、如何被知晓的过程本身就是迷思，因为他们"被认为"是真实，而非实际的真实。而且迷思往往自我强化和自我具体化，所以社会创业研究在很多领域都依赖这些未经检验的假设，比如那些有关社会企业家天性的假设，有关该领域为何出现以及为何受热捧的假设。既然社会创业理论依赖于印象和直觉，而非经验分析，那么，就有必要考察被传颂的社会创业是否与现实相符合。因此，

---

① 规范，规范化，句式为"应该""如何"，与经验相对应——译者注。

批判的首要任务就是通过经验研究使社会创业研究去神秘化。我们把"打破迷思"定义为通过经验研究的努力来探寻有关社会创业的流行观点究竟是传说还是现实存在。

在此我们引用 Kerlin 和 Pollak（2010）的学术文章来说明打破迷思的批判方法。此文值得深思，因为这涉及第三部门的一个备受欢迎而且强有力的迷思：资源依赖理论（RDT）。资源依赖理论认为，组织行为受到可获得资源的影响。资源依赖理论被非营利学者们广泛应用（或者说误用）来推断公共支出的削减与非营利部门中社会创业的产生存在因果关系。在作者所在的美国，"一些非营利学者认为，非营利的商业活动在20世纪80年代和90年代显著增加，因此他们认为非营利组织用商业收入来替代由于政府资金削减造成的损失"（Kerlin & Pollak, 2010：1）。基于资源依赖理论，学者们声称，传统的非营利组织正遭受着资金压力，因为政府对其活动的资助越来越少。因此，它们别无选择只能接受"它们必须越来越多地依靠自己来谋求生存的现实……因而就有了社会创业的诞生"（Boschee & McClurg, 2003：3）。通过这样的应用，资源依赖理论把非营利组织纳入了达尔文的进化论情节，即只有最灵活的企业组织才会得以生存，才会演变成为社会企业，才能改变它们走向死亡的命运。使用资源依赖理论最普遍的假设是，非营利组织能够迅捷并理性地适应不断变化的资源环境，商业活动可以由非营利组织根据自己所获得公共部门的资金（及私人捐赠）来随意且自发地控制、启动与终止。如果这种假设成立的话，那么非营利的经济行为就是纯粹的机会主义：在公共资源充足的时候，它们依靠公共资金（和公众捐款）；在公共资源不足的时候，它们就开启商业模式创收以填补财政缺口。我们并不是说资源依赖理论是荒谬的。事实上，非营利组织转向商业活动以谋求自给自足的假设在表面上看似合理。但是，这种假设往往脱离现实场景，未经检验，或者用于检验的经验数据非常薄弱。Kerlin 和 Pollak（2010）的研究发现，"学者们关于财政资金削减直接导致增加非营利组织商业化的推测往往缺乏数据支撑"（Child, 2010：2）。

Kerlin 等的这项研究是以符合学术严谨性的标准对资源依赖理论检验的第一次尝试。政府税务部门的收入统计提供了美国慈善组织可靠的财务信息，作者梳理了非营利组织在相当长时期内的收入来源。基于1982~2002年的财务信息分析的总体结果，非营利组织的商业收入在研究期间内的增长相对比较稳定，但经验效果要小于假定效果:"商业收入在非营利收入中所占比重从1982年的48.1%上升到2002年的57.6%"(Kerlin & Pollak, 2010:7-8),结果显示:"商业收入不是填补政府拨款和私人捐款减少的一个因素"(Kerlin & Pollak, 2010:8)。该研究还进一步说明政府资助和私人捐款在研究期内也都同时增长。所有这些结果无疑都是对非营利组织商业化转向迷思的质疑(Child, 2010)。

该研究不算是正统的批判思维研究,作者也未声明这是批判研究,但在我们看来,该研究可以视为批判研究领域的一个重要贡献,因为它传达了一个信息:以前对社会创业的认识从根本上就是错误的。因此,作者贡献了促使学者和从业者重新寻找对社会创业现象更好的解释。Kerlin和Pollak以揭开资源依赖理论的面纱为出发点,探讨另一种理论解释。在研究结论中,她们提出制度理论可能提供一个更好的框架来解释非营利组织转向商业活动的变化。她们的结论支持这样的理论转变,即非营利组织商业活动的增加是对宏观环境的被动应对,是屈从于外部环境压力的表现,而不是非营利组织精心谋划的用于替代收入减少的策略。

Kerlin等的研究是对过度自信的伪真相的宣战,她们为了更清楚地了解社会创业而愿牺牲备受欢迎的迷思。通过使用科学的研究方法,她们解读了有缺陷和错误的社会构建,从而发现迷思背后的真正空间(即真相)。第四节我们要讨论的批判形式,其关注点不在事实真相,而在权力与知识和意识形态之间的关系。

四 批判权力效应:去规范化话语、意识形态及象征

> 我们应该尽力去发现,如何通过一个有机体、力量、能源、物质、欲望、思想等的累积叠加而渐进地、逐步地、真实地和客观地构建研究对象。(Foucault, 1978:97)

许多情况下,给定陈述中的"事实性"可能并未对应于现实的真相,而只是主导话语和权力技术的规范化表现。这挑战了打破迷思努力的局限性,因为现有权力系统不一定会因客观真相的存在而改变。因此,打破迷思的主要机会

在于反对已经树立的偏见和误差、与认同谬误的受众所对立，并愿意支持真相（Gasché，2007），而与"打破迷思"相区别的"权力效应批判"特指对知识和所谓的"真相"采取更多的政治立场。具体而言，这类对权力效应的研究属于"批判社会学"的范畴，批判社会学旨在理解权力及其关系如何塑造、控制甚至主导个人、群体和组织。批判社会学可以采取政府性①研究的形式（Foucault，1991），来研究人们如何依赖专家知识（例如非营利组织管理指南）、根据后福利社会的规则来管理自己，以及该过程责任主体的转变有何意义。也可以使用 Boltanski 和 Chiapello（2005）的意识形态理论来研究第三部门中的创业改革如何成为必然，以及社会创业在吸引个人时，如何成了"有吸引力的、令人兴奋的生活前景，同时从安全保障和道德因素的角度去解释创业者行为的动机"（Boltanski & Chiapello，2005：24-25），或者，社会创业也可以看成象征性暴力（Ziezk，2008），以解释其如何维持社会秩序，包括不平等、统治或压迫的情况。

该方法最显著的目的是了解权力状况如何界定真相，并反过来使个人（和组织）服从（自我）控制的政治形式。因此，打破迷思和权力效应批判的本质区别就是前者研究（未经检验的）流行观点如何接受真相检验，而后者旨在考察政治真相效果如何促进文化的再生产或自我控制的再生产。应用批判社会学方法的关键在于对给定陈述的评价不使用对错标准，而是关注给定陈述中需要强调和规范的政治现实，以及此强调和规范可能带来的后果。这就意味着，对社会创业的批判研究需要采用唯物的、历史的、经济的、话语的、语言的结构和实践，因为这些结构和实践构成了社会创业的可能性条件，社会创业成为受之影响的结果。

基于上述观点，我们现在通过 Dempsey 和 Sanders（2010）的研究来说明如何开展批判权力效应的研究。这些作者揭示了偶像型社会企业家如何被用于对特定意义工作的规范性理解。通过对美国社会企业家 John Wood、Greg Mortenson 及 Wendy Kopp 自传的分析，作者说明了这些自传展示给外界的是非营利组织从业人员深度道德化的生存方式，这导致了对工作生活平衡的误解。例如，这

---

① governmentality 译为政府性可能不够准确，但没有找到更为合适的表达方式——译者注。

些自传通过提倡自我牺牲以投入有意义的工作中的标准煽动了"工作和生活的界限完全消失"（Dempsey & Sanders，2010：449）。这些自传中充斥着缺乏睡眠、缺乏闲暇、没有个人生活、超长工作时间等理念，简言之，即脆弱的情感、社会和身体状况。Dempsey 和 Sanders 得出的结论是：社会创业是一把双刃剑。一方面，它提供了"替代传统企业的职业生涯路径"；另一方面，有意义的工作的前提是"紧张的工作条件、重大的个人牺牲和低廉的工资待遇"（Dempsey & Sanders，2010：438）。

这里要注意的重点是，自传不会在意识形态上有意掩盖非营利事业的缺点和剥削性质。相反，这些消极方面非常明显的同时也是非常规范化的，也就是说，其传递的信息是：非营利部门的有意义工作必定是艰辛的；而且似乎还为此提供了证据，自传作者描述自己"自愿地牺牲了工作/生活的边界以便能够从事他们认为真正有意义的工作"（Dempsey & Sanders，2010：451）。正如 Dempsey 和 Sanders 明确地指出，最严重的后果之一是，社会创业的这种特征被人们所接受：高标准严要求、体验普遍的社会和道德意义、把巨大的个人牺牲当作前提。这种规范化的进一步后果是，参与社会创业的人们甚至不再去尝试保护他们的私人生活，正如社会创业宣传的流行形象：在非营利部门的工作满意度和意义可以弥补参与这种工作的相关社会成本和个人成本。另外，过度关注非营利工作的自我剥削性质可能导致人们不愿意从该部门寻求职业生涯从而削弱社会创业的动因。换句话说，一旦人们充分认识到与社会创业相关的不可避免的问题后，他们会像 Dempsey 和 Sanders 警告的那样，认为进入非营利部门工作的门槛实在太高。尽管这种宣传在"现实"的非营利工作中有可能引发"缺乏了解、冲突、资源误用和部门损失"的讨论（Parkinson & Howorth，2008：286），但是我们不应忽视人们尽管意识到社会创业可能会有的社会成本依然选择社会创业的可能性。为什么人们愿意容忍被剥削呢？而且是因为他们的积极参与而导致的剥削关系？也许他们已经接受了没有牺牲就没有补救的观念。如果是这样的话，参与者应该不仅被认为是意识形态上被误导的人，而且还应该被看作或多或少愿意牺牲自己的个人欲望以获得更高目标的反思型人物。任何一种情况不可避免的一个问题是，被权力和知识主导的个人是否还有机会抵制这个他们自己卷入其中的意识氛围（Jones et al.，2009）？

五 规范化批判:道德基础的标记

> 正义是社会制度的第一美德,正如真相是思想体系的成果。无论多么优雅多么经济的理论,只要不真实,就应该被摈弃或修正;同样,任何法律与制度,无论多么有效率或安排周密,只要不公正,就应该被改革或废除。(Rawls,1999:3)

打破迷思和权力效应批判都是让社会创业研究问题化的方法。与之形成鲜明对比的是,我们所指的规范化批判明确针对那些社会创业"必须"赞同的所谓理念。规范化批判可以始于彻底清理社会创业主流描述中的最基本的与生俱来的直觉,其最终目标是对社会创业进行道德判断,特别是社会创业在社会中的角色的判断。听起来这可能像一个简单的任务。传统的企业创业的规范化基础备受争论,与之相反,社会创业却受到一致褒扬,这是典型的先验论观点。尽管"社会创业"就不同的研究者而言含义不尽相同,但其共同的特征是缓解社会问题、促进社会转型,或使传统的企业担负更多的社会责任(Mair & Marti,2006)。即便是针对学者们一致拥护的社会创业所具有的救赎品质:用市场来解决公共部门和非营利部门所解决不了的问题,规范化检验也是值得的,因为社会和经济之间的协同作用在实践中可能比在文献中更富有争议性。

随便翻阅学术文本不难发现,最常见的规范化思维体现在,只要把两个术语"社会"和"创业"连接起来就能够必然产生无可争议的双赢结局。而实际情况是,一开始许多人都认为社会创业是一个矛盾体(e.g. Hervieux et al.,2010):规范化意识中的反对派认为,"社会创业"是个委婉表达方式,用以体现其对社会使命、传统和非营利及志愿组织的身份的侵蚀。社会创业中的"社会"性也并非理所当然,包括认为可以在社会目标和经济目标之间取得平衡的表述(Bull,2008),这样学者们很快就可以提出有关社会创业规范性不足的很多问题。

特别是,贸易和创收的策略会被认为不是技术问题或工具理性的问题,而是反映社会创业的规范性基础的特有的组织性特征。对此的顾虑之一与信念有关,主流出版物都认为市场有能力解决社会问题和环境问题(Humphries &

Grant, 2005); 这种观点的问题不仅仅在于其逻辑上的争议（迂回表达），还在于经济思维的无所不能的规范化问题（Gibson Graham, 2006）。Dey 和 Steyaert (2010) 谈及此问题，通过学术文本探讨社会创业中的"社会"的规范基础；他们发现，社会创业通常嵌入的话语体系都在强调理性、效用、进步和个人主义。这些话语意义把社会创业描述为"社会行动者，他们印证了现代主义，西方概念中秩序和控制，同时传递的印象是，社会变化可以在不引起争议、冲突或社会不和谐的情况下发生"（Dey & Steyaert, 2010: 88）。Dey 和 Steyaert 认为这种表达会引起很大的问题，因为这意味着社会创业的意义只有在其具有可测量的经济效用的情况下才能显现。通过扩展，把社会创业主要作为政府失灵和市场失灵的补救措施意味着有可能将社会创业转变为非政治化的准经济问题。

规范化批判要求能够详细阐述社会创业所能产出的公共利益，我们将根据 Eikenberry（2009）的雄辩论述来分析。她认为，非营利组织和志愿部门目前正转向"围绕市场解决方案和商业运营模式的规范化意识形态"（Eikenberry & Kluver, 2004: 586）。社会创业被视为这种规范化转变的必然结果，因为大家都认为，非营利组织应该采取更市场化的解决方案来获得资金。据 Eikenberry 的观点，这对社会创业造成的风险在于，可能会减弱非营利组织对捐赠人的吸引力，因为这可能会被理解为既然非营利组织可以依赖市场进行创收以获得资金，那么捐赠就变得多余（Eikenberry, 2009: 587）。

除了模糊其非营利身份以外，还有证据表明，非营利组织对社会创业的关注和其资源不再集中在社会使命上："市场化问题重重，它影响了非营利和志愿组织对民主的潜在贡献。虽然这些机构长期以来对民主效应的贡献备受推崇，但市场的话语似乎削弱了非营利和志愿组织对民主的贡献"（Eikenberry, 2009: 588）。为了抵消市场逻辑对非营利组织的"殖民化"，特别是针对社会创业的资金策略而言，Eikenberry 建议建立"公民参与和协商的空间"（Eikenberry, 2009: 583），她认为这可以纠正市场的反社会影响。她的建议所做的假设是，让非营利组织的不同利益相关方参与到组织治理和社会治理的方方面面，包括议程设置、协商和决策，就可以获得"一个更公正、更人性化、更多社会合作的未来"（Eikenberry, 2009: 593）。她的论述证明了进一步研究社会创业在当今社会中所扮演的（道德）角色的紧迫性。重要的是，她把社会创业从经济和管理角度的过度程序化条文中分离开来，再一次把它界定为一个社会事务

(Steyaert & Katz, 2004; Hjorth, 2009)。第六节,我们提出的第四类批判把从业者放在中心来考虑。

六 越界批判:拒绝和重新规划既定路线

>……试图不考虑行为者的自身条件就进行没有象征意义的解释,根本不能反映社会现实。(Freeman & Rustin, 1999:18)

正确理解越界批判的独特贡献需要对规范化批判和权力效应批判的天然局限性进行反思。如上所述,规范化批判主要关注的是分析和考虑社会创业的道德理由,当此分析和考虑成为权宜之计时,还应该提出更有价值的道德基础。一个不可避免的死胡同是用一种意识形态(如市场化)来取代另一种(如参与式民主化)。Eikenberry(2009)显然意识到这个陷阱,声明她不打算"创造另一个话语霸权"(Eikenberry, 2009:593),但她的选择背叛了她声明(意识形态)的意图。毫不客气地说,规范化批判始终是意识形态的,原因很简单,不存在超越意识形态的空间(Boje et al., 2001)。第二个与规范化批判相关的局限:社会科学家的观点相对于研究对象的观点被赋予优先特权。这与许多批判社会学的批判方法所受的诟病一致,这些方法被指责否定了研究对象有能力批判性地思考自己所处的现实。正如 Boltanski 和 The'venot(1999)所说,如果我们要认真对待,"当行动者宣称他们废弃了社会不公、批判权力关系、揭露敌对动机时,我们就必须承认他们有能力区分提出批评的理由的合法和非法的方式"(Boltanski & The'venot, 1999:364)。由此扩展开来,不同于与研究对象保持距离的批判,越界批判充分考虑人们的观点、话语和故事。这样,该批判考察的是人们如何反思、批评和拒绝他们所属的社会现实。说到拒绝,必须明确,该术语并不意味着超越权力的空间(即真实个人的神圣空间)。相反,福柯(1978)认为,越界批判也承认"拒绝从来就不曾在权力关系之外"(Foucault, 1978:95)。因此,"越界"意味着"解放",此过程中,个人把权威话语和权力技术用以实现自己的目的(Foucault, 1998)。因此,"越界"意味着考察人们如何在权力范围内创造自己的自由,如何把现有的文化资源作为自己的解放手段。因此,福柯对越界阐述的价值在于帮助我们理解了拒绝的概念,推动了从对立角度考虑拒绝（如防御、守卫、保护等）到从强调运动的角度（如横穿、交叉、渗透等）考虑拒绝的转变。

越界批判最主要的任务就是尽可能贴近地理解（在现有权力关系中）人们的言语和行为，这与最近呼吁更好地了解社会企业家自己如何感知和体验他们的日常工作，包括各种各样动机和意识形态（Boddice，2009）一致。考察从业者的言语和行为可以让我们洞悉他们如何拒绝潜在的（话语）赋权或统治（如通过市场话语）（Eikenberry，2009），以及他们"如何应对由此产生的工作生活冲突"（Dempsey & Sanders，2010：454）。经验研究无疑是开展越界批判的好方法，考察社会企业家如何对其所处环境的意识形态做出反应，Parkinson 和 Howorth（2008）的研究提供了一个很好的范例。研究在英国进行，英国的社会企业"已经作为一个政策干预的平台而得到大力推广和支持"（Teasdale，2011：1），因此其逻辑是促进以少换多的效率（Hogg & Baines，2011）。为了了解社会企业家自己如何看待对社会企业的（由英国的决策者、资助者和支持机构所提出和传播的）主导性解释，作者使用语言学方法来研究官方推理和从业者自己的理解之间存在的分离。研究分析显示，社会企业的官方话语非常重视个人能力以及管理角度的社区服务模式；然后作者使用话语分析来探讨社会企业家的语言模仿或超越问题解决、个人主义和管理主义的程度。他们的分析显示，社会企业家实际上更多地使用商业术语，虽然大多与负面属性有关，如"肮脏""无情""恶魔""剥削黑色经济""财富和帝国建设""将人视为二"等（Parkinson & Howorth，2008：300 - 301）。重要的是，当他们被问及是否认为自己是社会企业家时，被访者多数否认，例如，被访者会回答"有趣的！""太可笑了""太奢华的称谓……我只是工薪阶层"等（Parkinson & Howorth，2008：301）。Parkinson 和 Howorth 提供了充分的证据说明社会企业家的表述与英国的社会企业政策不一致，政策推崇的是提高效率、商业纪律和财务独立性。但同时，他们的分析也表明社会企业家的谈话部分印证了其工作所处的意识形态背景，特别是涉及地方问题的构建及其相应的解决方案。

在 Parkinson 和 Howorth 之后，越界批判承认抵抗往往是暂时的和部分的，因为社会企业家永远不会完全脱离外部权力的影响（尽管也从来没有被完全渗透）。这种观点的优势在于，它提供了就主导话语或流行意识形态在不同实践层面上富有争议且更为细致的理解，同时也说明这种争议不一定采取理性的、深思熟虑的，甚至是有意反对的形式。把焦点放在社会企业家身上也很重要，因为这样可以"更好理解社会企业家如何定义自己，并验证社会企业家自己的话语是否与他们的研究者、资助者和教育者的话语一致"（Hervieux et al., 2010：61）。意识形态的空缺和中断——经验研究中不可避免的存在，不仅可用于反对知识的主导形成形式，而且可以重新定义新事物产生的条件。

七 干预主义批判：打开更激进的轨迹

虽然批判的可能性看似很大，但我们必须意识到潜在的危险：批判仍然是智力活动，并且不一定在实践层面产生实际效果。为此，我们将在讨论部分阐述一些可能改变批判条件和减弱批判影响的社会动态，以便批判能在"干预主义边缘"之内开展。

关于批判与变化的关系，几个有见地的理论研究者和经验研究者都指出，权力的统治系统可以吸收、驯化、中和批判（e.g. Boltanski & Chiapello, 2005）。批判不但没有推翻其对手，其本身反而在被工具化后用来维持当前的等级制度、主导关系和社会分割（Willig, 2009）。就社会创业而言，我们认识到有关概念的批判潜力已经让步于政治、商业和学术话语。社会创业不但没有成为解决统治传统、范式、或主导（经济）系统的一种工具（Edwards, 2008），反沦为一种务实的工具，用以扩展创业形式、节省税金，甚至仅仅是让非营利部门承担责任。将社会创业纳入商学院的举措似乎深化了主导方法，即让社会和生态问题及其解决方案更符合"进步"的偶像形象。以 Cukier 等人（2011）的研究为例，我们了解到社会企业家在学术派眼中的形象与这些人有关：Bill Drayton[①]、Fazle Abed[②]、Jerry Greenfield[③]、Muhammad Yunus[④]。虽然用这些人物作为参照本身没有问题，但问题是这些参照让我们无法真正理解这些个人偶像，包括他们绘制的社会蓝图、资助并支持他们的机构类型，因而从整体上传达了有关什么是好社会的高度选择性的信息。如果我们把这当作逻辑结论，我们就必须思

---

① 阿育王的发起人——译者注。
② 孟加拉国社会工作者，孟加拉康复协助委员会发起人——译者注。
③ 美国商人、慈善家，Ben & Jerry's Homemade Holdings Inc 发起人——译者注。
④ 诺贝尔和平奖得主，格莱珉银行创始人——译者注。

考上面讨论的批判是否还有改变社会创业"标准语言"的机会。

如果对社会创业的基础理解已经常态化，那么更有必要创造批判的条件以使（意识形态的和物质形态的）新事物的产生成为可能。这意味着不仅要揭露和对抗决策者、学术圈、智库、孵化器等在日常活动中的保守主义，而且还应该超出保守主义的想象以外，以生成空间促使意外新事物的产生。据Nealon（2008）所言，我们面临的任务是，寻求机会促进越界批判中的各种矛盾和冲突凸显，这就要求在批判性思考和干预主义之间构思连接点（Steyaert，2011）。首先，我们使用"干预"的概念来表示批判研究中对传统性和学术性理解的反思。干预主义研究认为研究者不是处于研究"对象"的外部映射的状态，而是主动地与研究对象共同处于内部联盟的状态。对于干预主义研究来说，结盟是创造性地重塑社会创业的先决条件。干预主义研究依赖参与式互动模式来共同生产新知识，同时实现新的现实（Steyaert & Dey，2010）。其写作不是因为与研究对象有关才产生，而是与研究对象共同完成，干预研究代表的是一种政治立场，因为它感兴趣的是世界得以生成的行为（Beyes & Steyaert，2011）。这种本体论形成过程必然是批判性的，因为它让我们开始关注新问题（即那些没法纳入学术研究的参数），并明确对那些理所当然的、没有根据的假设进行再思考（Beaulieu & Wouters，2009）。干预主义批判的主要特征是对已经形成的社会和社区问题进行干预；因此其标准相对于学术研究所要求的"在特定社会范围内可说可见"（Steyaert，2011）而言可能更不具有代表性和更难以理解。干预主义研究旨在培育不同意见和对抗，而不是促成理解和共识，通过动员一线实践人员的参与来打破固有的对社会创业的认知和理解（Willig，2009）①。干预主义研究动摇了精英想象力的自我满足，变成了"皇帝的新衣"：违反权威却以另一个真相之名产生了新的社会现实（Steyaert，2011）。这样一个新颖的社会创业批判，为创造而干预的批判，任务就是通过感知并放大还未成型的事件（Bloch，1986）来改变组织混乱的经验。因此，通过观察、反思并放大从业者的潜力、想法和灵感，干预主义批判可能会帮助社会企业家释放社会上一直存在（但未彻底被控制）的解放式思维。

介绍了这么多，可能有必要更明确地说明干预主义到底是什么，以及创造

---

① 参见上述第六部分。

性干预对于社会和社区问题的意义。但是,把问题说得过于明确又违背我们的信念,因为这样的灌输会削减想象力空间,会阻碍而非促进社会创业干预研究的发挥。换言之,干预批判的教学式灌输会让人误解,以为此批判可以按照事先设定的既定程序来开展,而不是独特的、不可重复的事件。因此,我们认为此处留白有助于引起学者的好奇心和想象力,并获得他们的支持参与到未来的社会创业批判的研究中。

八 结论

本文讨论了随着社会创业领域的出现,其话语似乎侵占了原本可以进行批判的空间,因为其作为理想解决方案的不断复制似乎否决了潜在的反面选择。为了重塑批判的必要性,我们回顾了一些社会创业领域内的学术研究,查找了有说服力的有关案例,并据此提出类型学以指导社会创业批判研究的开展,如表 1 所示。

表 1 社会创业批判观点综述

批判实践	核心理念	核心理论参考	社会创业示例	说明性的方法	局限和问题
打破迷思	挑战流行观点;检验假设和错误前提	亚里士多德;笛卡尔	Cook et al.,2003;Kerlin & Pollak,2010	经验(探索性或假设-演绎)现实检验	对研究的客观理解;忽略"真相"与现行权力系统的关系
权力效应批判	规范化话语效应研究,意识形态和符号暴力	福柯;布迪厄;Žižek;Boltanski 和 Chiapello	Dempsey & Sanders,2010	通过话语分析或叙事分析等进行物质、历史、经济或话语的细致分析	可能引起研究主题和先验批判立场优先性间的距离
规范化批判	研究规范化基础和公正轨迹标记	罗尔斯;哈贝马斯	Eikenberry,2009	彻底考察固有的道德评判和理由	以一种意识形态取代另一种占主导地位的观点;特权社会科学家的观点
越界批判	探讨微观抵制和解放的关系	福柯;Latour;Boltanski 和 Thévenot	Parkinson & Howorth,2008	研究从业人员的日常行为,看他们与主流意识形态的冲突	可能会高估微观抵制的影响范围;变得本土化

续表

批判实践	核心理念	核心理论参考	社会创业示例	说明性的方法	局限和问题
干预主义批判	实验和激进研究的开展空间	Law 和 Urry；Debord	Steyaert & Dey, 2010；Friedman & Desivilya, 2010	参与式行动研究；审美干预	可能被同化，被驯化，失去原有立场

我们的类型学不是同类分类，而是异位移植（Foucault，1989）：它为学者提供其他的形式、实践和话语以开展社会创业研究。虽然我们强调在实践层面上的去自然化、去规范化，以及探究道德基础和反身法规，但是这些选择范围既不详尽也不是规定性的。相反，我们认为这些形式的批判是基础，通过它们，我们可以尝试更激进的社会创业研究（Steyaert & Hjorth，2006）。此外，在批判中我们不提倡退回到"象牙塔"（的单纯）或"扶手椅"的（被动）位置。相反，我们强调批判可以以各种方式进行：没有最好的方法。事实上，把社会创业作为一个批判领域，就是要持批判态度开展批判，运用更多的策略开展批判，还要不断尝试更为激进的干预主义的不同方法。

参考文献

Armstrong, P. (2005), *Critique of Entrepreneurship: People and Policy*, Basingstoke: Palgrave Macmillan.

Baudrillard, J. (2008), *The Perfect Crime*, New York: Verso.

Beaulieu, A. & Wouters, P. (2009), "E-research as Intervention", in Jankowski, N. (ed.), *E-research, Transformation in Scholarly Practice*, London: Routledge, pp. 54 – 69.

Beyes, T. & Steyaert, C. (2011), "The Ontological Politics of Artistic Interventions: Implications for Performing Action Research", *Action Research*, Vol. 9, No. 1, pp. 100 – 115.

Bloch, E. (1986), *The Principle of Hope*, Cambridge: MIT Press.

Boddice, R. (2009), "Forgotten Antecedents: Entrepreneurship, Ideology and History", in Ziegler, R. (Ed.), *An Introduction to Social Entrepreneurship: Voices, Preconditions, Contexts*, Cheltenham: Edward Elgar, pp. 133 – 152.

Boje, D., et al. (2001), "Radicalising Organisation Studies and the Meaning of Critique", *Ephemera: Critical Dialogues on Organization*, Vol. 1, No. 3, pp. 303 – 313.

Boltanski, L. & Chiapello, E. (2005), *The New Spirit of Capitalism*, London: Verso.

Boltanski, L. & Thévenot, L. (1999), "The Sociology of Critical Capacity", *European*

Journal of Social Theory, Vol. 2, No. 3, pp. 359 – 377.

Boschee, J. & McClurg, J. (2003), "Towards a Better Understanding of Social Entrepreneurship: Some Important Distinctions", Working Paper, Social Enterprise Alliance, Minnetonka, MN.

Bull, M. (2008), "Challenging Tensions: Critical, Theoretical and Empirical Perspectives on Social Enterprise", *International Journal of Entrepreneurial Behaviour & Research*, Vol. 14, No. 5, pp. 268 – 275.

Child, C. (2010), "Whither the Turn? The Ambiguous Nature of Nonprofits' Commercial Revenue", *Social Forces*, Vol. 89, No. 1, pp. 145 – 161.

Cook, B., et al. (2003), "Social Entrepreneurship: False Premises and Dangerous Forebodings", *Australian Journal of Social Issues*, Vol. 38, No. 1, pp. 57 – 71.

Cukier, W., et al. (2011), "Social Entrepreneurship: a Content Analysis", *Journal of Strategic Innovation and Sustainability*, Vol. 7, No. 1, pp. 99 – 119.

Dempsey, S. E. & Sanders, M. L. (2010), "Meaningful work? Nonprofit Marketisation and Work/Life Balance in Popular Autobiographies of Social Entrepreneurship", *Organization*, Vol. 17, No. 4, pp. 437 – 459.

Dey, P. & Steyaert, C. (2010), "The Politics of Narrating Social Entrepreneurship", *Journal of Enterprising Communities*, Vol. 4, No. 1, pp. 85 – 108.

Edwards, M. (2008), *Just Another Emperor? The Myths and Realities of Philanthrocapitalism*, New York: Demos.

Eikenberry, A. M. & Kluver, J. D. (2004), "The Marketization of the Nonprofit Sector: Civil Society at Risk?", *Public Administration Review*, Vol. 64, No. 2, pp. 132 – 140.

Eikenberry, A. M. (2009), "Refusing the Market: a Democratic Discourse for Voluntary and Nonprofit Organizations", *Nonprofit and Voluntary Sector Quarterly*, Vol. 38, No. 4, pp. 582 – 596.

Foucault, M. (1978), *The History of Sexuality, I: An Introduction*, New York: Random House.

—— (1989), *The Order of Things*, London: Routledge.

—— (1991), "Governmentality", in Burchell, G., Gordon, C. and Miller, P. (eds.), *The Foucault Effect: Studies in Governmentality*, Hemel Hempstead: Harvester Wheatsheaf.

—— (1998), "A Preface to Transgression", in Faubion, L. D. (Ed.), *Michel Foucault: Aesthetic, Method and Epistemology*, Harmondsworth: The Penguin Press.

Freeman, R. & Rustin, M. (1999), "Introduction: Welfare, Culture and Europe", in Chamberlayne, P., Cooper, A., Freeman, R. and Rustin, M. (eds.), *Welfare and Culture in Europe: Towardsa New Paradigm in Social Policy*, London: Jessica Kingsley, pp. 9 – 20.

Friedman, V. J. & Desivilya, H. (2010), "Integrating Social Entrepreneurship and Conflict Engagement for Regional Development in Divided Societies", *Entrepreneurship & Regional Development*, Vol. 22, No. 6, pp. 495 – 514.

Gasché, R. (2007), *The Honor of Thinking: Critique, Theory, Philosophy*, Stanford: Stanford University Press

Gibson-Graham, J. K. (2006), *Postcapitalist Politics*, Minneapolis: University of Minnesota Press.

Gilman-Opalsky, R. (2011), *Spectacular Capitalism: Guy Debord and the Practice of Radical Philosophy*, London: Minor Compositions.

Hervieux, C., et al. (2010), "The Legitimization of Social Entrepreneurship", *Journal of Enterprising Communities*, Vol. 4, No. 1, pp. 37 – 67.

Hjorth, D. (2009), "Entrepreneurship, Sociality and Art: Re-imagining the Public", in Ziegler, R. (Ed.), *An Introduction to Social Entrepreneurship: Voices, Preconditions, Contexts*, Cheltenham: Edward Elgar, pp. 207 – 227.

Hogg, E. & Baines, S. (2011), "Changing Responsibilities and Roles of the Voluntary and Community Sector in the Welfare Mix: a Review", *Social Policy and Society*, Vol. 10, No. 3, pp. 341 – 352.

Humphries, M. & Grant, S. (2005), "Social Enterprise and Re-civilization of Human Endeavors: Re-socializing the Market Metaphor or Encroaching Colonization of the Lifeworld?", *Current Issues in Comparative Education*, Vol. 8, No. 1, pp. 41 – 50.

Jones, C. & Spicer, A. (2010), *Unmasking the Entrepreneur*, Cheltenham: Edward Elgar.

Jones, R., et al. (2009), "Female Social Entrepreneurship as a Discursive Struggle", *AGSE*, pp. 871 – 885.

Kerlin, J. A. & Pollak, T. H. (2010), "Nonprofit Commercial Revenue: a Replacement for Declining Government Grants and Contributions?" *American Review of Public Administration*, Vol. 41, No. 6, pp. 686 – 704.

Mair, J. & Marti, I. (2006), "Social Entrepreneurship Research: a Source of Explanation, Prediction, and Delight", *Journal of World Business*, Vol. 41, pp. 36 – 44.

Nealon, J. T. (2008), *Foucault beyond Foucault: Power and Its Intensifications Since 1984*, Stanford: Stanford University Press.

Nicholls, A. & Young, R. (2008), "Preface to the Paperback Edition", in Nicholls, A. (Ed.), *Social Entrepreneurship: New Models of Sustainable Social Change*, Oxford University Press, Oxford, pp. vii – xxiii.

Ogbor, J. O. (2000), "Mythicising and Reification in Entrepreneurial Discourse: Ideology-critique of Entrepreneurial Studies", *Journal of Management Studies*, Vol. 37, pp. 605 – 635.

Parkinson, C. & Howorth, C. (2008), "The Language of Social Entrepreneurs", *Entrepreneurship & Regional Development*, Vol. 20 No. 3, pp. 285 – 309.

Rawls, J. (1999), *A Theory of Justice*, Oxford: Oxford University Press.

Sandberg, J. & Alvesson, M. (2011), "Ways of Construction Research Questions: Gap-Spotting or Problematization?" *Organization*, Vol. 18, No. 1, pp. 23 – 44.

Steyaert, C. & Dey, P. (2010), "Nine Verbs to Keep the Research Agenda of Social Entrepreneurship 'Dangerous'", *Journal of Social Entrepreneurship*, Vol. 1, No. 2, pp. 231 – 54.

Steyaert, C. & Hjorth, D. (2006), "Introduction: What is Social in Social Entrepreneurship?" in Steyaert, C. and Hjorth, D. (eds.), *Entrepreneurship as Social Change: A Third Movements of Entrepreneurship Book*, Cheltenham: Edward Elgar, pp. 1 – 18.

Steyaert, C. & Katz, J. (2004), "Reclaiming the Space of Entrepreneurship in Society: Geographical, Discursive and Social Dimensions", *Entrepreneurship & Regional Development*, Vol. 16, No. 3, pp. 179 – 196.

Steyaert, C. (2011), "Entrepreneurship as in (ter) Vention: Reconsidering the Conceptual Politics of Method in Entrepreneurship Studies", *Entrepreneurship & Regional Development*, Vol. 23, No. 1 – 2, pp. 77 – 88.

Teasdale, S. (2012), "What's in a Name? Making Sense of Social Enterprise Discourses", *Public Policy & Administration*, Vol. 27, No. 2, pp. 99 – 119.

Weiskopf, R. & Steyaert, C. (2009), "Metamorphoses in Entrepreneurship Studies: Towards an Affirmative Politics of Entrepreneuring", in Hjorth, D. and Steyaert, C. (eds.), *The Politics and Aesthetics of Entrepreneurship. A Fourth Movements in Entrepreneurship Book*, Edward Elgar, Cheltenham, pp. 183 – 201.

Willig, R. (2009), "Critique with Anthropological Authority: a Programmatic Outline for a Critical Sociology", *Critical Sociology*, Vol. 35, No. 4, pp. 509 – 519.

Ziezk S. (2008), *Violence: Six Sideways Reflections*, New York: Picador.

Social Entrepreneurship: Critique and the Radical Enactment of Social

Pascal Dey & Chris Steyaert (Author),
Tan Zhidan, Cui Shicun, Li Jian (Translator)

[**Abstract**] Purpose-This Paper seeks to pinpoint the importance of critical research that gets to problematise social entrepreneurship's self-evidences, myths, and political truth-effects, thus creating space for novel and more radical enactments.

Design/methodology/approach-A typology mapping four types of critical research gets developed. Each critique's merits and limitations are illustrated through existing research. Also, the contours of a fifth form of critique get delineated which aims at radicalizing social entrepreneurship through interventionist research.

Findings-The typology presented entails myth-busting (problematisation through empirical facts), critique of power-effects (problematisation through denormalising discourses, ideologies, symbols), normative critique (problematisation through moral reflection), and critique of transgression (Problematisation through practitioner's counter-conducts).

Research limitations/implications-The paper makes it clear that the critique of social entrepreneurship must not be judged according to what it says but to whether it creates the conditions for novel articulations and enactments of social entrepreneurship.

Practical Implications: It is argued that practitioners' perspectives and viewpoints are indispensible for challenging and extending scientific doxa. It is further suggested that prospective critical research must render practitioners' perspective an even stronger focus.

Orginality/value-The contribution is the first of its kind which maps critical activities in the field of social entrepreneurship, and which indicates how the more radical possibilities of social entrepreneurship can be fostered through interventionist research.

[**Keywords**] Social Entrepreneurship; Critique of Power-effects; Normative Critique; Critique of Transgression; Interventionsit Critique

（责任编辑　朱晓红）

城市社区社会组织的培育路径研究

——以北京市 D 街道 Y 社区为例

兰 英[*]

【摘要】 伴随城市规模的不断扩大,政府资源的"有限性"和居民需求的"多样性"之间的矛盾越来越突出,城市社区基层政府面临越来越大的压力。在社区内孵化和培育社区社会组织,实现居民自我组织、自我管理和自我满足,已经成为解决社区难题和政府减负的重要探索。近年来在全国各地开展的实践,揭示了"社区社会组织培育"的种种问题,诸如培育难、可持续性差、名不副实等。文章以较为成功的北京市 D 街道 Y 社区实践为例,深入阐释该社区社会组织培育的实践经验,得出城市社区社会组织培育的脉络轨迹:从居民需求出发,推动社区社会组织成为责任主体,培育组织资源配置的能力,实现民主治理的组织目标。

【关键词】 城市社区 社区治理 社区社会组织 组织管理

一 研究的缘起和问题的提出

城市规模的扩张使得城市基层政府的治理能力面临严峻挑战,单一依靠政

---

[*] 兰英,北京师范大学社会发展与公共政策学院博士研究生,西北师范大学社会发展与公共管理学院教师,研究方向为社区治理、社会组织、项目评估。

府解决公共事务的传统城市管理模式因无法适应社会发展的需要，滋生出许多社区治理难题。奥斯特罗姆指出：解决公共事务单一从政府或市场角度出发并将其作为唯一路径，其合理性令人质疑，通过自主组织来管理公共物品是不错的选择（奥斯特罗姆，2000：6~7）。因此培育社区社会组织成为社区治理中的一个重要课题。西方国家的实践探索起步较早，一些发达国家如美国在20世纪末就基本实现了通过社区社会组织来解决所有社区治理难题。中国政府的相关实践探索始于改革开放以后，通过引入外部社会组织配合社区孵化社会组织、在民政部门和街道备案以及社区能人自我牵头、居委会从旁扶持等社区社会组织的培育方式，30多年来我国社区社会组织在数量上有了大幅增长。但就实质而言，这些社区社会组织还存在诸多问题，具体表现为：社区成员对组织的关注度低、行政资源依赖性强、组织的主体地位不明显、组织发展的人才资源匮乏等（陈秋竹，2017；于佳琪，2017；严梓凡、赵守飞，2017）。研究者于2015~2017年对北京市D街道所辖22个社区的社区社会组织进行了实地调研，发现该街道在社区社会组织的培育方式上采用"一刀切"——要求街道所辖22个社区都必须建立诸如"巾帼志愿者服务队、志愿巡逻队、合唱队、舞蹈队"等社区社会组织，社区现有备案的社会组织数量虽有400多家，但真正能够维持运作的社区社会组织仅占10%；已经逐渐消亡的社区社会组织占10%，剩余80%的社区社会组织已经演化成为"社区居委会"或者"街道对口部门"的"附属单位"——在社区或者街道有相应活动发生时，组织较为活跃，其他时间则处于"休眠"状态。居民对组织不了解、不认同，组织自身也处于离开了"社区居委会"就难以维系的状态。然而在调研中研究者也注意到一些社区社会组织已有10多年的历史，组织发展前景良好，在居民中有很好的声望，为社区建设不断贡献力量。由此产生疑问：为什么同样的街道中同样的政府安排，不同组织的发展却大相径庭？这些成功的实践有无经验可循？对于城市社区社会组织的培育有无借鉴？为此研究者选择了D街道内较为成功的Y社区为例，探索城市社区社会组织的培育问题。

二 理论背景和研究设计

本文以城市社区为研究对象，在我国，"社区"主要是指城市的街道和居委会以及农村的乡镇或自然村（张永理，2014：9~11），"城市社区"则是指"国家和城市政府为便于管理和服务而设立的行政社区"。"城市社区社会组织"是指城市社区内由组织或个人发起、为满足社区居民的需求而成立的，带有志愿性、自治性、非营利性和公益性（或互益性）的团体和队伍。

从我国目前社区社会组织的培育主体和运营方式来看，包括三种模式：政府主办、政府运营；政府主办、民间运营；民间主办、民间运营（杨继龙，2016）。并且前两种模式在社区中比例最高，其共同点在于都是以政府为主导"自上而下"来培育社区社会组织——组织成立由政府牵头，组织发展和治理离不开政府的主导和扶持。这两种模式下社区社会组织因对政府政策性供给过度依赖而被诸多诟病，一些学者由此提出"自下而上"的培育路径。"自下而上"是指组织成员自发牵头成立，政府在其中扮演资金支持和方向引导的角色，组织管理由自身完成。第三种模式就具有"自下而上"的特点。但现实中还存在一种情形，组织以一种渐进式的轨迹发展：组织最初由政府主办、政府运营，其后慢慢过渡到政府辅助、民间运营的路径上，这是一种区别于以上三种模式的特殊发展轨迹，传统意义上的"自上而下"和"自下而上"不能准确地将其归纳，研究者在Y社区社会组织培育实践中发现了这种情形。

本文是一个案例研究，Eisenhardt认为案例研究就是通过对个案或者集合案例中所获取的实证数据建构理论、命题或中程理论的一种研究策略（埃森哈特、格瑞布纳，2010：125~130）。为此，研究者采用了访谈法（半结构化访谈和深度访谈）、参与式观察、焦点小组法以及文献研究等方法对Y社区进行了两年的调研和追踪，以收集案例需要的信息资料。研究对案例的呈现采用了从事实描述到深度分析的方式——先以社会组织的构成要素理论为基础呈现Y社区培育社会组织的过程，再对该社区培育社会组织的成功经验进行总结，最后在此基础上进行延伸思考，模拟出Y社区社会组织培育的发展轨迹，如图1所示。

组织培育的过程（组织构成要素理论）→ 组织培育的经验 → 组织培育的延伸思考

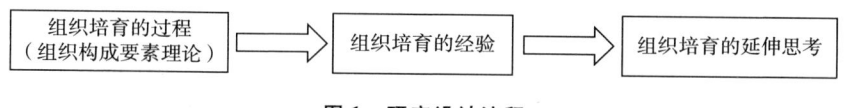

图1 研究设计流程

三 案例描述和分析

（一）背景介绍

Y社区是在2006年社区规模调整以后由原来的YN社区、NS社区和Y社区三个社区合并而成。社区辖区面积43380平方米，有居民楼30栋，居民院8个。社区大部分楼房建成时限都在20年以上，属老旧楼房居住区，各种基础设施老化严重，基本公共服务供给不足。社区内没有物业公司，一旦遭遇管道堵塞、水龙头失灵等小区内常见问题，居民只能自己想办法解决。社区现有住户1243户，常住人口近4000人，流动人口167人。其中60岁以上老人近800人，约占社区总人口的20%，有100多户空巢老人。社区大专以上文化程度的人口占社区总人口的40%，社区老人中有140余名退休老教师，20余名退休老干部。社区实行"两委"（党支委和居委会）分离，党委主要负责党建和方向性、规划性的指导方案，居委会则负责具体性的社区事务，社区"两委"一站工作人员共12名。目前社区内有10多支备案队伍，服务内容覆盖文体娱乐、志愿服务等各方面，发展态势良好并且为社区居民提供各种服务；社区设有便民菜站，惠及本社区居民和周边社区；社区新年举办庙会活动，形式多样，居民反响热烈；居民参与社区各项活动积极主动。2015年该社区被评为北京市三星级"智慧社区"。

（二）Y社区社会组织培育过程呈现

Y社区初建时是一个熟人和生人混杂的社区，关于如何打破这种混合社区中居民之间的藩篱，化"半熟人社会"为"熟人社会"，居委会认为社区必须有一个居民交流的平台：社区和外部组织之间、社区"两委"和居民之间、居民和居民之间都可以透过这个平台进行交流、沟通，这个平台就是各种社区社会组织。因此居委会将工作思路确定为通过建立社区社会组织来搭建社区内外的交流网络。虽然从组织规模上来看社区社会组织属于小型社会组织，但也包括社会组织的五大构成要素：（1）一定数量的成员；（2）特定的活动目标；（3）明确的行动规范；（4）完整的权力结构；（5）一定的技术设施（刘祖云，2002：5~7）。结合Y社区社会组织的培育实践，研究者将这些要素整合为：需求、领导者、资源和管理（见图2），并且从这四个方面对Y社区培育社会组织的过程进行描述①。

图 2　组织构建要素

1. 需求为导向，以"事"为基础

居民需求是社区社会组织成立的目的，也是组织真正要做的"事"，建立组织首先需要确定居民的需求是什么。居委会认为：社区居民的性别、年龄、教育文化程度、职业、经济水平和社会地位等各不相同，因此需求具有"个体性"。要满足每个人的需求不现实，必须区分哪些是"个体性的需求"，哪些是"公共性的需求"，哪些是自我满足型，哪些是他人满足型，哪些是"亟待解决的主要需求"，哪些是"可以暂缓的次要需求"。居委会的工作重点应该放在"公共性、他人满足的、亟待解决的主要需求"上。为此居委会首先选择发放调查问卷来初步筛选居民需求。发放问卷之前居委会对社区问题进行了"差别化"分类，将社区内的事情分为三类：第一类属于社区协助政府工程——社区自己不能解决必须由政府主导、社区协助来解决的问题，如大型的公共硬件设施的建设（老旧楼房改造、暖气主管道建设、自来水管道建设等），这一类事情由政府主导、社区配合；第二类属于政府、办事处和社区三方共同解决的工程，如管道漏水问题等，由居委会先想办法找外来单位解决，解决不了再上报办事处，由办事处上报区政府共同解决；第三类属于社区自己能解决的事情，如楼道灯光的问题等，由居委会联合本社区居民共同解决。根据三类事情，居委会的思路设定为社区能解决的尽量社区自行解决，社区解决不了再向上申报。根据这一思路，居委会在问卷调查时对居民的需求进行了归类——按人数多寡对居民需求进行排列，人员比例越高表明该需求是目前较紧迫亟待解决的公共

---

① 文中引用均来自 2015 年 5 月研究者对 Y 社区居委会主任、居委会工作人员和社会组织负责人的访谈记录。

性需求，必须优先处理。整理归类之后，居委会召集居民座谈会，同步开展入户式调查，对问卷中排名较靠前的问题进一步了解和确认，商定社区目前最主要的问题并向居民征求解决的方案建议。这种工作模式保证了居委会始终都在关注社区内最重要的事，不被琐事分散了资源和精力。在这种工作思路引导下，居委会根据居民需求在社区成立了文娱组织（舞蹈队、书画协会、模特队、合唱团和小车会等）、志愿组织（红十字志愿服务队、小红帽服务队、车辆管理志愿者服务队、巾帼志愿者服务队、志愿巡逻队和图书管理服务队等）。这些组织以楼宇为单位，结合各楼宇人口结构特点来构建，能够很好地满足各楼宇居民的需求。

2. 确立领导者

确定要做的"事"，还需要有团队领导者才能协同成员一起发展组织。为避免社区社会组织成为居委会的"附庸"，居委会设定了"居委会成员不做主要负责人、尽量从本社区居民中发现能人来构建组织"的规则。由于Y社区的退休居民受教育的程度普遍较高，兴趣爱好广泛，并且有很多从企业管理岗位退休的干部，技能型和管理型人才兼具，人才资源非常丰富。因此，社区居委会先设定组织领导者的基本条件：有业务能力、有热情、有责任心、有良好的人际关系和协调沟通能力，再根据不同类型组织的要求确定领导者人选。文娱类组织中舞蹈、模特、书画等组织的专业技术要求较高，居委会通过"朋友关系"联系专业人才与本社区的人才互相搭配，一方面解决了专业性问题，另一方面也解决了外聘人才的成本问题；而手工编织绢花、织毛衣等组织专业技能要求低，居委会鼓励所有有意愿的居民参加，发掘社区内掌握这些手艺的居民"手把手"传授技能。志愿服务类组织中理发、量血压等组织责任风险不高，居委会动员居民中具备这种技能的积极分子，引导其自愿服务于居民；而车辆管理、巡逻队等组织责任风险较大，居委会先动员党员带头作为，建立组织的基本人员保障，再逐步吸纳其他居民加入到组织中。社区内有9个党支部，根据党支部人员的特点（医生、会理发、会图书管理），结合居民需求成立不同的服务队（红十字志愿服务队、小红帽服务队和图书管理服务队），再配合社区的"网格管理"队伍构建组织架构。居委会在日常工作中会特别留意具有组织领导能力的社区居民，尤其是那些退休以前在原单位从事管理工作的居民，通过活动吸引这些居民的参与，为组织建立储备人才，从中选择能够承担并且愿意承担责任的居民担任组织负责人。

3. 多种渠道配置资源

组织的运作内容和领导者确立之后是组织资源的获取。开展活动离不开资源的投入。相较其他资源，组织财务资源的获取是目前多数社区组织面临的难题。一方面由于社区社会组织数量众多而资源供给是有限的；另一方面投资者一旦角色错位、干预组织活动，组织很难规避"依赖性"问题。针对这一问题，Y社区居委会根据不同类型组织区分对待：对于舞蹈等文娱类组织，尽量利用组织领导者自身的人脉资源，居委会只提供辅助性的资金支持如"服装统一配备，比赛给一些小补贴"等；对于绢花等成本不高的文娱类组织，居委会可以提供技术和少量资金。对于与民生紧密相关的服务类项目，居委会通过多种途径想方设法从外部获取资源。以社区楼道亮化问题为例，其资金就源于居委会主任外出开会结识的区供电局参会领导所提供的赞助，并且能够年年维系。此外，社区微信平台的建设也是借助于居委会主任从永定河文化协会为社区拉来的10万元赞助，这个平台给社区居民提供各种便民服务的信息。居委会主任的社区公关理念值得借鉴：

> 因为有时候开会包括外出学习、参观、开会等，我觉得都不是我的工作负担，而是信息传递的机会。就像我们今天交流也一样，因为你们会把其他社区的信息传递给我。无论是社区的演出还是各个乡镇举办的活动，去任何地方我都不怯场，陌生人就主动搭讪，然后知道他大概想说什么，再进一步交流建立关系，通过这些途径寻找资源。

4. 组织管理自主化、规范化

组织规模的扩张会使得组织面临的问题日趋复杂，良好的管理制度和管理体系是组织良性运作的保障，因此从组织建立伊始就必须引导组织形成自我管理的机制。在组织管理方面，Y社区尊重不同组织的特点：（1）居民自发建立的组织保持其原有的管理模式，社区居委会不干预只提供简单帮助和支持。以社区书画协会为例，该协会由社区居民自发组织成立，组织管理采用"年、月、周目标管理制度"——每年年初制订全年计划，年底进行报告总结，每月召开月会，商讨本月组织的主要活动，每周的周一布置本周的具体工作；组织通过考勤制度和档案管理制度对组织成员进行考核监督。组织发展有自己的规划：组织成员为社区文化活动提供自己的绘画作品；组织定期和台湾地区的社区进行文化交流；组织作为社区楹联基地每年节庆给社区提供楹联；组织给社区的共建单位赠送绘画作品，帮助社区维持外联关系；组织主动承办社区的书画比赛，吸引社区居民参与；等等。在协会的管理架构中居委会只提供场地，组织活动完全自主。(2)由社区居委会牵头建立的社会组织，注重管理架构的建立并引导其自主管理。居委会采用"分工负责模式"——选择好负责人（三人），其后的工作交给组织自己管理。"如果后面发现有问题的话我们会进行一些调整，再挖掘一部分人帮助他们管理，直到他们能够自我管理。"Y社区的社会组织都有共同特点：治理结构采用三人制，一人负责后勤，一人负责人事，一人负责领导；组织制度上实行严格的考勤制度、值日制度和安全保障制度；组织活动计划贯穿全年——年初制订计划安排，年中定期经验交流总结，年底进行总结表彰。这些框架的形成并非一蹴而就，而是经历了逐渐放手的过程：最初居委会只是一次、两次不参加组织的活动，直至居委会完全退出，组织逐步实现自我治理。

四 Y社区社会组织培育的经验

（一）社区居委会角色定位清晰

一些实践发现许多社区的社会组织在社区居委会的带领下"似乎"也能"生机盎然"，但这种外在的光鲜是以社区居委会疲于奔命的付出和组织成为社区居委会的"附庸"为代价。现实中更常见的是社区居委会付出良多却收效甚微，社区和居民双方都怨声载道。居委会在社区治理中的"角色错位"问题——由群众自治组织异化成为"政府的腿"，其角色定位为基层政府职能的"延伸"，近年来有许多文献研究论述这一问题（袁忠、李绥洲，2005；张雪，2012；李欣茹，2015；陈阳，2016）。在居委会"去行政化"改革缓慢进行的过程中，这一角色错位和职能异化问题仍将持续存在。因此居委会应当扮演怎样的角色决定了社区社会组织未来的发展。Y社区居委会的定位明晰：借助社会组织而非社区居委会去和社区居民交流、沟通，在此基础上建立社区内的各种组织，从最初就把握了最关键点——让居民通过自己的组织沟通交流，而非通过街道、居委会上下级的关系和居民沟通，因为后者难免存在权力归属问题，而前者是居民自己跟自己的组织沟通。因此，社区社会组织从成立就扎根于社区最基层，与居民需求直接挂钩。在社区社会组织的培育中，居委会作为政府的"代言人"扮演扶持者而非控制者的角色，对于组织发展的促进作用明显。因此，摆正自己的位置角色，不仅仅推动组织良性发展，更重要的是能够给基层政府工作减负和削弱居委会行政化弊端所产生的不良影响。

（二）党建工作的坚实基础

研究者在一些社区的调研中发现，许多社区活动组织了不少居民却并没有受到关注，社区活力不足，社区居委会工作开展难；也有的社区抱怨社区缺少人才、无人愿意牵头带领组织，以至于居委会有资源却无处投放。但研究者通过Y社区的调研注意到我国社区中其实一直存在一种非常好的社区人力资源——党员队伍。新中国成立至今，我们党的党建工作成绩突出，党的组织遍及各个不同层级和单位。各级党组织一直倡导的党员先锋模范作用是社区很好的人力资源，党组织的志愿活动是社区治理的重要组成部分（张凤池、胡守军，2015）。Y社区借力党员资源，发挥党员带头作用，以党员带动群众。对于"生、熟人并立"的社区，由于社区居民互不相识使得居民参与的心理门槛很高，居民宁可观望也不愿参与，因此召集居民只能从党团工作入手，只有当居民直接或间接参与到社区的活动中，居民之间有了交流、融入社区的契机和平台，逐步建立起对社区的认同感和归属，居民彼此信任感慢慢形成，社区的活力才能被激发，才能逐渐吸引更多居民愿意参与到社区的事务中。Y社区最初的兴趣小组、活动小组的成员都是党员但并不仅限于党员，而是将党员作为宣传社区活动的渠道，如社区的第一次居民运动会，参与人只有党员，但围观群众很多，此后举办的运动会逐渐有居民开始主动报名参与，甚至到后来90多岁高龄的老人也愿意参与进来。

（三）分类式培育方法

社区社会组织按其服务内容可以分为：文娱活动类、生活服务类、权威维护类和公益慈善类。（夏建中、张菊枝，2012；康晓强，2009；王名、刘培峰，2004：223）研究者根据Y社区的情况将社区社会组织划分为：文娱类、志愿服务类、互助类和自治类四种类型。不同的社区社会组织其需求满足形式和服务的责任承担有区别，为此Y社区采取"差别化工作方式"：对于文娱类组织

（合唱团、小车会、模特队等），组织性质属于需求自我满足型，即使没有外部的投资，居民出于自我满足的需要也会自己组织起来，因此社区居委会只提供必要的资金支持，管理和发展由组织自行安排；而对于志愿服务他人的队伍（车辆管理、巡逻队等），组织性质是满足他人而非自己，并且组织成员在提供服务时会面临一定的风险，单靠成员的自我牺牲和奉献很难维系组织的发展，因此社区居委会不仅提供资金支持，同时通过适度赋权分担组织成员的部分风险，积极扶持并且适当引导，逐步放手直至组织管理实现成员责任自担。Y社区对于已有成型规范管理方式的组织，尊重原有模式；对于初建组织，帮助其搭建合理规范的组织架构，引导其向自主组织发展。

（四）良好机制的培育

1. 居民参与机制

建立组织最终是为了实现居民自我满足需求的社区治理目标，因此居民是否愿意表达需求以及是否主动参与需求满足的行动，与社区是否有健全完善的居民参与社区治理机制息息相关。这一机制的形成过程和社区居民需求被激发的过程同步。社区居民需求被激发最直观的表现是居民乐于表达需求，而更深层次的实质则是社区内部的居民参与机制被构建起来，这是实现社区自我治理、自我满足和自我服务的关键。以"Y社区建便民菜站"为例。D街道所属M区民政局的相关问卷调查发现，由于M区的棚户区改造，居民需求中对便民菜站的需求率高达87%，是全区居民的主要需求，Y社区也不例外，社区居委会根据这一需求制订解决方案。便民菜站的建立涉及两方面因素：一是蔬菜供应方；二是场地选址。针对供应方问题，Y社区居委会先联系愿意为社区建蔬菜站的单位，同时也进行可行性分析，考虑通过其他渠道解决该问题的可能性。之后居委会和居民共同协商设计出不同备选解决方案，继续寻找解决问题的路径，最终通过市民政局联系外地的菜农，由区服务中心为社区建便民菜站。关于场地问题，选定的便民菜站地址需要占用社区居民的私人小花园以及公共休闲空地，涉及个人利益和公共空间的占用，必须征得居民的认可，为此居委会不断与居民沟通最终达成一致。该案例可以发现社区居民参与社区公共事务的机制（见图3）。居民通过问卷表达诉求，社区"两委"通过借力促使区政府了解民生（内圈）；区政府助力引导社区"两委"，社区"两委"通过协商征询居民意见，从而使居民参与到政府公共事务的管理中并积极反馈意见（外圈）。

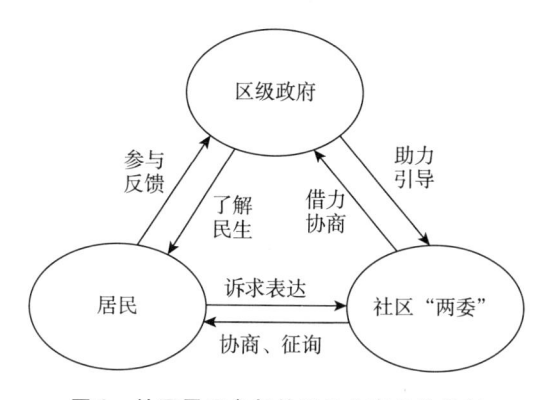

图3　社区居民参与社区公共事务的机制

这种从需求出发，围绕需求展开工作的方式，促使社区形成了良好的氛围：居民愿意并且主动与居委会沟通交流，能够坦然直率地表达自己的需求。各种社区社会组织的建立正是基于这样和谐融洽的社区氛围，当居民可以通过多种渠道参与社区治理，社区参与机制也基本形成了。

2. 人才培育和激励机制

社区居委会工作的难处并不在于如何激发需求，而在于需求激发之后如何实现责任主体转移，因此很多社区的居委会虽然工作方法很优秀，也可以激发居民需求，但往往组织成立后就成了居委会的"依附"，失去独立性。Y社区居委会更关注人力资源培育机制的形成而非建立多少组织："社会组织这一块毕竟我们精力都是有限的，所以我们要尽可能地挖掘社区内的居民去管理。""责任主体"是社区社会组织人力资源队伍建立的基础，自担责任才能够保持组织的"独立性"和"自主性"。因此社区居委会重点关注"有承担能力的人才"。"有些刚退休下来的，他不了解我们社区，但是我们要主动去接近他、关心他，经常跟他交流让他了解社区的活动，让他从时不时地参与、慢慢了解到最后慢慢地融入社区。"一个很有意思的小故事可以说明：社区内有位某局刚退休一年多的副局长，一直宅在屋内不愿意出门甚至社区组织活动也不爱参加。居委会想办法关心他，居委会工作人员偶尔在路上遇到他会停下来热情打招呼，渐渐地这位居民开始留意社区活动并主动参与，之后社区出板报该居民主动承担写材料的工作。"组织成型之后，不可能总是那十几个人，或者是先发展若干个自治组织，然后通过这些组织再出来一些能人，通过这些能人继续成立一些组织。"人才培养的通道通过这些基础性的工作逐渐形成，而人才激励机制则是通过社区的党建工作来形成：居委会将志愿者服务和党员工作表彰活动联系到一起，年底对党员表彰时，同时进行志愿者"全年服务小时"表彰大会，奖品100元以内，礼品价值本身并不高，但这种对于居民志愿行为的肯定和认同很激励社区居民。

3. 民主治理机制

民主治理是组织得以充分发挥其优势的理想组织管理状态。这种治理模式的核心在于"民主"，它不仅仅是指人人都有表达权和建议权，更准确地说是"自治"——自我管理。这种模式下：（1）组织的财务基本完全独立，虽然从外部接受相应经费，但不会成为组织发展的制约，同时组织还能够自筹部分经费，甚至发展较好的组织可以实现经费完全自筹；（2）组织有健全的组织结构，人事和责权制度都能专业化、规范化运作，能够自由、独立运作，人人为自己负责，继而为他人负责；（3）组织形成了自己的软件因素——组织文化。因此，组织因分工实现了责任分担，从而实现了成员合作治理，加上组织良好的文化氛围，形成极强的凝聚力，强化了组织成员的主体责任感。

五 反思——社区社会组织培育的发展脉络

梳理Y社区社会组织培育的过程，研究者发现社区社会组织的培育路径可以用一种简单的发展轨迹来加以描述（见图4）。

需求激发 → 承担责任 → 资源配置 → 民主治理

图4 社区社会组织培育路径

（一）需求激发

社区社会组织的建立应当以满足居民需求为目的，但现实中我们无法回避社区社会组织培育出于上级的行政任务要求的问题。无论出于何种目的建立组织，组织最终得以生存的社会基础应当根植于被激发的需求。所谓"被激发的需求"表现为：居民能够敢于、乐于表达出自己真正需要的是什么。它不是简单的需求罗列，而是一种机制。一个需求被激发的社区，居民和居委会互动良好，居民可以通过多种途径和居委会沟通并获得需求的满足。并且，不拘于激发需求的主体是谁以及激发需求的方式如何，重点在于这种渠道的畅通。未被激发需求的社区即便成立有许多的社区社会组织，但大多处于休眠状态，社区社会组织更像是居委会的"拥趸"。研究者在D街道的22个社区的调研中发现，那些发展良好的社区社会组织所在的社区都呈现这种需求被激发的态势，而激发需求的主体虽然略有差异——有的是以居委会为主体，有的是居委会和居民共同努力，有的引入外部社会组织的力量配合社区一起运作。激发方式上也各不相同——有的采用以"服务换服务"（居民提供志愿服务而社区回报其他服务满足居民需求）；有的采用"外部物质激励法"（通过奖品等方式激励居民表达需求，如某社区的"500+500"模式，即组织获奖500元，居委会再奖励500元）；有的采用"参与引导法"（通过一些小活动吸引居民参与，居民逐渐认识需求），但最终目的都使居民的需求表达找到了适宜的方式。

（二）承担责任

居民乐意表达自己的需求只是表明社区居民的需求活跃，社区的土壤被撬动，还需要有愿意满足需求的责任主体出现。斯特赖克在其"身份理论"中提出了"责任担当"的概念："在某一场景中给予人们某种身份，基于这种身份担当的某种责任越多，该身份序列的地位显要性就越高，而当身份层级不断提高，他们的自尊会越发敦促其自我身份的履行"。简言之，角色扮演者会不断调整自己的行为以便更好地扮演角色（特纳，2006：348～349）（张凤池、胡守钧，2015）。许多社区的需求通道建设得很好，社区居委会也有很好的工作方法，与居民关系融洽并且沟通良好，很快建立起许多组织但无法长久，究其根本原因在于责任主体是居委会而非组织自身，使得组织最终成为居委会的"代言人"，丧失了自主性。

研究者在实践中发现，组织在最初建立之时受各种条件限制，未必能实现所有社区社会组织均由社区居民自己牵头自发成立，但无论是以社区居委会名义牵头或是居民自发成立的社区社会组织其责任主体都应该是组织自身：一方面居委会受烦冗的行政事务拖累缺少精力去管理组织；另一方面组织不能自主管理将演变成为"候鸟型"社会组织，也即区级、街道级有任务时组织活动积极频繁，平常则基本处于休眠状态。不能武断地认为凡是居委会牵头成立的社区社会组织都是如此情况，但从组织长期发展的益处来看，责任主体必须是社会组织本身，如果最初的责任主体是社区居委会，进行责任转移就是必需的。至于转移给谁以及怎样转移，在不同地区社区的调研中研究者留意到不同类型的社区社会组织其责任有差异性：如文娱类的社会组织，首先满足组织成员自己的需求进而满足居民的需求，因此承担责任是相对较容易的事情；但是对于志愿服务、奉献他人等类型的社区社会组织在承担责任方面就具有一定的风险性，完全依靠组织成员的牺牲和奉献，长期而言，不仅容易挫伤组织成员的积极性，同时也容易损害成员的"公益心"，即公众参与公益慈善的本心或者说基础，一旦被损坏则影响深远。因而研究者认为可以把社区社会组织承担的责任分为两类：服务责任和风险责任。服务责任是组织存在的基本目标，服务于居民的需求；风险责任则是组织因提供服务所要承担的风险。相比较而言，服务责任的承担相对容易，风险责任的承担则需要保障。由此，在社区中大致可以看到三种组织责任承担类型（见表1）。

表1　组织责任承担类型

组织 \ 类型	类型Ⅰ		类型Ⅱ		类型Ⅲ	
	风险责任	服务责任	风险责任	服务责任	风险责任	服务责任
居委会	承担	承担	分担	\	\	\
社区社会组织	\	\	分担	承担	承担	承担

类型Ⅰ：居委会承担所有责任，提供服务并且承担风险。这主要指那些"依附"于社区居委会的社区社会组织，一旦脱离社区居委会，组织不仅发展停滞甚至其生存都受到威胁。类型Ⅱ：由社区社会组织提供服务，风险由社区居委会分担。如有些社区为社会组织的成员购买保险、签订保障协议等。类型Ⅲ：社区社会组织提供服务并承担风险。类型Ⅲ是社区社会组织发展的最佳情形，即组织能够承担所有责任、乐意服务社区并且敢于承担风险责任，但就现实中的社区发展程度而言，类型Ⅰ和类型Ⅱ更为普遍。第Ⅰ种类型Y社区居委会从最初就杜绝。针对第Ⅱ和第Ⅲ种类型，Y社区居委会采取了不同的应对措施。

自娱自乐型的文娱组织属于第三种类型。这种类型中组织的领导者自身就能承担所有工作（包括训练、演出等），无论是风险责任还是服务责任组织都能自行承担："即使社区居委会不参与我们，组织自己也是要活动的"。因此居委会作为"帮助者"只需要提供部分组织缺乏的资源即可,甚至有些资源组织完全自筹,社区居委会成了"甩手掌柜":如社区的模特队,队长自己不但有经济资源,还有外部资源,可以从他人那里获取一些经费,从而社区居委会即便少投资或者不投资组织发展都不受影响。

需要关注的是第Ⅱ种类型:需要承担风险责任的志愿类服务组织比如车辆管理、治安巡逻组织等。这一类的组织服务内容属于公共秩序维护,居民承担的风险责任要大于他被赋予的服务权力,因而在社区中这类组织往往很少有人主动牵头组织,调研发现这类组织多数都是自上而下型"依附"于社区居委会存在的社区社会组织,甚至一些社区居委会虽然因为上级要求不得不建立这一类的组织,但基本上都是认为有组织即可,至于进一步的发展则很少考量,理由就是避免不必要的麻烦产生。针对"谁来负责"的问题,Y社区居委会采取了"责任分担"方式:社区居委会分担风险责任,将服务责任交托于社会组织,这样大大减轻了组织成员的负担。以社区每年举办的庙会为例,其中一部分是"文化表演"。社区居委会在庙会开始之前进行前期排查,把所有可能产生的安全隐患都充分考虑进去:联系派出所、街道的安保,专门开会并展开实地调查,为安保做一些准备工作等,在一定程度上降低了组织承担的风险责任。Y社区的车辆管理志愿者服务队的"服装赋权""保险保障"也是这样一种思路:居委会购买专门的服装并且给组织成员佩戴袖标,通过这种方式赋权给组织成员——居委会委派组织进行车辆管理工作,从而无形中减少了组织成员的工作阻力;社区居委会为社区志愿巡逻队购买意外保险,为他们工作中可能遭遇的意外风险提供保障。"当社区社会组织的安全风险已经被社区分担,那么他们就有更多的精力去思考如何由自身去承担服务责任,如何通过提升专业性来使得组织能持续发展下去。"

因此,寻找能够承担责任的社区能人并且建立起这种"能人"产生的机制,使得能人可以随时被找到并且愿意承担责任,是培育社区社会组织的关键所在。

(三) 资源配置

当组织架构搭建起来之后,资源的获取和配置同样关键。资源可以是财务资源,也可以是固定资产、基础设施、人力资源等。资源依赖理论假设:没有组织能够自给,所有组织都必须通过与外部环境的交换以获得生存,因此对资源的需求必然带来对外部环境的依赖,并且资源的稀缺性决定了其依赖程度的大小（马迎贤，2004）。依据资源在社区社会组织发展中的作用研究者将其分为：依赖性资源和支持性资源。资源属于依赖性还是支持性资源，决定了组织的自主性和独立性。有两个问题需要关注：（1）谁是资源提供者。组织资源的提供方越单一，依赖性越强。Y社区的资源提供方不仅包括社区居委会，还涉及市场企业和社会组织，有效避免了单一供给的资源垄断而产生的依赖性。（2）资源提供的方式如何。组织资源提供的方式越多样化，依赖性越低。Y社区不仅通过政府行政体系内的资金支持社会组织发展，如每年的公益金8万元，还争取外部的个人和组织资源扶持组织成长。这里涉及社区居委会的角色定位：支持，还是控制？这一定位关系到组织未来长期发展的方向，即使有了承担责任的主体，如果在资源上无法自主，组织依旧会沦为社区居委会的"附属"，慢慢脱离社区居民群众，变成"社区活跃分子之家"——永远只有那几个人在活动而居民只能旁观。

（四）民主治理

人、财、物的优化配置还需要有完善的管理制度和管理架构保障，逐步形成组织民主治理的架构是社区社会组织发展的最终理想状态。科学管理远比一盘散沙更能发挥组织的效能，管理学发展历史上已有大量明证。民主治理涉及几个问题：（1）责任的分散化。"责任主体转移"这一过程并非一蹴而就，需要一个渐进的、稳妥的转移过程。由社区居委会发起建立的社区社会组织，在责任转移的过程中，首先是转移给组织的负责人而非直接让组织内所有人承担责任，因此责任在彼时还是集中的，但当组织不断发展之后，就需要通过制度和文化双重保障逐步使责任由集中于个人慢慢分摊到个人，由个人的"无限责任"转移到人人的"有限责任"。（2）合作式治理。责任分摊意味着分工，因而就需要依据分工的不同彼此搭配合作维护组织发展，Y社区的组织"三人制管理模式"就是基于此。（3）硬软件建设。组织的硬件是指各种制度规章，软件是指组织文化。无论是考勤制度、值日制度和安全保障制度，还是年终的奖励制度，都是实现民主治理的保障，一方面它们使组织有序规范的运转，另一方面形成了组织的人文共识和文化氛围，促进组织凝聚力和向心力的形成。

（五）社区社会组织培育路径的影响因素

作为我国城市社区治理主体之一的社区居委会目前仍然处于尴尬位置——"政府的腿"，并且在一段时期内其"社区社会组织培育主体"的地位仍将继续保持，因此，研究者认为本案例中 Y 社区居委会的一些做法能够给其他地区一些参考和借鉴，并且在一些地区的社区调研中研究者也发现了类似的做法。但该路径在 Y 社区成功的限制因素也需要留意。

1. 破坏性行为的负效应

虽然正常的轨迹应当是这样的一种发展趋势，在现实中却不尽如人意。一些破坏性的表现经常发生，主要表现为行政体系自上而下的工作方法所产生的破坏性——该方法对于以上不同环节都具有破坏性。在需求激发环节，自上而下模式很容易忽略居民的需求，如一些街道强行摊派任务：社区内必须有合唱队、巡逻队、舞蹈队等。一方面自上而下体制下，居民的需求本身是长期休眠的，这是长期依赖性行为的必然结果；另一方面自上而下的体系不强求去关注并发现居民的需求。因此这种破坏表现为：外在控制破坏内在动机，可以称为"需求缺失"；在承担责任和组织资源环节，责任主体未转移或者转移不当、主体未能合理归位，如社区居委会发起成立了组织，因主动原因（不愿放手）或者被动原因（找不到转交之人），未能将责任主体转移给组织自身，以至于组织在社区居委会带领下发展良好，一旦社区居委会放手就萎缩消亡；又如原本发展较好的自发成立的社会组织，在社区居委会强势介入以后，透过资源控制将组织转化成为自己的"代言人"，从而失去了组织原有的自主性，这些案例在实践中比比皆是。可以将之归纳为"责任主体缺位"或"责任主体错位"。这种缺失或错位将会影响社区居民公共精神的产生，继而影响居民民主意识的形成。而在民主治理环节，组织成员的民主意识会影响组织民主治理结构的形成，因为民主治理——组织自我治理能力的高低正是基于组织成员对民主的认知程度。这种破坏表现可以称为"民主意识缺失"。

2. 社区发展程度不一致的制约性

必须承认每一个成功的案例都有其成功的必然性和偶然性，这些偶然性正是制约这种成功经验得以复制的影响因素。研究者在调研中留意到 Y 社区有几个特别之处，成为其成功的重要保障因素：（1）社区的"两委"是分离的。在研究者调研的 22 个社区中唯有 Y 社区"两委"是分离的，并且我国目前许多社区的"两委"都是合一的，党委和居委会两套班子一套人马。"两委"分离的模式使得社区的基本事务和党建工作分离开来，有助于解放社区主要负责人的时间和精力，避免他们因琐事缠身而无力于规划社区发展的未来愿景，并且这种分离也促使社区的党建工作开展能够更有针对性和目标性，22个社区中唯有Y社区的党建工作成就斐然证明了这一点。(2) Y社区的人口结构有其得天独厚的条件。社区内高素质人员的比例较高，来自教育领域、管理领域的人才能够为社区社会组织的培育提供优质的领导者资源和人力资源，并且在组织成员责任承担和能力培养方面会少很多阻力和压力，这一点不是所有的社区都能够具备的。(3) 社区成熟度较高。体现在Y社区本身是一个老旧社区，有良好的社会资本和群众基础，并且流动人口比例不高，人员稳定性高，对于组织的发展震荡性影响有限。

3. 责任主体转移的限制性

前文我们提到社区社会组织要生存并长期良性发展，组织自身成为责任主体非常关键。但在现实中这种责任转移并不是随意进行的。对于责任要求低、风险程度小的社区社会组织类型，这种转移很容易完成甚至有时无须转移就可以实现"责任担当"，但对于责任要求高、风险程度大的组织类型，转移就需要慎重稳步进行。不仅因为需要承担的责任大并且面临的风险高，更因为不同社区的人群责任承担能力有差异性，如Y社区的车辆管理志愿者服务队就面临组织成员年龄较大，在服务过程中不仅有意外受伤的风险还有身体健康的限制，因而无论是"服装赋权"还是"保险保障"一定程度上都是对风险和责任的一种分担。研究者访谈发现一些社区"两委"不愿意居民承担这样的工作正是因为风险成本过大：如果组织成员在服务过程中受伤不仅服务效果受损，还会为社区带来其他的麻烦。某社区居委会主任坦言："我不想建队伍，原因是他们一旦受伤谁来负责任？甚至以前确实发生过组织成员因为意外去世的不好事情，给我们带来很大的压力。"① 因此，研究者认为责任主体转移应当分类型、分人群、分情况进行，应当充分考虑社区本身的特点，包括人口结构、社区"两委"工作绩效、社会组织的类型等，能承担责任的组织社区居委会应当尽力支持，不能承担责任的组织可以先采取责任分担的方式，再逐渐转移责任。综上，让社区社会组织成为责任主体，研究者认为是社区社会组织培育的一个必要而非充分条件，在实践过程中应当因地制宜地进行。

---

① 来自2015年5月23日研究者对C街道X社区居委会主任的访谈记录。

六 结语

借助社区社会组织的力量，推动社区治理现代化和社区居民的自治，是实现社区自治乃至社会自治的必经之路。因而探索社区社会组织的发展路径，并从理论角度描述出其运行轨迹，是非常有研究价值的课题。本文是一个社区内的居委会培育社区社会组织的成功案例。本案例中的社区社会组织的培育主体是居委会，在当代中国作为居民自治组织的居委会被诟病为"政府的腿"，虽然关于社区居委会"角色错位"和"身份异质化"的讨论由来已久，但从我国行政体制改革的进程来看，居委会的"职能异化"和"角色错位"问题在一定时期内很难彻底发生改变，其作为社区社会组织的培育主体这一角色在短时期内仍是重要的选择。因此居委会培育社区社会组织的这一模式有深厚的现实基础，并非无法学习和模拟，Y社区的许多做法在北京市朝阳区和成都市武侯区的实践中也普遍存在。然而让社会组织成为责任主体，必须要考虑不同社区的发展情况和不同社区社会组织的类型，因此研究者认为这是必要条件而非充分条件，并且需要留意一些限制因素，以及考虑社区发展的成熟度和成为责任主体的操作有序性和时间渐进性。此外，从表面来看，这似乎是一个"自上而下"成功培育社区社会组织的案例，但我们细究其中的过程，能够发现简单地以培育主体界定"自上而下"或"自下而上"其实并不科学，无论是谁牵头或者谁发起培育社区社会组织，重要的是谁是组织的责任主体。因此这一模式的培育主体虽然是社区居委会，但其做法未必仅限于居委会本身，该路径的关键之处在于"让社区社会组织成为责任主体"。考察社区社会组织的培育路径，我们会发现：根据社区的不同情况因地制宜地扶持并帮助社区社会组织成为责任主体，是目前培育社区社会组织的关键所在。

参考文献

〔美〕埃莉诺·奥斯特罗姆（2000）：《公共事物的治理之道——集体行动制度的演进》，余逊达、陈旭东译，上海：上海三联书店。

〔美〕凯瑟琳·M. 埃森哈特、梅丽莎·E. 格瑞布纳（2010）：《由案例构建理论的机会与挑战》，张丽华、何威、程卫凯译，《管理世界》，(4)，第 125~130 页。

〔美〕乔纳森·特纳 (2006)：《社会学理论的结构》，邱泽奇、张茂译，北京：华夏出版社。

陈秋竹 (2017)：《西宁市社区社会组织培育路径探究》，《齐齐哈尔师范高等专科学校学报》(1)，第 90~92 页。

陈阳 (2016)：《我国社区居委会治理的困境与出路》，河北师范大学硕士学位论文。

康晓强 (2009)：《社区社会组织研究：回眸与展望》，《社会学》，(10)，第 8~14 页。

李欣茹 (2015)：《居委会的角色错位和关系困境分析》，《决策与信息旬刊》，(23)，第 33 页。

刘祖云 (2002)：《组织社会学》，北京：中国时代经济出版社。

马迎贤 (2004)：《组织间关系：资源依赖理论的历史演进》，《社会》，(7)，第 33~38 页。

王名、刘培峰 (2004)：《民间组织通论》，北京：时事出版社。

夏建中、张菊枝 (2012)：《我国城市社区社会组织的主要类型与特点》，《城市观察》，(2)，第 25~35 页。

严梓凡、赵守飞 (2016)：《社区社会组织培育与社区治理模式创新——基于铜陵市阳光社区公益园的个案研究》，《辽宁行政学院学报》，(7)，第 56~60 页。

杨继龙 (2016)：《资源输入视角下社区社会组织培育机制研究——以 N 市 H 区为例》，《社会科学家》，(7)，第 156~160 页。

于佳琦 (2017)：《社区社会组织存在问题及对策》，《经营管理者》，(24)，第 310 页。

袁忠、李绥洲 (2005)：《构建"和谐社区"的关键在于创新社区管理体制》，《中国行政管理学会 2005 年年会暨"政府行政能力建设与构建和谐社会"研讨会论文集》，第 33~36 页。

张凤池、胡守钧 (2015)：《论社区治理中的党员角色构建》，《探索》，(5)，第 34~38 页。

张雪 (2012)：《公民治理理论视角下居委会角色的调整及重塑》，重庆大学硕士学位论文。

张永理 (2014)：《社区治理》，北京：北京大学出版社。

The Research on Cultivating Path of Community Social Organizations: A Case Study of Y Community of D Street in Beijing

Lan Ying

[**Abstract**] Along with the continuous expansion of city, the contradictions between the "limited" resources of the state and the residents' "diversity" demand have become increasingly prominent, the grass-roots governments of the urban community have faced increasing pressure. It has become an important exploration of solving the problems of the community and reducing the government's burden, which is to incubate and cultivate social organizations in the community to realizing self-organization, self-management and self-satisfaction of residents. In recent years, The Practices across the country has revealed the problems of "cultivating community social organizations", such as difficulties to cultivation, poor sustainability and inconformity between name and reality. This paper takes the practice of Y community in Beijing as a more successful example, explains deeply the practical experience of the community, found that the community social organizations have their development of vein and trajectory: It's from the needs of the residents, promotes community social organizations become the responsible subjects, foster the organization's ability to allocate resources, achievements the goal of democratic governance.

[**Keywords**] Urban Community; Community Governance; Community Social Organization; Organization Management

（责任编辑　蓝煜昕）

青年缺位本社区志愿服务原因分析
——基于北京某社区调查

张网成　陈　锋　刘小燕[*]

【摘要】 本文研究了社区志愿者结构不合理现象。通过分析在北京某社区调查问卷发现，青年缺位本社区志愿服务的现象确实存在，但并非青年缺少意愿或动机所致，而是与社区志愿服务供给能力不足密切相关，而社区行政化是社区志愿服务供给能力不足的主要原因之一。在现有社会管理体制不变的前提下，要促使更多青年回归本社区参与志愿服务，就只能依赖一些社会控制技术的改变来改善社区志愿服务供给能力。

【关键词】 社区志愿服务　社区行政化　青年　参与意愿　决策模型

一　引言

现代意义上的社区志愿服务，在我国城市地区已有30年的发展历史。在多方面取得长足进展以及对社区生活的贡献日益显著的同时，我国社区志愿服务

---

[*] 张网成，社会学哲学博士，北京师范大学社会学院教授、博士生导师，主要研究方向为社会政策、社会发展、志愿服务；陈锋，社会学博士，成都信息工程大学文化艺术学院讲师，主要研究方向为社会工作、社会政策；刘小燕，北京师范大学社会学院硕士生，主要研究方向为志愿服务。

也面临不少严峻问题，其中之一就是社区志愿者结构不合理问题。更为重要的是，社区志愿者结构不合理问题并没有随着近年来政府大力推进社区志愿服务制度化和组织化建设而呈现改善趋势（龙菲，2002；王萍等，2009；黄波，2013；辛华、王猛，2016）。这意味着，造成社区志愿者结构不合理的原因可能是原生性的、内在的。近年来中共中央宣传部提出的"在职党员回社区"倡议、中国志愿服务联合会在全国推动的"邻里守望"行动，说明志愿者结构不合理的问题已经引起了高层决策者的关注。

社区志愿者结构不合理的主要内容是青年缺位社区志愿服务。绝大部分学者都会认可这样的说法：社区志愿服务和青年志愿服务是我国志愿服务事业中发展最好的两大板块，且青年志愿服务的最终受益者也是以社区居民为主。既然如此，青年缺位社区志愿服务又从何谈起？要弄清这一点，必须区分两类不同的社区志愿服务定义。其一，是将社区志愿服务界定为"社会组织和个人志愿贡献自己的时间和精力为社区居民，尤其是为困难群体和社区公益事业提供帮助或服务的行为"（黎付林，2012）。其二，是将社区志愿服务定义为"社会组织和个人志愿用自身的时间、技能等资源，在社区为居民和社区慈善事业、公共事业提供帮助和服务的行为"（民政部，2005）。显然，前一类定义强调"为社区"，是广义的，后一类定义强调"在社区"，是狭义的。同样，"青年社区志愿服务"也有广义和狭义之分。指出这种定义上的区分之所以重要，既是因为采用广义的社区志愿服务定义很难得出青年很少参与社区志愿服务的结论，也是因为有些学者不加区分的使用引起了混乱，如黎付林（2012）在广义的定义下讨论的实际上是狭义的青年社区志愿服务。由于国内学者目前尚无区分使用广义与狭义社区志愿服务定义的习惯，本文使用"青年缺位本社区志愿服务"这一术语来指涉狭义的青年社区志愿服务，而在"社区"前加上"本"则是为了使概念的意涵更清楚。

由于缺乏相对应的研究成果可供参考，要弄清社区青年与社区志愿者组织之间究竟存在怎样的问题，就有必要进行专项调查。考虑到自主立项的调研项目既没有经费支持，加上非官方民间调查者要得到多个社区居委会支持入户调查的难度确实很大，本文作者最后决定在单一社区内采用随机抽取楼宇后逐户访问的方式进行问卷调查。在社区的选择方面，则坚持了两点原则：一是中档商品房小区，以确保青年居民来源的多样性；二是新建小区，以避免老旧小区长久形成的动员格局对青年自主选择产生不利限制。由于文献中反映的青年志愿者缺位问题实际上是与老年志愿者在社区志愿者中占比偏高有关，本文作者决定遵照联合国教科文组织的青年定义，将16~45周岁的社区居民作为调查对象。

最后找到的调查点为北京市房山区的A社区，该社区于2012年建成，社区居委会正式成立于2014年，小区规划户数近3000户。2016年5月调查实施时，该社区实际常住户数1773户，常住人数4171人，其中流动人口1432人（办理过暂住证）。为了保证能找到符合要求的调查对象，调查时间选择在周六。在随机抽出的两幢楼内按每户最多1名调查对象的原则逐户发放问卷，最终共发放调查问卷238份，占目前小区常住户的13.4%，显示调查覆盖率还是比较高的。经检验，有效问卷为224份，有效回收率94.1%，达到了研究要求。从15名调查员反馈的情况看，由于社区居委会事先发放了通知，社区居民总体上是非常配合的，接受调查的社区居民多数也都非常认真地填写了问卷。① 本文主要在问卷分析的基础上写成。

除了问卷调查外，本文作者还就A社区志愿者组织的情况对社区居委会负责人进行了简单的访谈。与北京市其他社区类似，该社区也有治安巡逻、卫生环保、助老助残、文体活动等志愿者队伍，志愿者以社区老年人及社区居委会干部为主，中青年人很少参与社区志愿服务活动。

二 解释框架

青年是否在自己的社区参与志愿服务以及青年是否参与志愿服务，是两个虽有联系但区别明显的问题。本文关注的是前一个问题。通过采用狭义的社区志愿服务定义，学术界所关心的志愿者结构问题就可以转化为：为什么更多的青年选择在社区外而不是在社区参与志愿服务。经过这一"转化"，青年缺位本社区志愿服务的问题也就更清晰地呈现为社区志愿者组织与社区青年以及社区外志愿者组织与社区青年之间的关系问题。换句话说，青年缺位本社区志愿服务问题既体现为青年很少参与本社区志愿者组织（社区社会组织）开展的服务活动，也体现为青年很少参加社区外志愿者组织在本社区开展的服务活动。

---

① 在此谨向该社区居委会工作人员以及230户认真填写问卷的社区居民表示诚挚的感谢，同样也对认真负责的15名北京师范大学大学生调查员表示感谢。

事实上，除了社区志愿者组织外，在社区开展志愿服务活动的社区外组织还很多，如政府系统、工会、共青团、妇联等系统的志愿者协会、社区共建单位、社区成员供职单位、非营利组织、各类学校、工商企业等（郑瑞涛、刘畅，2013）。这些社区外志愿服务组织所能提供的志愿服务类型和数量，远非社区志愿者组织所能比。换句话说，如果这些社区外志愿者组织可以在社区动员青年参与，那么目前在社区外参与志愿服务的青年就可以回到本社区服务，青年缺位本社区志愿服务的现象也就不会存在。

不少学者在谈论我国社区志愿服务发展困境时都提到了社区志愿服务管理的"行政化"问题。由于"行政化"，社区志愿者活动干脆就是街道和居委会工作的一部分，其结果是失去独立性和自治性的社区志愿者组织难以真正发挥中介组织的沟通与桥梁作用，无法利用民间组织灵活性、创新性的优势及时反映社区居民日益多样化和不断变化的需求（龙菲，2002）。具体而言，社区志愿服务发展困局还在于社区行政化引发的"三重矛盾"：社区志愿者的自愿参与和被动参与的矛盾；志愿服务的运动化与常态化发展之间的矛盾；志愿者个体服务与组织激励之间的矛盾（辛华，2016）。如此理解的"行政化"可以很好地解释目前社区居民的低参与率现象，却无法解释社区青年的更低参与率问题。为增加社区行政化概念的解释力，本文重新梳理了社区行政化的内涵，发现了一种可以称为"闭合机制"的隐形制度，可以用来解释青年缺位社区志愿服务的现象。

所谓社区行政化，本文的理解是社区行政管理替代社区居民自治的过程，也就是社区行政管理体制逐渐形成，社区生活共同体失去生长能力的过程。按照《城市居民委员会组织法》的立法本意，社区居民委员会本应是"居民自我管理、自我教育、自我服务的基层群众性自治组织"，但实际上，随着我国城市社区行政化不断深入，社区自治名存实亡。所谓"闭合机制"，本文指社区行政化导致的影响社区居民自动员和外来动员的区隔和阻滞机制。"闭合机制"在功能上有内向和外向之分。"闭合机制"的内向功能，主要是阻滞社区内竞争性自组织的成长空间①和按官方时间节律制约社区活动，这一功能是通过掌控社区社会组织的合法性来源和规定社区志愿服务时间节奏而实现的。"闭合机制"

---

① 竞争性自组织指有可能对社区居委会的行政权威构成挑战的群众自治组织，与此相对应的是非竞争性自组织，如各种自助与互助性的文体队伍等。目前城市社区的自组织的绝大部分是非竞争性自组织。

的外向功能，主要是区隔社区居民与社区外组织的直接联系，这一功能是通过社区行政化与深居防盗门内的低信任居民达成安全保护"协议"而实现的。对于社区青年而言，"闭合机制"的内向作用不仅有效制约了青年成立志愿服务自组织的冲动，而且因为他们的工作或学习时间与社区居委会重合而失去了被社区内志愿者组织动员的机会；"闭合机制"的外向作用则使他们从根本上失去了在社区内被社区外志愿者组织动员的机会。综合起来看，正是社区行政化的"闭合机制"使社区青年很少能在本社区成立自己的志愿者组织，也很少有机会参与社区志愿者组织及社区外志愿服务组织在社区开展的志愿服务活动。

三 样本的基本信息

对 224 份有效问卷的简单分析表明（见表 1），本次调查对象有以下特征：①男性比例要高出女性 11.6 个百分点，这可能与男性更加易于接受调查有关；②20 岁以下和 40 岁以上的调查对象比例都很小，符合研究设计的需要；③与年龄分布大体一致的是，82.6% 的调查对象处于已婚状态，未婚的仅占 17.4%；④与北京市整体情况相比，本次调查对象的文化程度偏高，其中硕士及以上就占了 25.9%，另有过半调查对象是大学本科，两者相加达 78.6%，而初中及以下的调查对象只占 2.7%；⑤84.9% 的调查对象有固定工作，暂无工作的占 8.9%，另外有少量学生，这样的样本分布有利于我们了解表现高校之外的青年志愿服务情况，符合研究设计需要；⑥应该与高学历者偏多有关，但也与北京市的收入水平大体一致，① 本次调查样本中月收入在 6000 元以上的占 64.3%，月收入在 10000 元以上的占 30.4%，而收入不足 3000 元的仅占 13.4%；⑦调查对象中党员比例明显偏高，民主党派的比例也高于北京的平均数，相应地，群众比例低于正常水平；⑧从户口分布看，非北京市户口所占比重为 49.6%，显示了本次调查社区的移民、混居特征；⑨70.1% 调查对象在社区的居住时间在 2 年以上 5 年以下，超过 5 年的只占 3.1%，反映调查社区是比较新的，与实际情况相吻合；⑩住户规模略为偏大，3 人户与 4 人户相加超过了 60%，另有近 20% 住户人口在 5 人以上。总体上，本次调查样本在北京城市社区中具有较好

---

① 根据中国首都网引用的北京市统计局发布的信息，2015 年北京市职工月均工资为 7086 元，参见 http://beijing.qianlong.com/2016/0604/654908.shtml。

的代表性。

表1 调查样本的基本信息

单位：%

变量	指标	频次	频率
性别	男	125	55.8
	女	99	44.2
年龄	16~19岁	6	2.7
	20~25岁	25	11.1
	26~30岁	59	26.4
	31~35岁	86	38.8
	36~40岁	44	19.2
	41~45岁	4	1.8
婚姻状况	未婚	39	17.4
	已婚	185	82.6
文化程度	初中及以下	6	2.7
	高中（含职业学校）	13	5.8
	大专	29	12.9
	大学本科	118	52.7
	硕士及以上	58	25.9
就业情况	学生	8	3.6
	有固定工作	190	84.8
	临时工作	4	1.8
	暂无工作	20	8.9
	其他（退休等）	2	0.9
平均月收入	无收入	19	8.5
	3000元以下	11	4.9
	3000~6000元	50	22.3
	6000~10000元	76	33.9
	10000元以上	68	30.4
政治面貌	中共党员	82	33.6
	民主党派成员	4	1.8
	共青团员	22	9.8
	群众	116	51.8

续表

变量	指标	频次	频率%
户籍状况	北京市户口	113	50.4
	非北京市户口	111	49.6
入住时间	0~12个月	15	6.7
	3~24个月	45	20.1
	5~36个月	41	18.3
	7~48个月	60	26.8
	9~60个月	56	25.0
	61个月以上	7	3.1
住户人数	1	10	4.5
	2	31	13.8
	3	83	37.1
	4	57	25.4
	5	34	15.2
	6+	9	3.9

四 青年参与社区志愿服务的基本情况

问卷统计结果显示（见表2），本次调查对象中仅有约一成的青年参与过本社区的志愿服务活动，而近九成的则没有。这一发现与迄今其他研究结论是一致的。这反过来也说明，本次调查数据是比较可信的。从调查对象参与社区志愿服务活动的内容看，维护社区卫生及治安环境占20.8%，服务社区老人、儿童、残疾人占37.5%，捐赠活动占37.5%，邻里互助占25%，主要是一些帮扶社区内弱势群体、保障社区卫生、治安的基础性活动，少有专业性技术类服务项目。从调查对象选择的频次看，54.2%的青年仅参与过一个社区志愿服务活动，37.5%的青年参与过2项，参与过3项以上的则非常少见；这与社区老年人一般都会参与多个志愿服务形成鲜明对比，说明社区对于青年参与志愿服务的动员能力很弱。即使能够偶尔动员到青年参加，其活跃程度也不会很高。

为了解青年在社区志愿服务活动中的收益情况，我们调查了青年接受社区志愿服务的情况。统计结果表明，超过一成的青年确实接受过社区志愿服务，说明从社区志愿服务中受益的青年很少。从接受过社区志愿服务类型看，主要是服务社区老人、儿童、残疾人，科普及政策宣传，社区文体活动，邻里互助等。从调查对象选择频次看，接受过社区志愿服务的青年中仅接受过1到2项活动的占65.4%，仅有11.5%的青年接受过4项及以上活动；这说明，青年能从社区参与志愿服务中受益的活动类型很少。

表2 青年参与及接受社区志愿服务的情况

变量	指标		频次	频率（%）
接受过社区志愿服务	是	4项	3	1.3
		3项	6	2.7
		2项	8	3.6
		1项	9	4.0
	否	0项	198	88.4
接受过社区志愿服务类型	维护社区卫生及治安环境		6	23.1
	服务社区老人、儿童、残疾人		12	46.2
	邻里互助		8	30.8
	社区文体活动		9	34.6
	提供技术服务		2	7.7
	科普及政策宣传		12	46.2
	捐赠活动		8	30.8
参与过社区内志愿服务	参与过	3项	2	0.9
		2项	9	4.0
		1项	13	5.8
	没有	0项	200	89.3
参与过社区内志愿服务类型	维护社区卫生及治安环境		5	20.8
	服务社区老人、儿童、残疾人		9	37.5
	邻里互助		6	25.0
	社区文体活动		2	8.3
	提供技术服务		4	16.7
	科普及政策宣传		4	16.7
	捐赠活动		9	37.5
	其他		1	4.2

续表

变量	指标	频次	频率（%）
参与原因	志愿公益	10	41.67
	社区居民互助	9	37.50
	增进与社区内其他人的联系交往	5	20.83
	工作/学习需要	1	4.17
	社区动员	1	4.17
	单位/学校鼓励	2	8.33
	个人兴趣	8	33.33
	家人/朋友的影响	2	8.33
	其他	1	4.17
社区满意度	非常满意	21	9.4
	比较满意	84	37.5
	基本满意	99	44.2
	不太满意	17	7.6
	很不满意	3	1.3

交叉分析发现，既参加过也接受过社区志愿服务的青年占比4.0%，参加或接受过社区志愿服务的青年占比14.3%，其余81.7%的青年既未参加也未接受过社区志愿服务。这说明，绝大多数青年目前无涉社区志愿服务，而且即使涉及，大多数也是擦肩而过。

从参与社区志愿服务的原因看，公益志愿、社区居民互助、个人兴趣、增进与社区其他人的联系交往等几项占八成以上（82.1%），说明青年在选择是否参与社区志愿服务上有较强的自主意识，既有利他冲动，也有较明确的个人目的。特别值得注意的是，由于社区动员而参与的比例很低，说明社区在动员青年参与志愿服务方面确实乏力。

五 青年参与社区志愿服务的意愿

青年很少参与社区志愿服务，是否由于他们缺少这方面的意愿？统计结果表明，事实并非如此（见表3）。首先，在无其他条件限制的前提下，几乎所有调查对象选择了他们可能会参加的志愿服务项目，尤其是环保类、扶贫助弱类、赛事活动类以及那些能发挥或提升其能力与特长的志愿服务活动。其次，至少有40.6%的调查对象非常愿意和比较愿意成为本社区活跃或骨干志愿者，而表示不太愿意和很不愿意的青年只占12%。再次，超过1/3的调查对象表示非常愿意和比较愿意自己在本社区成立志愿者组织，而对此表示不太愿意和很不愿意的仅占二成。交叉分析的结果还表明，既愿意（非常愿意＋比较愿意）成立自己的社区志愿者组织也愿意（非常愿意＋比较愿意）成为本社区活跃或骨干志愿者的调查对象占全部调查对象的28.1%，既不愿意成为本社区活跃或骨干志愿者也不愿意自己在本社区成立志愿者组织的占50.0%。同时表示"非常愿意"自己在本社区成立志愿者组织及成为本社区活跃或骨干志愿者的占4%。说明社区并不缺乏潜在的青年志愿者领袖。需要说明的是，不愿意成为本社区活跃或骨干志愿者或不愿意自己在本社区成立志愿者组织的青年，并不表示他们不愿意或不会参加志愿服务，如果有足够的志愿服务项目符合他们的参与倾向的话。这反过来说明，绝大多数青年确实都有可能参与社区志愿服务的意愿。

表3　青年参与社区志愿服务的意愿

单位：%

变量	指标	频次	频率
成为本社区活跃或骨干志愿者	非常愿意	13	5.8
	比较愿意	78	34.8
	不一定，看情况	106	47.3
	不太愿意	26	11.6
	很不愿意	1	0.4
自己在本社区成立志愿者组织	非常愿意	18	8.0
	比较愿意	66	29.5
	不一定，看情况	95	42.4
	不太愿意	42	18.8
	很不愿意	3	1.3
社区外志愿服务	是，经常参加	11	4.9
	是，偶然参加	92	41.1
	没有参加过	121	54.0

意愿与现实之间总有差距。青年很少参与社区志愿服务，是否由于他们本身确实很少有做志愿服务的习惯？问卷统计显示，在社区外参加过志愿服务的

调查对象比例高达46%，其中还有不少是经常参加的。交叉分析的结果表明，7.1%的调查对象既参加过社区志愿服务也在社区外参加过志愿服务，50.4%的调查对象既未参加过社区志愿服务也没有参加过社区外志愿服务，或者参与过社区或者参与过社区外志愿服务的占42.4%。这就是说，近一半（49.6%）的人实际上参加过志愿服务，远远超过了青年社区志愿服务的实际参与率（10.7%）。

六 青年未参与社区志愿服务的原因分析

如表4所示，在青年未参加社区志愿服务的自述原因中，接近六成的调查对象报告说是因为缺少时间，是所有选项中比例最高的，这与其他研究的发现是相一致的（张网成，2011：32）。"不知道社区有志愿服务活动""不知道参与渠道"也是非常重要的理由。选择"与社区其他人交往少，不熟悉"和"没有感兴趣的服务项目"的调查对象也有一定的比例。这些自述原因，可以分为三类：一是"个人客观因素"，包括缺少时间；二是"社会关系因素"，包括家人/朋友是否支持、周围是否有人参加及社区居民是否相熟；三是"社区志愿者组织与青年互动因素"，包括社区提供的志愿服务是否令人感兴趣及是否符合潜在志愿者的能力、社区志愿服务的组织者是否对所开展的服务活动进行了充分的推介。在总选择频率中，第一类因素占35.0%，第二类因素占10.6%，第三类因素占54.4%，显然第三类因素是至关重要的。

为了解社区志愿服务供给不足对青年社区志愿服务参与的影响，问卷就青年倾向参与的志愿服务项目及活动进行了询问。结果发现（见表4），只有1名调查对象未做出选择，其余调查对象做出的选择为1.78项，青年所钟爱的志愿服务类型依次为环境保护类（43.3%）、符合自己兴趣和专业特长的活动（33.9%）、帮贫扶弱类（27.2%）、大型赛事/活动类（22.3%）、知识和能力提升类（能提升自己知识、能力的活动）（17.4%）以及专业性志愿活动类（16.5%）等。将这些青年志愿服务倾向性类型与表2中青年参与过的社区志愿服务类型相比，可以发现二者之间的差距是非常明显的。这说明，目前社区志愿服务组织者在项目设计时很少考虑到青年的志愿服务倾向。

表 4 青年未参加社区志愿服务的自述原因

单位：%

变量	指标	频次	频率
未参与原因	缺少时间	115	57.5
	没有感兴趣的服务项目	19	9.5
	没有符合我能力的服务项目	3	1.5
	不知道参与渠道	73	36.5
	不知道社区有志愿服务活动	84	42.0
	周围人未参加	5	2.5
	家人/朋友不支持	2	1.0
	与社区其他人交往少，不熟悉	28	14.0
倾向参与项目/活动	大型赛事/活动类	50	22.3
	环境保护类	97	43.3
	帮贫扶弱类	61	27.2
	专业性志愿活动（如医疗、翻译等）	37	16.5
	网络平台的公益活动	19	8.5
	能提升自己知识、能力的活动	39	17.4
	符合自己兴趣和专业特长的活动	76	33.9
	对自己就业、发展有帮助的活动	14	6.3
	其他	3	1.3

为了解究竟哪些因素影响了青年的社区志愿服务参与，这里以是否参加过社区志愿服务为因变量进行了建模分析，分析数据结果如表5所示。从二元 logistic 回归模型Ⅰ的分析结果看，人口统计学变量中除了性别和入住时间外，其他变量均对青年是否参与社区志愿服务产生显著性影响。模型Ⅱ通过引入社区外志愿服务经历、社区志愿服务体验和青年志愿服务动机（利他/利己）3个解释变量，其解释力有了较大幅度的提高。从产生显著性影响的解释变量看，社区外参与志愿服务的经历有利于提升青年在社区参与志愿服务的概率，说明在社区内外参加志愿服务并不会互相排斥，反而可能相互强化；在社区接受志愿服务的经历同样有利于提升青年在社区志愿服务中的参与概率，但这可能与社区志愿服务的供给质量无关，而与表4中"不知道参与渠道"和"不知道社区有志愿活动"有关。从分类表预测值看，无论是模型Ⅰ还是模型Ⅱ都存在一个明显的缺陷，即对"参加过"的解释力过弱。这种状况显然与社区志愿服务供

给侧变量信息不足有关。这与上述关于未参与社区志愿服务的自述原因分类结果是一致的。

表5 青年参与社区志愿服务影响因素回归分析

变量		模型Ⅰ			模型Ⅱ		
		B	S.E.	Exp(B)	B	S.E.	Exp(B)
性别		1.461	.609	4.312**	1.562	.677	4.768**
年龄		.122	.279	1.130	.160	.306	1.174
婚姻状况		.017	.929	1.017	-.191	1.077	.826
学历		.999	.637	2.715	1.220	.719	3.386
就业情况		.260	.857	1.297	.399	.944	1.490
收入水平		-.729	.666	.483	-.914	.765	.401
政治面貌		-.472	.538	.624	-.862	.607	.422
户籍		-.022	.512	.978	-.249	.562	.779
入住时间		-.491	.224	.612**	-.370	.233	.691
家庭人口		-.256	.207	.774	-.244	.227	.784
社区满意度		.235	.300	1.264	.047	.316	1.048
社区志愿服务体验					1.856	.608	6.397**
社区外志愿服务经历					.939	.428	2.558**
青年志愿服务动机（利他/利己）					.425	.419	1.530
常量		3.450	1.979	31.503	.314	2.282	1.369
分类表预测值	参加过		4.3			17.4	
	未参加过		100.0			98.0	
	综合		90.0			89.5	
-2对数似然值			125.894			107.914	
Cox & Snell R^2			.093			.164	
Nagelkerke R^2			.191			.336	

注：** 表示 $p < 0.05$。

按正常的理解，人们对所在社区是否满意将影响其参与社区事务的意愿。但在模型Ⅰ和模型Ⅱ中，"社区满意度"变量未对人们是否参与社区志愿服务产生显著性影响。这一结果耐人寻味。为了对此进行检验，这里分别以"是否愿意成为本社区活跃或骨干志愿者"及"是否愿意自己在本社区成立志愿者组织"为因变量进行建模分析。结果表明（见表6），在模型Ⅲ中和模型Ⅳ中，"社区满意度"变量对因变量产生了显著的正向影响。这与模型Ⅰ和模型Ⅱ中"社区满意度"变量没有对青年是否参与社区志愿服务产生显著影响，形成了鲜明的对照。这就是说，青年对于社区的主观评价虽然会影响到他们的社区志愿服务参与愿望，但不会在实际上影响他们是否参与社区志愿服务。对此只有一个合理解释，即现有的社区志愿服务是被安排的，非自主选择的。也正因此，人们在社区的志愿服务不会反过来影响他们对社区的满意度评价，如模型Ⅴ所示。这样一来，也就可以解释，为什么在模型Ⅲ和模型Ⅳ中，无论是参与还是接受社区志愿服务的经历都未对青年"是否愿意成为社区活跃或骨干志愿者"或"是否愿意自己在本社区成立志愿者组织"产生显著性影响。据此可以推测，模型Ⅱ曾得出的一个分析结论，即接受过社区志愿服务的经历有助于提高青年参与社区志愿服务的概率，其发生作用的机制很可能不是内在的激励，而是外在条件的改善，如志愿服务信息传播导致知晓率提高等。

表6 青年积极参与社区志愿服务意愿的影响因素回归分析

变量	模型Ⅲ		模型Ⅳ		模型Ⅴ	
	B	Exp（B）	B	Exp（B）	B	Exp（B）
性别	.117	1.124	.288	1.334	-.252	.777
年龄	.029	1.029	-.153	.858	.150	1.162
婚姻状况	-.430	.651	.079	1.082	.056	1.058
学历	-.465	.628	-.715	.489	-.323	.724
就业情况	.175	1.191	.133	1.142	-.205	.815
收入水平	-.086	.917	.251	1.285	.093	1.098
政治面貌	-.202	.817	-.154	.857	-.154	.858
户籍	.244	1.276	.185	1.203	-.016	.984
入住时间	.315	1.370**	.256	1.292*	.233	1.263*
家庭人口	-.092	.912	-.134	.875	-.122	.885
社区满意度	.539	1.714**	.660	1.935**		
社区志愿服务参与	.481	1.617	.007	1.007	.753	2.123
社区志愿服务体验	.272	1.313	.813	2.254	.018	1.018
社区外志愿服务经历	.419	1.520	.314	1.369	.565	1.760**

续表

变量		模型Ⅲ		模型Ⅳ		模型Ⅴ	
		B	Exp（B）	B	Exp（B）	B	Exp（B）
青年志愿服务动机（利他/利己）		-.369	.691	-.067	.936	-.225	.798
常量		-1.649	.192	-1.822	.162	-1.936	.144
预测值	愿意	43.8		39.5		52.9	
	不愿意	78.6		85.6		71.2	
	综合	64.5		68.6		62.7	
-2 对数似然值		270.934		260.474		287.962	
Cox & Snell R^2		.111		.124		.070	
Nagelkerke R^2		.150		.169		.093	

注：* 表示 $p<0.10$；** 表示 $p<0.05$。

七　青年参与社区志愿服务决策模型

目前，青年参与社区志愿服务以被动参与为主，而这也是造成现阶段青年社区志愿服务参与率低的重要原因之一。解决这种困境的出路离不开青年的积极参与，包括自己在本社区成立志愿者组织，因此有必要在不设前提的情况下了解影响青年将参与或组织社区志愿服务的决策因素。统计结果表明，将青年参与或组织社区志愿服务视为一种理性行动，其决策过程受到多种因素的影响，且不同的因素对不同青年的影响差异明显，适宜用系统决策模型来分析。总体而言，影响较大的因素依次为闲暇时间、社区志愿服务活动的吸引力（是否与个人兴趣相符、是否便利）、社区是否具备客观条件（场地、设施）、家人的态度和行为以及社区管理者的态度和行为。态度和行为分别属于主观和客观范畴，但它们对决策者的影响是综合的，如社区管理者仅仅对青年发出成立自己的社区志愿者组织的邀请而没有任何实质性的支持行动是很难让受邀青年下定决心自己在本社区成立志愿者组织的，因此本次调查在问卷设计时将态度和行为作为同一选项列出。

为了解调查对象作为一个群体在选择是否将参与或组织社区志愿服务时的决策模型，我们对表7中的10项要素做了因子分析。Bartlett球形度检验结果是拒绝原假设，KMO检验值为0.832，方差贡献率累积达到81.075%，说明比较适合做因子分析。这里将提取的4个公因子分别命名为"社区关系因子"（F1）、"社区志愿服务供给能力因子"（F2）、"社区官方支持因子"（F3）和"个体限制条件因子"（F4）。从各因子对决策模型的贡献看（见表8），"社区关系因子"对决策的影响最大，这应该与目前志愿服务文化在整个社会和具体社区都还没有生根发芽的情况下青年的社区志愿服务参与更多地会受到社会关系人是否支持及参与志愿服务的影响有关。从"成分得分系数矩阵"提供的分解数据看，对"社区关系因子"影响最大的是亲戚及朋友而不是家人的态度与行为；"邻居的态度和行为"因子对公因子的影响最小，这与目前社区居民家庭间关系比较淡漠有关。"社区志愿服务供给能力因子"对决策模型的贡献仅次于"社区关系因子"，这与上面关于青年未参与社区志愿服务的自述原因分类"社区志愿者组织与青年互动因素"的统计结果是基本一致的。"个体限制条件因子"对决策模型的贡献率最低，这与前述"个体客观因素"对未参与社区志愿服务的影响份额有很大的差异。事实上，在既未限定最低时长也未规定具体服务时间的前提下，超过1/3的调查对象因为缺少时间而未参加志愿服务的理由是难以让人理解的。从"成分得分系数矩阵"提供的分解数据看，"社区志愿活动是否便利"对"社区志愿服务供给能力因子"的贡献率非常小，这应该与一旦青年主动和积极地参加社区志愿服务，"便利性问题"会迎刃而解有关。"社区官方支持因子"对决策模型的贡献大于"个体限制条件因子"是容易理解的，因为解决社区志愿服务的供给能力问题在现行社区管理体制下离不开社区管理者态度和行为的转变。

表7 影响青年参与社区志愿服务的决策因素

影响因素＼影响程度	100%	80%	50%	30%	无影响	样本数
家人的态度和行为	15.8	25.8	18.6	5.9	33.9	221
亲戚的态度和行为	6.9	11.5	17.9	8.3	55.5	218
朋友/同学/同事的态度和行为	6.9	11.5	20.2	10.6	50.9	218
邻居的态度和行为	6.9	16.1	17.0	11.5	48.6	218
社区管理者的态度和行为	18.6	22.9	19.0	11.0	28.6	210
自己是否有足够的闲暇时间	46.3	25.9	14.4	8.3	5.1	216
社区志愿活动是否便利	19.4	38.2	20.7	8.8	13.0	217

续表

影响因素\影响程度	100%	80%	50%	30%	无影响	样本数
社区志愿活动是否能引起我的兴趣	25.1	37.9	19.6	6.8	10.5	219
社区是否有开展志愿活动的场地	14.7	30.7	22.9	12.4	19.3	218
社区是否有开展志愿活动的设施	16.1	30.3	22.9	11.5	19.3	218

表8 青年参与本社区志愿服务的决策模型

单位：%

变量	正交旋转因子负载				公因子方差
	F1	F2	F3	F4	
亲戚的态度和行为	.900	.095	.003	-.058	.823
朋友/同学/同事的态度和行为	.899	.170	.067	-.043	.844
邻居的态度和行为	.784	.085	.400	-.026	.783
家人的态度和行为	.779	.152	.134	.135	.666
社区是否有开展志愿活动的设施	.150	.891	.168	.015	.845
社区是否有开展志愿活动的场地	.120	.886	.228	-.036	.853
社区志愿活动是否能引起我的兴趣	.146	.824	.057	.163	.729
社区志愿活动是否便利	.117	.589	.529	.250	.703
社区管理者的态度和行为	.240	.292	.867	.014	.896
自己是否有足够的闲暇时间	-.012	.115	.055	.975	.966
特征值	2.970	2.772	1.301	1.065	8.107
方差百分比	29.697	27.720	13.011	10.647	81.075

八 结论与反思

从上面的数据分析中，本文得出以下结论：①社区青年中参与过志愿服务的比例（49.6%）远远高于他们在本社区参与社区志愿服务的比例（10.7%），说明青年缺位本社区志愿服务并非因其无意参与志愿服务；②社区青年中愿意积极（"成为本社区活跃或骨干志愿者"或"自己在本社区成立志愿者组织"）参与本社区志愿服务的比例（50%）很高，远高于他们目前的参与率，说明目前社区青年中绝大部分未能参与本社区志愿服务并非出自其自身意愿；③社区青年所参与的社区志愿服务类型与其所希望参加的志愿服务类型之间有很大的区别，说明目前社区的志愿服务供给能力是导致多数青年未参加本社区志愿服务的重要原因；④社区青年未参加社区志愿服务的原因自述中，"社区志愿者组织与青年互动因素"占重要地位，说明社区志愿服务供给能力不足是青年未能参与本社区志愿服务的重要原因；⑤"社区志愿服务供给能力因子"和"社区官方支持因子"对社区青年是否会参与社区志愿服务的决策影响至关重要，说明在社区志愿服务供给能力不改善的前提下动员更多青年参与本社区志愿服务是难以有成效的；⑥青年在本社区的志愿服务体验和在社区外的志愿服务经历对其是否参与社区志愿服务有正向影响，说明社区管理者在理论上是可以通过为青年提供志愿服务而吸引更多的社区青年参与本社区志愿服务的，但兼顾第四点和第五点结论，参与率的提升空间不会太大；⑦社区满意度与青年是否参与及接受本社区志愿服务不相关，说明目前青年在社区参与志愿服务的被动性质，也说明现有框架条件下的社区志愿服务参与很难实现理论上预设的社区共同体建设功能，如培育社区意识、增强社区团结、密切社区互助、促进社区和谐、维持公平正义等（王连巧，2010）。

综合上面的结论可以说，青年缺位本社区志愿服务是一个事实，对社区志愿服务组织者来说它是一个问题，但问题的根源不在青年，而在于组织者自身。青年缺位本社区志愿服务，无法用青年缺少服务所在社区的意愿或动机来解释，更多的是社区志愿服务供给能力缺乏所致。社区志愿服务供给能力不足，是社区行政化过程中形成的"闭合机制"发生作用的结果。在不改变现行社区行政化态势的前提下，社区管理者可以通过增加周末办公时间以及对社区外志愿者组织选择性地开放社区动员空间（如将信得过的社区外志愿者组织列入放行名单、鼓励公益组织长期驻社发展、支持社区自组织跨社区活动等），使得社区青年在本社区的志愿服务参与率有一定程度的提高，但这些会给社区管理者增加成本的技术性改变究竟能产生多大影响还拭目以待，更重要的是，技术性改变无法从根本上解决社区行政化给青年参与社区志愿服务带来的结构性困局。

社区行政化显然违背了立法本意，但社区行政化也是现有社会管理体制下的必然结果，关于网格化管理和信息技术的运用，行政在社区的管理能力达到了极致。如果社区自治终非中国特色，西方学者（萨拉蒙，2008；帕特南，2001）所预言的社区建设与社区志愿服务之间的关联性在中国情景下可能不会再现。对于中国学术界而言，由此带来的挑战将是如何设置社区志愿服务的建设目标以及如何从理论上进行论证。对此挑战的回应显然既超越了本文作者的学术能力，也非本文所追求的目标。本文作者所能设想的仅仅是，可以在"开放社区"的原则指导下通过技术层面的制度改变尽量为社区青年自组织的生长和社区外志愿者组织的介入赢得空间，从而在一定程度上增强社区志愿服务的供给能力。

参考文献

〔美〕罗伯特·D·帕特南（2001）：《使民主运转起来》，王列、赖海榕译，江西人民出版社，第195页。

〔美〕莱斯特·M·萨拉蒙（2008）：《公共服务中的伙伴——现代福利国家中政府与非营利组织的关系》，田凯译，北京：商务印书馆，第51页。

黄波（2013）：《关于社区志愿者队伍建设的若干问题》，《沈阳大学学报（社会科学版）》，（6）。

黎付林（2012）：《我国城市社区志愿服务发展研究综述》，《湖南行政学院学报》，（1）。

龙菲（2002）：《当代中国的社区志愿服务》，《城市问题》，（6），第56~58页。

民政部等（2005）：《关于进一步做好新形势下社区志愿服务工作的意见》《民法》2005〔159〕）。

王连巧（2010）：《社区志愿服务的发展与和谐社区构建》，《学术论坛》，（4）。

王萍等（2009）：《青岛市社区志愿者工作状况调查与分析》，《中共青岛市委党校学报》，（4）。

辛华、王猛（2016）：《三重矛盾：我国社区志愿服务的困境与破解》，《社会建设》，（1）。

张网成（2011）：《中国公民志愿行为研究》，北京：知识产权出版社。

郑瑞涛、刘畅（2013）：《北京城市社区志愿服务发展现状研究》，《北京城市学院学报》，（5）。

Reasons for Youth Absence in Community Volunteer Service: Based on a Community Survey in Beijing

Zhang Wangcheng Chen Feng Liu Xiaoyan

[**Abstract**] This paper studies the irrational structure of community volunteers. By analyzing the survey questionnaire in a certain community in Beijing, it is found that the absence of young volunteers in this community does exist. However, it is not caused by the lack of willingness or motivation of youth. Instead, it is closely related to the insufficient supply of community volunteer services. One of the main reasons for the lack of voluntary service supply is thebureaucratization of community committee. Under the premise of keeping the existing social management system unchanged, to enable more young people to return to their own communities to participate in voluntary service, we can only rely on some changes in social control technologies to improve the community voluntary service supply capacity.

[**Keywords**] Community Volunteer Service; Bureaucratization of Community Committee; Youth; Willingness to Participate; Decision-making model

（责任编辑　林志刚）

潮汕善堂的民间信仰、慈善事业与信仰经济

——以汕头市 XY 善堂三元运作模式为例*

赖钰麟**

【摘要】 潮汕善堂运作的三元模式,其特色在于慈善事业、民间信仰与信仰经济之间的互动关系。首先,包括大峰祖师信仰及相关宗教观念在内的民间信仰,能激发信众的行善动机,促使他们参与慈善事业。信众的行善动机多为"自利型宗教行善"与"利他-自利型宗教行善"。其次,慈善事业反过来,也会"婉饰"与"合法化"民间信仰。汕头市 XY 善堂对外强调其慈善事业以及民间信仰的慈善意义,一方面可以婉饰民间信仰的宗教意义,另一方面也维护了自身的合法性。最后,信仰经济的发展,为慈善事业提供了运营经费。信仰经济由善堂经济、神道经济与民俗经济组成,它们均有重要的民间信仰因素。此外,民俗服务收入也是 XY 善堂收入的一大特点,从中可看到善堂经营的"宗教治理"策略。

【关键词】 潮汕善堂 宗教慈善 民间信仰 信仰经济

---

* 笔者衷心感谢韩山师范学院郑群辉教授、XY 善堂前员工陈先生与韩先生接受访谈,以及汕头大学研究生蔡莎琪提供协助。文责自负。基金项目:广东高校省级重大科研项目(2015WTSCX026)、汕头大学科研启动基金资助项目(STF16002)。

** 赖钰麟,汕头大学法学院副教授,研究方向为非营利组织管理与国际关系。

一 前言

一般人谈到宗教与慈善的关系时,往往只注意佛教与基督教等五大宗教,而忽略民间信仰的作用(陈志明,2013:115)。如果要研究民间信仰与慈善事业的关系,一个很好的例子是潮汕善堂,它的最大特点就是这二者的紧密结合(林悟殊,2000:468)。潮汕善堂既是一种信仰场所,又是一种慈善机构。它的宗教信仰属于民间信仰的一种,作为信仰形态来说内容颇为驳杂,儒、道、佛及各种民间宗教思想竞相杂糅。然而,大峰祖师与其所代表的佛教慈善传统,通过民间信仰的形式,深刻地影响着它的文化建构(郑群辉,2015:226、248)。① 此外,它还有两个重要的特点:一是由于它拥有民间信仰的支持,以及改革开放以来的大规模恢复活动,它并未像中国其他地区善堂那样消失;② 二是由于民间信仰的缘故,随着早期潮汕人大量移民海外,它还传播到泰国、新加坡、马来西亚等东南亚国家,并逐渐形成跨国善堂网络。本文在研究潮汕善堂与东南亚潮人善堂文献的基础上,以潮汕善堂中影响最大的XY善堂为例,提出潮汕善堂运作的三元模式,并依次讨论民间信仰与慈善事业的相互影响,以及信仰经济对慈善事业的影响。

XY善堂主要由三部分组成,核心部分是以XY念佛社(大峰庙)为代表的信仰场所,再加上以服务实体机构与社救部为代表的慈善机构,和以XY陵园与法事部为代表的民俗服务机构。XY善堂的历史发展可以分为三个阶段。

第一阶段是1899~1951年。光绪二十五年(1899年)信众恭奉大峰祖师

---

① 从2017年10月20日对郑群辉教授的访谈记录中得知,多数潮汕善堂主祀大峰祖师,该信仰的历史发展可以分为三个阶段(林悟殊,1996:41)。第一阶段始于南宋宝祐四年,民众建报德堂来感恩大峰的建桥善举,这时只是将他视为佛教高僧。第二阶段到了明代隆庆年间,报德堂已成弃庙。随着时间的推移,他渐为人们所淡忘。第三阶段清代重兴大峰祖师信仰,受到当地民间信仰的影响,民众开始将他加以神化,他成为当地的地方神祇之一,由此该信仰转变为民间信仰。由此可知,它的文化渊源包括佛教文化与当地民间信仰。另从XY善堂的历史发展可知,该信仰还受到清末扶鸾结社运动与民国以来善门德教的影响。此外,据2017年8月31日对XY善堂的观察发现,XY念佛社(大峰庙)现在时常举行扶鸾仪式,也供奉三山圣王、宋禅祖师、柳春芳师尊、杨筠松师尊等神祇,具有浓厚的民间信仰色彩。
② 2017年10月20日,对郑群辉教授的访谈记录。

神像来汕头设坛,这是它的最初起源。该阶段的发展显示,在地方政府无力解决危及民众生存需求的各种灾害时,社会运用民间信仰组织的形式,并在商人、华侨与地方政府的资源支持下,一方面提供民众所需的精神慰藉,一方面尽力减少这些灾害的负面影响,如鼠疫、水灾、沉船、火灾、地震、战乱、风灾、饥荒等(XY 善堂,1948:6~8)。此外,它从应急性的救济活动发展到制度化的机构服务(张帆,2005:83),这个经验深深影响了它在当前的发展。①

第二阶段是 1951~1994 年。1950 年它被认定为迷信组织,1951 年汕头市政府宣布接管。地方政府否定其民间信仰的政治合法性,潮汕善堂因此中止一切活动。

第三阶段是 1994 年至今。1994 年 XY 善堂经汕头市政府批准恢复活动。潮汕善堂能逐渐恢复活动,缘于民众对民间信仰与民俗服务的需求,善堂老社友、商人与华侨提供资源支持,以及地方政府放松对善堂的限制。目前,地方政府一方面默许潮汕善堂的民间信仰,另一方面肯定潮汕善堂的慈善事业(周志荣,2009:89~93)。2009 年,XY 善堂发展成为独立的社会团体,并创办了许多服务实体机构。它不仅是民众参与慈善事业的有效渠道,还是政府扶助弱势群体的有益补充,而且它还勇于尝试传统慈善模式的创新求变。

二 潮汕善堂与东南亚潮人善堂研究

善堂的民间信仰研究主要关注宗教仪式的文化内涵与民间信仰的跨国影响。李志贤对新加坡潮人善堂的扶鸾、香茶水、做功德等宗教仪式进行了研究,并指出这些仪式具有重要的文化内涵。例如,做功德仪式蕴含着"冥孝"观,对维护家庭、家族的秩序起着积极的作用(李志贤,2016:175~194;李志贤,2010:16~29;李志贤,2007:94~122)。志贺市子提出东南亚潮人善堂的超亡仪式具有惊人的共通性,并有助于当地"潮州人"族群的建构与维持。此外,维持仪式文化的关键是海外华人社会与侨乡之间有着持续性的人才往来(志贺市子,2016:148~174)。此外,王惠研究了新、马潮人善堂的大峰祖师扶鸾仪式,指出它对潮汕地区信仰体系与慈善事业有一定的影响(王惠,2016:

---

① XY 善堂会长表示,"我们只是把善堂的传统延续了下来,并根据社会的需要进行调整"。(戎飞腾,2013)

59~67）。陈岱娜提出善堂及其信仰是潮汕地区与东南亚华人之间"跨国社会领域"的社会组织与文化纽带的一个基础（陈岱娜，2016：138~143）。

善堂的慈善事业研究主要包括民国时期的潮汕善堂与当今的华侨报德善堂，并将前者置于跨国慈善网络进行分析。张帆介绍了民国时期汕头善堂及其救济事业，并提出随着市政建设的开展，政府试图将善堂救济事业纳入掌控之中（张帆，2005：61~112）。陈景熙研究了香港德教会赈济潮汕地区的机制，并提出潮汕善堂与基层社会保甲系统的合作是代赈棉衣的主要方式（陈景熙，2013：45~48）。欧俊勇研究了暹侨救荒会的"暹赈米"模式，即潮汕善堂接受善后救济协会委托来完成放赈任务（欧俊勇，2016：110~126）。此外，钟大荣与王珊珊总结了华侨报德善堂的五个主要功能，包括扩大宗教慈善文化的社会影响，积极融入泰国社会，凝聚族群社会与扩大社会网络，倡导社会改革，推动中泰一家亲等（钟大荣、王珊珊，2014：23~30）。郑会欣分析了华侨报德善堂的慈善事业，并指出其成功经验是适应泰华社会的实际需要，并能随着时代潮流而不断发展（郑会欣，2000：475~488）。[①]

善堂的历史研究主要关注善堂不同阶段的发展历程及其内容和特点。徐苑将潮汕善堂的发展历程分成了辛亥革命以前、民国时期、20世纪80年代以来三个发展阶段，指出村社善堂与城镇善堂的不同社区结构，并介绍了潮汕善堂的死亡仪式与修骸骨仪式（徐苑，2006）。陈春声介绍了晚清以来潮汕善堂与大峰祖师崇拜的发展历程，以及华侨对于潮汕善堂早期发展与当今重建的重要作用（陈春声，2007：77~93）。周秋光与胡远志探析了潮汕善堂文化，并提出其历史源流深受国家民族发展过程的影响，民间信仰强力支撑着潮汕善堂的存续，传统资源在慈善事业发展中大有可为（周秋光、胡远志，2017：28~34）。杨正军分析了潮汕善堂的历史嬗变，包括晚清时期的兴起及其社会背景，民国时期的传播与发展，改革开放以来的复兴与转型（杨正军，2015：20~24）。此外，苏庆华阐述了新马修德善堂的跨国发展，以及它们对于母堂堂宇建设与百周年庆典的经费支持（苏庆华，2016：127~147）。林悟殊介绍了华侨报德善堂的发展历程及其领导人郑午楼的华侨观，并指出其资源运作包含了善堂经济、神道经济与基金经济的经济模式（林悟殊，1996）。

[①] 华侨报德善堂是影响最大的泰国潮人善堂，它的基本情形可参考其百年纪念特刊（华侨报德善堂，2010）。

民间信仰与慈善事业有着相互促进的关系。陈志明指出善堂的慈善传统有助于提升民间信仰的仁慈形象（Tan，2012：75）。林悟殊认为潮汕善堂的最大特色是慈善活动与民间信仰的紧密结合，包括善堂的创立源于民间信仰的传播，其经济来源与民间信仰分不开，慈善活动常与民间神事活动相结合（林悟殊，2000：467~470）。郑群辉指出民间信仰为潮汕善堂的慈善行为提供了神圣保证（郑群辉，2015：245~246）。此外，李志贤分析新加坡潮人善堂时，提出善堂信仰的三元互动模式。他认为善堂的信仰及其活动主要表现在三方面，亦即慈善事业、宗教仪式与社群认同。善堂信仰的传播、生存与发展有赖于这三方面的有效运作，发挥它们各自的功能。具体而言，慈善事业是善堂信仰的支柱，也会加强信众的凝聚力。宗教仪式为慈善事业提供了精神元素与动力，转而强化信众的凝聚力。社群认同与凝聚力加强了信众参与宗教仪式与慈善活动的意愿（李志贤，2009：25）。苏庆华指出南洋同奉善堂所倡办的福利慈善义举，无不在秉承诸佛仙尊圣训旨意下推广奉行（苏庆华，2003：211）。

三　潮汕善堂运作的三元模式

本文借鉴李志贤善堂信仰的三元互动模式理论框架，结合潮汕善堂民间信仰、慈善事业与信仰经济关系的主题，对该模式进行了三处修改，提出了潮汕善堂运作的三元模式。首先，在慈善事业、宗教仪式与社群认同三个元素中，先将社群认同去掉，而加上信仰经济。社群认同的影响是新加坡潮人善堂与潮汕善堂的不同之处。新加坡是多族群与多方言群的国家，主要族群包括华人、马来人与印度人，华人还可再细分为福建人、潮州人、广府人、客家人与海南人等方言群。因此，社群认同在新加坡华人社会具有重要的意义，① 对于潮人善堂在新加坡的运作深具影响。相较而言，潮汕地区是以潮汕文化为主体的地区，社群认同对于潮汕善堂在潮汕地区的运作影响较不显著。② 本文的研究对象是潮汕善堂，因此理论框架去掉社群认同。此外，李志贤较少关注信仰经济，

---

① 在整个中国移民史上，方言群的区分无不体现于他们的社会结构、身份意识、文化表征、职业特性，以及参与公共事务等方方面面（孔飞力，2016：25）。
② 本文审稿专家特别指出，没有东南亚潮汕商人的社群认同，潮汕地区的善堂也难以顺利恢复，这是深具启发的重要观察。

加上它是想突显善堂的一大特色,亦即其经济收入与民间信仰密切相关。林悟殊分析华侨报德善堂的经济模式时,将它分为善堂经济、基金经济与神道经济。善堂经济是指依赖会员缴费与向社会募捐,来从事慈善工作的经营方式。神道经济是指依赖信众自动捐赠来维持庙宇的存在与发展(林悟殊,1996:173、180)。比较潮汕善堂与华侨报德善堂的差异,前者缺乏基金经济的部分,而且民俗经济更为重要。① 此外,善堂经济、神道经济与民俗经济都与民间信仰密切相关,因此本文将这三者合并为信仰经济,亦即潮汕善堂的经济收入包括会员缴费与向社会募捐、信众自动捐赠、民俗服务收入,它运用这些收入来支持自身运作与从事慈善事业。其次,与其说是宗教仪式为慈善事业提供了精神元素与动力,不如说是宗教仪式所象征的民间信仰为慈善事业提供了精神元素与动力。此外,本文关注的是激发信众行善动机的宗教因素,民间信仰也比宗教仪式更为适合。因此,将宗教仪式改为民间信仰。最后,针对本文研究问题的需要,将善堂信仰改为善堂运作。总之,本文提出潮汕善堂有三个重要的元素,亦即慈善事业、民间信仰与信仰经济。利用这三个元素之间的关系,可以更好地分析潮汕善堂的运作特色。

本文的研究视角是慈善组织管理,主要关注潮汕善堂的慈善事业,特别是它与一般慈善组织的差异。在上述元素之间的关系中,潮汕善堂的重要特色在于,民间信仰对于慈善事业的影响,慈善事业对于民间信仰的影响,信仰经济对于慈善事业的影响,因此本文主要讨论这些关系。此外,本文对于这些关系提出不同于李志贤的分析。就第一点而言,李志贤提出宗教仪式为慈善事业提供了精神元素与动力,本文从"动机谈论"中寻找激发行善动机的民间信仰,并强调行善动机具有浓厚的自利成分。就第二点而言,李志贤提出慈善事业是善堂信仰的支柱,本文提出慈善事业婉饰与合法化民间信仰。这点也是新加坡潮人善堂与潮汕善堂的不同之处,由于新加坡政府不会质疑民间信仰的政治合法性,因此新加坡潮人善堂不需要婉饰与合法化民间信仰。就第三点而言,李志贤较少关注信仰经济,本文提出它与民间信仰密切相关,并提供运营经费给慈善事业。

---

① 基金经济是指透过本金的利息来维持事业的长期发展(林悟殊,1996:176),民俗经济是指依赖民俗服务收入来维持事业的长期发展。

四 民间信仰对于慈善事业的影响

民间信仰能激发信众的行善动机，促使他们参与慈善事业。"动机谈论"（motive talk）、"自利型宗教行善"与"利他－自利型宗教行善"等概念，是分析 XY 善堂成员参与慈善事业行善动机的有效工具。首先，动机谈论是指对动机的陈述，也就是我们赋予行动意义的动作，它深受我们所处社会的影响。在每一个特殊的社会之中，都有一套描述动机的语汇，来帮助我们向自己与他人解释动机（丁仁杰，1999：284）。此外，学者们研究宗教捐赠原因时，曾提出自利型宗教捐献、利他－自利型宗教捐献与被动型宗教捐献的区分。自利型宗教捐献主要关心自己的利益，如消灾祈福、做功德与还愿谢神等。利他－自利型宗教捐献从表面上看主要关心利他，但也蕴含着希望利他捐赠带来自利结果，或是感恩受益而进行利他捐赠的想法，如感恩奉献与布施修行等（刘怡宁、瞿海源，2006：143）。我们将动机谈论的定义扩大为，包括对于自己与他人动机的陈述。此外，我们不仅讨论成员的捐赠动机，还讨论他的志愿服务动机，因此将分类改为自利型宗教行善与利他－自利型宗教行善两种，被动型宗教行善与本文分析无关。在 XY 善堂成员的动机谈论中，信众的行善动机主要受到民间信仰的影响，包括大峰祖师信仰与相关宗教观念。① 就前者而言，它是深受佛教影响的民间信仰。在民间传说中，大峰祖师生前做了许多善事，并在成神后透过托梦与扶鸾等方式，告诉信众要多做善事，因此激发他们的行善动机。从某些善堂碑记的内容可知，XY 善堂成员早期受其影响而从事种种善举。例如，《祖师纪念碑》提到，"各县遂风起云涌，奉祖师神像，力行善举，是祖师裨益人心世道，其功诚不可以限量矣"②。《XY 善堂成立及各处义冢碑》提到，"奉祖师飞鸾乩谕，法驾来汕，嘱社友等广造义冢，收埋各处尸骸枯骨，并施棺赠衣种种善举"③。XY 善堂成员现在也时常提到这个影响。例如，《XY 公报》

---

① 关于宗教对于慈善的影响，学者们提出两种主要的解释，亦即宗教信仰与宗教社群。前者是指宗教信念、价值与态度，后者是指宗教社群的认同、社会压力与劝募（Bekkers & Wiepking, 2011：944）。然而，在 XY 善堂成员的动机谈论中，往往只谈大峰祖师信仰而未谈 XY 善堂，这反映出宗教社群的影响不如宗教信仰的影响显著。
② 该碑现存于潮阳棉安善堂。
③ 该碑现存于 XY 善堂。

提到,"秉承着宋大峰祖师慈悲喜舍的精神,以救生恤死、扶贫济困为宗旨,大力弘扬善举"。(编辑部,2011)《XY堂务》提到,"本堂无不行大峰'西伯深仁,隋侯好善'之慈风,谨遵祖师苦海明灯之古训"。《XY善堂理、监事职董就职典礼誓词》提到,"秉承大峰慈善精神,竭诚为需要的人群服务"(陈若苹,2014:2、46)。此外,A慈善组组长表示,"我是踏着宋大峰祖师的足迹,行善积德,不为别的"。B办事处主任表示,她只是想发扬大峰祖师的精神,给有需要的人们送去一点温暖。某会员表示,她借着祖师的教诲,踏着祖师的足迹,18年来风雨无阻地帮助有需要的人。《XY公报》介绍C敬师堂,"敬奉祖师并循祖师足迹,行善积德,扶贫助困,报答社会"①。然而,信众的行善动机并非完全是利他成分,其中也有重要的自利成分,也就是为了求得大峰祖师的庇护(曹萌,2015:22~23)。大峰祖师信仰清末开始盛行的主要原因,就是信众相信他是"让崇拜者远离恶疾的守护者"(蒲丰彦,2016:102~103)。信众的行善动机多为自利型宗教行善与利他-自利型宗教行善。自利成分的表现可以分为两种情形,一是为了求得他的庇护,因此奉其教旨广行善举;二是感恩受到他的庇护,报恩方式是奉其教旨广行善举,希望可以因此继续求得他的庇护。

相关宗教观念是指佛教的业报轮回与社会福利等观念,以及民间信仰的救劫消灾与积功德等观念。② 社会福利观念包括慈悲心、布施心、福田思想、报恩观念等(道端良秀,1986:1~11)。其中,比较特殊的是救劫消灾观念,它出现在早期的动机谈论中,而未出现在当前的动机谈论中。早期的潮汕善堂受到清末扶鸾结社运动的影响,将劝人行善以救劫消灾作为使命之一(志贺市子,2012:130)。1948年,XY善堂堂务报告提到,"况当末世,吾人尤须大澈大悟,发悲天悯人之念,见义勇为,乐善不倦,或能挽回末劫,化戾气为慈祥"。此外,早期的动机谈论也提到积功德观念。上述堂务报告表示,"慈善救济,赈灾恤邻,侨胞善长,乐捐助振,无量功德,永泐贞珉"(XY堂,1949:1、

---

① A慈善组、B办事处与C敬师堂是XY善堂的下属机构。(余淑英,2011a;余淑英,2011b;常礼,2012;编辑部,2012b)

② 积功德观念受到下列因素的影响:古代的灵魂观念与禁忌观念,先秦史籍的"善恶报应"思想,道教经典的"善恶功过"思想,以及佛教的业报轮回观念(丁仁杰,1999:413~415)。此外,潮州地区宋代出现福德报应观念的普及,潮汕口头语现在也有反映因果报应观念的佛化俗语(郑群辉,2015:58、199)。

22）。在现在的动机谈论中，可看到救劫消灾之外的宗教观念。例如，《XY堂务》表示，"本堂以慈悲济世、施医馈药、收尸埋骨、赈灾恤难、救孤扶贫为宗旨"。（陈若苹，2014：2）D办事处与E分会将送爱心物资给弱势家庭的日子称为布施日。① XY善堂的官网讨论"做善事、种福因"的门路。A慈善组组长表示，"我感恩佛，感恩宋大峰祖师，感恩社会，感恩会长的带领，感恩社会各位有心人，那我就必须用行动来表示"。会长表示，"善堂也是一种潜在意识的经营，人们不会马上回报，但总有回报，可能是一生的回报。不断地施恩回报，得到更大的福分，子子孙孙不断循环"。（余淑英，2011a；钮小雪，2013）此外，XY善堂也会针对这些宗教观念进行资源动员。例如，活动预告写着，"敬请社会众善信捐资助米，喜舍布施，共种福田，同襄善举"。（编辑部，2012c）乐捐处写着，"积善余庆，世代兴旺"，"修善立德，福德同源"。② 乐捐收据写着，"诚谢某某宝号大德，乐捐若干善款（功德无量）"。在这些宗教观念中，较为重要的是业报轮回、福田思想与积功德观念，它们都有善有善报的含义，其中具有重要的自利成分。因此，它们所激发的行善动机多为自利型宗教行善与利他－自利型宗教行善。

五 慈善事业对于民间信仰的影响

慈善事业会"婉饰"（euphemism）与"合法化"（legitimation）民间信仰。XY善堂同时具有民间信仰与慈善事业特性，因此它可能会被视为迷信组织、宗教组织或慈善组织。从政治合法性的视角来看，亦即符合主流政治规范的程度（高丙中，2000：106）、迷信组织的合法性最低，宗教组织的合法性次之，慈善组织的合法性最高。它如果毫不掩饰地对外表现民间信仰，可能会被视为迷信组织而受到不利影响。因此，它采取以慈善事业来婉饰与合法化的策略，前者是指透过委婉的说法或做法将事实的某一面掩饰起来（陈纬华，2013：155），后者是指在合法性可能被否定时对其加以维护（高丙中，2000：103）。具体而言，XY善堂对外强调它的慈善事业，以及民间信仰的慈善意义，一方面掩饰民间信仰的宗教意义，另一方面维护自身的政治合法性。需要说明的是，大峰祖

---

① D办事处与E分会是XY善堂的下属机构。
② 2017年8月31日在XY善堂的观察纪录。

师信仰属于民间信仰而非正统佛教，因此更需要慈善事业加以婉饰与合法化。

这些策略是受到 XY 善堂历史上两个重要事件的影响。第一个是 1928～1929 年，当时国民政府的破除迷信运动。1928 年 10 月，内政部颁布《神祠存废标准》，同年 12 月汕头各界破除迷信委员会决定将大峰祖师列入废除名单。1929 年 1 月，XY 善堂召集潮汕各善堂保存大峰祖师代表大会，联名向内政部提出应行保存理由。同年 2 月内政部批令，"据呈大峰祖师行善各节，考之典籍，确有其人，综其生平，苦行劝化，为善不倦，实与各项淫祠、神祠、巫祝之类不同，仰候令行广东民政厅，转饬保护，以志景仰，而昭激劝"。① 由此可知，当其民间信仰的合法性受到国民政府质疑时，它联合其他潮汕善堂采取以慈善事业来婉饰与合法化的策略，针对《神祠存废标准》的相关规定（中国第二历史档案馆，1994：495～506），强调大峰祖师生前各种慈善工作是兴利除弊的事迹，来掩饰大峰祖师的民间信仰部分（例如法水灵丹与飞鸾乩谕），② 因此崇奉他的善堂属于应予保存的先哲类神祠，而非应予废除的淫祠类神祠。③ 第二个是新中国成立后它被视为迷信组织而受到严重冲击。1950 年它被认定为迷信组织，原理事长被拘押甄别。1951 年汕头市政府宣布接管，它因此被中止一切活动，下属机构陆续被接管与合并。"文革"期间它被视为"四旧"与"封资修"的东西，"文革"初期就被红卫兵当成"破四旧"的重点破坏对象（陈若苹，2014：135～136）。

如何避免这类事件再次发生，这是 XY 善堂的重要议题。它在公共论述中强调慈善性质，根据正式说法它只是慈善组织（Tan，2012：83）。善堂在潮汕地区具有浓厚的民间信仰色彩，因此 XY 善堂的正式名称依次为"汕头市 XY 善堂慈善会"、"汕头市慈善总会 XY 善堂福利会"与"汕头市 XY 慈善会"。正式名称加上"慈善会"或"福利会"，而非直接使用善堂之名。此外，它下属的一些念佛社也对外称为慈善组。然而，它需要定期举办民间信仰活动，以吸引信众的参加与捐款。面对这些民间信仰活动时，它要如何做到这点？这时，它

---

① 《保护宋大峰祖师批令碑》，现存于 XY 善堂。
② 《XY 善堂成立及各处义冢碑》，现存于 XY 善堂。
③ XY 善堂非常重视这个象征着政治合法性的批令，不但专门立碑以纪念，还刊登于 1943～1944 年与 1946～1947 年的堂务报告，以及 2014 年的《XY 堂务》（XY 善堂，1945：7；XY 善堂，1948：3；陈若苹，2014：105）。

采取组织内外不同的信息管理,对内较为直接地讨论活动的宗教意义,对外则会强调活动的慈善意义,借此进行婉饰与合法化。例如,《XY公报》是其对内宣传渠道,主要读者群是其会员。《汕头日报》的《百年XY》版是其对外宣传渠道,其信息内容对外公开。① 比较两者对于盂兰胜会的不同表述方式,可清楚看出它的信息管理做法。盂兰胜会是农历七月对于孤魂野鬼所举行的建醮超度祭奠,这是它的重要民间信仰活动。《XY公报》是这样描述的:"七月廿六下午一点恭请宋大峰祖师圣像出巡招孤,拔济孤魂。七月廿七夜八点临江悼济一切无氏婴灵、投江落水无主孤魂。七月三十施放瑜伽焰口,普济一切孤幽。"(编辑部,2012d)相较而言,《百年XY》版是这样描述的:"这一起源于潮汕地区的传统民俗活动,其实并不仅仅与宗教信仰有关,它宣扬的是慈爱、孝道、互助合作和扶助弱势的精神。……为了抢救这一濒临消失的潮汕传统民俗,XY慈善会近年也举行过小规模的'施孤'活动,为市民提供一个'缅怀先祖,追思先人'的悼念平台,同时也把宗教信仰转化为慈善理念,将募集到的大米派发给困难群众"。(李扬,2015)由此可知,它这时对外强调的是活动的慈善、孝道与传统文化等意义。此外,大峰祖师圣诞也是它的重要民间信仰活动。对外的《XY慈善会工作总结》是这样描述的:"农历十月二十九日大峰祖师圣诞期间,举办纪念潮汕慈善始祖'大峰祖师'的大型活动,通过活动弘扬'大峰精神',为潮汕慈善文化发扬做出贡献"。(陈若苹,2014:158)由此可知,它这时对外强调的是活动的慈善意义。

然而,对于难以婉饰与合法化的民间信仰,XY善堂对外则会避而不谈,以下将以扶鸾仪式为例说明。② 前述早期的潮汕善堂受到清末扶鸾结社运动的影响,XY善堂的最初起源就是信众"奉祖师飞鸾乩谕",恭迎他的神像来汕头设坛。③ 1944年,它的扶鸾仪式由达濠从德善堂传入。新中国成立后扶鸾仪式随着它被取缔而中止。2012年,它恢复扶鸾仪式的传统。④ 此外,《XY公报》会刊登一些相关文章,它的信仰场所也可看到一些乩谕,以及"乩务鸾示,指点

---

① 《XY公报》不定期出刊,2011年10月开始到2013年8月结束,总计16期。《百年XY》版每月一期,2012年5月开始到2017年4月结束,总计60期。
② 扶鸾仪式是指乩童在沙盘上写字宣示神意(李志贤,2007:99)。
③ 《XY善堂成立及各处义冢碑》,现存于XY善堂。
④ (慧通,2012;编辑部,2012a)由此可知,XY善堂受到民国以来善门德教的影响。

迷津，消灾解难，择吉避凶"的告示。① 虽然有些乩谕的内容鼓励行善，如"心念娑婆苦，善门种福荫，堂众多行善"（曹萌，2015：39）。然而，扶鸾仪式容易被视为迷信活动，因此《百年XY》版对外绝口不提这项活动。

六 信仰经济对于慈善事业的影响

信仰经济可以为慈善事业提供运营经费。信仰经济包括善堂经济、神道经济与民俗经济，它们都与民间信仰密切相关。首先，无论是善堂经济的会员缴费与向社会募捐，还是神道经济的信众自动捐助，多数可视为信众捐钱给XY善堂的信仰场所，然后交由XY善堂的慈善组织开展慈善事业。这些收入明显受到前述大峰祖师信仰与相关宗教观念的影响。其次，清代曾有善堂经营产业来获得收入的例子。例如，北京某个育婴堂制作、贩卖陶器与出租房屋（夫马进，2005：145），以及某些地区的育婴堂出租田地（梁其姿，2013：75~76）。相较之下，潮汕善堂的民俗服务收入深具地方特色。此外，杨正军提到潮汕善堂目前提供有偿民俗服务（如丧礼仪式、寄存香炉、骨灰与祖先牌位等），并将它称为经济模式的转变（杨正军，2015：24）。然而，他忽略了潮汕善堂早已提供有偿民俗服务。例如，1933年的《汕头指南》指出，XY善堂"并有大穴坟墓，以应有资产者购买安葬"（谢雪影，1933：177）。最后，除了林悟殊的专著之外（林悟殊，1996：169~198），现有文献并未分析善堂收入的具体数据，因此本文将尝试分析XY善堂收入的具体数据。

在XY善堂早期的收入中，某些部分与民间信仰直接相关。以1947年为例，XY善堂收入包括以下三种。（XY善堂，1948：37）第一，会员缴费。它包括进社金、年费与年捐，占总收入的1.84%。其中，进社金与年费是社员的义务，他们相应地拥有一些权利，如享受XY善堂的殡葬服务。《汕头XY善堂组织章程》规定，社员"如家属有丧事时，得享受本堂礼忏及社员之祭弔执绋之权利"（XY善堂，1949：5）。② 第二，信众自动捐赠。它包括堂捐、香油捐、元宵灯款与圣诞款，它占总收入的14.20%。圣诞款属于特殊事件劝募，亦即神佛

---

① 2017年8月31日在XY善堂的观察纪录。此外，它的扶鸾仪式请见曹萌的论文（曹萌，2015：49~55）。

② 礼忏是指礼拜诸佛、菩萨，诵读佛经，忏悔所造诸恶业。

诞辰举行法会以获得信众的捐赠。第三，民俗服务收入。它包括殡葬服务收入与法事服务收入，它占总收入的10.40%。前者可再细分为收客（收尸）捐、吉穴（墓穴）、寄柩与义山捐。这部分有些是丧家付给XY善堂处理后事，有些是善人捐给XY善堂施棺赠葬。它涉及的部门包括义山股、法事股与事务股，义山股负责填地筑穴与掩埋赠葬，法事股负责弘扬佛化与礼忏，事务股负责施棺收葬与登记事项（XY善堂，1949：2）。

就XY善堂目前的收入而言，首先，它所公布的善款收入项目明细表，里面有四项收入与民间信仰直接相关，分别是敬佛敬师活动收入、香油箱收入、民俗收入与民俗定向收入。将最后两项收入合并为民俗总收入，再逐一计算它们占善款收入的比例，得出表1的各项数据：敬佛敬师活动收入占12.06%、香油箱收入占1.74%、民俗总收入占8.04%，它们总计占21.84%。① 其次，会长表示维持正常运营开支的收入有三个，分别是XY善堂的会员费、XY陵园的殡葬服务收入、民俗活动与法事收入（华程，2014：36~37）。潮汕善堂多有资金来源不稳定与收入有限的问题，这三项收入使得XY善堂没有类似的问题。② 此外，这些收入也与民间信仰直接相关。会员费。它是XY善堂的重要收入来源。与早期情形类似的是，会员福利包括享受XY陵园的平价殡葬服务、XY助念团的助念服务与永久性供奉神牌。③ 殡葬服务收入。它主要涉及的部门是XY陵园，开办项目包括临终关怀、往生助念、出殡礼仪、骨灰存放、神牌寄放、停柩置灵与往生超度。（编辑部，2012e）民俗活动与法事收入。它主要涉及的部门是法事部，主要提供民俗、香花、寺庙与丧葬等法事（陈若苹，2014：59）。④ 最后，XY善堂为了提高信仰经济的收入，借由恢复民间信仰的传统仪式来吸引信众，这是信仰经济对于民间信仰的影响。换句话说，它对于善堂经营采取"宗教治理"的策略，亦即借由各种仪式的"发明"（这里是恢复），来增加潜在信众及其捐款，进而提升善堂的地位与声望（李丁讚、吴介民，2005：

---

① 敬佛敬师活动主要集中在下半年，例如农历七月的盂兰胜会与农历十月二十九日的大峰祖师圣诞，因此这项收入在2009年下半年的比例明显高于其他年度全年的比例。
② 以2012年为例，会员费是5391551元、殡葬服务收入是300多万元，这两项收入就占了总收入16628872元的一半以上。（陈映平、王漫琪，2013）。
③ 助念是指为临终者念佛，帮助他提起正念，助其安乐自在往生佛国。
④ 潮汕地区的功德仪式深具特色，多请善堂或功德帮（而非僧尼或道士）举行，内容混杂儒家（如宣扬孝道思想）、佛教（如诵念佛经）、道教（如"跑特赦"节目）的色彩，有些还有娱乐性质的节目表演（苏克，2002：255、260、265、271）。

156）。例如，XY善堂最近恢复新春庙会巡游（游神赛会）、元宵花灯巡游（游神赛会）、盂兰胜会、春秋两祭、扶鸾活动等宗教仪式，就是非常明显的宗教治理策略。①

表1　善款收入项目明细表②

单位：%，元

项目	2009年7~12月	2010年	2011年	2012年	2013年	2014年	2015年	总计
敬佛敬师活动收入	1873606（36.40）	2324539（16.21）	2278534（18.68）	1115488（6.71）	1584607（6.76）	2301575（11.97）	2461511（9.99）	13939860（12.06）
香油箱收入	53400（1.04）	252321（1.76）	184766（1.51）	382889（2.30）	421866（1.80）	267180（1.39）	450219（1.83）	2012641（1.74）
民俗总收入	350415（6.81）	663530（4.63）	1114355（9.14）	1208790（7.27）	1659397（7.08）	1933107（10.05）	2363990（9.60）	9293584（8.04）
其他收入①	2869250（55.75）	11103587（77.40）	8618658（70.67）	13921705（83.72）	19768580（84.36）	14727517（76.59）	19360589（78.58）	90369886（78.16）
善款收入	5146671	14343977	12196313	16628872	23434450	19229379	24636309	115615971

注：其他收入包括捐赠善款收入、定向捐赠收入与存款利息收入等。

七　结语与思考

潮汕善堂运作的三元模式，其特色在于慈善事业、民间信仰与信仰经济之间的互动关系，首先，包括大峰祖师信仰及相关宗教观念在内的民间信仰，对于慈善事业的影响主要是指前者能激发信众的行善动机，促使他们参与后者慈善事业；其次，慈善事业反过来也会"婉饰"与"合法化"民间信仰。XY善堂对外强调它的慈善事业，以及民间信仰的慈善意义，一方面可以婉饰民间信

---

① 例如，会长表示扶鸾活动是吸引信众参加宗教活动与堂务的途径。慧通：《德泽施人　慈悲济世》，《XY公报》，2012年总第4期第1版。
② 2009年7月至2013年的资料出自《XY堂务》第164页；2014年的资料出自《汕头日报》2015年4月16日第9版；2015年的资料出自《汕头日报》2016年6月6日第3版。表1省略小数点以后的数据，括号内的百分比是指该项收入占善款收入的比例。

仰的宗教意义，另一方面也维护了自身的政治合法性。然而，对于难以婉饰与合法化的民间信仰，它对外则会避而不谈；最后，信仰经济为慈善事业提供了运营经费。信仰经济由善堂经济、神道经济与民俗经济组成，它们均有重要的民间信仰因素。民俗服务收入也是 XY 善堂收入的一大特点，从中可看到善堂经营的"宗教治理"策略。此外，比较 1899~1951 年与 1994 年至今的情形，会发现它在这些关系上的运作特色并未改变，呈现显著的历史延续性。

潮汕善堂的宗教慈善还有很多议题值得研究。例如，它的一大特色是跨国发展与跨国网络。随着早期潮汕人大量移民海外，他们也将潮人善堂带到泰国、新加坡与马来西亚等东南亚国家。以华侨报德善堂、中华善堂蓝十救济总会与 XY 善堂为例，[1] 它们目前已经发展出不尽相同的宗教慈善模式。因此，对于三者宗教慈善模式的比较，以及解释三者模式异同的原因，值得深入研究。而且由于大峰祖师信仰与潮汕文化的缘故，三者之间有着持续的互动。这些互动是否产生宗教慈善事业的跨国合作与宗教慈善模式的跨国影响，也是另一个值得研究的课题。

参考文献

〔马〕陈志明（2013）：《人类学与华人研究视野下的公益慈善》，《中山大学学报》（社会科学版），2013 年第 4 期。

〔马〕苏庆华（2003）：《新马潮人的宋大峰崇奉与善堂》，李志贤主编《海外潮人的移民经验》，新加坡：新加坡潮州八邑会馆。

——（2016）：《新、马潮人的宋大峰崇祀与善堂》，张禹东、庄国土主编《华侨华人文献学刊》（第二辑），北京：社会科学文献出版社。

〔美〕孔飞力（2016）：《他者中的华人》，南京：江苏人民出版社。

〔日〕道端良秀（1986）：《中国佛教与社会福利事业》（第二版），高雄：佛光出版社。

〔日〕夫马进（2005）：《中国善会善堂史研究》，北京：商务印书馆。

〔日〕蒲丰彦（2016）：《19 世纪末潮汕民心不安与基督教会、大峰会》，张禹东、庄国土主编《华侨华人文献学刊》（第二辑），北京：社会科学文献出版社。

---

[1] 中华善堂蓝十救济总会由十间善堂组成，是新加坡具有代表性的潮人善堂，它的基本情形可参考其七十一周年纪念特刊（刘英才、黄朝隆，2013）。

〔日〕志贺市子（2012）：《潮汕善堂所刊鸾书及其救济思想》，陈春声、陈伟武主编《地域文化的构造与播迁》，北京：中华书局。

——（2016）：《潮人善堂仪式文化在东南亚华人社会的传承与转化》，张禹东、庄国土主编《华侨华人文献学刊》（第二辑），北京：社会科学文献出版社。

〔泰〕华侨报德善堂（2010）：《华侨报德善堂100周年纪念特刊》，曼谷：华侨报德善堂。

〔新〕李志贤（2007）：《柳缘渡人》，刘宏主编《海洋亚洲与华人世界之互动》，新加坡：华裔馆、华裔网。

——（2009）：《跨越南中国海的信仰网路》，周照仁主编《2009海洋文化国际学术研讨会会后论文集》，高雄："国立"高雄海洋科技大学通识教育委员会。

——（2010）：《"香茶水"的信仰网络》，张第高主编《潮汕慈善文化》，汕头市中华传统文化研究会内部刊物。

——（2016）：《做功德》，张禹东、庄国土主编《华侨华人文献学刊》（第二辑），北京：社会科学文献出版社。

〔新〕刘英才、黄朝隆主编（2013）《中华善堂蓝十救济总会庆祝成立七十一周年（1942~2013）暨属下蓝十彩虹疗养院十一周年纪念特刊》，新加坡：中华善堂蓝十救济总会。

编辑部（2011）：《汕头XY善堂（一）》，《XY公报》，2011年总第1期第1版。

——（2012a）：《禅音再播　乩鸾复开》，《XY公报》，2012年总第5期第1版。

——（2012b）：《做实事，办好事》，《XY公报》，2012年总第6期第3版。

——（2012c）：《敬告》，《XY公报》，2012年总第9期第4版。

——（2012d）：《盂兰胜会》，《XY公报》，2012年总第10期第1版。

——（2012e）：《XY陵园》，《XY公报》，2012年总第13期第4版。

曹萌（2015）：《"巫术"构成"教会"的社会机制》，华东师范大学社会学专业硕士学位论文。

常礼（2012）：《明月常挂》，《XY公报》，2012年总第4期第2版。

陈春声（2007）：《侨乡的文化资源与本土现代性》，刘宏主编《海洋亚洲与华人世界之互动》，新加坡：华裔馆、华裔网。

陈岱娜（2016）：《转型中的"侨"与跨国社会领域》，《广西民族大学学报》（哲学社会科学版），2016年第5期。

陈景熙（2013）：《海外华人宗教团体赈济侨乡社会机制研究》，《世界宗教文化》，2013年第1期。

陈若苹主编（2014）《XY堂务》，汕头：XY善堂。

陈纬华（2013）：《婉饰、惯习与神迹创造》，瞿海源主编《宗教、术数与社会变迁》（三），高雄：巨流图书股份有限公司。

陈映平、王漫琪（2013）：《潮汕民间乡土慈善故事》，《羊城晚报》，2013年5月26日。

丁仁杰（1999）：《社会脉络中的助人行为》，台北：联经出版事业公司。

高丙中（2000）：《社会团体的合法性问题》，《中国社会科学》，2000年第2期。
华程（2014）：《汕头CX善堂》，《佛教文化》，2014年第3期。
慧通（2012）：《德泽施人　慈悲济世》，《XY公报》，2012年总第4期第1版。
李丁讚、吴介民（2005）：《现代性、宗教、与巫术》，《台湾社会研究季刊》，总第59期。
李扬（2015）：《XY善堂重现潮人"盂兰胜会"》，《汕头日报》，2015年8月20日第9版。
梁其姿（2013）：《施善与教化》，北京：北京师范大学出版社。
林悟殊（1996）：《泰国大峰祖师崇拜与华侨报德善堂研究》，台北：淑馨出版社。
——（2000）：《关于潮汕善堂文化的思考》，陈三鹏主编《第三届潮学国际研讨会论文集》，广州：花城出版社。
刘怡宁、瞿海源（2006）：《尘世的付出，来世的福报》，瞿海源编著《宗教、术数与社会变迁》（一），台北：桂冠图书股份有限公司。
钮小雪（2013）：《XY善堂》，《南方都市报》，2013年12月23日第AA38版。
欧俊勇（2016）：《"暹赈米"与潮汕善堂运作（1946~1948）》，张禹东、庄国土主编，《华侨华人文献学刊》（第二辑），北京：社会科学文献出版社。
戎飞腾（2013）：《孤儿救助的潮汕善堂样本》，《南方日报》，2013年2月4日第A11版。
苏克（2002）：《潮汕地区做亡斋风俗述论》，潮汕历史文化中心主编《潮学研究》（第十辑），广州：花城出版社。
王惠（2016）：《海外移民与宗教仪式回传》，《华侨华人历史研究》，2016年第3期。
谢雪影主编（1933）《汕头指南》，汕头：汕头时事通讯社。
徐苑（2006）：《大峰祖师、善堂及其仪式》，厦门大学民族学专业硕士学位论文。
XY善堂（1945）：《民国三十二三年度汕头XY善堂堂务报告》，汕头：XY善堂。
——（1948）：《民国卅五六年度汕头XY善堂堂务报告》，汕头：XY善堂。
——（1949）：《民国卅七年度汕头XY善堂堂务报告》，汕头：XY善堂。
杨正军（2015）：《潮汕民间善堂组织的历史嬗变》，《汕头大学学报》（人文社会科学版），2015年第3期。
余淑英（2011a）：《人间真情永不落幕》，《XY公报》，2011年总第1期第3版。
——（2011b）：《濠江绽放慈善花》，《XY公报》，2011年总第3期第2版。
张帆（2005）：《政府与民众之间》，潮汕历史文化研究中心主编：《潮学研究》（第十二辑），香港：文化创造出版社。
郑会欣（2000）：《恤死　救生　兴学》，陈三鹏主编《第三届潮学国际研讨会论文集》，广州：花城出版社。
郑群辉（2015）：《潮汕佛教研究》，广州：暨南大学出版社。
中国第二历史档案馆主编（1994）《中华民国史档案资料汇编》（第五辑第一编文化一），南京：江苏古籍出版社。

钟大荣、王珊珊（2014）:《泰国华人慈善组织的主要功能及其对中国慈善组织的启示》,《华侨大学学报》（哲学社会科学版）,2014 年第 3 期。

周秋光、胡远志（2017）:《潮汕善堂文化探析》,《历史教学》,2017 年第 2 期。

周志荣（2009）:《潮汕善堂与地方政府关系研究》,汕头大学行政管理专业硕士学位论文。

Bekkers, R. & Wiepking, P. （2011）, "A Literature Review of Empirical Studies of Philanthropy", *Nonprofit and Voluntary Sector Quarterly*, Vol. 40, No. 5.

Tan, Chee-beng （2012）, "Shantang", *Asian Ethnology*, Vol. 71, No. 1.

The Folk Beliefs, Charity Cause, and Belief Economy of Chaoshan Charitable Temples: the Triple-agent Model of Shantou XY Charitable Temple's Operation as an Example

Lai Yulin

[Abstract] The article proposes the triple-agent model of Chaoshan charitable temples' operation, and its features lies in the interactive relationship between charity cause and folk beliefs and belief economy. Firstly, folk beliefs provide motives for participation in charity cause, including belief in Master Dafeng and other relevant religious beliefs such as Buddhist karma and samsara and social welfare, and folk belief like doing merits and saving disasters for returns. The motives of believers are mostly self-interested or altruistic and self-interested. Secondly, charity cause conceals and legitimizes folk beliefs. XY Charity Temple highlights to the outside world its charity cause and the charity meaning of its folk beliefs to conceal the religious meaning of its folk beliefs and to maintain its legitimacy. Finally, the belief economy provides operating funds for charity cause. The belief economy is composed of the charity temple economy, the deity economy and folklore service economy, and they all have important folk belief elements. In addition, the income from folklore service features XY Charity temple's revenue, from which the strategy of "religious governance" of charity temple operation can be observed.

[**Keywords**] Chaoshan Charitable Temple; Religious Charity; Folk Belief; Belief Economy

（责任编辑　林志刚）

中国社会智库研究：困境、趋势与突破*

——基于 CNKI 数据库资源分析（2004～2016）

王 栋**

【摘要】 社会智库以其独有的客观视角和专业技术，在公共治策领域起着不可替代的重要作用。然而社会智库的研究却一直处于弱势状态。当前有关社会智库的研究和探索大都掺杂于"智库"研究之中，还没有专门的机构、团队或者期刊等社会智库的评估、监测和扶持平台。为了更好地做好社会智库研究的方向、方法、重点和切入点等问题，必须对于当前社会智库研究现状进行全面系统的了解。通过"中国知网"（CNKI）数据库搜索，以224篇文献为分析文本，进行时间、作者、机构、主题、引用、研究集中度、期刊等7个方面的统计分析。研究认为当前社会智库研究应该建立专门的评估和监测机构平台；建立社会智库专业人才的梯次培养模式；加大西部或偏远贫困地区社会智库的建设；优化社会智库成果的转化和应用机制；加大社会智库研究薄弱领域支持力度；开展社会智库重大难点问题研究等。

【关键词】 社会智库 中国知网 文献研究

---

* 本文是国家社科基金一般项目"新形势下我国社会组织界别协商建设研究"（15BZZ075）、教育部人文社科青年项目"善治图景下政社分开与社团管理创新研究（13XJC810001）"、重庆市社科重大委托项目"重庆创新基层社会治理协同模式的逻辑、路径与绩效研究"（2016ZDWT19）的阶段性成果。

** 王栋，政治学博士，重庆工商大学重庆廉政研究中心副教授，硕士生导师，主要研究方向为社会组织、廉政治理。

当前智库研究已经成为我国社会科学领域研究的热点，涌现出了薛澜、朱旭锋、王丽莉、徐晓虎、胡鞍钢等一批重要研究学者。同时国内很多高校及科研机构创办了相关智库研究院所，如南京大学中国智库研究与评价中心、上海社会科学院智库研究中心、重庆社会科学院重庆智库研究中心、浙江工业大学全球智库研究中心、江苏省社科联江苏省智库研究与交流中心等，另外一些机构专门创办了智库研究的期刊或辑刊，如东中西区域发展研究院的《国家智库》、社会科学文献出版社的《智库评论》、中国发展出版社的《中国智库》、中国科协研究中心的《智库报告》、中国科学院文献情报中心与南京大学联合创办的《智库理论与实践》等，另外还有些机构创办了专门的智库研究网站，如国务院发展研究中心的"中国智库网"，北京安邦咨询公司创办的"第一智库网"，中国网创办的"智库中国网"，以及重庆市政府发展研究中心的"重庆智库网"。① 而针对智库的发展联盟也在各地兴起，如"一带一路"智库联盟、金融智库联盟、湖南智库联盟、南京智库联盟、上海高校智库联盟等。而智库研究方面的著述据统计，1996~2016年，相关图书500余种（根据当当网上书城以"书名"和"关键词"为"智库"的搜索数据），文章7235篇（以CNKI关键词为"智库"的搜索数据）。因此针对智库研究的作者、文章、著作、期刊、机构、网站、联盟迅速兴起，并呈快速发展之势。② 然而，在我国智库一般区分为官方智库和社会智库，二者特征、内涵、宗旨、本质、方法、渠道、形式等都存在很大的差异。其中社会智库是指由境内社会力量举办，以战略问题和公共政策为主要研究对象，以服务党和政府科学民主依法决策为宗旨，采取社会团体、社会服务机构、基金会等组织形式，具有法人资格，是中国特色新型智库的重要组成部分。③ 当前研究都是对于所有类型智库的综合研究，专门针对社会智库研究的相关作者、文章、著作比较欠缺（见后文介绍），而专门的期刊、辑刊、机构、网站或者联盟则数据为空白。这就与智库综合研

---

① 相关智库资料网站网址为：国务院发展研究中心的"中国智库网"，http://www.chinathinktanks.org.cn/；北京安邦咨询公司创办的"第一智库网"，http://www.1think.com.cn/；中国网创办的"智库中国网"，http://www.china.com.cn/opinion/think/；以及重庆市政府发展研究中心的"重庆智库网"，http://www.cqfz.org.cn/webSite/xwtz/ywdt/html。
② 相关智库的研究的情况的著述已经相当丰富，并且研究方法、研究视角多样，具体可参见（袁剑，2012；陈广猛，2015；孔放等，2015；吉亚力，2015；杨安等，2015）。
③ 参见民政部等9部门联合下发《关于社会智库健康发展的若干意见》，http://politics.people.com.cn/n1/2017/0505/c1001-29255043.html。

究成果和队伍（由于我国智库主体力量是官办智库，最有实力和规模的是官办智库，当前研究主要集中于官办智库），形成鲜明对比（王栋，2015：80~85）。

然而，社会智库作为与官办智库并列存在的类型之一，在国家治理与社会建设中，起着不可替代的作用，尤其是社会智库的民间性、独立性、公益性为智库政策的客观性、科学性、民主性以及智库发展的技术、方法、渠道、形式都提供了新的视角、新的路径和新的模式。社会智库的发展对于推动我国思想市场形成和发展，对于我国决策制度科学化和程序的完善，对于社会文化交流与融合，以及对于科技传播与创新，对于国家治理体系与治理能力现代化都起到了新的思维、新的动力和新的发展趋势影响。2014年，习近平总书记在中央全面深化改革领导小组第六次会议首次提出大力发展"社会智库"，随后，2015年《关于加强中国特色新型智库建设的意见》中指出"社会智库是中国特色新型智库的组成部分。进一步规范咨询服务市场，完善社会智库产品供给机制。探索社会智库参与决策咨询服务的有效途径，营造有利于社会智库发展的良好环境"。在这种形势和背景下，如何积极推进社会智库的发展，社会智库的研究就是一项重要且又迫切的现实问题。尤其《关于社会智库健康发展的若干意见》指出"规范和引导社会智库健康发展，优化政策环境，对加强中国特色新型智库建设、推动国家治理体系和治理能力现代化、提升国家软实力具有重要意义"。

为了更好地做好社会智库研究的方向与方法及研究的重点和切入点等问题研究，必须对当前社会智库研究现状进行全面系统的了解。基于此，本文以当前学术领域最为权威和数据容量最大的"中国知网"（英文缩写为"CNKI"）作为分析对象，由于社会智库的称谓较多，有"民间智库""社会智库""民间思想库""民间公共政策研究机构""民办智库""草根智库"等。本文截取其中最为常用的"民间智库"、"社会智库"和"民间思想库"作为搜索关键词。由于以上三个关键词搜索而得的第一篇有关社会智库的文章始于2004年，因此搜索时间跨度定为2004~2016年共计13年。通过搜索共产生民间智库类文章167篇，社会智库类文章41篇，民间思想库类文章16篇，共计224篇。本文以这224篇文献作为分析文本资料，进行时间、作者、机构、主题、引用、研究集中度、期刊等7个方面的统计分析。为了研究上的概念统一和规范性，本文将"民间智库""社会智库"

"民间思想库"等各种同义称谓，统称为"社会智库"。

一 被引分析

如表1所示，社会智库研究文献的被引量比较低，单篇最高为20次，超过10次的仅有5篇，被引量在5～10次的有9篇，被引量在4～5次的有6篇。单个作者所有社会智库研究文章引用合计最高达31次，第二高作者引用量仅为14次（见图1）。

表1 社会智库研究文献的被引量列表（文献被引量≥4）

序	题名	作者	发表时间	来源	被引量	下载量
1	美国智库的研究及对中国民间智库的启示	李玲娟	2008～06	《辽宁行政学院学报》	20	1508
2	中国民间智库现状分析与发展建议	李文涛	2009～05	《商场现代化》	12	954
3	中国民间智库的地位作用研究	李玲娟	2007～10	《法制与社会》	11	757
4	民间智库发展：现状、逻辑与机制	金家厚	2014～02	《行政论坛》	10	1045
5	中国民间智库的发展障碍与对策思考	王志存	2009～08	《法制与社会》	10	906
6	中国民间思想库：作用与对策	洪伟	2008～02	《科学与管理》	9	452
7	民间智库的自我发展道路探析	李艳萍	2011～11	《青海师范大学学报》	9	421
8	政府智商的延伸与民间智库的发展	陈朝宗	2011～01	《综合竞争力》	8	444
9	民间智库，在孤独中前行	温志宏	2009～12	《中国报道》	7	232
10	民间智库参与决策的机制保障	戴焰军	2007～11	《人民论坛》	6	558
11	民间思想库独立性的意义、现状和对策分析	宋悦华	2008～08	《四川行政学院学报》	6	231
12	民间智库的成长：角色定位与路径优化	王栋	2013～07	《重庆社会科学》	6	402
13	当代中国民间思想库及其功能实现路径研究——基于国家与社会关系视角的分析	钱再见	2013～09	《行政论坛》	5	313
14	中国民间智库的别样生存	曾金胜	2007～11	《人民论坛》	5	515

续表

序	题名	作者	发表时间	来源	被引量	下载量
15	民间智库融入公民社会：规范分类的逻辑进路	王栋	2015~08	《行政论坛》	4	223
16	我国民间思想库作用发挥的困境与前瞻	段哲哲	2011~02	《管理学刊》	4	264
17	政府智库与民间智库合作的分析	金家厚	2012~12	《党政论坛》	4	231
18	网络民意与公共政策的"民间智库"	何志武	2012~11	《现代传播》	4	803
19	努力建设高端社会智库	苗树彬	2015~01	《中国党政干部论坛》	4	279
20	社会智库参与政府决策：环境、功能及机制	王栋	2015~10	《理论月刊》	4	221

注：1. 取第一作者；2. 民间智库、社会智库与民间思想库综合分析。

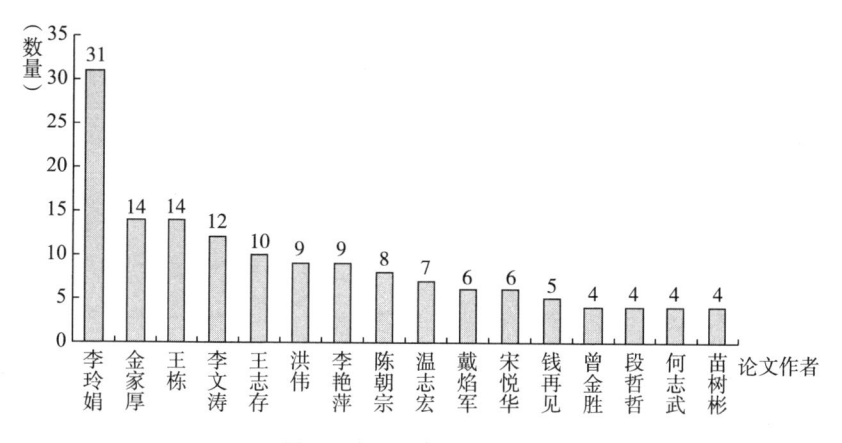

图 1　论文作者被引量统计

（数量）李玲娟 31；金家厚 14；王栋 14；李文涛 12；王志存 10；洪伟 9；李艳萍 9；陈朝宗 8；温志宏 7；戴焰军 6；宋悦华 6；钱再见 5；曾金胜 4；段哲哲 4；何志武 4；苗树彬 4

如表 1 所示，从发文时间来看，最早发文是 2007 年，共有 3 篇，2008 年有 3 篇；2009 年 3 篇；2011 年 3 篇；2012 年 2 篇；2013 年 2 篇；2014 年 1 篇；2015 年 3 篇。被引量达到 10 次以上的（包括 10 次）有 5 篇，其中有 4 篇发文时间在 2010 年之前。

从发文期刊级别来看，有 4 篇为 CSSCI 来源刊，分别为《行政论坛》（复合影响引子 1.3661）和《现代传播》（复合影响引子 1.123）。有 4 篇为 CSSCI 扩展版同时也为北大核心，分别为《理论月刊》《人民论坛》《中国党政干部论坛》，仅有 1 篇为 CSSCI 扩展版，为《重庆社会科学》。其他均为普通期刊。从期刊级别与被引量来看，总体上处于中位线程度，共有9篇较高级别刊物发表。但是达到被引量10次以上（包括10次）的仅有《行政论坛》1篇，引用10次。而其他期刊均为普通期刊，引用6~9次的也仅有2篇，为《重庆社会科学》和《人民论坛》发表。可见被引量的单篇分析，与期刊级别无必然联系。从期刊的社会智库研究的集中度来看，《行政论坛》有3篇，《人民论坛》与《法制与社会》均为2篇。相关期刊关注社会智库的研究已经形成一定的稳定性、持续性，特别是《重庆社会科学》虽然高被引量文章不多，但是本刊设有专门的"智库"研究专栏，至今已发文33篇（含社会智库7篇）。

从发文期刊的类别来看，党政类期刊为最多有9篇，综合类有4篇，其他分别是专业性期刊，分布于管理学科、新闻传播学科和法律学科及经济学科的期刊。而大学学报仅为3篇，分别为《青海师范大学学报》、《现代传播》（中国传媒大学）和《管理学刊》（新乡学院）。党校主办的刊物有4种分别为《行政论坛》《中国党政干部论坛》《四川行政学院学报》《辽宁行政学院学报》；社会科学院（界）主办的有2种，为《重庆社会科学》和《理论月刊》。可见党政类期刊是目前研究社会智库的主力。另外，由《管理世界》杂志社主办的《综合竞争力》期刊已经停刊。

社会智库的作者研究集中度还不高。并且李玲娟从2008年，王志存从2009年发表第1篇社会智库文章，洪伟从2008年发表1篇社会智库文章后，至今都未发任何文章。从表中文章作者的所在单位来看，15个单位位于东部（沿海）地区，占比93.7%；高校12个，占比75%；社会智库机构1个，党校部门2个，占比均很小，说明社会智库在高被引量方面，高校表现最好。而从作者职称/职务来看，教授6个，其中博导4个；副教授3个，总编辑1个；副院长2个（见表2）。显示出高被引量作者学术水平较高。但是表中也出现了4位硕士研究生作者，占比1/4，比例较高，且引用量普遍较高，李玲娟引量为31，是所有作者里面引用最高的，其次王志存10次，洪伟9次（见图1）。另外，这些硕士研究生作者，发文较少但基本集中于社会智库。并且发文时间较早，至今再无任何新作出版，由于本文调查力度有限，没有对这些作者现在所从事工作调研，因此难以得出他们停止或暂停研究的原因。一般来说作者如果继续攻读博士或者进入高校教师队伍，研究是不会中止的，可能中间会间歇一段时间。但是从目前情况来看，这些硕士研究生作者（社会智库）研究未能持续进行，体现了我国作者研究出发点为社会智库且持续研究的这种状况堪忧。

表 2 社会智库的作者研究集中度基本情况

作者	研究方向及发文数		社会智库（发文数）	所在单位	职称/职务
	研究方向	发文数			
金家厚	基层与社会组织等	23	4	华东理工大学	教授/博导
钱再见	公共政策	51	1	南京师范大学	教授/博导
王栋	社会组织等	30	4	重庆三峡学院	副教授
王志存	民间智库	2	1	南京师范大学	硕士研究生
李文涛	大学生就业教育	9	1	南京工业大学	校长办公室工作人员
李艳萍	农村生态与农村合作组织等	11	1	山东科技大学	教授
苗树彬	改革研究	14	1	中国（海南）改革发展研究院	副院长，《新世纪周刊》总编辑
戴焰军	党的研究	22	1	中央党校	教授/博导
李玲娟	民间智库	2	2	深圳大学	硕士研究生
宋悦华	社会组织与公共政策	14	2	大连理工大学	副教授
何志武	电视问政	13	1	华中科技大学	教授，博导，副院长
陈朝宗	政策及政府研究	15	1	福建省委党校	教授
温志宏	体育研究	18	1	太原师范学院	副教授
曾金胜	政策及政府研究	19	1	人民论坛杂志	采访部主任
洪伟	民间智库	1	1	中国农业大学	硕士研究生
段哲哲	不清	2	1	厦门大学	硕士研究生

如果从作者的社会智库研究占各自的研究集中度（研究方向）地位来看，有四个相关度为100%，但前面分析均为硕士研究生（未能持续研究）；其社会智库研究与研究的学科一致的有4个，与研究学科相近的有2个；其他6个作者其社会智库研究与自己研究方向不一致，总体来说社会智库研究高被引量作者的研究集中度不高，持续性不高。

二 期刊分析

发文一共为224篇，共涉及报刊57种，发文在2篇以上的有23种。图2数据表明社会智库研究文献分散，最高发文数的期刊为《南方日报》11篇。从发文期刊的类别来看，发文数3篇以上的期刊为11种，学术期刊仅为4种，发文超过2篇的期刊中（23种），学术期刊仅为7种，表明对于社会智库的学术研究还较为欠缺，研究层次不深，学理性不强，大部分是宣传、呼吁或者建议等新闻类文章。

从社会智库的概念分类，民间智库发文58篇，社会智库发文14篇，民间思想库为4篇（见图2）。其中民间智库发文数最高的是《南方日报》9篇，《重庆社会科学》6篇，《社会科学报》5篇，而社会智库研究最高发文期刊为《光明日报》6篇，且所有14篇文章中有13篇是在非学术类报刊发表，数据说明民间智库的研究由于起步早，概念应用普遍，所以无论是学术和非学术类期刊都有涉猎，而社会智库这一概念是在2014年十八届三中全会提出的一个概念，提出较晚，所以还没有被学术界深入研究引用，而是在《光明日报》等新闻类报刊中以时政形式进行及时报道。

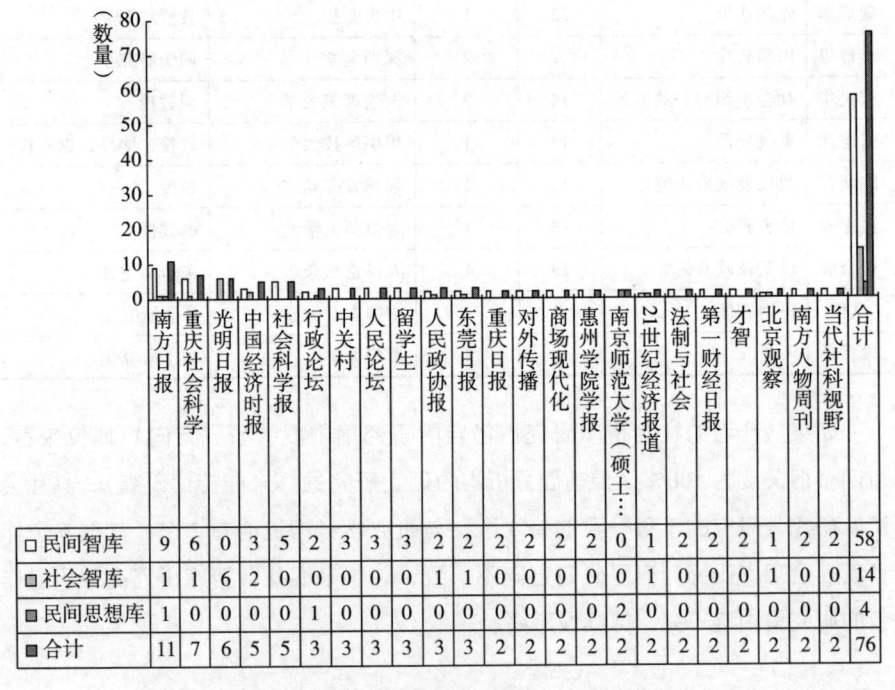

	南方日报	重庆社会科学	光明日报	中国经济时报	社会科学报	行政论坛	中关村	人民论坛	留学生	人民政协报	东莞日报	重庆日报	对外传播	商场现代化	惠州学院学报	南京师范大学（硕士…）	21世纪经济报道	法制与社会	第一财经日报	才智	北京观察	南方人物周刊	当代社科视野	合计
民间智库	9	6	0	3	5	2	3	3	3	2	2	2	2	2	2	0	1	2	2	2	1	2	2	58
社会智库	1	1	6	2	0	0	0	0	0	1	0	0	0	0	0	2	1	0	0	0	1	0	0	14
民间思想库	1	0	0	0	0	1	0	0	0	0	0	0	0	0	0	0	0	0	0	0	0	0	0	4
合计	11	7	6	5	5	3	3	3	3	2	2	2	2	2	2	2	2	2	2	2	2	2	2	76

图2 期刊发表社会智库文章数量（文献数量≥2）

从所有224篇文章的来源数据库分析，有111篇来自中国学术期刊网络出版总库，86篇来自中国重要报纸全文数据库，分别约占总数的49.5%与

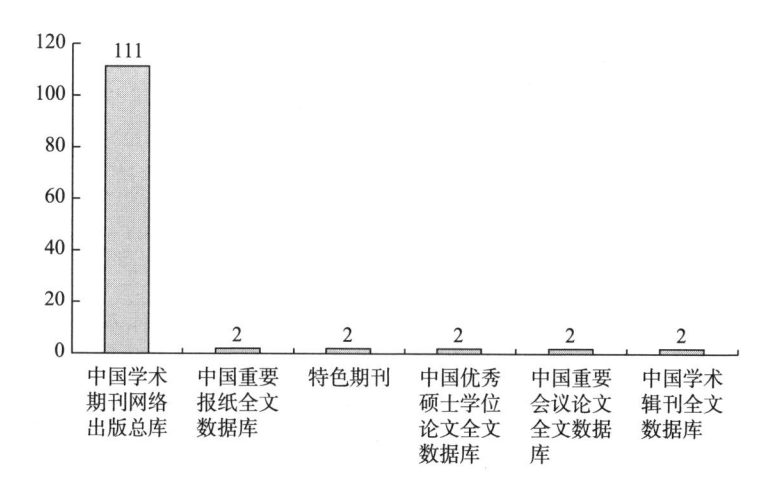

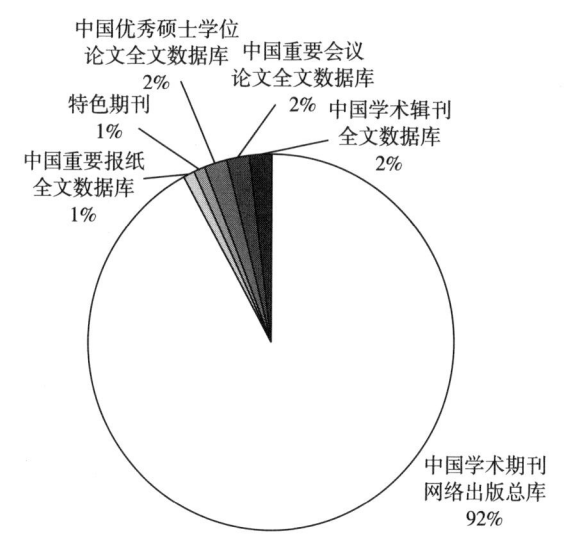

图3 论文主要来源数据库分类统计及比例

38.3%。中国硕士优秀论文全文数据库7篇，说明研究开始在新生年轻学子中延伸，但数量不多，且有2篇来自南京师范大学。而所有文章来源于南京师范大学的有6篇。可见南京师范大学现在已形成研究社会智库的"传帮带"师生群体。在中国重要会议论文全文数据库中，社会智库研究文章只有4篇，说明当前我国学界或行业界还没有对于社会智库独自形成系统的具备学科体系的重要领域。社会智库的会议观点基本上是在智库类会议中体现。在中国学术辑刊全文数据库中也仅有2篇文章，学术辑刊一般来说是某个高校或科研机构针对某一学科（方向），进行的专业性、针对性、学术性的高级别的文献刊物，这类期刊聚集了本学科（方向）的重量级人物，在国内本学科占有重要地位，而2篇文章的发文量，体现了社会智库还没有进入更深层次或高级别的研究行列。在特色期刊中则有14篇，特色期刊一般是在某个领域具备较好的影响和声誉，但学术性不强、学理性不强，大多是对本领域进行综合性介绍的期刊，因而社会智库研究在此类期刊发表，说明还处于较为初级的影响阶段。

在7种学术期刊中，CSSCI期刊只有一种，即《行政论坛》，CSSCI扩展版期刊有2种为《重庆社会科学》和《人民论坛》。在8种新闻类报纸中，有5种是党政报刊，分别为《光明日报》《人民政协报》《南方日报》《重庆日报》《东莞日报》，其中国家级2种，省市级3种；有3种为财经类报刊，分别为《中国经济时报》《第一财经报》《21世纪经济报道》，其中国家级1种，省级2种。因而在报纸报道方面，社会智库已经引起了重视，而且这种重视更多是在经济类方面。而表格中所列报刊基本上是处于东部或沿海地区，以北京、广东最多，只有《重庆会科学》、《重庆日报》以及吉林的《才智》杂志和云南的《法制与社会》等4种刊物是位于东北和西部地区，以此为标准，可见社会智库研究还是在东部地区较为受到重视，在中西部地区仍较为缺乏。

三　学科分析

本系统的学科分类较为细致，在所有学科中，有些学科是交叉重复的。比如管理学是一门比较宽泛的学科，包括公共管理、行政管理、财务管理、经济管理、企业管理、旅游管理等，因而本系统后面的行政学及国家行政管理、科学研究与管理等都与管理学数据统计上有交集，因而本数据不是排他性的而是多次引用性的。分析这些数据，其中管理学是最多的，为127次。另外行政及国家行政管理为20，中国政治与国际政治为18。数据表明学科研究关注社会智库最多的集中于管理学和政治学，也体现了社会智库积极参与国家治理、建言献策的宗旨目标。当然从另一个侧面也反映了，我国对于社会智库的研究，还是宏观的、综合性的研究，而专业性、技术性、微观性的研究还比较欠缺。当前我国社会智库研究，泛泛而论，未能脚踏实地，切中问题要害，拿出更为实际的建议方案，是目前社会智库研究的通病。社会智库的好高骛远，追求高大上,过于迎合政府"口味",而忽视了社会本身问题的解决,存在着"政府选择"而非"社会选择"的颠倒观念。

表3 社会智库研究文章内容所属学科统计

所属学科	频次	所属学科	频次	所属学科	频次
管理学★	127	投资	3	高等教育	1
行政学及国家行政管理★	20	企业经济	3	学前教育	1
中国政治与国际政治★	18	社会科学理论与方法◎	2	环境科学与资源利用	1
新闻与传媒★	7	社会学及统计学	2	中国民族与地方史志	1
经济体制改革	7	军事	2	一般服务业	1
科学研究管理	6	证券	2	建筑科学与工程	1
宏观经济管理与可持续发展	5	文化	1	石油天然气工业	1
金融	4	思想政治教育	1	医药卫生方针政策与法律法规研究	1
工业经济☆	3	出版	1	人物传记	1
政治学☆	3	信息经济与邮政经济	1	经济理论与经济思想史	1
领导学与决策学☆	3	中国语言文字	1	中国通史	1
人才学与劳动科学	3	财政与税收	1	无线电电子学※	1

注:★代表三者全有;☆代表民间智库与民间思想库有;◎代表社会智库与民间思想库有;※代表仅社会智库有;其他未标注者代表仅民间智库有。

如果从另一个角度进行分析,将所有细分学科进行归类,总结如下:管理学:127;经济学:29;政治学(含军事):46;社会学:5;文化学:5;教育学:3;新闻学:7。社会智库的学科关注点集中于管理学、政治学与经济学,也反映了目前我国重大国家和社会问题的难点和热点所在。符合我国目前经济体制改革、政治体制改革和行政体制改革的先行先试的战略路线。而社会、文化、教育则关注度较低。如果说经济改革先于政治改革是先易后难的战略选择,那么社会改革如何将二者中和,避免走向极端则在总体政策中起着不可缺少的作用。或者说经济改革是将蛋糕做大,政治改革是如何分配蛋糕,二者是公平与效率的争论,但是社会改革则关乎蛋糕做的质量如何,如果做的蛋糕变质或者有毒,那么做的再大,分配再公平,也无济于事。因此,目前我国对于社会智库研究的关注度,反映了国家发展战略需要进行反思调整。

四　作者及机构分析

数据显示，以第一作者身份单个作者发文量普遍较低，最高者仅有4篇，分别是华东理工大学金家厚、重庆三峡学院王栋，中国（海南）改革发展研究院迟福林3篇。超过2篇的只有12位作者。而只写1篇的高达18篇，这些仅写一篇文章而未再发表新的相关成果的作者，我们一般称为"学科过客"。说明目前对于社会智库的研究还未形成稳定的学术作者或者学术作者群。在这12位超过2篇的作者中来自高校的占6个（华东理工大学金家厚、重庆三峡学院王栋、淄博高等师专李学良、深圳大学李玲娟、南京师范大学张洁、大连理工大学宋悦华），来自社会智库机构的有4个（中国海南改革发展研究院迟福林、殷仲义、察哈尔学会韩方明、零点咨询集团袁岳），来自官办智库的有2个（国务院发展研究中心李兰、中共上海松江区委党校满媛媛），总起来说高校和智库（含官办和民办）各占一半，平分秋色。（具体到所有单位发文数及部门对于社会智库的研究比较，请参见图5和表5）有11位来自东部或东南沿海发达地区，中西部地区唯有重庆三峡学院王栋在发文数量较高者行列，说明东部地区社会智库研究在国内研究居先，而中西部相关研究滞后。研究还发现，高校作者都是在学术期刊发表，而智库作者大部分是在报纸或者专业性刊物发表（《南方日报》《光明日报》《经济参考报》《人民政协报》《中国发展简报》《中国智库》）。由此可见研究者的研究趋向有明显差异，高校作者主要从学术角度进行分析，文章学理性很强，这与高校作者的考评机制有一定联系。而智库作者大都是在报纸（尤其党报）发表，这与作者的身份有一定联系，如韩方明为全国政协外事委员会副主任，李兰为全国政协委员，国务院研究中心公共管理与人力资源研究所副所长，迟福林为全国政协委员，而这些作者又大部分本身是社会智库的负责人或主要成员。在党报或报纸类刊物发表文章更能起到宣传作用，对于政府和社会影响力会更直接。

表4　作者论文数统计

姓名	文献量	姓名	文献量
金家厚	4	李玲娟	2

续表

姓名	文献量	姓名	文献量
迟福林	4（社会智库）	韩方明	2
王栋	4	殷仲义	2
李学良	2	袁岳	2
满媛媛	2	宋悦华	2（民间思想库）
李兰	2	张洁	2（民间思想库）

注：按照民间智库与社会智库综合搜索数据整理。

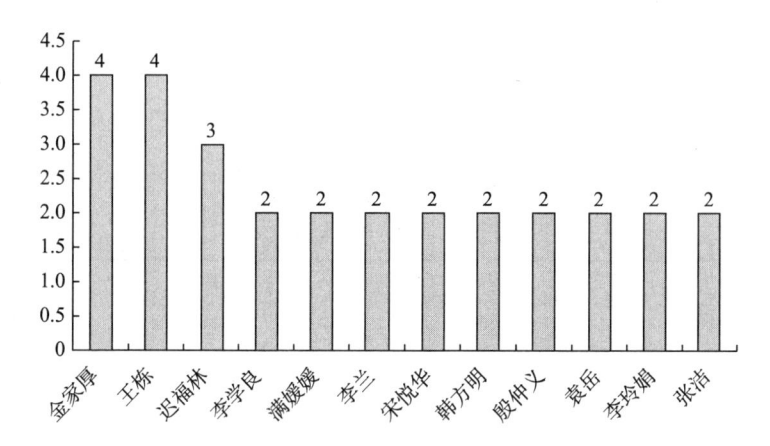

图4 以第一作者为据的高产作者文献数量统计（文献数量≥2）

研究还发现同一个单位的只有迟福林与殷仲义皆为中国海南改革发展研究成员，其他作者都是以单位唯一代表出现。而张洁的文章为硕士毕业论文，其导师钱再见也是社会智库研究专家，虽然发文数只有一篇，但是其被引量达到6次。这种师承研究延续关系在社会智库研究中首次出现。

在智库工作的作者研究智库文章是属正常现象。对于高校的作者研究社会智库应做分析，在这些高发作者中，研究的领域（文献总数）与民间智库发文数量对比如下：金家厚：基层与社会组织等（23）/社会智库（4）；王栋：社会组织等（30）/社会智库（4）；满媛媛：基层组织等（10）/社会智库（2）；宋悦华：社会组织与公共政策（14）/社会智库（2）；李玲娟：民间智库（2）/社会智库（2）；李学良：文化或文学等（10）/社会智库（2）。从中可以看出以上作者关于社会智库的研究集中度呈逐步弱化趋势。由于社会智库本身即社会组织中民办非企业（有的可划归社会团体）这一类别，所以研究社会组织与社会智库相关性很大，这样的作者包括金家厚、王栋、宋悦华（公共政策也与社会智库相关度很大）。其次研究基层组织的有满媛媛。而李玲娟虽然是最为直接的研究者，但是从 2007 年、2008 年分别发表一篇文章以后，至今 8 年内没有再发表任何文章，故而我们将其作为特殊现象对待，放入相关度并不高行列。这些作者中只有李学良是研究集中度与民间智库最为疏远的。因而总体而言，研究社会智库的高校作者在这一角度还是相对稳定。

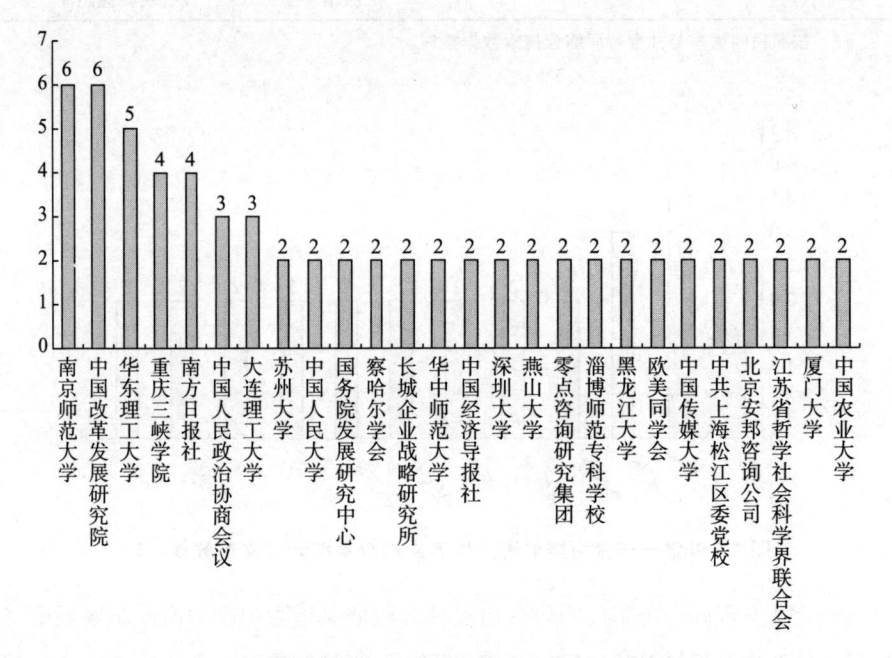

图 5　全国各单位社会智库研究发文数（文献量≥2）

表 5　社会智库研究的部门发文数归纳

单位：%

部门	部门数量	占比	发文数量	占比
高校	14	53.8	38	55.1
社会智库	6	23.1	16	23.2
官办智库	3	11.5	6	8.7
报社	2	7.7	6	8.7
政府机构	1	3.8	3	4.4

五 研究主题分析

按照关键词进行统计数据分析,当前社会智库研究总体关注集中度分散,仅有"民间智库"与"民间思想库"关注度超过10次,最高为民间智库36次。3~8次的有8个,2次的有14个,其他均为1次的有29个(见表6、表7)。说明社会智库研究范围宽泛,研究方向分散。如果将关键词进行归类提炼,总结出以下5个方面的研究方向(见表6、表7)。

表6 社会智库文章的研究主题综合统计

关键词	频次	关键词	频次	关键词	频次
民间智库	36	新型智库	3	智库角色	2
民间思想库	13	独立性	3	政治参与	2
智库	6	国家与社会关系	2	发展	2
公共决策	5	政策分析	2	功能	2
社会智库运营	5	作用	2	障碍	2
政府决策	4	思想库	2	机制	2
公共政策	4	资金来源	2	温州民间智库	2
对策	4	研究成果信度	2	运行机制	2

表7 社会智库文章的研究主题分类统计

概念	频次	政策	频次	发展	频次	特征	频次	机制	频次	成果	频次
民间智库	36	公共决策	5	发展	2	独立性	3	社会智库运营	5	对策	4
民间思想库	13	公共政策	4	障碍	2	新型智库	3	机制	2	研究成果信度	2
智库	6	政府决策	4	困局	2	国家与社会关系	2	智库角色	2	作用	2
社会智库	1	政策分析	2	资金来源	2	科学化	1	运行机制	2	知识转化	1
概念界定	1	地方公共决策	1	能力建设	1	民主化	1	功能	2	智库作为	1
思想库	2	智库决策	1	经费	1	理念	1	合作机制	1	智库创新策略	1

续表

概念	频次	政策	频次	发展	频次	特征	频次	机制	频次	成果	频次
发展概况	1	政策咨询	1	出路	1	民间道路	1	分合路径	1		
		政策制定		规范		非营利组织	1	政治沟通	1		
		决策	1	引导	1						
		民主决策	1	未来发展	1						
		公共政策制定	1	筹资	1						
				产业	1						
合计	60		22		16		13		16		11

一是以概念为核心的研究方向，二是以政策为核心的研究方向，三是以发展为核心的研究方向，四是以特征为核心的研究方向，五是以成果为核心的研究方向。另外还有一些关键词如"地方政府""五力模型""温州""温州民间智库"，由于次数少，很难自成体系，又无法归入它类，所以没有列入。从5个方向的统计数据来看，社会智库的研究主要还是针对概念界定和发展问题方面，概念界定关注度为60次，发展的关注度为16次，加上特征13次（也可以将其列为概念或发展方面），总共89次，占比约64%。而政策相关的关注度为22次，机制16次，成果11次，共计49次，这体现了对社会智库的任务及作用的关注度还比较低。

具体来说，当前社会智库的研究关注度集中于概念层面为60次，主要是对于民间智库、民间思想库、社会智库以及与智库和思想库的区别。这些都与我国目前智库大的氛围环境及状况有关，也与我国对于智库（社会智库）的政策演变有关。对于社会智库的发展及能力提升也是当前研究的热点，为16次，主要还是对于社会智库的资金缺乏、能力欠缺以及规范化发展的问题，体现了我国目前社会智库自身的问题与政府的支持性问题，也存在社会环境的不足等问题。对于社会智库发展的正确方向、发展宗旨及本质要求为13次，主要是对于社会智库的本质特征要求，要坚持独立性和民间性，同时也有对它的进一步发展提升，如民主化和科学化要求，另外时代和国家需要赋予其新的特征如新型智库要求，这是社会智库为适应发展和我国实际需要而做出的反应。这些都体现了当前社会智库研究的突出问题仍是关于社会智库的生存与发展问题,对于概念的界定与理论梳理是对于这一问题的准备性工作,占大量比例,说明研究还处于初期阶段。其次,人们对社会智库的主要认识即政策参与,也是关注的热点为 22 次,但是关键词的提法很分散,有政策、决策、咨询、智库决策、政府决策、民主决策、公共决策等。当前学术界对于政策或决策的研究还是没有形成统一的规范标准。机制研究共有 16 次关注,主要是在政智合作、运行机制、功能角色方面,这说明我国社会智库的机制研究主要还是关于社会智库的独立决策和政府合作方面,没有形成社会大环境的总体性思想市场,仍受制于与政府的关系问题。而对于社会智库成果的研究关注度很低,且相关度最直接的只有一个即研究成果的信度,说明目前社会智库的研究质量还没引起学界和社会的重视,或者说目前社会智库的问题还主要是生存问题,而更为高级的成果要求还没有成为重点,这是一个两难问题,生存与质量在发展中将成为相互影响、相互牵制的矛盾体。当然为了更好地生存与发展,社会智库必须拿出高质量的成果来为自己的生存和发展打开道路。

从民间智库、民间思想库和社会智库比较分析来看,由于三个概念出现的时间不同,所代表的时代含义有所差异,所面临的社会背景和政策背景也不一致,因此三者所关注的问题也有所区别。民间智库的称谓在这一类智库类别研究中较早出现(2006 年),并延续到现在,发文数量最多,运用最普遍。因而它关注的问题也较普遍分散,各个时代的特征都有,但主要还是论述其政策参与作用,其次为发展需求。民间思想库比民间智库出现时间还早一些(2004 年),但以民间思想库称谓的研究断断续续,到 2014 年就不见相关文章再出现,这个概念在学术界是"短命"现象。民间思想库的文章关注点主要是在其发展的困境与出路问题上,以及特征本质问题等,体现出民间思想库在这三个概念中最具有民间色彩和主体性要求,也反映出其作为民间的智库类别的艰难处境,也反映了因时代发展和政策环境的影响,这一概念由于政治色彩较浓,而不再适合。社会智库则是在 2014 年、2015 年出现的一个称谓,且呈快速普及之势。由于它是国家政策应运而生,国家大力支持鼓励其发展,因此社会智库的研究主要集中于政策参与的机制、路径、创新等方面,其研究内容具有主题积极性、发展性和开放性的特征。

从社会智库的研究关注层次来看,集中于社科类的研究频次为 181,自科类为4，教育类为6，大众文化科普为9，经济信息为4（见图6）。从数据分析，社科研究处于绝对优势，一是，反映出目前社会智库的涉猎集中于宏观改革和政策建议；二是，反映出社会智库对于科学技术及微观社会问题的回应显得十分迟钝；三是，反映出目前社会智库的研究存在重经验轻实证、重建议轻转化、重宏观轻微观等现实问题；四是，反映出目前社会智库建立门槛较低，有想法而缺技术或能力，只是利用想法点子就可以"开张立业"，成果缺乏应用性、科学性和可行性。

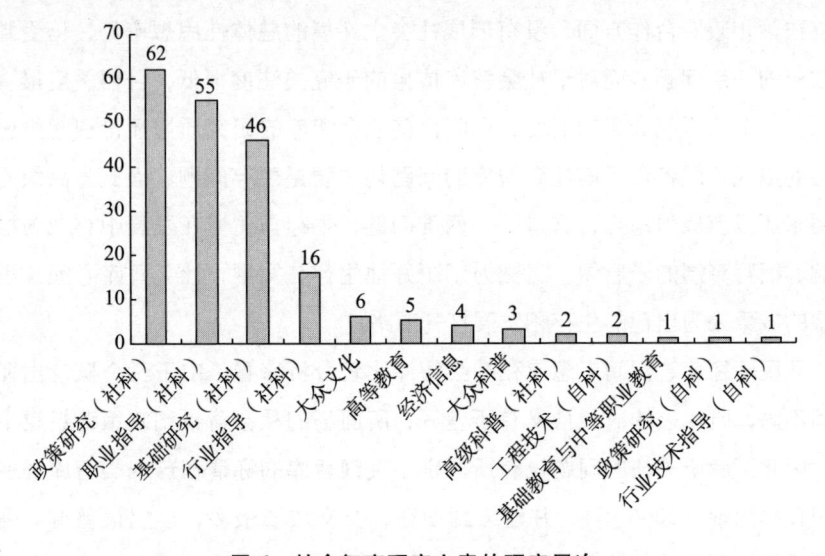

图6 社会智库研究文章的研究层次

六 发表年度分析

CNKI数据库搜索数据显示，关于社会智库的文章最早是以"民间思想库"为题出现，发表于2004年，然而2005年未出研究成果。真正开始持续研究发表始于2006年，后逐渐呈快速增长趋势。从2013年开始，相关社会智库的研究迅速大幅增加。2007~2012年每年的变化幅度不超过3篇。2012年为16篇，而2013年则上升为33篇（见表8）。这与2013年党的十八届三中全会《中共中央关于全面深化改革若干重大问题的决定》提出："加强中国特色新型智库建设，建立健全决策咨询制度"这一重大决策有关。这一重大政策虽然是针对广泛意义上的"智库"提出的，但是对于社会智库研究同样起到了利好作用。之后相关社会智库的政策利好持续升温，2014年，教育部印发《中国特色新型高校智库建设推进计划》的通知，2014年，习近平主持召开中央全面深化改革领导小组第六次会议指出，要统筹推进党政部门、社科院、党校行政学院、高校、军队、科技、企业和社会智库协调发展，形成定位明晰、特色鲜明、规模适度、布局合理的中国特色新型智库体系。特别是2015年，中央办公厅、国务院办公厅印发《关于加强中国特色新型智库建设的意见》，要求规范和引导社会智库健康发展，使社会智库研究达到了新的高度，本年度文章数量为51篇。

表8 民间智库、社会智库、民间思想库发文时间与数量

年份	2004	2005	2006	2007	2008	2009	2010	2011	2012	2013	2014	2015	2016
民间智库	0	0	2	7	8	13	11	15	15	28	28	30	24
社会智库	0	0	0	0	0	0	1	1	0	1	1	21	16
民间思想库	2	0	0	1	3	1	1	2	1	4	2	0	0

如图7所示，对于不同的概念的研究文章呈现不同的研究趋势，总体而言，以"民间智库"为题的研究文章从2006年开始，到2016年12月31日止，研究从未中断，文章数量占总发文数量比重最大，为78%，且呈上升趋势。对于以"民间思想库"为题的文章则从2004年开始出现，然而到2015年本主题文章就再未出现，且每年发表数量较少（2005年、2006年未发），总数占比8%。

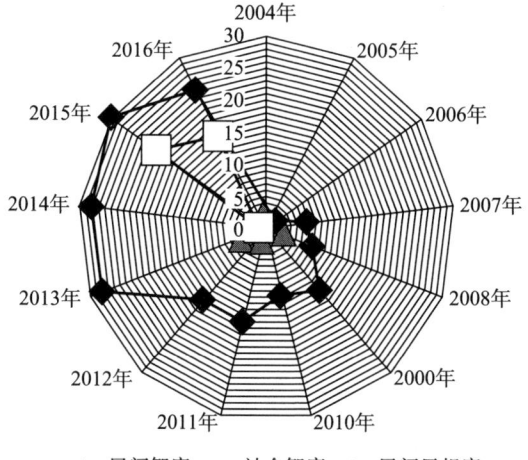

图7 民间智库、社会智库、民间思想库文章发文年度趋势

这与 2014 年习近平总书记在中央全面深化改革领导小组第六次会议以及 2015 年《关于加强中国特色新型智库建设的意见》中提出"社会智库"概念有很大关系，并且有关"社会智库"为题的文章从 2015 年突然飙升至 21 篇，之前从 2010 年开始均为 1 篇（2012 年未发），形成鲜明对比。

七 总结及建议

社会智库发展已步入快车道，各级政府及相关部门都响应党的号召，纷纷出台支持政策和配套措施，社会智库发展的春天已经到来，但是社会智库的成长有其自身的发展规律，除了国家政策大力支持以外，政府还应建立长效激励和扶持机制，从法制、资金、人才、保障、研究等各个方面加大支持。在全面深化改革发展基础上，针对社会智库的独特或弱势问题重点突破。

（一）成立专门（业）研究机构（中心、院、所）

当前国内还无一家专门针对社会智库研究的机构。由于目前这类机构的成立资金、人员和场所的限制，尤其是长期性的运营条件限制，可以由政府牵头，建立社会智库、高校、企业、官方智库合作研究、资源共享的社会智库研究机构。这类机构解决了成本的限制，也很好地利用了体制内资源、共享性资源和原有性资源。并可使不同机构研究优势互补，互通有无。有学者提出打造全行业专家平台，相比传统智库，全行业专家平台明显属于一种机制创新。这种平台汇集了各种身份背景、不同行业的专家，打造的平台属于社会聚合型的专家智库，这将极大地拓展人才的价值，加强对各行业改革的推动力量[1]。

（二）设立专门的社会智库评估报告机制

当前有关智库评估的报告有上海社会科学院与宾夕法尼亚大学共同发布的《中国智库发展报告》、四川社会学院与中国科学院成都情报文献中心共同发布的《中华智库影响力报告》、零点国际与中国网联合发布的《中国智库影响力报告》、光明日报智库研究与发布中心的《中国智库年度报告》、中国社会科学院中国社会科学评价中心研创的《全球智库评价报告》、清华大学朱旭峰智库

---

[1] 张志刚（2015）：《社会智库前景如何？全行业专家平台脱颖而出》，http://media.china.com.cn/gdxw/2015 - 12 - 29/594665.html，12 月 29 日。

研究团队发布的《中国智库透明度报告》等。虽然光明日报发布的智库报告分四类，其中专门对社会智库进行了总结报告，但是没有进行系统的数据引证。因此建立专门的社会智库评估报告机制势在必行，这类机制应该包括专业机构、专业人员和专业设施方法技术以及专业网站和专业总结报告。

（三）形成专业研究人才梯次培养模式

张康之以美国智库为例指出美国智库的兴起推动了公共政策专业（MPP）教育的产生与发展，反过来，MPP教育又为智库提供了专业人才，二者相互促进，共同深化了政策科学的专业化发展，并推动了政府决策的科学化（张康之，2016）。当前我国社会智库研究没有形成持续化发展的研究团队或相关专业学科，研究作者对于社会智库研究方向集中度较低，持续性较差，成果质量不高。基于此，在高校应建立社会智库的相应学科方向或者专业。或者在高校的公共政策、社会组织、公共管理、社会管理等专业方向设立社会智库方向。从本科到硕士、博士都建立梯次化的培养阶段模式。另外，目前对于社会智库研究的作者分散于高校、社会智库、官办智库等机构，这些作者的研究角度不一，风格不同，侧重点也不同，但总体上都缺乏研究的系统性、力度和科学性。因此，可以建立这些机构间作者的"旋转门"制度，合力研究，资源共享。例如，目前中国（海南）改革发展研究院与东北大学联合招收博士生，同时也建有博士后流动站。中国与全球化智库联合北京师范大学、西南财经大学、首都经济贸易大学面向全国招收博士后。中国人民大学重阳金融研究院依托中国人民大学，对教授们的科研成果进行智库成果转化。重庆智库与西南政法大学联办"智库重庆论坛"。东中西部区域发展和改革研究院与上海大学联合申报课题。

（四）设立社会智库期刊或者专栏

目前专门对智库研究文章发表的报刊已经迅速发展，有《智库理论与实践》《中国社会科学院学报》《人民日报》《光明日报》《中国青年报》《中国经济时报》《社会科学文摘》等。许多学术期刊也对智库加大关注和文章发表。然而以上期刊或报刊均未对社会智库进行专门性研究，只是进行了相关政策性报道或者穿插性研究。尤其是在目前与社会智库研究密切相关的学术期刊《中国社会科学》《政治学研究》《中国行政管理》《公共管理学报》都没有社会智库文章发表。当前对社会智库关注的学术期刊主要集中于《重庆社会科学》和

《行政论坛》等。因而应该从国家政府层面,鼓励和扶持期刊或报刊进行社会智库研究。或者在一些名刊名报设置专门的研究栏目。另外国家对于社会智库自己创办的期刊如《战略与管理》《太平洋学报》《中国发展简报》《中国改革》等也应鼓励发表这类文章成果。

(五)优化研究成果应用机制

当前关于社会智库的研究成果大多是在媒体上进行报道,还很难进入到政府决策层,有关民间智库的研究文章也是在个别学术刊物发表,其转载、引用率很低。从重大决策事项选择偏好上来看,政府选择某类专家进行咨询的倾向性顺序是,官方政策研究机构专家、半官方智库专家、高校和民间咨询机构的专家。① 由于社会智库在中国刚刚兴起,发展还不是很成熟,成果质量及成果的实用性也不是很高,因此在这种情况下,政府和学界应该加大扶持力度。政府及其所属研究机构、宣传机构应加大政策和会议宣传研究力度,在各级政府和文化部门的《成果要报》《成果内参》或者出版机构《皮书》《报告》等文丛中加大社会智库研究力度和成果发表力度。学界期刊和出版社应加大民间智库研究文章的转载传播广度,特别是发挥四大学术转载刊物《新华文摘》、《中国社会科学文摘》、《中国高校社科文摘》以及《人大复印报刊资料》对社会智库研究成果的转载率。当然在优化成果应用机制方面,应从成果的上报渠道,以《专报》呈送方式和协商会议提案的方式;成果筛选评估机制,以第三方评估、政府评估、受益方评估或学术委员会评估为主要方式;成果转化应用机制,以校智成果对接、政智成果对接、企智成果对接,并通过公益创投、资本入股、产权保护等方式实现对接成果落地发芽(王栋,2013:117~122)。

(六)加大落后地区或特殊领域研究的社会智库建设

当前我国社会智库以及社会智库的研究集中于北京、上海、广东等东部沿海地区。且实力影响和规模较大的社会智库也基本为全国性甚至研究国际性问

---

① 朱旭峰主持的一项题为"专家决策咨询在地方政府中的实践"的问卷调查研究,指出,在面对不同决策类型时,政府官员的倾向性存在较大差异,如其在遇到时间紧迫的重大决策时,选择官方政策研究机构的倾向性最大,为85.8%;涉及较多部门,需要多方协调的重大决策,对官方研究机构和半官方的研究机构选择的倾向性旗鼓相当,均为40%以上;而在一些技术性、专业性较强的重大工程和项目决策方面,决策者更倾向于向半官方专家和高校专家进行咨询;只有在涉及群众切身利益的重大决策时,决策者对民间智库的选择倾向性达到21%。参见(杨敏,2014)。

题的民间智库。再者,这些智库大都研究国家宏观政策、宏观改革、国际战略、发展战略等重大全局性课题。民间智库及研究的发展极为不平衡,必须采取措施改变这一局面,应从三个方面着手,一是加大西部地区社会智库建设与研究,尤其是有关扶贫、开发、转型等问题的智库研究;二是加大地方社会智库的建设与研究,除了地方经济政治社会问题研究智库建设外,还应加大地方文化、地方传统、地方特色等智库的建设;三是加强对于农林牧副渔等国家急需又实际投入和重视程度不够的领域研究的智库建设。

(七) 加强社会智库发展偏失或薄弱领域的研究

当前对于社会智库或相关内容的研究大都集中于政策性、技术性和操作性的问题研究上,在研究方法上侧重经验判断、理论分析和宏观改革,在研究目的上带有很大的商业化、短期效益或者行政色彩。因而应对这一研究失衡和偏颇问题进行纠正,社会智库应加强对于基础科学和民主法治等关乎国家根本性、基础性问题的研究。当前以研究基础科学为主的社会智库还没有出现,对于民主法治研究的社会智库有世界与中国研究所、洪范法律与经济研究所等,而真正研究民主政治的只有前者一家。社会智库的客观性、引领性、独特性等优势在我国还不明显,这也是未能引起学者关注的原因之一。有学者总结认为目前一些社会智库存在重平台建设、轻内容建设;重宣传造势、轻成果生产;重社会活动、轻潜心研究;重追赶热门、轻专业深耕的"四重四轻"现象。要从实际出发,善于在专业化细分领域持续耕耘,作全面研究、系统研究、长期研究,做到"专、精、深"(周湘智,2016)。另外,高校学者应加强对于社会智库的成果运用与转化、政策新渠道、发展新措施等方面的研究,而不是仅仅强调其重要性、概念内涵等问题的研究。

(八) 开展有关社会智库重大课题的研究

社会智库研究处于初期阶段,对于社会智库关键性问题的研究、社会智库未来趋势与重大挑战性研究、民间智库新兴领域的研究等必须及早提上日程。主要有社会智库透明度研究[①]、新媒体、新形式、新类别、新领域社会智库的研究;草根智库的研究;社会智库分类、规范、标准化体系研究;引导官办智库、高校智库和事业单位型智库向民办智库转型研究;社会智库参与的思想市

---

① 当前对于智库的透明度评估报告已经发布,参见(朱旭峰、韩万渠,2017),但是对于社会智库专门性的评估系列报告,目前还是空白。

场机制研究；社会智库参与政治协商会议研究；社会智库风险危机、评估机制、管控机制、规范发展研究；社会智库法律法规研究；等等。

参考文献

陈广猛（2015）：《论研究智库的一般方法》，《智库评论》，社会科学文献出版社，2015，第 139~161 页。

吉亚力等（2015）：《基于关键词共现和社会网络分析法的我国智库热点主题研究》，《情报科学》，2015（3）。

孔放等（2015）：《中国智库研究文献计量分析报告（1998-2015）》，《智库评论》，社会科学文献出版社，2015，第 162~177 页。

王栋（2013）：《民间智库的成长：角色定位与路径优化》，《重庆社会科学》，2013（7），第 117~122 页。

王栋（2015）：《民间智库融入公民社会：规范分类的逻辑进路》，《行政论坛》，2015（4），第 80~85 页。

旭峰、韩万渠（2017）：《中国智库透明度报告》，《智库理论与实践》，2017（1）。

杨安等（2015）：《基于知识图谱分析的我国智库研究进展述评》，《图书馆学研究》，2015（10）。

杨敏（2014）：《民间智库的生存哲学》，《决策》，2014（Z1）。

袁剑（2012）：《当前国内智库研究图书出版综合情况：综述与展望》，《中国图书评论》，2012（8），第 36~42 页。

张康之（2016）：《美国智库建设与智库人才培养》，《学习时报》，11 月 24 日。

周湘智（2016）：《茁壮成长的智库新力量——2015 年中国社会智库建设回眸与评价》，《光明日报》，3 月 23 日。

The Study of Social Think Tanks in China, Dilemma, Trend and Breakthrough: Based on CNKI Database Resource Analysis (2004 – 2016)

Wang Dong

[**Abstract**] social think tanks play an irreplaceable role in the field of public governance because of their unique objective perspective and expertise. However, the research of social think tanks has been in a weak position. At present, the research and exploration of social think tanks are mostly mixed with the research of "think tanks", and there are no special agencies, teams, journals or other social think tanks to evaluate, monitor and support the platform. In order to do a better job of researching the direction, method, key point and breakthrough point of social think tanks, we must have a comprehensive and systematic understanding of the current research situation of social think tanks. Through the "CNKI" database search, the 224 documents as the analysis of the text, the time, author, organization, subject, reference, research, concentration, periodicals and other 7 aspects of statistical analysis. The research thinks that the society think tank research should establish special assessment and monitoring platform; echelon training mode of professional talents for the establishment of social construction; increase the West or in remote and poor areas of social transformation social think-tank; optimization results think tank and the application mechanism; strengthening the social intelligence research areas of weakness support; to carry out research on major difficult problems of think tanks etc.

[**Keywords**] Social Think Tank; CNKI; document Research

(责任编辑 郑琦)

中国社会组织公共性研究述评*

耿依娜**

【摘要】 在中国社会的转型过程中,社会组织公共性的生产与延续影响着社会公共性的进程与方向。本文通过对国内外相关文献的梳理发现,学界对社会组织公共性的概念拟定有实然与应然两种方向,类型界分主要采取社会实践和政治言论的划分方法,生产方式以内生型和外发型为主。学者们认为社会组织公共性的异化、残缺以及矛盾是目前面临的主要危机与困境,社会组织的内外部环境是造成这些问题的重要原因,为此,学者们提出了社会组织公共性再生产的培育路径。基于政治学、社会学等不同的学科视角,研究者采取了多种研究进路与研究方法。未来,社会组织公共性研究在细化研究议题、深化理论视角、推进质性研究与加强量化研究等方面应进一步努力。

【关键词】 中国社会组织 公共性 文献述评

在当代中国国家治理能力提高、市场管理体制完善、社会治理创新发展的进程中,社会组织①发挥着不可替代的作用与功能。然而,现实中的社会组织

---

* 基金项目:国家社科基金重点项目"政府购买公共服务与事业单位改革的衔接机制研究"(14AZZ012)。
** 耿依娜,浙江工业大学马克思主义学院副教授,南京大学政府管理学院博士生,研究方向为地方政府与公共治理。
① 本文所讲的社会组织,取狭义上的社会组织,即包括中国现行法律法规规定的三类登记注册的社会组织——社会团体、民办非企业、基金会,另外加上工商注册 NPO(登记为工商组织但从事公益事业的社会组织)和社区基层组织(在城乡社区里登记的城乡居民基层社会组织),以及没有登记的草根类社会组织。(王名,2010:9)

呈现公共性与私利化的双重面向：一方面，社会组织提供公共产品、参与公共政策、维护公民权益，是其享有社会权力、承担社会责任的公共性表现；另一方面，有些社会组织顶公益之名却满自利之欲，享公共权力却谋一己之私，担公共之责却难当其任，出现了逐利化、公益污名化等现象。因此，对社会组织公共性及公共性的再生产的讨论，不仅有助于推动社会组织在政府、市场和社会之间的合作、监督与制衡的实践保障，也有利于规范社会组织自身完善、社会公共领域建构、多元治理主体呈现的发展方向。

对于中国社会组织公共性的研究，既要与转型时期的政治经济特征相勾连，又要与社会组织实践活动相印证，还要与中西方公共性理论进展相联系。改革开放以来，中国政治从政治权力全方位渗透式的全能主义向赋权分权式的后全能主义模式转变（邹谠，1994：3；李景鹏，2011），社会治理从总体性权力支配向技术治理进行转变（孙立平等，1994；渠敬东等，2009），福利供给从国家中心主义向多元福利主义转变（熊跃根，2001）。在这一转型过程中，中国的社会组织历经了萌发初盛—曲折发展—再次勃兴的复杂历程（王名，2009），社会组织的研究模式从以国家－社会关系（市民社会理论、多元主义理论、法团主义理论）为主导，拓展到组织－环境（组织场域理论、新制度主义理论）、结构－行动（社会网络理论）等多重视角并重的局面（Ma，2006；纪莺莺，2013；张紧跟，2012；黄晓春，2017；Zhang，2017）。公共性是人文社科领域的重要议题，学界对公共性理论的研究，从早期对西方公共性理论的介绍和西化式运用，到后来批判式借鉴并对中国适用性的考察，再到发展出本土化的概念与理论体系，总的趋势是以整体性视野构建多元共在、和谐共生的公共性理论（袁祖社，2007；郭湛，2008；邓莉，2010；任剑涛，2016）。本文将以上述三个领域的相关研究成果为分析背景，运用文献分析法，梳理有关社会组织公共性的文献资料，对社会组织公共性的概念内涵、时代特征、生长模式、危机困境、再生产路径、研究进路以及研究方法进行总结和评述，并对未来的研究提出建议与展望，希望以此提供一幅全面的中国社会组织公共性的研究图景，以此推动社会组织公共性研究领域的新进展和新方向。

一 社会组织公共性的内涵界定

社会组织公共性的内涵界定与公共性理论进展密切相关，由于公共性内涵复杂多面、历史源流支脉交错,学界在对社会组织公共性的概念界定时出现了各取所需、各执一词的现象,实然和应然是学界分析这一定义的两种主要取向。

实然内涵Ⅰ——社会性指向,研究者将社会组织公共性与公共利益、公共产品、社会福利等相联系,认为社会组织实现公共利益、提供公共服务就是其公共性的展现(汪锦军,2004;冯振颖,2008;方洁,2010;朱虹,2010;张雅琴,2017)。涉及某一类社会组织公共性时,如社区组织(李蔚,2015)、农村社会组织(吕方,2013;夏循祥,2014)、慈善组织、环保组织(贾广惠,2009)、体育组织(田嫄等,2016)、社会企业(周红云、宋学增,2016:242),研究者多是沿用了这一定义。这类定义强调原子化的现代社会里社会组织公共性的社会整合作用以及社会服务功能。但仅从公共利益视角来定义社会组织公共性,模糊了社会组织所能达到的公共利益与国家政府的公共利益的异同,并且排除了互益型社会组织所存在的最低限度的公共性①。

实然内涵Ⅱ——政治性指向,这类定义强调社会组织公共性中独立、自主等要素,在社会组织所开创的公共空间或公共领域,既有监督、批判乃至对抗公共权力的面向,又有表达利益诉求达致社会团结的合作性面向。社会组织公共性的对抗性面向,着重于社会组织在推动威权主义政权民主化进程中的功能与作用,如韩国、中国台湾地区早期民主化进程中的社会组织(张文明,2007;具海根,2004:13),以及20世纪80年代东欧国家转型中的社会组织(林茨、斯泰潘,2008:8)。但由于这类组织行为带来政治上的不确定性与风险性,国内学界在研究社会组织公共性时较少采用这类定义,也较为淡化此类政治性特征与功能。社会组织公共性的合作性面向,侧重于社会组织作为社会结构的中间阶层在表达民意、培养公民精神、促进社会安定方面的作用(Weintraub,1997;Wolfe,1997)。这类定义在近期兴起的社会组织与协商民主的互动研究中较为常用。

实然内涵Ⅲ——政治性、社会性的综合性指向。这一类定义最早为李明伍(1997)提出,即"某一文化圈里的公共性即为该圈里成员所能共同(其极限

---

① 卢曼(Niklas Luhmann)曾提出"合法至上"公共性,即凡是正确按照法律程序制定的决策都是具有正当性的,从而也就具有了公共性。具体参见(Luhmann,1995),转引自(李明伍,1997)。据此观点,只要社会组织依法成立、依法行事且正常运转,即具有最低程度的公共性。

为平等）享受某种利益，因而共同承担相应的制度的性质"，后来学者们在研究社会组织公共性时常以此来定义（崔月琴，2009；刘杰、田毅鹏，2010）。日韩学者（小浜正子；2003；夫马进，2005；金泰昌；2009）在描述社会组织公共性时亦表达了此意，他们认为相对于西方思想传统中强调公共性对公共权力的监督、公众政治参与的面向，东亚地区儒家文化圈的公共性传统多是强调与公权力的合作、提供社会福利的面向。国内学者（田毅鹏，2009；吕方，2013；唐文玉，2015a）在使用这类定义时，比较强调社会组织公共性中的社会功能和政治功能应保持平衡，并且在法律和道德的范围内发展。

应然内涵Ⅳ——哲学性的抽象概括，这类定义借鉴哲学领域对公共性概念的界定，转以阐释社会组织公共性，认为社会组织与公共精神、公共伦理、公共文化等相连时是其公共性的表现（袁祖社，2007；郭湛等，2008；晏辉，2013）。如李蔚（2015）以多元主体性和主体间性、价值性和规范性来分析社区及社区组织的公共性。哲学中的公共性术语抽象深刻，但社会组织公共性有其经验性的面相，二者之间的借鉴与运用还需学者们做进一步的领会和提炼。

应然内涵Ⅴ——规范意义上的综合性概括，这类定义在沿用公共性内涵的基础上来指代社会生活中各领域、各主体的规范化公共性。如李友梅等（2012）认为，公共性是指特定空间领域内人们的共同利益与价值，人们借助公开、开放和公平的程序，在平等对话、公开讨论和参与活动中达成共识，以维护公共利益和养成公共精神。这一描述从目的、价值、主体、参与、程序等方面完整地刻画了公共性，后为国内学者所沿用（崔月琴，2013；王欣、杨君，2017；黄晓春，2017）。① 现实中的社会组织类型多样、涉及领域众多、行为边界多变，这一定义比较适合从规范意义上要求社会组织，但较难清晰界定现实中的社会组织公共性发展。

学界之所以出现对社会组织公共性进行多种定义和多重角度运用分析的现象，主要原因如下：（1）对公共性概念本身的认知不同；（2）对公共性相关概念及问题的认知不同，如公共性与私人性、私密性、私利性之间的联系，公共性与公共利益、公共权力、共同体之间的关系，不同文化背景下公私范畴、公

---

① 因为公共性以及社会组织公共性的歧义多变，出现了同一学者在其研究社会组织公共性的文章里采用不同定义的现象，也有学者在拟制定义时采用了一种内涵，具体分析时又指向了另一种内涵。

域与私域的界定不同；（3）对社会组织的属性特征、活动范围的认知不同；（4）对不同类型的社会组织进行考察分析时，研究者亦会采用不同的公共性定义。事实上，对于社会组织公共性的定义拟制，可以从公共性的概念内核（公开性、公平性、共识性和公益性）切入，并且注意把握社会组织公共性显现时的宽泛性和韧性，以及实践中社会组织类型的多样性和其活动范围的多重性。

二 中国社会组织公共性的时代环境、组织特征与类型界定

中国社会组织的发展既是全球结社革命（Salamon & Anheier，1997）中的一个组成部分（王绍光、何建宇，2004），也是中国社会公共性形态转型的时代产物，同时中国社会组织本身种类多样、涉及领域繁多，这一切使当下社会组织公共性呈现为多种类型、多种阶段与多种层次并存的局面。

1. 中国社会组织公共性的时代环境

社会组织公共性的发生与发展受限于所处时代的社会公共性的形态。公共性理论滥觞于西方，但由于东西方政治社会发展差异，非西方学者通过对西方公共性理论的本土化改造来解释本区域的公共性问题。李明伍（1997）借鉴哈贝马斯的公共领域理论和韦伯的政治社会学理论，以社会成员的主动参与或被动追认、社会成员认为的实质平等或形式平等为基准，梳理出多元型公共性、权威主义公共性（传统日本）、权力主义型公共性（传统中国）和权限主义公共性（现代西方）。唐文玉（2015a）以此为基础概括出中国社会公共性形态的演变阶段，即权威主义公共性——国家主义公共性——多元主义公共性，当下中国正处于从国家主义公共性向多元主义公共性的转型中。中日诸多学者（长谷川公一①，2009；田毅鹏，2005；郑南，2015）认为20世纪后半叶东亚社会中传统"官"的公共性（旧公共性）向民间组织的公共性（新公共性）转变。东亚地区由于专制的政治文化传统和威权式的现行政治体制，在公共性方面重视"实践"、"参与"和"实用"，忽视"言论"与"批判"。小浜正子（2003：

---

① 长谷川公一在文中提出了"新""旧"公共性之意，其他日韩学者（今田高俊、金泰昌等）大致同意这一分法，但对"新"公共性的具体"新"意有争论。具体内容参见（佐佐木毅、金泰昌，2009：31~72）。

序言2）曾总结中国近代公共性的结构特点是"以社会一元化的共同意识、一体感为前提，谋求社会全体的利益"。田毅鹏（2009）针对中国社会的转型时期特征，提出1949年以来在城乡二元结构体制下，中国社会的公共性也是二元——城市公共性和乡村公共性，二者在进行现代社会公共性转型时，其构造、途径、需求各不相同。黄建钢（2012）认为从社会建设的角度，新中国成立之后经历了"社会性的建设"——"个体性的建设"——"公共性的建设"的发展历程，公共性成为促进当前中国社会发展的重要理论工具和内驱力。芦恒（2015）则强调中国以及东亚社会应建立一种"均衡式公共性结构"，即在和谐共生的非二元对立的价值观念指导下，国家、市场、社会等发展主体之间经过互动之后最终达致一种动态平衡状态。耿依娜（2017）通过分析中国文化中"公""私"释义格局的流变，澄清了当代中国社会组织的"公""私"的多重面向。学者们的细致分析厘清了近代以来中国社会组织公共性发展的时代背景，梳理了东西方公共性发展历程的差异性。学者们普遍认为中国以及东亚地区的国家-社会二元对立传统比较薄弱，更多的是国家占主导或者处于国家-社会二元共生共存的状态。未来，在沿用西方公共性理论时应进行本土化改造，提出适合中国或东亚区域发展现状的概念体系及理论分析框架。

2. 中国社会组织公共性的组织特征

若要清晰认识社会组织的公共性，需要将其与政府组织、企业组织公共性的异同区别开。方洁（2005）认为从提供公共服务的角度，国家行政主体的公共性为100%，经济组织的公共性为0%，而社会组织承担的公共性则处于从0%到100%不等的过渡地带。同样是从提供公共物品的角度，汪锦军（2004）则从垄断性、强制性、灵活性、契约、目标导向、资源来源六个方面对政府组织和社会组织的公共性进行了比较分析。相较于政府组织和企业组织，社会组织的公共性具有区域性、连带性和附属性等特征，其公共性的生产更多地依赖于组织场域环境。另外，与政府组织公共性的整体性、规范性和单一价值性相比，社会组织的公共性具有部分性、实践参与性和多元价值性，二者在公共性的层次上是不一样的。除此之外，中国社会组织公共性还具有一些本土性的特征，如"弱公共性"（李友梅等，2012）、"次公共性"（谢岳，2006）、"偏向性生长"的公共性（唐文玉，2015b）、"去政治化的政治参与"（邓亦林、郭文亮，2016）、"弱正外部性"（唐文玉，2016b）等，相关内容在下文会有详细论述。

3. 中国社会组织公共性的类型界定

学界对公共性的分类主要采取历史－主体的纵向分类和结构－功能的横向分类，社会组织公共性的分类与此分法有重合也有分离。今田高俊（2009：60~61）将公共性划分为言论系谱和实践系谱的公共性，前者即为阿伦特、哈贝马斯等西方学者所研究的作为公共舆论以及政治参与的公共性，后者则是东亚国家20世纪七八十年代以来由志愿活动所开拓出的公共性。国内学者在研究社会组织公共性时多采用此种分类方法（唐文玉，2015a）。李友梅等（2012）以社会组织公共性的表现形式、效用范围为标准，认为社区组织的公共性仅限于社区范围内的互助娱乐，属于一种弱公共性。刘杰（2010）将社区组织的公共性比拟为小公共性，政府则为大公共性。相对而言，这些对社会组织公共性的类型划分比较粗浅，分类标准的严密性和精确性也比较低。有学者（周红云等，2016：252）尝试着将社会组织公共性进行具体测量，从产权构成、法定身份、资源获取途径、最终权益归属、外部影响或控制力五个方面建立了组织公共性测量的五维分析框架。未来，研究者需借鉴其他学科的相关研究成果，将社会组织公共性概念化与科学化。如高鹏程（2009）根据人们实践对象的增多、环境的扩展和人们期望达到结果的多样性，梳理出基于对象的公共性、基于环境的公共性和基于结果的公共性。韩国学者李胜勋（芦恒，2015）将公共性分为"作为程序的公共性""作为内容的公共性""作为主体的公共性"，三者的公共性程度是依次递增的。美国学者博曼（2006：33）以"强"和"弱"来描述协商民主中的公共性[①]。研究者除了借鉴以上研究成果外，应注意勘定社会组织公共性的类型，区别不同种类社会组织在其公共性的生产与延续方面的差异性，同时，还可以进一步细化社会组织公共性的评价指标，在公共性理论成果与社会组织实践之间搭建起转化的桥梁，真正推动社会组织公共性的生产。

三 社会组织公共性的渊源与生产

有关社会组织公共性的生产与再生产，涉及一系列问题：公共性是社会组

[①] 博曼认为就事务的公开性和开放性的程度而言，协商民主中的公共性有强弱之分：满足"人人皆知"的条件即"弱"公共性；满足所有发言者都可以有效地参与并"都可期待其他人回应他们"的条件即为"强"公共性。这种分法亦可以作为社会组织公共性分类的借鉴。具体参见（博曼，2006）。

织天然应有还是后天再生？社会组织公共性是内生的还是外发的？其内生和外发的模式各是怎样？为此，学者提出了自己的思考与见解。

1. 公共性是社会组织天然之有还是后天再生

有学者将公共性视作社会组织的根本属性，认为社会组织的产生机制、组织功能与公共性高度契合，社会组织基本的属性特征——民间性、非营利性、志愿性、公益性——共同形成了社会组织的公共性（虞维华，2006；韩小凤、苗红培，2016）。另有学者则认为社会组织的公共性是后天再生：唐文玉（2015b）认为社会组织公共性是社会组织作为主体而开拓出来的；崔月琴（2009）认为社会组织公共性是社会公共性建构中的重要部分，"新公共性要素的培育和发展需是一个复杂的系统工程，需要国家与社会多层面改革的推进"。尽管学者对上述问题存在争论，但在某些方面达成了共识：社会组织的基本属性，如自主性、独立性、公益性（志愿性）与公共性的生产关系紧密；社会组织公共性是在参与公共事务的实践活动中显现出来的。事实上，如果把公共性看作社会组织的根本属性，就无法将其与政府组织区别开，只有明确社会组织与政府组织、企业组织公共性的异同，才有助于真正推动社会组织公共性的生产。为此，研究者既不能过高期望社会组织的公共性，使公共性成为其道德上的绑架，失去了社会组织应有的灵活性和多样性；但同时也应以公共性作为社会组织的规范发展方向，以此约束社会组织行为上的逐利化和市场化，从而使整个社会达至多元治理、和谐共生的状态。

2. 社会组织公共性是内生的还是外发的

社会组织处在一个复杂多变的组织场域环境中，社会组织自身的社会性、志愿性与公益性，以及社会组织外部的各个治理主体都有可能推动社会组织公共性的生长。从公共性的生长动力源来看，当前中国社会组织公共性的生长方式主要有内生型和外发型。

内生型是指社会组织公共性的生长动力主要来自内部治理结构，这类公共性生长模式主要体现在草根类社会组织、城市业主维权组织、乡村社会组织的实践过程中。（1）草根类社会组织，以环保组织、防艾组织、网络草根组织等一些专业类公益组织为典型代表，这类组织虽然没有获得"法律上的合法性"，但它们通过创新的理念和扎实的工作赢得了公众认同，逐步获得了"社会合法性"（张志祥，2008）。草根类社会组织的发展比较依赖"卡里斯玛"型领袖的领导与决策（崔月琴等，2014），组织资源一般是从国际社会或市场资本中获得（王信贤、王占玺，2006；郑南，2015），资源的有效获取和长期维持对社会组织公共性的持续发生至关重要。(2) 城市业主维权组织属于典型的自觉自发的社会组织，公民为了自身利益进行结社、表达观点、争取自身利益，在国家和社会之间开创了一个真正的公共领域（张磊、刘丽敏，2005；李友梅等，2012；管兵，2013）。(3) 乡村社会组织也比较接近典型意义上的社会组织，夏循祥（2014）、尹文广（2016）发现某些旧式的乡村社会组织（庙会组织、宗族组织）发挥着传统社会功能的同时，在促进乡土团结、发展地方秩序、解决地方公共事务方面也发挥着重要作用，成为推动乡村公共性建设的重要力量；但吕方（2013）认为旧式的农村组织难以应付现代农村发展中的现实问题，还应借助于新式的农村社会组织，共筑乡土"新公共性"，再造乡土团结。总体而言，内生型公共性的社会组织的发展特征是，组织秉持公益理念和目标管理，组织领袖具有较广的社会关系，组织资源较为充足稳定，组织活动在政府允许的范围内开展。

外发型公共性是指社会组织公共性的生产由外界力量推动，主要包括政府的力量、社会的力量以及重大社会事件的契机。政府是当前中国社会组织公共性生长的主导力量和关键外部性力量（唐文玉，2015b），政府通过社会组织管理体制、税收制度、扶持培育政策等对社会组织产生影响。相对而言，以下三类社会组织的公共性发展受政府影响较大。(1) 城市社区社会组织。王欣（2017）认为城市社区公共性正从政府主导的外发型公共性向内生型公共性转变，李蔚（2015）提出城市社区公共性正从政府自上而下推动型公共性向自下而上建构型公共性转变。城市社区公共性一般是在三方力量——社区组织、业委会、物业公司——博弈的过程中产生，但若三方力量抗衡胶着时，最终仍需要政府（一般是上一级政府）的介入和解决（唐文玉，2011；董敬畏，2017）。但学者们也注意到目前社区社会组织的公共性仍处于一种层次较低、范围较窄的公共性状态中（李友梅等，2012）。(2) 行业协会商会类组织。此类组织是实行直接登记管理的四类组织之一[①]，也是自21世纪以来政府一直比较支持发

[①] 十八届三中全会通过《中共中央关于全面深化改革若干重大问题的决定》提出，要"重点培育和优先发展行业协会商会类、科技类、公益慈善类、城乡社区服务类社会组织，成立时直接依法申请登记"。随后，民政部正式宣布从2014年4月1日起对四类社会组织实施直接登记。

展的社会组织类型。政会关系在行业协会商会的合法性基础、资源汲取能力及其生存发展方面发挥着巨大影响,型塑着行业协会商会参与公共治理的能力、意愿和行为(宋晓清,2014)。随着政会脱钩进程的加速,行业协会商会的自主性、独立性日渐增强,其准公共性职能日益显现,为此更加需要政府的监管和引导。(3)其他与政府治理目标相一致的社会组织。政府支持那些能够帮助政府解决问题(如养老服务、社区服务、特殊残障人群服务等)的社会组织,通过孵化培育、购买服务、资助补贴、人才培养、减免税收等方式进行扶持(唐文玉,2016b;管兵,2015)。另外,政府也支持那些符合政策发展的社会组织,如能够参与政治协商、推行协商民主的社会组织。总体而言,政府主导下的社会组织公共性的生长具有如下特征:社会组织一般具有官民二重性,并且利用这种双重身份作为自身活动的策略(于晓虹、李姿姿,2001;朱光磊、陆明远,2004);社会组织回避那些政治性、敏感性的活动领域,选择政府认可、扶持的领域,通过与政府合作来获得公共性。对于政府而言,若想促进社会组织公共性的发育与生长,政府对社会组织的赋权与监管须同时进行。

随着市场经济的发展和社会领域的活跃,社会力量成为社会组织公共性生长的重要力量。这种力量包括市场资本、社会资本对社会组织资源的供给,社会精英对社会组织的支持和参与,社会公众选择那些契合自身价值观念、社会公信力高的社会组织进行支持和参与,以及社会组织与媒体组织等其他社会主体之间的合作(贾广惠,2009)。

重大社会事件的发生是社会组织公共性生长的重要契机。最为典型的是2008年的汶川地震,中国民间社会组织的救助和服务功能得到了充分体现,其公益性得到了彰显,社会公信力有了显著提高(崔月琴,2009;Teets,2009)。这种重大社会事件引发社会组织公共性的生产与展现,在各国的社会组织发展进程中都有相应的证实,如1995年阪神地震也是激发日本民间组织发展的重要契机(田毅鹏,2005;今田高俊,2009)。

通过以上分析,可以发现当前中国社会组织公共性生长的总体特征:从生长的动力源而言,政府扶持型多而组织自发型少;从生长的内容上而言,社会服务类型的多而政治言论性质的少;从生长的持续性而言,制度化薄弱而随机性较强。

四 社会组织公共性的困境与危机

进入 21 世纪，中国社会组织取得了巨大的进步与发展，但作为公共性的开拓主体之一，社会组织也面临着一些困境与危机——社会组织公共性的异化、残缺与矛盾，而社会组织发展的内外部环境则是造成这些困境与危机的主要原因。

社会组织公共性的异化主要体现在社会组织偏离了自身公共性的发展规律，以行政化或市场化等错位的方式呈现。社会组织行政化具体表现为，社会组织与政府之间的非对称依赖关系，主动吸纳政府离退休人员任职，社会组织与政府组织结构趋同，社会组织充当了"二政府"的角色偏离了组织目标等（祝建兵、向良云，2011；韩小凤、苗红培，2016）。社会组织的首要特征是不以营利为目的，然而一部分社会组织以"获利"为支配性动机，披着社会组织的合法性外衣大肆追逐社会捐助以及政府政策优惠所带来的物质利益，蜕化为变相的市场组织（于水、杨华峰，2008；韩小凤、田红培，2016）。有学者将这些社会组织公共性的异化情形称为"组织外形化"，即社会组织的"名"仅仅具有形式上的意义，而其"实"则为其他类型的组织特征或目的所掌控（田凯，2004；唐文玉；2016a）。

社会组织公共性一般是通过公共服务和公共言论两个方面予以展现，同时在公共事务参与、社会公信力构建方面发挥一定的作用，但目前中国社会组织在以下三个方面呈现其残缺或不足的面向。（1）去政治化的公共性，当下中国社会组织公共性多展现在公共服务方面，公共言论方面较为薄弱。唐文玉（2015b）称其为"偏向性生长"的公共性。邓亦林、郭文亮（2016）用"去政治化的政治参与"来表示中国社会组织的政治参与现状。陈金罗、刘培峰（2010：11）认为当前中国的社会组织"在很大程度上仍扮演着'好孩子'和'帮手'角色，它们在民间治理中也更多进行行业自治管理、社会服务、信息咨询、协调利益、决策建议等，缺少应有的对国家政治生活的有效参与和独立表达，更缺少个体公民在'生活政治'中的民主参与"。（2）社会组织的弱公共性。唐文玉（2016a）用"弱正外部性"来描述当前中国社会组织公共性较为羸弱的现象，其一是社会组织存在着比较明显的"业余主义"，这也是导致

"志愿失灵"的主要原因;其二是当前中国很多社会组织存在着自我满足的特征,相当一部分社会组织还停留在"自娱自乐"的层次,或仅仅提供"俱乐部产品"(李友梅等,2012)。(3)社会组织的公信力不足。公信力是社会组织公共性的重要表现,社会组织公信力不足不仅表现在社会组织工作能力欠缺、公益效率低下(崔月琴,2009),同时还表现在公众对社会组织的信任度不高(姚锐敏,2013)。

社会组织的公共性具有群体性、地域性和局部性,与国家、政府或社会层面上的整体性、全局性的公共性有所不同,这使社会组织在开拓公共性的过程中与宏观性的公共性之间出现了一些矛盾与冲突。(1)社会组织的价值多样性与社会公共性的冲突。社会组织代表了社会不同群体的差异性价值需求,其多元价值诉求导致某些社会组织的价值理念难以同社会的公共性保持一致(崔月琴、袁泉,2013)。如环保组织与地方经济发展之间的矛盾、动物保护组织与饮食行业利益之间的矛盾。(2)社会组织公益性的非均衡性与公共利益的冲突。社会组织的公益性活动一般是针对某一群体或某一社会领域,并且社会组织天然地具有利益集团化倾向,而政府对社会组织多是采用税收减免和优惠政策等间接支持方式(相对于财政补贴等直接方式),这使社会组织自觉或不自觉地采取制度化或非制度化的途径去影响政府出台有利于自身组织发展的公共政策,从而导致受益群体的非均衡性(于水、杨华峰,2008)。

针对上述社会组织公共性的困境与危机,学者们从宏观的组织外部治理环境和微观的组织内部治理结构两个方面进行了因果分析。现行的政社关系、公共服务市场、社会文化结构是影响社会组织公共性发展的主要外部因素。(1)政社关系的依附性影响着社会组织公共性的发育与生长。当下政府一直主导社会组织的发展,政府实行一种"嵌入性控制"或"分类控制"治理模式来处置社会组织(康晓光、韩恒,2005;康晓光等,2011:142),这使不同类型的社会组织处于非均衡的发展态势。地方政府"职责同构"的层级特征使公共空间、公共利益部门化和碎片化(李友梅等,2012)。双重管理制度、非竞争原则、跨地区限制等社会组织管理制度影响着社会组织自主性与公共性的发生(崔月琴,2009;唐文玉,2016a)。地方政府和职能部门的多种治理逻辑以及技术主义制度执行逻辑,弱化了社会组织与社会公众之间的联系,强化了社会组织对未来发展的不确定预期(黄晓春,2015)。康晓光等(2011:3)用"依附式发展的第三部门"、邓宁华（2011）用"寄居蟹"式发展比拟当前社会组织的运作状况。（2）适度竞争的公共服务市场缺失，使社会组织公共性生长的条件不足。目前地方政府向社会组织购买公共服务的制度安排，具有明显的部门主义和属地主义特征，导致公共服务市场分割，适度的公共服务市场竞争格局还未形成，而政府向社会组织购买公共服务时的决策体制内化，这些都使社会组织生长的公共性条件弱化和制度环境具有不确定性（黄晓春、嵇欣，2014；黄晓春，2017）。（3）传统文化社会结构的流弊制约着现代公共性文化的形成。中国传统文化习俗中的"差序格局"放任了市场社会中"利己主义"效应的扩展，牺牲了公共性的再生产（李友梅等，2012；唐文玉，2016a）。此外，儒家宗教性下的社会家族化趋势影响了社会组织公益理念的传播，伦理本位下的特殊主义制约着社会组织在中国的运营模式，威权体制下的"公家"公共性束缚着社会组织在我国的发展空间（刘杰、田毅鹏，2010）。当下中国社会，两种力量——传统血缘-地缘共同体的解构与现代市场-利益市民社会的生成——影响着社会公共性的转型，这使现代社会的公共性始终面临价值伦理层面的危机，现实生活中出现了民众对公共事务上的冷漠以及道德共识的式微（晏辉，2013）。就目前的发展状况而言，国家、社会组织与民众之间对公共性的认知存在争议、缺少共识。

社会组织内部治理结构对其公共性的影响，主要体现在社会组织的自主意识、专业能力、组织领袖等方面。有学者认为中国的社会组织不独立但有一定的自主性（王诗宗、宋程成，2013；韦诸霞、王大海，2015；韩小凤、苗红培，2016），这种矛盾纠缠的属性特征影响了社会组织自主意识的发展，使社会组织把获取资源作为组织发展的首要目标，而公益性、公共性则退居其次。崔月琴等（2014）分析了中国草根组织中存在现世化的"卡理斯玛"型领袖，这类领袖承担着草根组织成立的先驱、发展的奠基人、运行的掌舵者等多重角色，但同时也存在草根组织发展的个人化、发展的初级化与孤立化等困境。王俊华（2004）从社会组织失灵问题入手，解构了人们有关社会组织的"志愿神话""独立性神话""圣洁神话""新平衡器""整体性神话""公正治理"等过于乐观的认知，揭示了社会组织自身也可能造成的问题。

总体而言，学者们对社会组织公共性的发展困境及影响因素进行了较为详尽的分析，对于现实中的社会组织公共性现象进行了概念化和抽象化，尝试着用本土化的理论视角进行分析。但同时,这些分析仍具有碎片化、静态化以及个案化的研究倾向,未能建构起一个整体性的理论分析框架,以及对社会组织公共性的发育、生长、再生产或者衰败进行动态的、过程性的考察。

五 社会组织公共性的再生产路径

走出社会组织公共性的困境与危机,是一项长期复杂的立体工程。学者们提出了一些公共性的演化路径,金泰昌(2009:423~427)认为共在性—共同性—公共性是一条可行的发展进程,郭湛(2008)提出了"人的主体性到人与人的主体间性再到社会的公共性"的演进路径,李国庆等(2014)则认为可以从共有理念入手培育公共意识。总体上,学界主要从社会组织的外部环境(政社关系、法律制度、社会网络、文化结构等)和内部治理(组织能力、组织结构、组织领袖等)提出了社会组织公共性再生产的培育路径。

未来,政府在社会组织公共性的培育中仍起着主导性作用。但政府有关政社关系的理念应该改变,"服务型政府""多元治理""合作治理""协同治理"等观念的建立是培育社会组织公共性的首要条件(吕方,2013;韩小凤、苗红培,2016)。而政府对社会组织的管理制度模式应从"控制型管理"向"发展型管理"转变,从"工具性支持"向"主体性支持"迈进(唐文玉,2016a)。

法律制度在社会组织公共性发育过程中的作用日益重要。法律不仅是公民结社权、社会组织的权利与权力的制度保障,同时也是社会组织发展的财政援助、税收优惠、捐献赠与、行为监管的法律支撑(曾永和,2013),而且是除魅之后的现代社会里,唤醒和强化现代公民共同体观念的合法性来源(唐文玉,2016a)。

社会体系是建立社会组织公共性的综合性培育体系的重要力量。市场机制、社会媒体、社会公众等是社会体系中的主要组成部分,完善的市场经济体制为社会组织发展提供了多元的资源汲取途径(潘修华,2008),社会媒体、社会公众以及第三方评估是社会组织良性发展的重要监督主体(韩小凤、苗红培,2016)。

文化结构方面,摒弃中国传统文化习俗对社会组织公共性生长的不良影响,发展现代公民文化是培育社会组织公共性的重要途径。突破差序格局有助于松解开拓现代公共性的文化束缚,增进个人与共同体之间的公共道德要素(唐文玉,2016a);发展现代公民文化,促成社会形成公共文明和公共精神;重建社会信任，形成政府、社会组织在社会建设中的角色预期以及行为互动中的"惯例"和"规则"（王俊华，2004；李友梅等，2012）。

社会组织自身能力的培养和治理结构的完善是培育其公共性的必备条件。李友梅等（2012）支持网络草根组织、城市业主维权组织的发育，认为这类组织体现了"参与""说服""多样性"等公共性元素；张雅勤（2017）认为通过政府孵化、培育等支持性政策措施来扶持那些能够承担公共服务功能的社会组织发展；吕方（2013）支持发展新式的农村社会组织；夏循祥（2014）、尹文广（2016）则赞同传统的农村社会组织也有助于现代公共性的展现。但无论哪种类型，学者们较为一致的认可，社会组织自身能力的培养、自主意识的完善是其公共性发展的主要方向。另外，社会组织应增加其自我资源供给，减少对政府的依赖，提升专业服务能力，增强社会公信力，确立自身权威结构的尊严性（尹广文，2016；韩小凤、苗红培，2016）；同时，社会组织还应发展其政治性的言论功能、政策与法律功能，完善和平衡社会组织公共性的发展（唐文玉，2016a）。

学者们立足自身的学科视角和研究重点，对社会组织公共性的再生产提出了诸多建设性意见。未来，学界可以借鉴相关学科的多种理论成果，在深入考察现实社会组织实践的基础上，宏观上提出社会组织公共性再生产的总体性框架与制度条件，微观上将政府、市场、社会组织等各治理主体的结构与行为细化，梳理出组织场域中公共性再生产的互动机制。

六　社会组织公共性的研究视角与方法

学界对社会组织的研究进路以国家－社会、组织－环境、结构－行动三种模式为主，理论基础多为市民社会理论、法团主义理论、治理理论、组织理论、制度主义理论等，研究方法上则是质性研究和量化研究并重。以此为基础，学者们借助于中西方公共性理论，结合上述各理论流派，立足不同的学科对社会组织公共性展开研究。

研究者采用政治学视角分析社会组织公共性时，国家－社会关系、市民社会理论是常见的研究模式，研究议题以民主发展、政治参与、政治监督等为主（邓亦林、郭文亮，2016；姚望，2017）。学者们基本认可社会组织的"公共性"并非是公共权力的对立面，而是与公共权力相互支持、协同并进，公共性能够约束公共权力的腐败，从而增加政府的合法性（赵欣，2012；唐文玉，2015b；海贝勒、舒耕德，2012：20）。谈火生等（2016a；2016b）提出了社会组织参与协商民主的三种类型——公共议题协商、内部公共事务协商和参与其他渠道协商。

相对于政治学视角下社会组织公共性的某种程度上的政社关系对抗性，公共管理学视角下的政社关系多是一种建构型或合作型，并以一种可实用、可操作的目的来研究社会组织公共性。唐文玉（2016b）认为中国的政社关系从早期的"分类控制"，逐渐衍生到"合作治理"。社会组织如何在提供公共服务、促进社会福利、达成公共利益的过程中实现其公共性，是这一研究视角下的出发点和立足点（管兵，2015；张雅勤，2017）。

社会学视角下的社会组织公共性研究大致分为三类研究方向，一类是偏向于政治学，以抗争政治、社会运动为出发点研究社会组织公共性（林茨、斯泰潘，2008），一类是偏向于公共管理学，以合作治理、社会建设为切入点研究社会组织公共性（李友梅等，2012；黄晓春，2017），还有一类是从组织社会学的视角出发，研究社会组织的外部场域环境、内部治理结构变化等对社会组织公共性的影响（田凯，2004；崔月琴等，2014）。此外，还有一些学者采取了跨学科的视角，将社会组织公共性与社会资本、主体间性、责任、公信力等概念及相关理论结合，提出了新的切入视角（姚锐敏，2013；孙兰英、陈艺丹，2014；李蔚，2015）。

明清以来的社团组织发展是史学界的研究重点之一，学者们研究这一时期的社会组织公共性发展，理论上以市民社会理论、新公共性理论、公共领域理论为分析基础，分析视角多从国家-社会关系切入，时段上集中在清朝、清末或民国时期的社会组织公共性，研究方法常采用第一手的社会组织数据资料进行分析。夫马进（2005）运用历史资料分析了明末清初至清末三百年间的善会善堂发展状况，将其与地方自治相结合，并从这些组织的自发结社、资源民筹、财务公开、公益开展等方面展示了其某种程度上的公共性。小滨正子（2003）采用史料考证的方法，分析近代上海社团的发展与地方公共性生产的情况；徐小群（2007）则以上海自由职业团体的兴起（1912～1937年）为例，展现了这些社团在维护职业利益的同时，通过参与政治活动凸显其公共性的一面。学者们发现，近现代中国社团组织公共性的发生、发展规律，在新中国成立后有的被继承延续了，有的则断绝消失了。

除此之外，还有一些学者在本土化视阈下分析社会组织公共性。这类研究立足于中国以及东亚地区的传统社会文化结构，着重分析传统要素对社会组织公共性的影响。学者们一致认同中国的传统文化结构对现代社会组织公共性的生产发展是有影响的，但对影响的利弊及深浅存有争议。有的学者主张传统的"关系"文化、儒家伦理、乡村宗族组织加以改造之后可以促进现代公共性或社会组织公共性的产生（朴雨淳，2006；朴雨淳，2009；姚中秋，2014；夏循祥，2014）。有的学者认为传统文化中的要素——差序格局、社会圈子、卡理斯玛——对中国社会公共性的发生有利有弊，但目前这些要素确实在产生着部分的公共性，而且在未来这些要素仍会存在相当长的时间（张江华，2010；崔月琴等，2014）。有的学者则认为中国传统的家庭主义产生不了现代公共性（张静，2011），人际关系的差序格局阻碍了现代公共性的产生（李友梅等，2012），儒家宗教性下的社会家族化、伦理本位下的特殊主义制约着社会组织的发展（刘杰、田毅鹏，2010）。由上可知，学者们对同一文化现象于社会组织公共性发展的结论相差较大，表明了中国文化内涵的复杂性及其在现代呈现的多样性，还需要学界对这一领域进行深入研究，达成共识。

案例分析、数据分析、比较分析是目前社会组织公共性实证研究的常用方法。其中，案例分析法最为常见，研究者们选取个案分析的社会组织类型多集中于城市社区组织（赵欣，2012；李蔚，2015；董敬畏，2017；王欣、杨君，2017；郭圣莉等，2017）和农村社会组织（主要是传统的宗族组织与新式社会组织）（吕方，2013；夏循祥，2014；陈辉、邢成举，2015），这类组织活动范围明确、发展过程清晰，一手资料比较容易收集；另外，区域性社会组织的多案例分析也是学者们较常采用的，目前的研究成果比较集中于京津地区（邓宁华，2011）、长三角地区（郭圣莉等，2017）、珠三角地区（曾令发、杨和焰，2017）与东北地区（崔月琴等，2014；郑南，2015），前三个区域较为发达的政治经济文化条件促进了当地社会组织的发展，而东北地区社会组织研究的兴盛则与东北地区地方性的科研机构有着密切联系。相对而言，国内其他省市地区的社会组织公共性案例鲜为少见。

有关社会组织公共性研究的数据分析相对较少。如前文提及的夫马进、小滨正子即采用了第一手的历史数据资料对社会组织公共性开展研究；日本学者辻中丰（2016）于2000~2011年，分两轮对中国三地（北京、浙江和黑龙江）

的社团组织进行问卷调查，对中国社团的政策倡导、政治参与等进行了分析；Zhang（2017）也对上述三省市的社会组织进行问卷调查，分析了社会组织的政策倡导和政府回应。但总体上囿于条件限制，国内学界有关社会组织公共性发展的数据分析比较薄弱。

社会组织公共性研究的比较分析法可分为国际比较与国内比较。国际比较方面，研究成果多集中在中日、中韩等东亚地区的社会组织公共性比较（田毅鹏，2005；郑南，2015）；前文提及的辻中丰（2016：前言4）曾将中国与日、韩、美、德、菲、孟等国的社会组织数据进行比较，具体分析中国社团在政策倡导领域所发挥的功能以及政治体制对社团自我认知的影响。国内比较方面，有的研究是从同一类型社会组织进行比较分析，如管兵（2015）对国内三地的10个跨社区业主社会组织的考察，郭圣莉等（2017）对上海6个社区及内部组织进行比较；也有对不同类型社会组织的比较分析，如王占玺、王信贤（2011）对大陆的环保组织和艾滋病组织的比较。

七 评价与展望

公共性是社会组织研究中的"老"议题和"新"领域。"老"是因为自近代卢梭、康德重提公共性，一直到当代阿伦特、哈贝马斯等人的再阐释，社会组织公共性始终是这些理论家论述的隐含线索；"新"则是当今全球多元治理下的社会组织的主体地位、组织规模、角色功能都经历了"革命式"的变化，公共性成了当代社会组织的发展要求和规范方向。"新""老"衔接下的社会组织公共性研究目前呈现这样一些特征：研究重点从对社会组织公共性的概念、类型、困境等基本问题的讨论，逐步转向对公共性生产的制度条件、测量指标、机制模式等深层次问题的讨论；研究视角从传统的国家 - 社会二元对立向国家 - 社会合作共生的方向过渡，并尝试着从结构 - 功能、行动 - 事件等角度分析社会组织公共性；研究方法从理论分析、描述分析向个案分析、数据分析等实证方向延伸；研究者的学科立足点从政治学、社会学向公共管理学、组织社会学、历史学、法学等学科拓展。

未来，学界应进一步清晰问题意识、勘定研究论域、确立叙述立场，并借鉴相关领域的理论实践成果，不断开拓社会组织公共性研究的新方向与新思路。

有关社会组织公共性的研究议题，可以不断深化和细化：开展有关社会组织公共性的本体论研究；尝试建立社会组织公共性的整体性分析框架，并在此基础上对其进行测量与评估；将社会组织公共性概念与社会组织的自主性、社会性、政治性、公益性等组织特征相联系，剖析它们之间的因果联系和相关程度；对社会组织公共性与一些相关概念——公共产品、社会资本、利益集团等——之间的互动衍化关系进行分析；另外，还可以从政府层级结构、社会组织治理结构、社会组织与其他社会治理主体间关系来分析社会组织公共性的生长。

有关社会组织公共性的研究理论可以从横向与纵向上发展：横向上，研究者可以借鉴相关学科的理论流派，如公共性理论、制度主义理论、组织场域理论、治理理论等；纵向上，学者们可以借鉴中国史、世界史中有关社团研究的最新成果，对照分析当下中国社会组织公共性发展的理论与实践。

有关社会组织公共性的研究方法可以将质性研究与量化研究并举：在当前较为丰富的社会组织案例研究的基础上，开展有深度的质性研究，提炼出能够反映中国本土化社会组织公共性生长特征的概念体系、发生机制、理论框架以及测量指标；目前有关社会组织公共性的量化研究相对较少，未来可以利用民政部、各省市民政部门的年度统计公报，以及各研究机构的社会组织数据库资料进行量化分析，创建数据模型等来展现社会组织公共性的动态过程；另外，还可以借鉴国外社会组织公共性的发展状况，尤其是东亚国家和地区的社会组织发展经验，收集整理国内各地社会组织公共性的创新案例，总结有利于当代中国社会组织公共性发展的经验与规律。

参考文献

〔德〕托马斯·海贝勒、舒耕德（2009）：《从群众到公民——中国的政治参与》，张文红译，北京：中央编译出版社。

〔美〕詹姆斯·博曼（2006）：《公共协商：多元主义、复杂性与民主》，黄相怀译，北京：中央编译出版社，第33页。

〔韩〕金泰昌（2009），《后记》，佐佐木毅、金泰昌主编《中间团体开创公共性》，北京：人民出版社。

〔韩〕朴雨淳（2006）：《中国社会的"关系"文化——兼论能否增进"关系"的公共性》，《学海》，2006（5），第5~16页。

——（2009）：《再论中国社会的"关系"及其公共性提升》，《学海》，2009（2），第60~66页。

〔日〕长谷川公一（2009）：《NPO与新的公共性》，佐佐木毅、金泰昌主编《中间团体开创公共性》，王伟译，北京：人民出版社。

〔日〕夫马进（2005）：《中国善会善堂史研究》，伍跃、杨文信、张学锋译，北京：商务印书馆。

〔日〕今田高俊（2009）：《从社会学观点看公私问题——支援与公共性》，佐佐木毅、金泰昌主编《社会科学中的公私问题》，刘荣、钱昕怡译，北京：人民出版社。

〔日〕辻中丰编（2016）《比较视野中的中国社会团体与地方治理》，黄娟译，北京：人民出版社。

〔日〕小浜正子（2003）：《近代上海的公共性与国家》，葛涛译，上海：上海古籍出版社。

〔英〕胡安·J·林茨、〔美〕阿尔弗雷德·斯泰潘（2008）：《民主转型与巩固的问题：南欧、南美和后共产主义欧洲》，孙龙等译，杭州：浙江人民出版社。

陈辉、邢成举（2015）：《从"公共性治理"到"人情政治"——陕西省W县S村"公共性衰弱"的内在逻辑》，《中共福建省委党校学报》，2015（10），第97~102页。

陈金罗、刘培峰（2010）：《转型社会中的非营利组织监管》，北京：社会科学文献出版社。

崔月琴（2009）：《转型期中国社会组织发展的契机及其限制》，《吉林大学社会科学学报》，2009（3），第20~26页。

崔月琴、袁泉（2013）：《转型期社会组织的价值求实与迷思》，《南开学报（哲学社会科学版）》，2013（3），第117~125页。

崔月琴等（2014）：《社会组织治理结构的转型——基于草根组织卡理斯玛现象的反思》，《学习与探索》，2014（4），第24~31页。

邓莉（2010）：《公共性问题：研究现状与路径选择》，《哲学动态》，2010（7），第35~41页。

邓宁华（2011）：《"寄居蟹的艺术"：体制内社会组织的环境适应策略——对天津市两个省级组织个案研究》，《公共管理学报》，2011（3），第91~102页。

邓亦林、郭文亮（2016）：《中国特色社会组织政治参与的现实困境与图景表达》，《求实》，2016（7），第66~74页。

董敬畏（2017）：《权利冲突与城市社会公共性重构——以杭州市ZJ小区为例》，《中共杭州市委党校学报》，2017（1），第69~74页。

方洁（2005）：《第三部门组织公务与司法监督途径的探明》，《浙江社会科学》，2005（3），第71~77页。

冯振颖（2008）：《非营利组织公共性持有的初始逻辑和现实困境》，《管理观察》，2008（3），第17~19页。

高鹏程（2009）：《公共性：概念、模式与特征》，《中国行政管理》，2009（3），第65~67页。

耿依娜（2017）：《公与私之间：当代中国社会组织的属性考辨》，《中共浙江省委党校学报》，2017（3），第 101~109 页。

管兵（2013）：《城市政府结构与社会组织发育》，《社会学研究》，2013（4），第 129~153 页。

——（2015）：《竞争性与反向嵌入性：政府购买服务与社会组织发展》，《公共管理学报》，2015（3），第 83~93 页。

郭圣莉等（2017）：《社会转型过程中的社区权力结构——基于上海 6 个社区的实证研究》，《甘肃行政学院学报》，2017（1），第 87~97 页。

郭湛（2008）：《从主体性到公共性——当代中国马克思主义哲学的走向》，《中国社会科学》，2008（4），第 10~18 页。

韩小凤、苗红培（2016）：《我国社会组织的公共性困境及其治理》，《探索》，2016（6），第 136~141 页。

黄建钢（2012）：《论"社会新建设"与"公共性发展"——对当前中国"社会管理创新"的思考》，《中共南京市委党校学报》，2012（3），第 5~13 页。

黄晓春（2015）：《当代中国社会组织的制度环境与发展》，《中国社会科学》，2015（9），第 146~164 页。

黄晓春、嵇欣（2014）：《非协同治理与策略性应对——社会组织自主性研究的一个理论框架》，《社会学研究》，2014（6），第 98~125 页。

——（2017）：《中国社会组织成长条件的再思考——一个总体性理论视角》，《社会学研究》，2017（1），第 101~124 页。

纪莺莺（2013）：《当代中国的社会组织：理论视角与经验研究》，《社会学研究》，2013（5），第 219~241 页。

贾广惠（2009）：《论大众传媒与环保 NGO 对公共性的构建》，《新闻界》，2009（4），第 79~81 页。

具海根（2004）：《韩国工人——阶级形成的文化与政治》，北京：社会科学文献出版社。

康晓光、韩恒（2005）：《分类控制——当前大陆国家与社会关系研究》，《社会学研究》，2005（6），第 73~91 页。

康晓光等（2011）：《依附式发展的第三部门》，北京：社会科学文献出版社。

李国庆、戴秋娟（2014）：《日本社会公共性建设镜鉴》，《人民论坛》，2014（4），第 19~24 页。

李景鹏（2011）：《后全能主义时代——国家与社会合作共治的公共管理》，《中国行政管理》，2011（2），第 36~37 页。

李明伍（1997）：《公共性的一般类型及其若干传统模型》，《社会学研究》，1997（4），第 108~116 页。

李蔚（2015）：《何谓公共性，社区公共性何以可能？》，《河南师范大学学报（哲学社会科学版）》，2015（4），第 23~27 页。

李友梅等（2012）：《中国社会建设的公共性困境及其超越》，《中国社会科学》，

2012（4），第125～140页。

刘杰、田毅鹏（2010）：《本土情境下中国第三部门发展困境及道路选择》，《社会科学研究》，2010（5），第88～94页。

芦恒（2015）：《共生互促：公共性与社会发展的内在逻辑关系探析》，《社会科学》，2015（9），第72～80页。

吕方（2013）：《再造乡土团结：农村社会组织发展与"新公共性"》，《南开学报（哲学社会科学版）》，2013（3），第133～138页。

潘修华（2008）：《论培育我国社会组织的公共性》，《石家庄铁道学院学报（社会科学版）》，2008（4），第6～9页。

渠敬东等（2009）：《从总体支配到技术治理——基于中国30年改革经验的社会学分析》，《中国社会科学》，2009（6），第104～128页。

任剑涛（2016）：《公共的政治哲学》，北京：商务印书馆。

宋晓清（2014），《全面深化改革时代政府与行业协会商会关系的重构》，《中共浙江省委党校学报》，2014（5），第45～52页。

孙兰英、陈艺丹（2014）：《信任型社会资本对社会组织发展影响机制研究》，《天津大学学报（社会科学版）》，2014（4），第336～339页。

孙立平等（1994）：《改革以来中国社会结构的变迁》，《中国社会科学》，1994（2），第47～62页。

谈火生，苏鹏辉（2016b）：《我国社会组织协商的现状、问题与对策》，《教学与研究》，2016（5）b，第25～33页。

谈火生、于晓虹（2016a）：《社会组织协商的内涵、特点和类型》，《学海》，2016（2）a，第71～77页。

唐文玉（2011）：《国家介入与社会组织公共性生长——基于J街道的经验分析》，《学习与实践》，2011（4），第106～113页。

——（2015a）：《社会组织公共性：价值、内涵与生长》，《复旦学报（社会科学版）》，2015（3）a，第165～172页。

——（2015b）：《政府权力与社会组织公共性的生长》，《学习与实践》，2015（5）b，第88～94页。

——（2016a）：《社会组织公共性的生长困境及其超越》，《上海行政学院学报》，2016（1）a，第105～111页。

——（2016b）：《从"工具主义"到"合作治理"——政府支持社会组织发展的模式转型》，《学习与实践》，2016（9）b，第93～100页。

田凯（2004）：《组织外形化：非协调约束下的组织运作——一个研究中国慈善组织与政府关系的理论框架》，《社会学研究》，2004（4），第64～75页。

田毅鹏（2005）：《东亚"新公共性"的构建及其限制》，《吉林大学社会科学学报》，2005（11），第65～72页。

——（2009）：《流动的公共性》，《开放时代》，2009（8），第38～41页。

田媛等（2015）：《新时期我国体育社会组织发展的机遇、挑战与对策》，《河北体育学院学报》，2015（6），第1~4页。

汪锦军（2004）：《政府与非政府组织：公共性之比较》，《浙江学刊》，2004（6），第78~81页。

王俊华（2004）：《新公共管理学视阈中的第三部门失灵：类型、治理与模式》，《教学与研究》，2004（9），第33~39页。

王名（2009）：《走向公民社会——我国社会组织发展的历史及趋势》，《吉林大学社会科学学报》，2009（3），第10~18页。

王绍光、何建宇（2004）：《中国的社团革命：中国人的结社版图》，《浙江学刊》，2004（6），第71~77页。

王诗宗、宋程成（2013）：《独立抑或自主：中国社会组织特征问题重思》，《中国社会科学》，2013（5），第50~67页。

王欣、杨君（2017）：《再组织化、公共性与社区治理》，《长白学刊》，2017（1），第126~132页。

王信贤、王占玺（2006）：《夹缝求生：中国大陆社会组织的发展与困境》，《中国大陆研究》，第49卷，2006（1），第27~47页。

王占玺、王信贤（2011）：《中国社会组织的治理结构与场域分析：环保与艾滋NGO的比较》，《台湾政治学刊》，2011（12），第115~175页。

韦诸霞、王大海（2015）：《我国城镇化进程中社会治理的公共性困境与重建》，《中州学刊》，2015（4），第73~77页。

夏循祥（2014）：《社会组织中公共性的转型——以广东省坑尾村家族组织为例》，《思想战线》，2014（6），第84~89页。

谢岳、葛阳（2006）：《市场化、民间组织与公共治理》，《学习与探索》，2006（6），第65~69页。

熊跃根（2001）：《转型经济国家中的"第三部门"发展：对中国现实的解释》，《社会研究》，2001（1），第89~100页。

徐小群（2007）：《民国时期的国家与社会：自由职业团体在上海的兴起（1912-1937）》，北京：新星出版社。

晏辉（2013）：《论精神公共性危机及其重建》，《苏州大学学报》，2013（2），第21~30页。

姚锐敏（2013）：《困境与出路：社会组织公信力建设问题研究》，《中州学刊》，2013（1），第62~67页。

姚望（2017）：《新生代农民工原子化利益表达的生成逻辑、消极影响与治理策略》，《贵州社会科学》，2017（5），第63~69页。

姚中秋（2014）：《重新思考公民与公共生活：基于儒家立场和中国历史经验》，《社会》，2014（3），第145~162页。

尹文广（2016）：《民间社会组织运作的"合法性机制"研究——王村的"三太白会社"为例》，《南都学坛（人文社会科学学报）》，2016（3），第84~89页。

于水、杨华峰（2008）：《公共性视角下我国非营利组织行为异化问题研究》，《江汉论坛》，2008（12），第 39～42 页。

于晓虹、李姿姿（2001）：《当代中国社团官民二重性的制度分析——以海淀区个私协会为个案》，《开放时代》，2001（9），第 90～98 页。

虞维华（2006），《"去志愿化"：发达国家非营利组织的组织变革趋势分析》，《学会》，2006（7），第 14～19 页。

袁祖社（2007）：《"公共哲学"与当代中国的公共性社会实践》，《中国社会科学》，2007（3），第 153～160 页。

曾令发、杨和焰（2017）：《珠三角社会组织发展研究》，《华南师范大学学报（社会科学版）》，2017（1），第 131～135 页。

曾永和（2013）：《当下中国社会组织的发展困境与制度重建》，《求是学刊》，2013（5），第 99～106 页。

张江华（2010）：《卡理斯玛、公共性与中国社会有关"差序格局"的再思考》，《社会》，2010（5），第 1～24 页。

张紧跟（2012）：《从结构论争到行动分析：海外中国 NGO 研究述评》，《社会》，2012（3），第 198～223 页。

张静（2011）：《公共性与家庭主义——社会建设的基础性原则辨析》，《北京工业大学学报（社会科学版）》，2011（3），第 1～4 页。

张磊、刘丽敏（2005）：《物业运作：从国家中分离出来的新公共空间》，《社会》，2005（1），第 144～163 页。

张文明（2007）：《东亚市民社会：新兴组织与中产阶层》，《东南亚研究》，2007（3），第 38～43 页。

张雅勤（2017）：《公共性的扩散、阻滞与疏浚——从"购买服务"到"多元合作"的演变逻辑》，《江海学刊》，2017（1），第 114～121 页。

张志祥（2008）：《网络草根组织的生发机制探析》，《南京社会科学》，2008（11），第 115～119 页。

赵欣（2012）：《授权式动员社区自组织的公共性彰显与国家权力的隐形在场》，《华东理工大学学报》，2012（6），第 13～20 页。

郑南（2015）：《东北草根组织的发展与地域社会建设——以日本"新公共性理论"为参照》，《学习与探索》，2015（9），第 30～34 页。

周红云、宋学增（2016）：《透视社会创新与社会企业：探索中国社会发展路径》，北京：中国社会出版社。

朱光磊、陆明远（2004）：《中国非营利组织的"官民二重性"及其监管问题》，《理论与现代化》，2004（2），第 14～18 页。

朱虹（2010）：《论社会中介组织的公共性》，《齐齐哈尔大学学报》，2010（9），第 9～11 页。

祝建兵、向良云（2011）：《社会组织行政化及其治理》，《长白学刊》，2011（3），第 73～76 页。

邹谠（1994）：《二十世纪中国政治：从宏观历史与微观行动的角度看》，香港：牛津大学出版社。

佐佐木毅、金泰昌主编（2009）《中间团体开创公共性》，北京：人民出版社，2009年，第31～72页。

Luhmann, N. (1995), "Social Systems", Stanford University Press.

Ma, Qiusha (2006), *Non-GovernmentalOrganizationin Contemporary China: Pavingthe Wayto Civil Society?*, London and New York: Routledge.

Salamon, M. L. &Anheier, H. K. (1997), "The Civil SocietySector", *Society*, 1997, 34 (2).

Teets, J. C. (2009), "Post-Earthquake Relief and Reconstruction Efforts: The Emergence of Civil Society in China?", *The ChinaQuarterly*, 2009, 198.

Weintraub, J. (1997), "The Theory and Politics of the Public / Private District", Jeff Weintraub & Krisshen Kumar (eds), *Public and Private in Thought and Practice*, Chicago: The University of Chicago Press.

Wolfe, A. (1997), "Public and Private inTheory and Practice: Some Implication of an Uncertain Boundary", Jeff Weintraub & Krisshen Kumar (eds), *Public and Private in Thought and Practice*, Chicago: The University of Chicago Press.

Zhang, Chang-dong (2017), "Nongovernmental Organizations' Policy Advocacy and Government Responsiveness in China", *Nonprofit and Voluntary Sector Quarterly*, 2017 (5): 1 - 22.

A Literature Review on the Publicity of Chinese Social Organizations

Geng Yina

[**Abstract**] In the process of Chinese social transformation, the production and continuity of the publicity of social organizations affect the process and direction of social publicity. This paper employs literature analysis method and displays its whole picture in this research field through existing literature. The researchers formulate the concept of the publicity of social organization from "should be" and "be". Type division ofthe publicity of social organizationmainly adopts social practice and political speech. Production mode of the publicity of social organization mainly includesendogenous type and exogenous type. Scholars believe that the public alienation, incomplete and contradiction of social organization are the main crisis and difficulties, whose reason isthe internal and external environment of social organization. According to these, scholars have put forward the cultivation paths of the publicity ofsocial organizations. Based on different disciplines such as politics and sociology, researchers have adopted different approaches and methods. In the future, the study of the publicity of social organizations should make efforts in deepening theoretical research, promoting qualitative research and strengthening quantitative research.

[**Keywords**] Chinese Social Organizations; Publicity; Literature Review

(责任编辑　蓝煜昕)

慈善新前沿：社会创新与社会企业

——评萨拉蒙 New Frontiers of Philanthropy

兰 青*

【摘要】传统的慈善捐赠模式发展到如今，急需寻求更多资金支持并创新慈善模式。慈善领域呼吁一场新的革命。约翰·霍普金斯大学莱斯特·M. 萨拉蒙教授 2014 年出版的 New Frontiers of Philanthropy 以慈善领域何以进行社会创新与如何进行社会创新为两条主线，一方面以宏观广阔的视角分析了慈善发展的现状与未来，及走向社会创新的必然性；另一方面以微观深入的方法介绍了慈善新前沿的工具和主体，并说明如何进行社会创新。由此，该书展现了社会创新模式的图景，指引了社会创新实践的路径，在理论上尤其是实践方面，对于目前慈善领域的社会创新具有引领价值。

【关键词】社会创新　社会企业　新工具　新主体　新生态

慈善领域伴随着资本主义生产的巨大财富和经济全球化的时代进程，开启了全球以慈善捐赠为主要形式的黄金时代。从个人捐赠到创立基金会等慈善组织，其中发展进程中不断更新的观念、模式、制度等推动着慈善事业的迅速发展。然而，传统的慈善捐赠模式发展到如今呈现一种"瓶颈"状态，从近期的

---

* 兰青，清华大学公益慈善研究院博士后，研究方向为慈善文化。

趋势来看，来自慈善捐赠与政府支持的资金投入并没有显著增长，而贫困、卫生、环境等社会问题不断凸显和迅速恶化，急需寻求更多资金支持并创新慈善模式。慈善领域呼吁一场新的革命。

约翰·霍普金斯大学莱斯特·M. 萨拉蒙教授（Salamon，L. M.）2014 年出版的 *New Frontiers of Philanthropy* 一书提到，事实上慈善赠与并不是非营利组织的主要资金来源，对于美国的非营利组织来说，大概只有 10% 的收入来自个人、公司或基金会的赠与；另外约 40% 来自政府的资金支持；还有 40% 以上来自非营利组织从他们服务的人群那里获取的报酬，尤其是在教育、医疗等领域。一场显而易见的革命已经发生在慈善领域。这场革命的核心在于井喷式地出现了很多可以撬动私人资源，尤其是私人投资资本服务于社会和环境目标的工具和机构（Salamon，L. M.，2016：58）。*New Frontiers of Philanthropy* 以慈善领域何以进行社会创新与如何进行社会创新为两条主线，一方面以宏观广阔的视角分析了慈善发展的现状与未来，及社会创新的必然性；另一方面以微观深入的方法介绍了慈善新趋势的工具和主体，并说明如何进行社会创新。该书展现了社会创新模式的图景，指引了社会创新实践的路径，在理论上尤其是实践方面，对于目前慈善领域的社会创新具有引领价值。

一 展现社会创新模式的图景

关于社会创新的概念，普遍以熊彼特的创新理论为源头。他认为，创新就是要"建立一种新的生产函数"，将生产要素和生产条件的"新组合"引入生产体系中去。生产要素包括获取新的原材料、引入新产品，生产条件包括引进新方法、开辟新市场、创建新组织等。由此可见，熊彼特论及的创新基本上属于模式的创新。国内学者从更为宏观的角度对社会创新进行定义："社会创新可以理解为一个涉及社会生活的基本理念、组织和制度的创新过程，是在旧的社会生活范式或体系的基础上建立新的运作模式的过程，其中既包含着对旧的生活范式或体系的否定，以及在理念、组织和制度层面突破旧有体制的大胆改革，也包含有建构新的理念、组织和制度的种种积极探索和尝试。简言之，社会创新是组织创新和制度创新，其中最具表象性的特征是在社会发展过程中涌现出的具有创新意义的各种组织和制度形式。"（王名、朱晓红，2009）。

慈善领域关注于教育、医疗、环保等诸多社会问题，社会需求、资金来源及发展模式的困境使社会创新成为必然。全球范围来看，私人投资进入慈善领域的创新模式已然显现，源于私人企业、股权投资、贷款担保或保险公司等多种形式的私人投资资金量呈现一种爆发式增长，是传统慈善模式个人捐赠或基金会所提供资金的数倍。从组织形式上看，这些机构更多的是一种混合形式的机构，既不是基金会，也并非私人企业，但兼备基金会与私人企业的功能和性质，如：社会资本合伙人、影响力合伙人等机构，它们以各种社会创新的模式参与社会目的的投资。

传统的慈善捐赠只关注社会回报，而前沿的社会目的投资是将商业回报和社会回报相结合，运用慈善市场进行社会投资，产生商业效率和社会效益。慈善领域的社会创新以未被发现的社会问题和未被满足的社会需求为导向，开发使用新的技术——新工具，创新形成新的组织形式——新主体，优化资源的有效配置——新生态。用于社会目的的资金来源从个人捐赠和基金会无偿拨款，转变为更多金融工具参与、多元主体、多样化的慈善生态，并成为慈善领域的新前沿。

1. 新工具

传统的慈善捐赠模式下，慈善组织获取的资金量相对较小，且对于资金运用渠道及项目效果缺乏及时有效的追踪与评估，捐赠者对于资金使用和资金产出的担忧，使原有慈善模式难以为继。为此，新一代慈善家将资本市场的商业模式运用于慈善领域，建立慈善市场的基本制度和结构，以求作为社会目的的投资能够换取最高的商业回报和社会回报。*New Frontiers of Philanthropy* 第三部分"新工具"列举了8类用于社会目的投资的金融工具：贷款、贷款担保和其他信用增强；固定收入证券；资产证券化；私人股权投资；社会影响力债券/融资；保险；社会目的投资和购买服务；新形式法人等（Salamon, L. M., 2014）。将这些金融工具组合起来，推动私人资本进入社会目的投资，增加了投资总量，改变了整个慈善生态。非营利组织以贷款为工具，通过贷款担保降低贷款利率，既增强了资本流动性，又可以承担较低的风险。孟加拉国银行家尤努斯（Muhammad Yunus）创办乡村银行，以微型贷款的方式提供小额贷款给当地穷人购买奶牛，并被建在当地的达能工厂雇佣推销牛奶给工厂将企业利润控制在较低范围，以改善当地穷人营养不良的情况。这样，通过贷款这一新的金融工具,既在供应、销售、雇佣三个环节帮助了当地穷人创业就业、改善生活,又确保了企业的商业回报。此外,私人证券和股权投资也是一种新的工具。Vision Spring 公司为解决贫困儿童无法承担近视眼镜费用而辍学的社会问题而使用的启动资金,就源于投资人的股权投资。全球最大的慈善基金会——比尔和梅琳达·盖茨基金会,近年除了提供直接资金开展慈善工作,也为某些机构做贷款担保,减轻其借款利息负担或增加其获得银行融资的机会,让基金会资源得到更有效的运用。

2. 新主体

传统意义的慈善资金主要源于慈善捐赠和以个人名义成立的基金会。而现在出现了很多跨部门多元化的新主体,包括政府基金会、慈善银行、公益创投机构、社会风险资本等。*New Frontiers of Philanthropy* 第二部分"新主体"列举了资本聚合器;次级市场;社会与环境的对话;慈善银行基金会;企业代理;能力建设;门户网站与交流;公司发起的慈善基金;资金合作等 9 类主体并进行了介绍和分析(Salamon,L. M.,2014)。现在全球有近 600 家由政府或公有资产私有化成立的基金会,如由国企私有化成立的大众汽车基金会,资金用于资助德国科学技术研究。在中国,由政府支持创立,资金用于社会目的的基金会数量更多。此外,全球已发现 3000 多家"资本汇集机构",它们在慈善融资领域发挥着中介作用,将私人投资的资本用于社会事业领域,一方面可以为投资者提供商业回报,另一方面也创造社会效益。具体操作层面,"资本汇集机构"创建各种不同层次的基金,如贷款基金、贷款担保基金、债券基金、股权基金等,各种层级对应不同的风险与收益预期。这类机构关注于具有市场性和社会性的公共服务和公共事务,以满足社会需求为最终目的,以商业模式创造利润和社会福利为机制。随着社会需求的增加,这类介于企业与非营利组织之间混合形态的组织形式也存在各异。萨拉蒙教授在国际知名非营利学术刊物《国际志愿和非营利组织》(*Voluntas*)上与 Sokolowski 发表论文,题为"超越非营利:重构第三部门的概念"。他们指出,目前国际上对于第三部门的理解过于狭隘,仅仅用不可营利来定义这个部门并不一定能更加广泛地实现公共利益;这个部门还应该包括合作社、互助机构、社会企业和个人志愿行为等。

3. 新生态

在慈善新趋势的推动下,越来越多的新主体和金融工具进入社会目的投资领域，它们共同打造了一个社会目的投资的新生态：新的资金来源——新的金融参与人——新的工具——新的代理人——受益人。新的慈善生态创造出一个新的范式：杠杆（leverage）。通过杠杆撬动私人资本进入社会目的投资领域，获取商业回报和社会效益。比尔和梅琳达·盖茨基金会帮助一所特许学校（charter school）进行学校建设的案例就是一个如何运用贷款担保来撬动资源的例证。在美国，特许学校特许教师、家长、专业教育团体或其他非营利组织的经营运作经费来源可以从政府申请，但并没有其他渠道的资金来完善学校的基础建设或购买科技器材等。一所特许学校向比尔和梅琳达·盖茨基金会寻求3亿美元无偿赠与用作学校建设。比尔和梅琳达·盖茨基金会评估了该项目，比尔和梅琳达·盖茨基金会将作为债权担保方为特许学校提供担保并吸引来自养老金、保险公司等的私人资本，这样可以将学校的偿还利率从6%～8%降低至4%。比尔和梅琳达·盖茨基金会还承诺在学校拖欠贷款的情况下，可以承担10%，即3000万美元的债务。比尔和梅琳达·盖茨基金会甚至未将它的资金从账户中转出，而是通过杠杆的方式帮助该校撬动了3亿美元的资本（Salamon, L. M., 2016：60）。

新的工具和主体是构成慈善新生态的两个主要要素，捐助者或社会投资人按照企业的运作模式，寻找合适的新主体，运用新的金融工具和企业思维方式来解决社会问题。而新的资金来源区别于传统的慈善捐赠，体现于多元化、多样化的慈善投入。由此可见，新的慈善生态主要特征是：一是以慈善投资的方式解决社会问题；二是以新的金融工具和多元主体撬动资本进入慈善领域，获取投资回报和社会效益；三是慈善组织与商业机构跨界融合创新出新的主体——社会企业。

二 指引社会创新实践的路径

在全球化和信息化时代，社会背景已然发生巨大变化。人类社会的高度不确定性与复杂性使工业社会的社会建构逻辑无法应对诸多社会问题。生态、贫困、教育、卫生、社区发展等现实问题的不确定性和复杂因素超越了仅仅依靠政府部门或者市场力量就能解决的范畴。对于这些"政府失灵""市场失灵"的社会问题，各国政府、企业、非营利组织不约而同通过社会创新的制度探索来推进相应的诸多解决方案，而这些社会问题的解决方案又往往需要政府、企业、社会三方的合作。在这一背景下，公益创投、政府购买服务、社会影响力投资等政社、政企、社企之间的创新合作方式已成为普遍现象。政府通过社会创新基金和政府购买服务解决社会问题，企业通过建立公益战略来承担社会责任，非营利组织通过运用企业运作模式实现社会目标及自身可持续发展。在三方合作的实践中，社会企业成为联结政府、企业和非营利组织的有效载体。在慈善的新生态中，社会企业连接起新的资金来源与受益人，成为制度性的跨界机构。社会企业关注于具有市场性和专业性的公共服务和公共事务领域，创新运作模式，整合社会资本和慈善资本，以市场机制实现社会利益。在创新的实践探索中，一些非营利组织在发展过程中引入市场机制，逐渐发展成为社会企业。

英国贸工部于2004年首先提出社会企业的官方定义：社会企业是具有某些社会目标的企业，按照组织的社会目标，盈利再投放到业务本身或所在社区，而不是为了股东和所有者赚取最大利润。亚太经合组织（OECD）在1998年提出社会企业的定义是"以企业家战略组织起来，为了公共利益进行的私人活动，它的主要目的不是利润最大化，而是为了获得一定的经济和社会目标，并且有能力提出解决社会排斥和失业问题的创新方案"。欧洲社会企业研究网络（EMES）提出：社会企业是非营利性的私人组织，提供直接与其使社区受益明确目标相关的商品或服务，它们依赖于集体动力，治理机构中包括不同类型的利益相关方，高度重视自主权，承担与其活动相关的经济风险。我国民政部的官方网站"中国非营利组织网"提出：社会企业不是纯粹的企业，亦不是一般的社会服务，社会企业透过商业手法运作，赚取利润用以贡献社会。它们所得盈余用于扶助弱势社群、促进小区发展及社会企业本身的投资。它们重视社会价值，多于追求最大的企业盈利。基本特征是不以盈利最大化为目标，但又要追求盈利。社会企业的社会目标是满足社会需要、创造就业机会、促进员工发展、建立社会资本、推动可持续发展（王名、朱晓红，2010）。由此可见，社会企业具备两大特性：一是"商业特性"，社会企业与商业企业一样具有同样的运作模式，追求效率与利润，追求市场与价值；二是"社会特性"，社会企业与非营利组织一样具有共同的公益目标和宗旨，即满足社会需求，追求社会价值。传统非营利组织主要依靠外部资源存续，社会企业则是通过自身创新发展来实现公益目标及可持续发展。

社会企业作为一个"用商业的方式来解决社会问题"的实践，使越来越多的国家参与其中。被称作"社会企业"大本营的英国，主要是从公益的角度来理解和支持社会企业，目前的社会企业数量占所有企业的 5%，其中有 25% 的社会企业参与提供就业。英国政府 2004 年便成立了相关机构负责社会企业的审批和注册工作，2005 年建立相关法规规范社会企业的资产分配及税收待遇等。美国则是从传统市场的角度，鼓励多元发展和社会创新，通过政府资助、企业社会责任资金支持社会企业的发展。深圳慈展会的社会企业认证数量近两年也大幅增加，由 2015 年 7 家增加到 2017 年的 106 家，涵盖养老、教育、环保、农村发展、青少年关爱等 14 个社会服务领域。尽管世界各国对社会企业的概念界定及具体认识角度并不一致，但它们在社会实践中的定位与作用是基本一致的。社会企业作为社会创新的重要成果与载体，其"企业为体，社会为用"的创新模式已得到国际社会的普遍认可，并逐渐形成慈善领域社会创新的一股热潮。社会企业一方面需要敏锐地发现未被发现的社会问题和未被满足的社会需求，另一方面需要运用商业智慧和技术创新的方式来解决社会问题。社会企业作为一种理念创新和制度创新，主要意义在于：一是社会企业本身不是一种具体的社会形态，而是一种用创新的方式解决社会问题、满足社会需求，创造社会价值的理念；二是社会企业本身是一种制度创新，这个制度创新的成功依赖于其社会性与市场性的融合，技术和管理等商业模式的创新帮助传统慈善和传统商业同时跨越到社会企业。

三　实践与展望

如果说资本主义生产带来的巨大财富导致了慈善领域的第一次革命，其标志是基金会一类慈善组织的创立，那么以社会创新与社会企业为标志的第二次慈善革命已经显现。萨拉蒙教授已经意识到发生在慈善领域的这场革命，并揭示出这场革命的核心在于井喷式地出现了很多可以撬动私人资源，尤其是私人投资资本服务于社会目的的工具和机构，它们共同打造了一个社会目的投资的新生态：新的资金来源——新的金融参与人——新的工具——新的代理人——受益人。*New Frontiers of Philanthropy* 系统全面地介绍了这些新的工具和主体，提出了目前慈善领域的一些前沿问题。这一场革命与第一次慈善革命相比较而言，在捐赠规模、慈善理念、发展模式及制度创新方面都产生了新的变革。这场变革建立了现代慈善以慈善投资的方式来解决社会问题的新慈善伦理，倡导了社会理想、企业家精神与创新思维三位一体的价值观，是面向未来、符合理想社会发展趋势的新革命。

在慈善领域新趋势的推动下，国内不断出现一些具有企业家精神和创新思维的引领者和实践者，他们活跃在教育扶贫、医疗卫生、环境保护、社区建设、社会倡导等诸多领域，运用市场机制和创新模式解决社会问题，开启了社会创新与社会企业的探索实践。2006年在北京成立的"公益事业伙伴基金会"（Non-Profit Partners，简称NPP）是中国大陆第一家慈善创投机构。基金会由世界著名的六大公司与中国著名的两大基金会联合组成。六大公司包括麦肯锡管理咨询公司、德勤华永会计师事务所、奥美整合行销传播集团、诺华公司、君合律师事务所、摩托罗拉公司，两大基金会是中国青少年发展基金会和中国扶贫基金会。以"风险投资"的运作模式和"营运管理支持中心"的理念，运用国内外一流企业和大型基金会的财力与专业服务领域的资源，协助具有拓展潜力的一批民间公益组织快速健康地成长，以推动中国社会公益产业的健康发展（杨团，2007：101）。2016年，中国首家社会联盟类公益机构——社会价值投资联盟（简称社投盟）成立。这是由友成企业家扶贫基金会、联合国社会影响力基金、中国社会治理研究会、中国投资协会、青云创投、明德公益研究中心等近50家机构联合创立的跨界联盟，是支持"义利并举"社会创新创业项目的投资促进平台。该联盟关注的重点领域是教育、健康、环境、养老、公共安全、反贫困等，优先支持为上述领域公共服务体系提供解决方案的社会创新型企业。社会价值投资是投资领域的社会创新，提倡以社会价值作为市场资源配置的价值引导，旨在探索政府、市场、社会三方面跨界合作、协同创新的投资模式。2017年，中国首支公益风险投资基金诞生。爱佑公益VC计划正式启动，先导基金4000万，直达环保、教育两大垂直领域。爱佑慈善基金会为领投方，领投方与跟投方联合资助，通过规模性、高效率、可持续的运营及更客观严谨的评估方法，最终实现垂直领域的社会议题解决和行业协同。爱佑公益VC计划实现标准的规模化输出，从而搭建平台，最大限度地撬动更多社会资金和资源的注入，构建可持续发展的良性公益生态圈。

由此可见，中国的慈善组织探索社会创新的实践已呈现蓬勃发展的态势，其中一些具有国际视野和丰富资源的组织已走在前列，引领着现代慈善的发展。慈善组织以未被发现的社会问题和未被满足的社会需求为导向，以新的金融工具和多元主体撬动资本进入慈善领域，形成了以商业投资解决社会问题的慈善新生态，并探索产生了标志性成果——社会企业。随着新的慈善革命深入发展，社会企业将是部分非营利组织的未来走向和模式选择，同时社会企业作为一种制度创新，也推动着我国经济和社会转型。但目前我国的社会企业大部分都是伴随社会创新的发展由小微企业或民办非企业单位发展转型而来（沙勇，2014：51），与国外成功的社会企业发展模式相比较而言，我国的社会企业在目前阶段仍面临着概念认知、身份认同、社会生态等现实困境。一是社会普遍对社会企业的概念认知不足，公众对社会企业及其运作模式认知度低，政府普遍将社会企业与商业企业等同看待；二是社会企业作为一个创新的研究领域和社会实践，由于普遍认知度的缺乏，其合法性和公益性身份难以实现认同；三是社会企业的建立和发展缺乏相关政策和法律制度的支持，也尚未形成相应的金融生态支持。因此，形成对社会企业概念和模式的普遍共识，形成政府和社会对社会企业合法性和公信力的身份认证，形成相应的政策环境和金融支持的社会生态对于社会企业的可持续发展尤为重要。

参考文献

〔美〕Salamon, L. M. （2016）：《慈善的新前沿与社会目的投资》，李诗心译，《中国社会组织·社会创新评论》，第 58～60 页。

沙勇（2014）：《社会企业：理论审视、发展困境与创新路径》，《经济学动态》，(5)，第 51 页。

王名、朱晓红（2010）：《社会企业论纲》，《中国非营利评论》(2)，第 14～18 页。

杨团（2007）：《一场新的慈善革命——"慈善资本主义"与公益伙伴关系》，《学习与实践》(3)，第 100～102 页。

Salamon, L. M. （2014）：*New Frontiers of Philanthropy: A Guide to the New Tools and Actors Reshaping Global Philanthropy and Social Investing*, Oxford: Oxford University Press.

New Frontiers of Philanthropy, Social Innovation and Social Enterprise: Comments on *New Frontiers of Philanthropy*

Lan Qing

[**Abstract**] The traditional charitable donation model has been developing to the present day, and it is urgent to seek more financial support and innovate the charity model. The field of philanthropy calls for a new revolution. Lester M. Salamon, a professor at the book New Frontiers of Philanthropy published in 2014 why charitable sector for social innovation and how to carry out social innovation as the two main line, on the one hand, from a view of macro broad analysis of the current situation and future of the development of charity, and to the necessity of social innovation, on the other hand, introduces the New frontier of charity in the micro deep way of tools and the actors, and explains how to carry out social innovation. This book shows the picture of social innovation mode, and guides the path of social innovation practice, in theory, especial practice, for the current guiding value to the social innovation in the field of charity.

[**Keywords**] Social Innovation; Social Enterprise; New Tools; New Actors; New Ecology

(责任编辑　朱晓红)

专业权力的逻辑及其应用问题

陶传进　朱卫国[*]

【摘要】 当前中国社会变革的趋势是，随着政府职能转移的逐渐深入，行政权力的边界退缩，市场与社会领域的独立性增强，专业权力的地位与空间上升。专业权力是指依据专业性而非行政权力，在社会自主运作领域里实施的诸如组织与项目评估等职能的权力。但其中的权力效应需要限制在结果优劣的判断与使用上，并且需要以被评估方的社会选择为基础，而不是先在地存在。切断与行政权力之间的关联以及社会第三方机构自身的去行政化，是其中的关键要点。

【关键词】 政府职能转移　专业权力　第三方机构

一　由政府职能转移引出的问题

1. 政府职能转移的话题

在中国社会的变革发展中，政府职能转移成了越来越重要的一个理论话题（宋宇文、刘旺洪，2016；石亚军、高红，2015）与社会变革趋势[①]。所谓政府

---

[*] 陶传进，北京师范大学社会发展与公共政策学院教授、博士生导师；朱卫国，阿里巴巴集团综合政策研究室主任。

[①] 《中共中央关于全面深化改革若干重大问题的决定》，《人民日报》，2013年11月16日，01、02、03版。

职能转移，其实"就是政府把原先自身承担的职能转交给政府以外的主体承担的行为或过程，就是向社会、向市场转移的过程"。（杨欣，2008）让这两个领域更自主地遵循自身的规律运行，最终形成三部门共存的局面。

政府职能转移从其另外一个侧面来看，则是厘清行政权力边界，将行政权力限制在法律规定的范围内，避免它们向社会领域和市场领域的不恰当延伸与渗透。（钱容德，2015）市场与社会能办的，就应由社会与市场去办，公权力从事的应是市场与社会办不了的事情。（蔡乐渭，2013）

当政府职能转移到市场与社会领域之时，职能的承接者又划分为两个层面上的组织类型，其中基础层面是生产与服务的提供组织，高端层面则是针对整个领域健康运作的服务与维护型组织。如在市场领域，基础层面是从事生产的企业，而在此之上，则是一种被称为"市场中介组织"的组织类型。社会领域发育较新，但仍然能够看出与市场领域里的相似性。其基础层面是服务提供性组织，而高端层面同样具有为整个领域进行服务与秩序维护的组织类型，其中最典型的则是在组织等级与项目运作等方面进行评估的机构。在当下，它们更多地被称为"第三方评估机构"。

本研究将关注政府在社会领域里的职能转移，并聚焦于第三方评估机构（以下简称"第三方机构"）。第三方机构的出现，促使政府职能大量转移到社会领域，引导行政权力边界的退缩；除此之外，它还将服务于新兴的社会领域，促使后者功能健全。

2. 研究问题的提出

以上背景引出了本研究中最为关注的问题：第三方机构依据自己的专业能力独立进行评估，它同样会以"权力"的形象作用于其他组织，这与行政权力的实施有怎样的区别？对这个问题的回答才是鉴别第三方机构本质的关键点所在，如果无法清晰地确认出这一点，就并没有排除这样一种可能，即在政府职能转移之后，第三方机构仍然以一种类似于行政权力的方式来实施自己的职能。

为了将问题更清晰的表达，本文将这样一种权力称作专业权力，也即以第三方机构的专业性为依托的权力，在此之后问题表达为：专业权力与行政权力的区别到底在哪里。

以下在进行理论推导之后，将聚焦到公益领域里的第三方机构评估案例上，其中涉及评估机构（或评估专家）如何将自己的专业性转化为评估结论的确定权力，也涉及这种专业权力如何表达。从中可以看出，行政权力转移后的现状与应有状态。

二 专业权力的社会背景与理论

1. 公益领域里的社会选择

（1）市场领域里的政府职能转移与中介组织

深化行政管理体制改革的核心是政府职能的转变，原来由政府承担的许多职能，也越来越多地交还给市场与社会，形成政府－市场－社会的三维互动体系，社会在均衡的状态下良性运转。（张劲松、许甜甜，2012）

市场本身是在资源配置中起决定性作用的因素，政府权力从市场领域里退出，可以更有效地发挥市场的机制特长，显示出在特定场所里市场相对于政府的优势。政府从事的政务应当是营造一个更好的市场以及从事弥补市场失灵方面的工作。并"授权或者委托中介组织……减少政府对市场活动的直接干预，通过'内行管内行'的模式，实现中介组织对市场主体更加具体、细致、有针对性的管理"（石亚军、高红，2015：35）。

社会中介组织功能众多，在本研究的意义上，它们"通过为申请人提供专业技术服务，帮助企业完成日常经营过程中各种繁杂的评估、鉴定、认证、检测等服务事务性工作"（蒋国宏，2016：25~26）。

中介组织职能的依据是行业里的自律性功能需求，以及相关企业和法人的合约关系，而不应该再是行政权力，这一点是最重要的。（石亚军、高红，2015）

（2）社会领域里的社会选择

当下在社会组织领域的一个典型特点是，以社会组织为主体，也形成了一个类似于商业市场的运作体系与运作机制，如在社会公益领域，通过公益人的选择性捐赠，一个可称为"公益市场"的社会选择领域出现。通过社会选择，领域内的优胜劣汰机制被激活。"社会选择"这个概念本来出现在经济学领域，是现代经济学的重要发展成果之一，主要是分析个人偏好和集体选择之间的关系（张恒龙、陈宪，2006）。但其另一种用法则是指发生于社会领域里的一种事情，含义是指社会公众在社会公益市场等场所里，可以自主地决定他们选择将自己的捐款递送给谁，本文用其后一含义。①

陶传进（2017）勾勒了慈善组织是如何按照社会选择的新型体系加以运作的，它阐述的是社会化公益领域里的一个三层级的结构，其底部是法律的兜底性监管，中间层次是社会组织依照社会选择规律自主运作，而在顶层则是政府对整个领域的维护、支持和引领。这样一种结构与市场领域如出一辙，它所告诉人们的含义也几乎一致：政府需要给社会领域让渡空间，让后者依据自身的规律进行运作。

刘忠祥（2013）则勾勒出了一个社会选择的运作体系：如果同时具备四个条件，即社会中具有公益人（或每个人具有公益人的成分），且也具有自由流动的私人资金，公益组织的数量达到一定程度，信息的获得成为可能，这时，就可以通过政策建构，引领出一种公益领域里的社会选择体系，主要是捐赠人的选择，并因此而达成社会监督的实现。

这里的关键点是，捐赠人会选择他们所信任的慈善组织，选择的标准通常是公益组织的公信力和专业性。该体系的良好运作，需要在基本的法律层面上进行兜底性监管，比如领域内发生在人们之间的选择关系必须以符合慈善宗旨为原则。之后，领域内的信息获得等功能，则需要在政府的帮助下，由社会第三方机构加已完成。

一旦社会选择机制得以完善，其中就会自动实现人们对于公益组织的优劣鉴别，会出现公益组织依据专业性和公信力而产生的优劣分化和自然选择，以及更广泛的社会监督作用。后来出台的《慈善法》对此的阐述体现出了基本一致的精神。

（3）"第三方机构"现象

首先从"信息不对称"这一概念入手。依据信息经济学的观点，在市场交易中，如果交易双方不能占有完全的信息，就会产生"信息不对称"现象，并进而导致市场上产生"逆向选择"和"道德风险"两种行为，招致"市场失灵"。（陈钊，2006：20）社会领域的信息不对称问题会更加严重。如在公益领域已经超越了市场领域的两方之间的交易而成为三方交易，交易方有捐赠者、

---

① 如见（马玉洁、陶传进，2014）。这不同于经济学中的"社会选择"含义，使用同一个词表达的意思却不相同这并不恰当，但鉴于已经造成了这种结局，暂且就继续使用这另外一种意义上的"社会选择"了。

公益组织和受助人。其中不是受助人直接"买单",或者说捐赠人不是直接受益人。这使得公益捐赠中的决策难度、决策盲目性成倍增加。而解决问题的办法之一则是引入专业化的评估机构,它们既可以在评估中获得更详细的资料,又可以依据专业性对这些信息进行更有效的解读。这类似于市场领域里的中介组织,但社会公益领域还没有称为"中介组织"的习惯,"第三方""支持性组织"等说法更为普遍,尤其是前者。

第三方评估可以体现出多方面的优势,第三方机构可以在公正性与专业能力方面体现出自己的特长(徐双敏、崔丹丹,2016;潘溪,2017);其次,由于利益不相关,第三方更可以体现出价值中立后的"超然性"(尚虎平、王春婷,2016);一些观点中也谈到第三方评估可以让政府腾出手来做一些更注重宏观调控方面的事情(詹成付,2015),因而这对于转移政府职能具有根本作用。

2. 专业权力的逻辑

由第三方机构,引导出"专业权力"的概念。

(1) 专业权力的界定

在社会组织的运作领域,第三方机构依据专业能力而为领域里的组织、项目进行评估之时,会体现出自身的权力特征,表现为自己具有确定某种结果优劣的权力。这里指的是评估的情形。除此之外,另外一些社会化运作领域里的中介组织也可以发挥某些类似的功能,如资格确认等,因而也同样具有专业权力。

(2) 专业权力的特征

第一,权力性。专业权力首先体现为一种权力,正是它的运作最终确认了某一家机构的运作结果。该结论具有特定的效力,可以在社会市场中发挥作用。

第二,专业性原则。专业权力的实施必须以专家能力为基础,通过这样一份能力,可以让一种别人无法实现的结果在这里实现。对结果的判断依据专业性,由此与行政权力相对。专业权力无法转化为明确的行政指令信号,即无法通过行政命令的方式加以推进。专业权力的结果通常来源于客观事实,加上专家的综合判断,这不同于自上而下的红头文件或其他指令。

第三,社会选择原则。专业权力并不具备来自法律上的合法性基础,缺乏明确的行政授权渠道;它的合法性只是来自社会选择领域本身,只有当不管是捐赠人还是社会组织选择了一家第三方机构,该机构才具有行使专业权力的合法性。社会选择的力量是这里的根本性力量。专业权力的有效兑现与实施是在社会选择之后才有的事情。

在社会选择领域可以同时具有多家第三方候选机构，他们在同一起跑线上进行竞争，最后依照优胜劣汰的原则被社会选择。因此，专业权力需要与独立的第三方相对应，附着于这样一种特定的机构身上。

（3）专业权力结果的运用

经由第三方机构而确定的结果，除少数与法律法规关联的情形外，通常不再有法律的效力。这时，该结果只是给整个社会提供一份优劣判断的标准，它不再表达为一种特定的命令。法律是最基本层面，属于法律规制的范围，而在此基础之上则是一种优劣原则。优劣判断性质的结果尽管可以作为优惠选择的判断基础，却无法作为强制力的依据而存在。

以评估为例，在评估中涉及基础规则要求的那部分内容，可以将评估用作"监管"的功能，但在此之外，评估绝不等同于监管。至少，一种更慎重的说法也应当是："第三方评估，其评估任务与使命已不仅仅限于监督职能，而已成为一种集监督、咨询和引导于一体的多目标行为"。（张旭等，2016：6）

（4）专业权力的时代

随着政府职能的转移，行政权力的边界逐渐退缩，专业权力的领域浮现出来。专业权力不再是法律式的底线监管功能，它是为社会领域的有效运转而产生的，并因此而实现行政权力与专业权力的两分。

由此促使社会领域划分为两个层面：法律制约的部分位于基础的层面，专业权力制约的部分位于法律之上，构成一个新型的层面，也即社会选择的领域。社会因此而具备更大的自由度，这得益于专业权力的更为"柔性"的制约作用。

专业权力限制力弱，但服务性更强。他们需要获得被评估机构的认可，然后才有生存的基础。一方面，他们需要增加自身的专业能力，另一方面，他们也需要提升自身的服务水平、改善服务态度。因而，专业权力对行政权力的取代，还减少了官僚主义的滋生土壤。

3. **专业权力的异化使用**

专业权力既有优势，也容易被异化使用，尤其是在其产生的初期。专业权力异化的结果是，它们成了行政权力的替身，或延伸物。需要对此加以标记和提醒。

(1) 第三方成了政府的代言人

成为政府的代言人是指，尽管引入了第三方机构，但他们委身于政府体系之内，表达政府想要表达的利益，同时获得来自政府的权力。第三方在形式上是独立的，但在实质上如同政府体系末端的一环。它之所以容易出现，根源于政府的自利性，这导致他们不愿放弃自身的权力（张劲松、许甜甜，2012）。而对于第三方机构来说，委身于政府同样可以轻松获得在其他情形下难以获得的权力。结果，某种权力的共谋结局出现。这就意味着在专业权力的外表下，行政权力以隐讳的方式继续发挥作用。

(2) 第三方自身成了"二政府"

"二政府"是指第三方机构本身成了准行政权力的拥有者，行政职能从政府那里转移出来后，又进入第三方机构这里。"倘若将政府手中称为'行政权力'的东西原封不动地转移给市场和社会，这种转移只能叫行政权力的位移，位移必然把一些市场主体和社会主体制造成'二政府'，与改革的目标南辕北辙。"（石亚军、高红，2015：32）

这需要追溯到这样一种机制：第三方机构在评估中，特定的专业方面被分解成不同级别的指标。一种最简单的操作是，将这些指标制作为形式化的有与无、多与少、行为动作的具体内容等，而对于形式背后的深层次成分予以忽视。结果是，形式化的成分被格外强调，专业性的内涵尽然失去，最终蜕变为一种与行政指令很相似的成分。一旦将指标呈献在被评估机构面前，告诉他们这一切形式化的内容是需要做到的，那就相当于给被评估机构施加了一整套的形式上该怎样运作的要求。当评估机构以半强制的方式施行时，就更加如此。

真正的评估需要体现出形式背后的专业性内涵，要意识到，同样的形式结果，既可能是真实的运作产物（因而具有标志意义），也可能是为了评估而专门制造出来的，后者不具备标志意义；更要注意到，同样一份绩效结果，既可能是在如此这般的形式下产生出来，还可以是在另外一种方式下产生出来，仅仅考察形式具有重新官僚化的效应。

至于为什么第三方机构容易将专业权力行政化，至少可以做出这样两种推测：第一，当把评估指标转化为表层的可观测量之时，将使第三方操作简单易行、自身不会出错；第二，如若把评估标准过程行政化，操作起来会更加便利，且会给评估方以更好的权力体现感。

（3）专业权力居高临下

第三方机构还可能的确具有专业能力，但在施展这种专业能力的时候居高临下、指手画脚，把对方的问题当成法律的问题或道德的问题而严加斥责；这种情形通常见于由政府组织的评估场所，因而，专家容易错误地解读自己所处的位置，模糊了专业权力与行政权力的边界。

其原因就在于，在传统自上而下的社会中，专家通常可以与居高临下的政府体系甚至道德制高点密切结合，因此对于评估对象中所出现的各种效率问题、尽责问题作为法律问题、道德问题加以斥责。除此之外，在社会选择的初期，第三方机构还没有实质性地接受社会选择的制约，政府的行政权力相当程度上还在为专业权力做背书，权力的不对等使这种情形可以肆无忌惮地发生。

三　案例的呈现与分析

以下呈现两个案例并加以分析，从中能够看出专业权力萌生初期所可能出现的问题。借此说明，在专业权力的时代，需要力图明确专业权力的实质，这样才能让其优势展现出来。案例呈现时，本文会将其中的一些敏感信息进行模糊化处理；一些细节场景加以程式化处理。

1. 网络众筹：政府主持的评估－评审会案例

这里直接把案例聚焦到这样一个评审会的场景上：13家网络众筹机构在其运作一年之后，在政府管理部门的召集下，作为被评审对象而参与了一次正式的评审会。评审专家召集了相关的学者、实物运作者、政府部门负责人等领域代表。评审会中的一些典型的场景是这里要关注的焦点，以下呈现两个场景并加以分析。

场景一： 在一家机构呈现完他们一年运作状况之后，这位评审专家严厉地指出：“一年的时间你们都做了什么？”“显然你们的领导并没有足够的重视！”“只要做出真正的努力，就远远不会限于这样的筹款额。”

在随后的汇总讨论时，这位专家甚至非常严苛地说，“这几家机构完全应当淘汰出去……我们并不缺乏想进入的机构……这样一种不认真的机构就没有必要让他们继续待在里面”。

场景一分析。第一，这样一个由政府召集起来的评审会并没有严格界定它的性质。需要区分出它是法律法规执行状况的督导检查，还是一个运作绩效的评估，二者分别对应行政权力和专业权力。如果是运作绩效的评估，那它便应当遵守优劣原则。对于运作绩效不佳的机构可以不予政策优惠，但不能加以斥责。

第二，这位专家行使权力的时候，需要分清这是行政权力还是专业权力，然后遵循不同的使用原则。行政权力可以"斥责"，但需要说出客观依据。尤其是当他建议要把这几家组织剔除准入范围之外的时候，更需要依据有法律效力的条款，而不能依据对方是否认真、是否投入、是否重视等来说事情。具有对照意义的情景是，在这次评审会上，恰好摆放着关于互联网筹款组织的管理条例初稿，那里对于一些基础性的兜底规则已经阐述得很清楚了。

在互联网众筹组织运作的初期，的确应当对他们的运作绩效、组织的重视程度以及其内部管理制度等提出积极的引导，但要明确那样一种做法的性质范围，而以一种平等的姿态和服务者的身份更为恰当。

场景二：当专家闭门讨论的时候，政府主管部门负责人动情地说，当下他们面临着巨大的压力。一方面是如何向社会公众交出满意的答案；另一方面则是领域中的任何风吹草动都让他们面临着无限责任的风险。

场景二分析。政府主管部门的确面临无限责任的压力，甚至场景一中的专家观点也在增加政府这份压力。无限责任压力的根源在于，领域内还没有产生出专业权力领域，因而也就没有出现责任在专业权力这里的分流或分担，所有责任都背负在政府的身上。权力和责任都无法下放的局面在理论上看是有问题的，在现实中看也造成了主管部门的压力过大，并进而造成改革的路径难以合理而大胆地放开。

正确的做法应当是，政府要着力把好基础规范关，主要是制定准入标准并严格执行；第三方机构（或行业自律组织）对众筹组织的公益性、专业性和运作绩效等加以评估，然后向社会公众交代，让人们通过是否在此捐款产生选择作用；众筹组织需要有自身的自主运作权限，让他们对自己的优劣负责，并收获不同的社会选择结果。只有将行政权力、专业权力和组织自主运作权限三者划分清晰，才能避免行政权力重新大规模的卷入，同时也才能避免政府承担无限责任的不利局面的出现。

2. 慈善组织入围评审

背景：一家组织要申请成为慈善类的社会服务机构，政府的主管部门就需要确认他们是否具有成为慈善类的资格，并将这份确认权委托给了一家社会组织，即第三方机构。第三方机构开始行使自己的专业权力，他们召集了领域里有足够代表性和专业性的评审专家，并对这家申请者的资料和汇报进行评估打分。整个案例非常简单，但其中有一些片断值得思考。

场景一：申请组织汇报完毕，评审专家打完分数，大家才开始议论开来。结果，对于这次评审会的目标居然有三种不同的答案。第一种专家认为，自己的工作是为申请机构是否有资格进入到慈善类社会服务机构而打分，从而确定该机构是可以不用找业务主管单位就可以到民政部门登记注册；第二种专家认为，自己是在为慈善组织的确认打分，确认该组织是否有资格成为慈善组织的类别；第三种专家认为，自己是在为这家组织服务内容的公益性进行打分，所依据的材料是这家组织在此前作为专项基金时已经做了哪些慈善项目。

场景一分析。评估专家居然有三种不同的判断，如此巨大的分歧导致我们提出了这样一个疑问：第三方机构在这一件事情的主导上，专业性是如何体现出来的呢？

场景二：在申请机构汇报完，接下来是专家提问时间。很多专家对这个机构进行了"指导"，其中包括："你们应该申请成……，不该是申请现在这种类型。""你们的组织架构设置得不好。""你们写的这些资料压根就不行，找一个人重新写一下。"

场景二分析。评审现场要做的事情是，经由对话，确定该家组织是否属于慈善类社会服务机构，从而可以不用寻找业务主管单位。但实际上变成了大家对其全面信息的"指手画脚"。显然这无形中扩展了自己的权限范围，延伸到了本次评估没有指定权限的区域内。

如果申请者的确存在诸多的问题，可以进入到私下或另外一个以服务为主的场所；制度创新的起因也源于这样的场所。

场景三：大家打完分数、递交打分表，然后走人。在其中没有现场中的分数汇总，没有汇总结果出来后专家的知情，更没有专家在上面的签字程序。最令人震惊的是，最后的结果到底如何专家并没有被告知。在通过另外一个渠道得知评估结果后，该结果却让人大吃一惊，为什么会是这种出人意料的结果不得而知。

场景三分析。在这里不是要讨论最终结果是否合理,而是要看一下专家的打分与最终的结果之间居然呈"双盲"关系:结果与打分之间没有任何程序上的关联。结果的确定已经与专家打分无关,它或者由该第三方来独断专行地确认,或者上交给政府由政府来长官意志式确定。

后一种情况的可能性更令人害怕,因为它意味着尽管形式上有了第三方评估机构,但在实质上第三方评估机构仍然受政府操控,并且该结果还可以堂而皇之地以专家集体决议的名义公布于众。本案例中还无从知晓是否是这种可怕的情形,但在另外一些场合下这种情形的确存在。行政权力已经过度延伸到专业权力的领域,并且专业权力只是在形式上存在,却在实质上成为行政权力的附庸。

四 结论

1. 两层级结构的社会运作场所

随着政府职能的转移,在社会领域也逐渐浮现出了自身独立的运作体系。该体系越来越清晰地区分出两个层面,一个是依法运作的层面,一个是社会选择的层面。两个层面遵循不同的原则。前一个层面遵循违法必究的原则,法律的严肃性在这里体现出来;而第二个层面则遵循优劣选择的原则,在这一层面,一个组织可以做得优秀也可以不优秀,优劣之间是组织能力的体现,评估机构需要把优劣的结果呈现出来,让社会公众或相关利益方知晓,然后做出自己恰当的选择,其中没有进行追究和打击的权限空间。

与此相对应,要分出两种权力,即行政权力和专业权力,后者在社会选择层面运作,对它的最根本要求是,需要与行政权力的运作模式区分开来,并划分好二者的边界。

落实到政策层面,在政府推进的具体评估评审工作中,必须明确这是一种依法监管还是一种绩效评估。二者混在一起将导致定位的错误和政策效果的混乱。

2. 专业权力的应有表达

第三方机构的引入是通过政府进行的,在初级阶段需要这种模式,这样做可以将传统的政府性权威传递到社会组织这里，还可以促使专业权力体系快速建立。但同时，这种做法也存在相当大的风险，它容易让行政权力借用第三方机构而继续垄断控制权；还会促使第三方机构自己成为准行政权力的实施者。

在政策层面，这对于第三方机构提出了很高的要求，第三方机构本身以及其中的诸多专家，需要以平等者的面目与服务对象相处，不要误认为自己的专业判断足以成为教训对方、压制对方的凭据，不管是行政权力还是道德上的高位，都不该产生。

这对政府本身也提出了更高的要求。其中，一个有效的改革推动型政府（或其部门）是如此的重要，他们既需要收缩自己的行政权力、放权于第三方机构，又需要引领第三方机构进入到真正的专业权力的轨道。一个以政府行动为起点的改革，在这一阶段几乎就意味着走向成功的唯一标志。

3. 服务提供型组织如何拥有权益维护通道

专业权力行政化的受害者是服务提供型组织，需要为他们提供维护自身权益的通道。利益诉求制度则是这种通道中的一种，通常这是一个专家委员会制度，专家委员会由政府机构、学界代表、社会组织代表等多元利益主体共同构成。他们以专业嵌入行政的方式（陶传进、刘程程，2017）进入到行政权力同一个层面，并与行政权力形成合理的分工与对接。当社会领域里的服务型组织遭受专业权力的不公正对待时，他们可以有自己的利益诉求通道，通过申请复核的方式，申诉到专家委员会层面。

专家委员会在相当程度上拥有独立判断的能力，拥有专业性的依据，拥有多元利益的代表，这有助于解决行政权力过度延伸和专业权力行政化的问题，保障社会运作的基层组织的利益。

专家委员会制度同时拥有另外一个作用：它可以在社会第三方拥有真正的独立运作能力之前，以专业嵌入行政的方式实现专业力量的地位提升，支持第三方机构的专业化运作，同时也缓解政府无限责任的压力。

参考文献

蔡乐渭（2013）:《界定公权力边界的法律问题研究——法律视角下的公权力边界》，《领导科学》，2013（21）。

陈钊（2006）：《信息与激励经济学》，上海：上海三联书店，2006，第20页。

蒋国宏（2016）：《"红顶中介"的整治与我国社会中介组织的健康发展》，《理论导刊》，2016（2），第25~26页。

刘忠祥（2013）：《从政府选择到社会选择：中国基金会发展动力机制研究》，北京师范大学社会发展与公共政策学院社会政策学院博士论文。

马玉洁、陶传进（2014），《社会选择视野下政府购买社会组织服务研究》，《中国行政管理》，2014（3）。

潘溪（2017）：《第三方评估：适用于执行难问题的解决机制及其限度》，《理论月刊》，2017（2）。

钱容德（2015）：《依法治国的着力点：明晰权力边界》，《科学社会主义》（双月刊），2015（6）。

尚虎平、王春婷（2016）：《政府绩效评估中"第三方评估"的适用范围与限度——以先行国家为标杆的探索》，《理论探讨》，2016（3）。

石亚军、高红（2015）：《政府在转变职能中向市场和社会转移的究竟应该是什么》，《中国行政管理》，2015（4）。

宋宇文、刘旺洪（2016）：《国家治理现代化进程中政府职能转移的本质、方式与路径》，《学术研究》，2016（2）。

陶传进（2017）：《慈善法实施一周年感想》，《中国社会组织》，2017（17）。

陶传进、刘程程（2017）：《专业嵌入行政！一种社会治理创新模式》，《吉首大学学报》（社会科学版），2017（5）。

徐双敏、崔丹丹（2016）：《完善社会组织第三方评估工作机制研究——基于5市调查数据的分析》，《中南财经政法大学学报》，2016（6）。

杨欣（2008）：《政府·社会·市场——论中国政府职能转移的框架》，《经济体制改革》，2008（1）。

詹成付（2015）：《双管齐下，合力推进社会组织第三方评估》，《中国社会组织》，2015（10），第8~9页。

张恒龙、陈宪（2006）：《社会选择理论研究综述》，《浙江大学学报》（人文社会科学版），2006（2）。

张劲松、许甜甜（2012）：《论非政府组织对政府职能转移的承接》，《新视野》，（4）。

张旭等（2016）：《经济体制改革试点第三方评估理论基础与未来发展》，《经济体制改革》，2016（1）。

The Logics and Application of Professional Power

Tao Chuanjin   Zhu Weiguo

[**Abstract**] There is a trend in China's social reform: the government has been with drawing from market and social realm and the state power has been restricted within a certain boundary; in the meanwhile, the independence of market and the social sector has grown and the status and space for professional power are rising. The source of professional power is expertise rather than state power. Professional power is often used to organize and evaluate programs in the social sector. However, professional power shall not be an absolute power and it needs to be restrained in evaluating outcomes and based on the choices of the evaluates. It is key to dissociate professional power from state power and de-administrate the third-party agency.

[**Keywords**] the Transference of Government Functions; Professional Power; the Third-party Agency

（责任编辑　马剑银）

境外非政府组织境内活动
管理法实施观察

贾西津*

【摘要】 本文根据公安部境外非政府组织办事服务平台的网上公示信息，对《中华人民共和国境外非政府组织境内活动管理法》实施一年的情况进行了梳理，从法律实施过程、代表机构登记、临时活动备案三个方面，详细分析了境外非政府组织的登记备案数据，在此基础上总结了法律实施的特点，并提出未来需要重点解决的问题。

【关键词】 境外非政府组织境内活动管理法　法律实施　实施观察

《中华人民共和国境外非政府组织境内活动管理法》（以下简称《境外 NGO 法》）2016 年 4 月 28 日在第十二届全国人民代表大会常务委员会第二十次会议上通过，2017 年 1 月 1 日起正式施行。

在该法正式实施前，以下几项法律制度配套方面的准备工作就已经完成了，包括：2016 年 11 月 28 日，出台了《境外非政府组织代表机构登记和临时活动备案办事指南》；2016 年 12 月 20 日，发布了《境外非政府组织在中国境内活动领域和项目目录、业务主管单位名录（2017）》；以及公安部统一设立，并开

---

* 贾西津，清华大学公共管理学院副教授，清华大学公益慈善研究院副院长，研究方向为社会组织与社会治理。

放的"境外非政府组织办事服务平台"。

而在2017年1月1日该法正式实施后,公安部及其他有关部门相继出台了一些相应的文件,包括:1月19日,国家税务总局发出《关于做好境外非政府组织代表机构税务登记办理有关工作的通知》;5月,中国人民银行、公安部联合印发《关于做好境外非政府组织代表机构人民币账户管理有关工作的通知》;8月,国家外国专家局、公安部联合印发《关于为境外非政府组织外籍工作人员办理工作许可等有关问题的通知》等。

以上是《境外NGO法》正式实施前后,法律制度配套方面的一些情况。在工作机制方面,公安部牵头、有关业务主管部门参加的国家境外非政府组织监督管理工作协调机制成立,并于法律实施前召开了第一次会议。在那之后,各省的协调机制也陆续成立。在办事窗口上,公安部统一开设了网上办事服务大厅,各省在出入境管理局增设专门的境外NGO登记服务窗口,登记备案的受理工作由32个省级境外NGO管理办的窗口受理,并在公安部的同一平台上,统一账号系统、统一网上填报,在线预约面递材料时,再从下拉菜单选择某省份的办事服务大厅。①

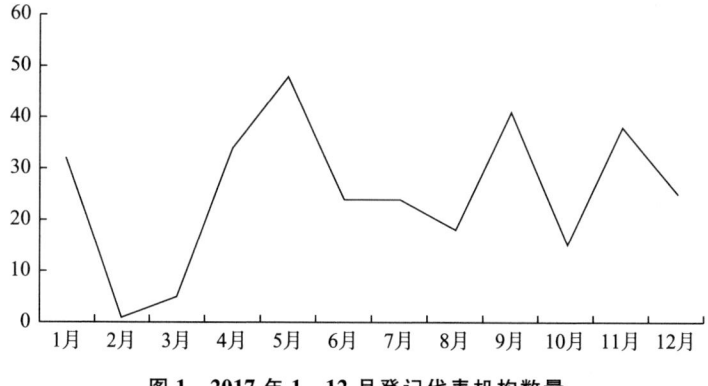

图1 2017年1~12月登记代表机构数量

在效果上,从登记备案情况看,截止到2017年12月31日,已经登记境外非政府组织代表机构305个,临时活动备案487件。从对代表机构的详细分析中看出,登记备案的数量增长情况是不稳定的。比如4月登记近50家,2月几

---

① 本文原始数据全部来源于公安部境外非政府组织办事服务平台,由作者整理统计。http://ngo.mps.gov.cn/ngo/portal/index.do。

乎没有登记。1月、4月、5月、9月、11月，是登记数量比较集中的月份，可见曲线不是平缓递增的，而呈现波动性。登记的"扎堆"现象，提示可能有各种偶然因素发挥作用，登记流程的常规化还在摸索之中。

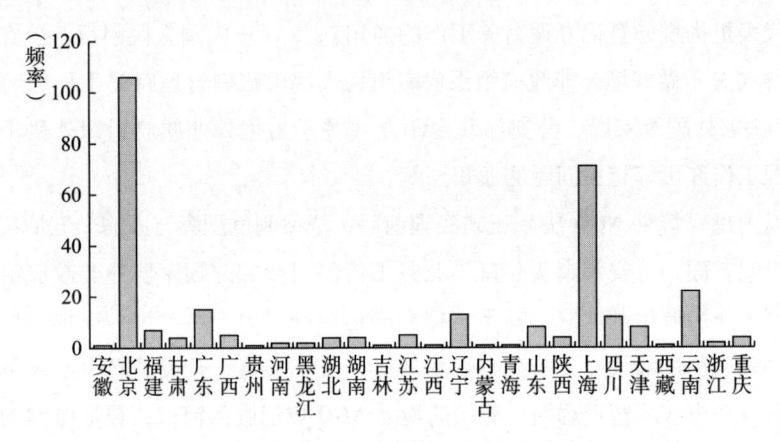

图2　注册地分布

从注册地上看，登记代表机构较多的有：北京106家、上海71家、云南22家、广东15家、辽宁13家、四川12家，这6地占78%。零登记的有：河北、新疆、宁夏、海南、山西、新疆兵团，一共6地。

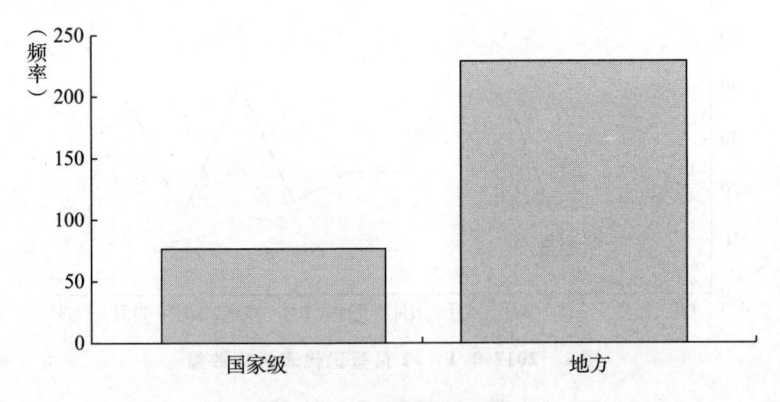

图3　业务主管单位层级

国家级有20个业务主管单位，登记了75家，占1/4，省级有74个业务主管单位，登记了230家，占3/4。这呈现出两个特点，一是省和国家级的分布大概是1∶3；二是主管单位和登记的数量不平均，与公安部公布的业务主管单位名录相比，可以看出有少部分的业务主管单位贡献了大部分的登记数量。

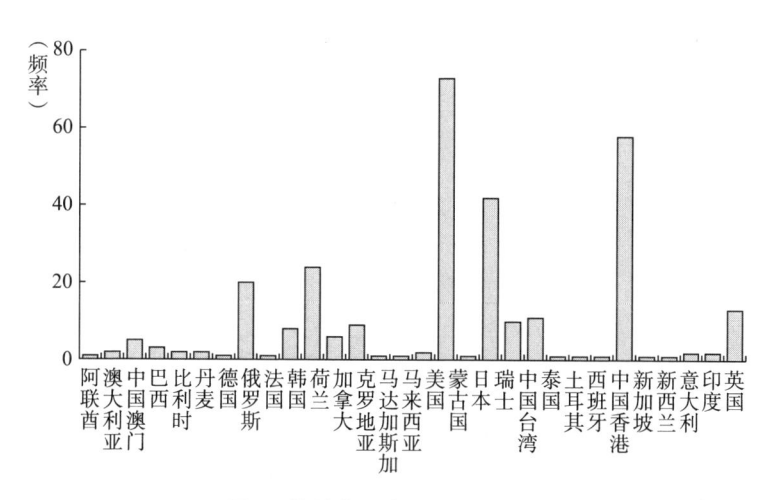

图 4 境外非政府组织地区分布

在活动地域分布上面，单省活动、多省活动和全国活动各占 1/3。在地区分布上，美国最多，大概占到 1/4；另外中国香港 58 家、台湾 11 家、澳门 3 家，共约占 1/4。

在备案的数据上面可看出，备案和登记的活跃地不完全一致。北京、广东、四川、贵州临时活动备案量最多。相比而言，北京、上海、云南、广东和四川登记比较活跃，上海是高登记低备案，广东、四川、贵州则备案活跃度更高。可以看出登记和备案还是有两种不同的机制，其中原因跟制度要求，包括各地掌握政策和观念都是有关系的。

根据以上数据，可看出，在境外 NGO 法的法律文本中，有些概念采取了宽定义、未做明确界定的表述，法律实施的过程也是在实践中明确法意的过程。我们目前能够看到一些实施中呈现出的特点。

第一，采用了统一平台、统筹管理，也就是部级统筹、省级登记、市县级共同监管和协调机制多部门参与的管理方式。这与国内社会组织形成了不一样的管理模式，后者是四级登记、分级登记、分级管理。而境外非政府组织，登记地有 32 个省级单位，但不管在哪一级登记，这套登记体系和管理体制是一样的，它的材料递交是公安部网上服务窗口，也就是说相当于是 32 个接受窗口，统一登到一个平台，只有一级登记、统筹管理。

第二个特点，与上述一级登记、统筹管理体制紧密相关，由于不是像国内的组织那样分级登记、分级管理，必然存在下面一些情况：一是活动地域不局限于登记地。由于境外非政府组织代表机构的登记全部在省厅，但业务主管单位可能是国家部委，活动地域则可能是跨省的，乃至是全国的，也就是一省登记、多省活动的情况。二是国务院有关部委作为业务主管单位，并不一定登记在北京，因为北京登记也是省级登记，并不是国家级登记，所以在法理上与其他省登记没有差别，事实上也出现国务院部委做业务主管单位，登记地不局限在北京的情况，虽然多数是在北京，但其他若干省也有这种登记的情况。

第三个特点，公安部门对业务主管部门的名录，保持了适度开放性，是动态更新的，包括有一些很重要的业务主管单位，第一版目录是没有的，但是执行中，由于业务主管单位的意愿和境外组织的需求，很快被添入了主管单位目录，这是机制上面，在实践中所做出的积极努力。

由于以上的登记情况和管理体制特点，在法律实施一年，做一个基本判断，是这部法的施行，与法律出台最初的普遍预期相比，更具有积极意义，公安部门扮演了积极促法的角色。

一年前基于法条特点，普遍有担心境外 NGO 可能会进不来。我们看 2004 年《基金会管理条例》设立了境外基金会在华代表机构的法律通道，10 年以来一共登了 29 家。由于境外 NGO 法采取的双重管理体制是类似的，所以人们担心，会不会一年下来，登记的数字是两位数，甚至是一位数，与这样一个预期相比，现在的登记数量已经超出预期。虽然，与境外 NGO 在华活动的需求，以及此前的多方调研与研究数据显示的上千计相比，仍然是有距离的。也就是说，目前看，这个体制是有开放性的，但是这种开放性能够提供多大的空间？进入常态之后，这个空间的平衡会在什么水平？这仍然是需要观察的，现在仍然不能做出完善的判断。

目前获得合法性的组织，具有四个方面特点。

其一，历史延续性特点，主要是法律上的历史延续性和合作关系的延续性。在 1 月份于北京、上海、广东三地首批登记的三十余家境外非政府组织，绝大部分是原民政或工商系统登记的移交，其中北京和广东全部是移交登记。所谓的移交是指：原来按照 2004 年《基金会管理条例》在民政部登记的境外基金会代表机构，以及部分原在工商登记的工商业行业协会，由原有的登记管理机关梳理出来，按照境外 NGO 法到公安部门重新登记。到目前为止，仍然是移交为先，原有已经具有合法性的组织可能得到分批移交。这实际是一个合法性的转换，由民政或工商部门转到公安部门，属于法律上的历史延续性。不过，在2017年下半年，北京、上海等地，已经有较多新设立代表机构的境外非政府组织获得登记，从存量到增量的发展对于法律的实施是特别具有意义的。

合作关系的延续性，境外组织在寻找业务主管单位的过程中，延续这种合法关系，是很有优势的。因为，一个机构去新开拓一个地域和业务主管单位时，难度是很大的。以往的合作关系，由于双方的彼此了解，从而把法律合法性正式合法化，可能性相对较大。如果各方都不了解的全新的机构，像工商企业登记那样，纯粹按要件进行审核，在境外NGO登记中还是难度较大的。合作关系具有历史延续性的意义。

其二，活动领域倾向非常明显，经济类商协会约占一半，由此可知，经济类的组织会有更大的可能性获得合法性。

其三，影响力指标，我们所谓"标杆性"的组织，那些改革开放初，已经进入中国，伴随着中国改革开放，对中国的整个改革历程有重大贡献的组织，特别是一些业务领域综合的基金会，目前的情况，有不少已经进来，并获得合法性。这意味着中国在去认识这些组织地位的时候，会考量到它历史的影响和对中国的影响力及贡献性。当然还是有一些尚没有获得登记的机构，有的因为登记流程、业务主管单位问题，也有和自我意愿相关。

其四，不同地区存在着明显的差异性。在登记比较多的省份，比如北京，原有民政或工商登记的移交登记组织就比较多；上海对经济类组织的开放度较高，既包括移交的也包括新登记的组织；广东、四川、贵州备案较为活跃；云南在原有民政登记试点的基础上有衔接；辽宁的登记集中在一家业务主管单位即商委。

在面临的问题和挑战上。对于注册的代表机构，会涉及业务范围、活动领域、合作伙伴、内部关系、管理流程的运作等一系列的调整。尤其原来综合类的组织，业务领域可能业务主管单位会要求要按其行政职权范围倾斜或者改变，包括活动地域也会面临调整。

在合作关系方面，以前境外非政府组织如果合作关系是基层的政府或者是社会组织，由于它们是没有资质做业务主管单位的，因此，即使境外组织有长期的合作关系，按照境外NGO法登记注册时，可能这种落地关系不能继续有效，它们需要通过原合作伙伴或者自己去寻找新的中方资源关系，所以有些情况，虽然活动是延续的，但是合作关系是新的，比如需要在不同层级政府部门之间做转移，或者从社会组织转到政府部门。

内部管理上的挑战，对于多代表机构的组织来说更大一些，由于不同的代表机构在法律上都是独立的，境外组织在华活动在不同代表机构之间的协调，很可能就需要组织内部管理结构上的调整。再者，大部分组织会在提交的报告、财务、税表、人事的雇佣等流程上进行调整。

对于寻求登记的境外非政府组织，最大的挑战仍然集中在业务主管单位上。第一步是能否联系上；第二步是业务主管单位是否回复；第三步是业务主管单位由于对领域的判断和审核并非法律要件判断，很容易推诿责任；第四是多领域活动的业务主管单位之间的协调问题。另外，对于此前在地县、社区活动，或没有法律注册形式的境外非政府组织，没有与省部级有资格的业务主管单位打交道的历史，完全陌生地去接触和寻求业务主管，具有更大的难度。

对于不需要在华设立长期代表机构的组织，临时活动备案的可行性和便捷性是主要的。目前可见，成功备案临时活动的组织少于登记代表机构的组织数量，按照原初的设想，登记比较严格，备案成为大量组织开展活动的常规性合法途径，临时活动备案应该成为下一阶段的着力增长点。

另外说一下在登记过程中出现的两个效应，及有什么潜在含义。一是先期效应，从公安部网上办事服务大厅链接的各省网上办事服务平台的内容丰富度上看，大约一半地区在法律实施一个月之内就进行了相应的网上信息公开等建设，数月后大多数省建立了境外 NGO 的专门网页，省级业务主管单位名录发布其上，剩下的几家在其后半年中信息更新情况则不大。网站建设在一定程度上反映了各省登记管理机关的工作主动性，这种起步早者越早、迟者迟滞的"先期效应"，也意味地区差距可能加大。比如第一月上海、广东、北京是首批登记，目前北京、上海、云南、广东、辽宁、四川 6 地登记占总数 78%；至 2017 年年底，仍然有 6 地是零登记，包括有零登记零备案。

第二个是聚集效应。聚集效应体现在几个方面，一是注册地高度聚集，北京、上海、云南、广东、辽宁、四川 6 地占了 78%。二是业务范围高度聚集，约一半是商务类协会。三是登记时点有集中性，也就是有些是批量移交和打包性的登记。四是业务主管单位高度聚集，公安部公布了有资质的业务主管单位目录，但实际上超过一半的代表机构登记在5家业务主管中，包括上海市商务委64个、北京市商务委24个、辽宁省商务厅13个、中国人民对外友好协会12个、国家民政部11个。它的含义是有一些"积极分子"把总体数字大大扩展了，从常规流程来看，也提示可能的偶然性和不确定性。

总结一下境外非政府组织未来在中国的发展和挑战。首要的问题还是业务主管单位。业务主管单位的问题首要是观念问题。特别是在政府内部，如何认知境外非政府组织？如何看待中国"走出去"、"走进来"的关系？目前看来，业务主管单位的意愿，远远比法律技术问题更为要害。业务主管单位有没有意愿去承担这个角色，取决于其对境外非政府组织的了解和运作规律的理解，同时也与其观念的开放性密不可分，越是在中国改革开放过程中与国际交流较多，特别是和境外非政府组织有打交道经验的部委，在承担业务主管单位的职能时就越可能较为顺畅。另一方面，从地方实践看，观念和认知是可以变化的，业务主管单位的意愿也不是说一成不变。比如广东在宣传方面做得非常有特色，他们已经从省级到社区，开展了几千场知识普及、宣传教育、培训，对境外NGO的认知氛围就变得比较开放。其他省的点对点推进也都会看到效果，公安部门主动和业务主管单位接触、宣传，可能就从原来普遍漠然，慢慢有一两家动作起来，再到若干家，相互也是学习借鉴。公安部门除了履行自己按要件登记的职责外，对协调业务主管单位、政府各部门、促进法律实施方面的角色，对法律实施效果是意义非常大的。所以，宣传、协调、促进领导重视、在观念和认知上促进理解，是有用的，业务主管单位的履职意愿也是可以变化和推进的。这是在法律施行实践中去弥补法律文本中欠缺的地方，是值得积极努力的。

再有一个核心问题，是境外非政府组织临时活动的备案。目前备案比登记工作进展滞后，本应成为常规的途径反而成了难点。第一年执法部门和法律施行对象、研究者，都关注在了登记上，备案其实在很大程度上被忽视了。但是从数量和广度上而言，由于更大量境外非政府组织的在华业务没有那么固定和频繁，偶发性活动是远远更为常见的，备案应该成为一个常规、便捷的渠道，这对于开放门户、境内外流通性是很重要的，如果渠道不畅，就只能出现或者境内外的开放流动性严重受影响，或者普遍地有法不依。打通备案渠道是下一步的关键之一,解决这个问题,应当对临时活动备案的审批适度放宽,并明确职责、规程,将其纳入政府各有关部门的常规工作流程中。

再次,在登记之后的挑战是在监管方面。由于境外非政府组织的活动地与登记地不一定一致,那么在登记之后的活动中,至少涉及登记地及活动地的公安机关与业务主管单位四个主体,如果考虑到省、市、县、乡镇、社区等不同层级,涉及的监管主体可能多达十家以上。那么它们各自是何职责,如何分工,相互之间的信息如何共享,以便做到既有效,又不至相互冲突、重复负担?公安系统内部,需要有省级之间,以及省内上下级和属地公安机关的统筹;业务主管单位和涉及其他政府部门,就需要更多发挥协调小组的工作。机制顺畅了,才能让境外非政府组织获得的法律合法性,在实践中运作起来。

最后,境外非政府组织的运作方面,涉及资金、账户、税收、票据、法人主体与签约权、人员雇佣、境内合法收入等各种技术问题,也是需要公安机关和其他相关政府部门协调推进的。

所以下一步需要主要解决的问题,一是继续在业务主管单位和临时活动备案上面的合法性入口的推进,另一方面就是在机制上如何让境外非政府组织在法律上获得的合法性,在实践中运作起来,包括监管机制中的各主体协调,以及人财物等各实现技术的畅通。法律中还有一些基本问题,比如法律概念的界定、程序的落地、职责的明确等,要在法律实施中去探讨,再反过来体现到法条和司法解释中。

Observation on the Enforcement of China's New ONGO Law

Jia Xijin

[**Abstract**] This paper analyzed the enforcement of *the Law of the People's Republic of China on Administration of Activities of Overseas Nongovernmental Organizations in the Mainland of China*, according to the public information online of Ministry of Public Security. It analyzed separately in details the law enforcement process, registration of representatives of overseas NGOs, and filing of temporary activities of them. Based on the above analysis, this paper summarizes the characteristics of the law enforcement, and put forward the essential problem need to solve in the future.

[**Keywords**] *Law of the People's Republic of China on Administration of Activities of Overseas Nongovernmental Organizations in the Mainland of China*; Enforcement; Observation

（责任编辑　马剑银）

注册后时代的在华 INGO：真正的挑战将更多来自机构内部

王　超　钱霄峰*

《中华人民共和国境外非政府组织境内活动管理法》于 2016 年 4 月 28 日由第十二届全国人民代表大会常务委员会第二十次会议通过，自 2017 年 1 月 1 日起施行。该法第一条指出，"为了规范、引导境外非政府组织在中国境内的活动，保障其合法权益，促进交流与合作，制定本法"。

法律出台的背景

在《中华人民共和国境外非政府组织境内活动管理法》（以下简称《境外 NGO 法》）颁布之前，境外非政府组织（NGO）基本是不在中国社会组织管理的法律视野中的（贾西津，2017），社会组织管理部门曾经探索将之纳入统一的管理体系。

2004 年《基金会管理条例》开放境外基金会在华设立代表机构的登记，是在制度上迈出的最大胆一步，截至 2016 年《境外 NGO 法》颁布，12 年间依条例登记的境外基金会代表机构只有 29 家。同在 2004 年，上海市民间组织管理局试点将外国商会和境外公益类民间组织登记为民办非企业单位（以下简称"民非"），

---

* 王超，国际救助儿童会中国首席代表；钱霄峰，国际救助儿童会中国战略发展总监。

批准成立了涉外民非如上海日本商工俱乐部和根与芽,并接受民政部委托起草了《涉外社会团体登记管理办法(草案)》。2008 年云南作为民政部 6 个社会组织改革创新观察点之一,承担境外民间组织登记观察的试点工作,2009 年出台《云南省规范境外非政府组织活动暂行规定》,2010 年乐施会等 13 家境外 NGO 代表机构首批获得备案。将境外 NGO 纳入中国社会组织统一登记管理体系的尝试,其时正伴随中国对境外 NGO 的敏感性增强,统一管理体制终未成为正式的法律制度。

从对境外 NGO 相对保持距离到明确立法,实际是中共十八大提出现代国家治理和法治建设进程的一个体现。因此,有专家认为,《境外 NGO 法》的制定出台,是国家安全的意图和法治的国家治理思路,二者结合的结果。(贾西津,2017) 政府对境外非政府组织的管理思路也经历了从准入制到追惩制的变化,降低注册的门槛,但是加强对注册后机构的监管和追惩。

另一方面,《境外 NGO 法》的制定出台也是出于国家安全的需要。草案二审稿与《国家安全法》草案二审稿几乎同步公开征求意见。在《境外 NGO 法》通过的全国人大新闻发布会上,全国人大常委会法工委副主任张勇坦言"的确有极少数的境外非政府组织企图或者已经做过了危害中国社会稳定和国家安全的事情",公安部境外非政府组织管理办公室负责人郝云宏也指出对境外 NGO 的积极作用持欢迎态度,但对"极少数境外非政府组织"从事"损害中国的国家安全、利益和其他违法犯罪的事情"要加强管理。在国家安全视角下对境外 NGO 加强管理并不是中国独有,越南、印度、俄罗斯、埃及等国都相继出台对境外资金、机构加强管理的法规政策。

法律实施一年来的观察

境外非政府组织办事服务平台的机构公示信息显示,截止到本文写作时间,即 2017 年 12 月 1 日,共有 283 家境外非政府组织成功注册,月均 25 家。在《境外 NGO 法》施行第一个月,据统计,上海、广东、北京三地首批境外非政府组织代表机构登记一共 32 家,是第一波注册高峰,除了 21 家是原民政部登记境外基金会代表机构的移交,其余 10 家全部为经济类工商业协会;2017 年 4 月和 5 月是观察到的第二波注册高峰,分别注册了 34 家和 48 家;9 月则迎来了第三波注册高峰,当月注册机构数达到了 41 家。

有人乐观地认为，给予时间，未来会有500家甚至1000家机构能够注册。一些在此法律出台前觉得注册无望的机构，特别是其工作具有一定政治敏感性的机构，出乎意料地在2017年找到了业务主管单位，获得了注册。这和很多人对该法出台前的预期完全不同，客观地说，此法的出台促进了在华工作的境外非政府组织的合法化进程。

《境外NGO法》的颁布和实施无疑具有分水岭意义。这个法出台以后，在中国工作的国际机构直观地被分成注册成功的（包括正在注册中）和尚未注册的两类，改变了在华工作的境外非政府组织的整体景观。

对于成功注册的在华工作的境外非政府组织而言，它们的合法性增强，基本解决了长期以来因为缺乏相关法律而导致的法律身份不确定的问题，进而增强了它们的正面自我认知，并对促进这些机构的对外关系特别是与中国政府部门建构合作伙伴关系具有明显的推动作用。而对于暂时没找到途径来注册、包括未找到登记主管单位的机构而言，非法性较法律出台前更加凸显和外化，也增强了它们在华运作的风险，一些机构因为注册无门已经选择退出中国，没有退出的机构则面临临时活动备案的烦琐，运营成本进一步推高。

语境的变化和范式改变

然而，成功注册不代表一定能跟得上中国社会飞速发展的步伐。一定程度上合法性问题的解决，反而将原来被该问题掩盖的融入中国社会的不适应、动力不足或者能力缺乏的现实逐渐显露出来。

合法性问题解决后，境外非政府组织面临两个新的挑战，即能否以及如何融入中国快速变化的社会语境；以及如何发掘和界定机构在新场域下的比较优势和可贡献的价值。

高铁是当今中国最具关注力的一个重要景观，高铁以快著称。中国社会和市民社会的发展，对境外NGO来讲就像一列高铁，它高速地指向未来。不论这些机构在不在车上，高铁本身都会走向未来，而对这些机构的影响巨大。所以注册于机构来说更像是买票，能不能买到票决定了能不能搭上这辆高速前行的列车。赶上火车后是否能真正带来改变，上了车的机构是否能够去催化和贡献整个改变的过程则是另外一个问题。

当我们谈论范式（paradigm）的改变，实际上可能要从语境（context）的改变开始。大多数国际NGO（亦称"INGO"）初到中国的时候，多半是带着一种"外援"的语境。国际机构带着资金和资源，带着国际先进的理念和做法来帮助中国，尤其是在环保、扶贫以及教育领域。过去30多年这个语境基本上没有变化，甚至已经内化到机构的DNA中。

但是改革开放30年后，中国的语境已经发生了根本性的变化，正如习近平总书记在党的十九大报告中指出的，中国社会的主要矛盾已经转化为人民日益增长的美好生活需要和不平衡不充分的发展之间的矛盾。尽管中国还有很多扶贫的工作，很多社区发展的工作，很多人需要帮助，但是整个场域已经发生了变化。对内，经济高速发展后带来的超大规模的人口流动、高速城市化、互联网技术的飞速发展给整个社会包括公益慈善行业带来了冲击和机遇；对外，中国开始从一个援助接受国变成一个援助输出国，中国政府正在思考如何建立一个崭新的对外援助体系，搭建了包括"南南合作""一带一路""中国NGO走出去"在内的崭新的话语体系。

随之而来的，中国NGO行业发展也经历了"参与式发展"—"公民社会"—"公益慈善"三套主流叙事，三套叙事的更迭被认为是一种范式转移而非代际变迁。（刘韬，2016）

从2008年以后，中国的公益慈善行业开始进入一个高速学习、不断地迭代和进化的过程，而这样的过程对于大多数在华工作的境外NGO来说都是新的，是他们过去的、在其他国家的经验里所没有的，所以是一个很重要的学习过程。

中国的发展在世界上没有先例和可参照的对象，而中国的发展完全不在国际NGO的语境里。这类机构大多沉浸在自己构建的涵盖全球或者多个国家的复杂的运作体系和话语体系中，虽然在中国大多实现了员工的本土化，但是顾不上或者是很少去谈论中国的变化，即使谈论也像一个旁观者在谈，很感兴趣，但是实际意义上参与程度并不高，似乎很难走进这样的场域里。在华工作的境外非政府组织目前所面对的是非常陡峭的学习曲线。

即便注册成功，不同的机构在这个过程中会面临不同的处境，迫切地要进行战略层面的思考：在这样一个高速改变的过程中，如何融入其中？如何去共享和共创这个过程，在整个过程中一起成长和进化？

而对于中国本土NGO来说，情形是不一样的。他们本身是在整个社会高速改变的过程中生长出来，并在这个过程中不断进化。他们更具本土性，可能更适应中国的语境。所以，这样的一种场景和生态系统是需要从更广的领域去看境外非政府组织是不是能够真正融入中国语境、是不是能够持续带来增加价值、是不是能够与本土组织形成更有效的伙伴关系的。更确切地说，是否能够成为既国际又本土的（glocal）机构。

重新评估国际 NGO 的比较优势，成为学习型组织

有一位哲学家曾经讲过，当你拥有的工具是一把锤子时，你就倾向于把所有的问题都看成钉子。对于一些比较有历史的、老牌的国际机构，他们已经形成了一整套对发展、救灾或者相关问题的看法和解决流程，而且在全球范围内形成了非常完善的体系，好像有一把非常有力的"锤子"。

从改革开放初期直到 2008 年以前，这样一把"锤子"是比较有效的，因为那时候我们能找到很多的"钉子"，我们有很多可贡献的地方，甚至我们带来的资源本身也很可观。可是现在不一样了，你还是拿着那把"锤子"，但是可能找不到那么多的"钉子"了，到了需要转变的时刻。

对于在中国的国际 NGO，成为一个学习型组织，一个通过快速学习可以跟上不断高速改变的社会环境的机构，是非常迫切的。因为在这样一个高速改变的社会环境里，我们原来的那些解决方案可能不那么有效了。在新的社会环境里，国际机构的光环已慢慢开始褪色，更多的是看你是不是可以带来增加价值（added value），是不是可以为这个快速改变的社会带来更多创新和新鲜的想法和理念。而对国际 NGO 来讲，其背上有着更多的包袱，因为它们还在觉得其手中的"锤子"是有效和管用的，舍不得丢弃。

一些机构，包括本文作者所在的机构，正在努力寻求改变，希望把一些项目和活动设计成"学习—行动—学习"（action research）的过程，而不是按照原来既定的一套。这是一个非常关键而又痛苦的过程。也只有这样，才能避免成为旁观者。

很多机构在做形势分析的时候，好像看到中国有很多这样那样的机会和挑战，其实对国际机构而言，真正的挑战更多来自机构内部。过去更多的是习惯拿着镜头去看周遭，看自己能解决什么问题，而现在是时候调转镜头看自己，

去内省，去看机构自身到底能带来哪些增加价值，做出那些贡献。

调转镜头看自己，是整个战略思考过程中非常重要的一环，也是所有的实践者，尤其是国际机构，需要去做的。当资金资源不再是优势的时候，需要思考的问题是：你可以倚靠的是什么？是更新的技术、更新的理念、更多的创新能力，还是更重要的催化者？在整个过程中，我们需要重新审视自身的核心能力和比较优势。

境外非政府组织原来的比较优势可能是先进的工作理念，能带来一定的国际资金和资源，但是在中国新的社会语境下，这类机构原有的比较优势逐渐丧失，或者说变得不那么显著，因为中国过去几十年的改革开放和社会发展的进程和轨迹是前所未有的。而它们的国际化的网络体系以及国际化的话语体系（比如紧扣联合国可持续发展目标SDG等话语框架）则成为它们特有的比较优势，并且可以较好地和中国的热门语境结合，比如"南南合作""一带一路""中国企业的全球足迹""中国NGO走出去"等。

战略规划也是一个重要战略思考的过程，可以让机构去重新界定机构在新的语境下所具有的比较优势是什么，如何去发挥，又如何在不断变化的外部环境中，不断进化迭代升级，以保持持续的先进性。注册后时代，在华的境外非政府组织更需要解决的是怎样让机构在中国有一个更适宜当地（contextualized）的愿景和使命，同时能在如何开发本土资源这类关键问题上快速培育能力。

在欧美等发达国家和地区，国际NGO已经不再是带有优势和光环的帽子，这一趋势也在向中国延伸。随着中国越来越国际化，国际机构在保持国际视角和触角的同时要实现本土化发展，globalization应该是国际NGO在中国的未来。

参考文献

贾西津（2017）：《境外NGO在中国实践与挑战》，《南方周末》2017年2月9日。
刘韬（2016）：《从"参与式发展"到"公益市场化"：中国NGO场域的范式转移》，《中国发展简报》，http://www.chinqdevelopmentbrief.org/news－20271.html，访问时间：2017年12月1日。

（责任编辑　马剑银）

稿　约

1. 《中国非营利评论》是有关中国非营利事业和社会组织研究的专业学术出版物，暂定每年出版两卷。《中国非营利评论》秉持学术宗旨，采用专家匿名审稿制度，评审标准仅以学术价值为依据，鼓励创新。

2. 《中国非营利评论》设"论文""案例""研究参考""书评""观察与思考"等栏目，刊登多种体裁的学术作品。

3. 根据国内外权威学术刊物的惯例，《中国非营利评论》要求来稿必须符合学术规范，在理论上有所创新，或在资料的收集和分析上有所贡献；书评以评论为主，其中所涉及的著作内容简介不超过全文篇幅的1/4，所选著作以近年出版的本领域重要著作为佳。

4. 来稿切勿一稿数投。因经费和人力有限，恕不退稿，投稿一个月内作者会收到评审意见。

5. 来稿须为作者本人的研究成果。作者应保证对其作品具有著作权并不侵犯其他个人或组织的著作权。译作者应保证译本未侵犯原作者或出版者的任何可能的权利，并在可能的损害产生时自行承担损害赔偿责任。

6. 《中国非营利评论》热诚欢迎国内外学者将已经出版的论著赠予本刊编辑部，备"书评"栏目之用，以营造健康、前沿的学术研讨氛围。

7. 《中国非营利评论》英文刊将委托 Brill 出版集团在全球出版发行，中文版刊载的论文和部分案例及书评，经与作者协商后由编辑部组织翻译交英文刊采用。

8. 作者投稿时，电子稿件请发至：lehejin@126.com。

9.《中国非营利评论》鼓励学术创新、探讨和争鸣，所刊文章不代表本刊编辑部立场，未经授权，不得转载、翻译。

10.《中国非营利评论》集刊以及英文刊所刊载文章的版权属于《中国非营利评论》编辑部所有；本刊已被中国期刊网、中文科技期刊网、万方数据库、龙源期刊网等收录，为适应我国信息化建设的需要，实现刊物编辑和出版工作的网络化，扩大本刊与作者知识信息交流渠道，在本刊公开发表的作品，视同作者同意通过本刊将其作品上传至上述网站。作者如不同意作品被收录，请在来稿时向本刊声明。但在本刊所发文章的观点均属作者个人观点，不代表本刊立场。本声明最终解释权归《中国非营利评论》编辑部所有。

由于经费所限，本刊不向作者支付稿酬，文章一经刊出，编辑部向作者寄赠当期刊物两本。

来稿体例

1. 各栏目内容和字数要求：

"论文"栏目发表中国非营利和社会组织领域的原创性研究，字数以8000~20000字为宜。

"案例"栏目刊登对非营利和社会组织实际运行的描述与分析性案例报告，字数以5000~15000字为宜。案例须包括以下内容：事实介绍、理论框架、运用理论框架对事实的分析。有关事实内容，要求准确具体。

"研究参考"栏目刊登国内外关于非营利相关主题的研究现状和前沿介绍、文献综述、学术信息等，字数为5000~15000字。

"书评"栏目评介重要的非营利研究著作，以5000~10000字为宜。

"观察与思考"栏目刊发非营利研究的随思随感、锐评杂论、会议与事件的评述等，字数以3000~8000字为宜。

2. 稿件第一页应包括如下信息：(1) 文章标题；(2) 作者姓名、单位、通信地址、邮编、电话与电子邮箱。

3. 稿件第二页应提供以下信息：(1) 文章中、英文标题；(2) 不超过400字的中文摘要；(3) 2~5个中文关键词。书评、随笔无须提供中文摘要和关键词。

4. 稿件正文内各级标题按"一""（一）""1.""（1）"的层次设置，其中"1."以下（不包括"1."）层次标题不单占行，与正文连排。

5. 各类表、图等，均分别用阿拉伯数字连续编号，后加冒号并注明图、表名称；图编号及名称置于图下端，表编号及名称置于表上端。

6. 本刊刊用的文稿，采用国际社会科学界通用的"页内注+参考文献"方式。

基本要求：说明性注释采用当页脚注形式。注释序号用①②③……标识，每页单独排序。文献引用采用页内注，基本格式为（**作者，年份：页码**），外国人名在页内注中只出现姓（容易混淆者除外），主编、编著、编译等字眼，译文作者、国别等字眼都无须在页内注里出现，但这些都必须在参考文献中注明。

文末列明相应参考文献，参考文献中外文分列（英、法、德等西语可并列，日语、俄语等应分列）。中文参考文献按照作者姓氏汉语拼音音序排列，外文参考文献按照作者姓氏首字母排序。基本格式为：

作者（书出版年份）：《书名》（版次），译者，卷数，出版地：出版社。

作者（文章发表年份）：《文章名》，《所刊载书刊名》，期数，刊载页码。

author（year），*book name*，edn.，trans.，Vol.，place：press name.

author（year），"article name"，Vol.（No.）*journal name*，pages.

图书在版编目(CIP)数据

中国非营利评论. 第二十一卷, 2018. No.1 / 王名主编. -- 北京：社会科学文献出版社, 2018.1
 ISBN 978 - 7 - 5201 - 2168 - 2

Ⅰ.①中… Ⅱ.①王… Ⅲ.①社会团体 - 中国 - 文集 Ⅳ.①C232 - 53

中国版本图书馆 CIP 数据核字(2018)第 016152 号

中国非营利评论（第二十一卷）

主　办 / 清华大学公益慈善研究院
主　编 / 王　名

出 版 人 / 谢寿光
项目统筹 / 刘骁军
责任编辑 / 关晶焱　刘晓飞

出　　版 / 社会科学文献出版社·集刊运营中心 (010) 59367161
　　　　　　地址：北京市北三环中路甲 29 号院华龙大厦　邮编：100029
　　　　　　网址：http://www.ssap.com.cn
发　　行 / 市场营销中心 (010) 59367081　59367018
印　　装 / 北京季蜂印刷有限公司

规　　格 / 开　本：787mm × 1092mm　1/16
　　　　　　印　张：20　字　数：339 千字
版　　次 / 2018 年 1 月第 1 版　2018 年 1 月第 1 次印刷

书　　号 / ISBN 978 - 7 - 5201 - 2168 - 2
定　　价 / 45.00 元

本书如有印装质量问题，请与读者服务中心 (010 - 59367028) 联系

▲ 版权所有 翻印必究